百万册
升级版

CURRENCY WARS

货币战争5

山雨欲来

宋鸿兵◎著

中信出版集团 · 北京

图书在版编目（CIP）数据

货币战争 . 5, 山雨欲来 /（美）宋鸿兵著 . -- 北京：
中信出版社，2017.7（2025.12重印）
ISBN 978-7-5086-7646-3

I. ①货… II. ①宋… III. ①货币史－世界 IV.
①F821.9

中国版本图书馆CIP数据核字（2017）第098893号

货币战争 5：山雨欲来

著　　者：宋鸿兵
出版发行：中信出版集团股份有限公司
（北京市朝阳区东三环北路27号嘉铭中心　邮编　100020）
承 印 者：北京通州皇家印刷厂

开　　本：787mm×1092mm　1/16　　印　　张：26.75　　字　　数：373 千字
版　　次：2017 年 7 月第 1 版　　印　　次：2025年12月第41次印刷
书　　号：ISBN 978-7-5086-7646-3
定　　价：52.00 元

目　录

CURRENCY WARS

第三章
钱荒惊魂，梦游的影子狂欢

第四章
利率火山，最后的审判日

第六章
财富分裂，折断了梦想的翅膀

第七章
罗马盛衰，浴血的贪婪之路

第八章
北宋兴亡，铅华洗尽的沧桑

第九章
什么不是“中国梦”

自序

CURRENCY WARS

面对铺天盖地的信息和五花八门的观点，人们的思维能力往往会陷入瘫痪。关键数据被噪声数据所淹没，重要细节被细枝末节所混淆，深层病因被表面病症所迷惑，核心推理被琐碎逻辑所牵绊，分析丧失方位，判断走入迷途。最终，幻觉置换了真相。

经济领域的困境尤其如此。

在2008年金融危机结束5年之后，对未来世界经济走势的观点仍然是众说纷纭。美国的QE（量化宽松）究竟有无效果？全球的货币超发到底是福是祸？金融市场是渐趋安全，还是越发危险？经济复苏是稳步向前，还是昙花一现？

简而言之，世界是在逐步远离上一次衰退，还是在加速滑向下一轮危机？

矛盾的市场表现，冲突的经济数据，荒唐的解读方式，纷杂的观点态度，争议的政策措施，欢迎来到当今世界混沌而喧嚣的复苏现场！

人们不能深刻认识经济活动的本质，源于缺乏更深层次的统一的逻辑框架。人类不是在高度理性的状态下参与经济，而是在充满欲望的强烈情绪中追逐财富。人性，尤其是人性中与生俱来的贪婪，从来就是驱动经济运转的根本性力量。

人类有史以来所从事的一切活动，永远围绕着两件最基本的工作而展开：一个是创造财富，另一个是分配财富，其他活动均是其衍生之物。无论是创造财富，还是分配财富，人性的贪婪自始至终都是它们终极能量的来源。

贪婪中的“好逸恶劳”，驱动着节省体力、减少时间、降低强度、增加愉悦的各种技术进步，从而带来了生产率的持续提高，使得财富创造更加蓬勃。但是，贪婪中的贪得无厌，则会激发巧取豪夺、投机欺诈、急功近利、奢侈靡费，进而压抑生产率的进步，导致财富分配畸形，降低社会的经济活力。

本书的重点就是以财富分配作为解剖经济活动的手术刀，把当今的“美国梦”与历史上的“罗马梦”和“宋朝梦”，进行跨越时间和空间的对比，为未来的“中国梦”提供历史的参照系。

本书的前六章内容，是用显微镜来观察美国经济的现状，从黄金市场透视美元，从股票市场分析经济，从债券市场了解资本，从回购市场探索金融，从利率市场窥测危机，从房产市场洞察泡沫，从就业市场甄别复苏——归根到底，是从财富分配来解读贪婪。

2013 年 4 月的黄金价格暴跌，被解释为美国经济复苏良好，因而黄金的避险需求下降；而经济良好的证据就是股市屡创新高，但如果深入分析股市上涨动力的根源，就会发现上市公司的股票回购行为，其实是推高股价的主导力量；股票回购的资金又是源于债券市场的融资，而债券市场的火爆正是货币量化宽松的结果。因此，金融市场的非正常繁荣，全赖 QE 政策所形成的超低利率环境。

QE 导致的货币泛滥，真的促使实体经济复苏了吗？答案是否定的。

公司的销售增速在递减，扣除通胀之后，实际上已陷入负增长；

企业的资本性支出在萎缩，这解释了就业市场的长期困局，导致实体经济的核心资产显现出严重的“老龄化”症状，随之而来的就是劳动生产率出现快速滑落；房地产的价格复苏，无非是华尔街炒房团的杰作，就业机会的减少，造成年青一代被大量挤出了潜在的购房队伍，房地产的后继乏力已成定局；美国主流中产阶级的高薪工作岗位复苏之缓慢，在2025年之前都很难恢复到2000年的水平。

QE政策没能拯救实体经济，实际上，廉价货币不是在促进经济增长，而是在摧毁资本的形成。

如果说QE已被5年来的经济实践证明是一个失败的政策，那么退出QE的道路就绝非坦途。退出QE将会触发利率火山，而继续QE将迎头撞上回购冰山，两条道路的终点都是金融危机的再度爆发。美联储在QE进退之间的彷徨与犹豫，既陷实体经济于无望之境地，又置金融市场于危险的边缘。

利率能否被无限压制，这是判断下一轮金融危机的风向标！

美国已经走上了一条仅施惠于极少数人，却殃及绝大多数人的道路，根源就是权贵与富人集团的过度贪婪，导致财富兼并的恶化趋势难以逆转，反过来又加剧了经济困境的无法自拔。

本书的最后三章，将观察的视野扩大到2000年的尺度，从对美国经济的近距离观察，延伸到把握历史脉络的审视；从罗马盛世和北宋繁荣的兴衰拐点切入，逐步展示出一个高度近似的衰亡过程的慢镜头：贪婪兴，则兼并起；土地聚，则税负畸；国库空，则货币贬；民力竭，则内乱生而外患至！

“美国梦”、“罗马梦”、“宋朝梦”的破灭，并不能告诉大家究竟什么才是“中国梦”，却可以提醒人们什么必然不是“中国梦”。

如果未来的中国能够避免重复这些历史的教训，那就没有任何力量能够阻止中国实现其强国富民的复兴之梦。

第一章

黄金斩首，打响美元保卫战

CURRENCY WARS

本章导读

2013年4月，黄金市场风云突变，金价的暴跌震撼了全世界。

“黄金已死”、“黄金无用”、“牛市终结”、“泡沫破裂”、“金价将跌到500美元”等论调甚嚣尘上。黄金从万众瞩目的投资明星，一夜之间沦为舆论争相贬损的“弃儿”。

人们开始怀疑“乱世藏金”的信念是否依然有效，对黄金白银的投资价值的信心发生了根本性动摇，悲观情绪弥漫，唱衰之声横行，甚至连超发货币终将导致通货膨胀这一基本逻辑也变得含混不清。市场感受与理性逻辑严重脱节，价格信号和财富直觉相互错乱。可以说，对黄金的看法已陷入了空前的迷茫。

黄金真的没有希望了吗？

事实绝非如此！

2013年，美国政府和华尔街对黄金市场的打压力道之猛烈，为30年来所未见；这反过来说明了另外一个问题，如此疯狂和激烈的行为，意味着美元对黄金的恐惧也是30年来所未见！

对美元信心的脆弱，恰是打击黄金的原因！

本章将深入分析“四一二”美国镇压黄金事件的台前幕后，以及美元困境的根源。从历史上看，黄金从来就是财富的“诺亚方舟”；以现实行情分析，黄金的生产成本就是市场的大底；放眼未来的趋势，黄金必是美元危机的最大受益者。

“四一二”黄金大屠杀

对于美国人而言，一场金融和经济的灾难可能已经近在咫尺。美联储和它所倚重的金融机构联手打击金银价格，以吓阻投资人的行为就是明证。

——保罗·罗伯茨，美国前财政部部长助理，2013年4月4日

（美国）政府厌恶黄金价格的暴涨，这的确是事实，特别是在他们推行历史上最严重的货币贬值政策的时候……（4月12日金价暴跌是否被操纵）我们永远不会知道（真相）。

——皮帕·马尔姆格林，前美国总统经济政策特别助理，2013年6月7日

2013年4月12日，这是黄金历史上最黑暗的一天。

自年初以来，金价就从1 700美元附近震荡向下，至4月11日已悄悄地滑到一个巨大深渊的边缘。4月12日，美国东部时间8点30分，金价定格在1 542美元，这是大灾难之前的最后一刻平静。

这一天恰逢周五，纽约黄金期货市场刚开盘就黑云压顶，电闪雷鸣，100吨黄金的卖单从天而降，这突如其来的沉重抛盘如同巨浪一

般砸向毫无准备的市场，多头仓皇应战之下，金价大幅下挫。在随后的两个小时中，惊魂未定的市场稍事喘息。交易员们被毫无征兆的空头伏击打得晕头转向，一时间，谣言四起，人心惶惶。然而，巨大的抛盘却突然销声匿迹，市场重新恢复了平静。

这是大地震之前特有的寂静，一种强烈的不祥之感笼罩着整个市场。

10点30分，真正的灾难终于降临了。300吨黄金的抛盘汹涌而出，其规模相当于2012年全球黄金矿产量的11%！目瞪口呆的交易员们看到的不再是10米高的巨浪，而是30米高的海啸！恐惧将每一个人的心冻结到冰点，瞬间过后，疯狂又把所有人的大脑燃烧到爆裂，夺路而逃就像求生的本能，支配着一切行为。市场态势顷刻逆转了，卖空的呼喊震耳欲聋。

1 525美元的关键支撑点被瞬间击穿，2000年以来的黄金牛市走向在此决然折转，所有在这一牛熊分界点上设置自动止损的多头买家，就像被魔咒唤醒的木乃伊战士，突然加入了空头大军，转身杀向自家阵营，顷刻间多头人马自相践踏，溃不成军。

此时，正值纽约市场流动性最丰沛的时刻，伦敦和欧洲主要黄金市场均在开盘状态，从而能够充分感受到金价雪崩带来的极端恐怖，空头打击对时间的掐算精确到了每一分钟！

黄金暴跌的冲击波瞬间传遍全球，伦敦市场也同时被闪击。不过，相对于纽约黄金期货市场而言，伦敦更倾向于实物黄金交易，对于准备提取黄金现货的客户而言，纽约期货暴跌在某种程度上给他们提供了打折买货的机会。但是，当伦敦市场的买家准备抄底时，却突然发现他们的计算机交易系统极为罕见地出现了“故障”，此时大家既不能买也不能卖。尽管他们还能通过电话下单，但在市场行情急剧变化的时刻，伦敦现货黄金可能发生短缺，致使他们的交易很难全部实现。

惊慌失措的伦敦实物黄金的买家们，不知道市场究竟发生了什么。与此同时，纽约市场的金价却仍在雪崩之中。如果金价持续暴跌，那么绝大多数多头将被打爆仓，黄金行情必然加速恶化。伦敦的买家为了对冲持有实物黄金的风险，既然无法在伦敦的现货金市场买入来摊低成本，那就只能在纽约的期货金市场卖空以弥补损失。他们必须当机立断，逃生的本能再度支配了一切。

先卖空，再发问！

伦敦的交易员们也跳上了空头的战车，碾压着多头的尸体，继续狂飙突进。

纽约期货金的暴跌趋势，在本应遭到反击的伦敦实物金市场上，不仅兵不血刃地一路横扫过去，同时还将持有实物黄金的伦敦买家顺利缴械，并迫使他们加入了做空黄金的大军。

空头前所未见的强大攻势，在 1 525 美元止损点被击穿后，触发了大规模多头止损的倒戈，再迫使伦敦市场的实物黄金买家变节加盟，一时间如入无人之境。

卖空！卖空！卖空！

从纽约到伦敦，从新加坡到香港，从上海到东京，惊恐万状的黄金投资者们惨遭屠杀，各国市场血流成河。

华尔街媒体兴奋地评论道：黄金的暴跌之势就像自由落体一般，空头们“锐利的刀锋如同划过柔软的奶油”。

黄金市场的心理防线已经彻底崩溃了。场内公开喊价的交易结束后，电子盘交易持续进行。至 17 点 07 分，金价暴跌至 1 476.1 美元，当日最大跌幅高达 88.8 美元！

这预示着更大的灾难还在后面！

在黄金期货市场中，多空双方均采用保证金交易，用小资金以杠杆方式撬动大交易，杠杆比例可高达 1∶20。当价格下跌时，多头的保证金将承受同等倍数的损失。当天金价的暴跌幅度，必然将大批多头的保证金账户击穿。整个周末，银行和经纪公司的工作人员并没有休息，而是高速转动起来，加班加点地逐个清点账户。紧接着，海量的追加保证金的“最后通牒”，被迅速送达惊魂未定的多头客户处，他们只有 24 小时的时间，要么缴械投降，被交易所强制平仓；要么在周日之前拿出大笔现金来补足保证金。

此刻，痛苦万状的多头，不仅遭到了惨重的资金损失，还要承受巨大的心理煎熬。周末所有媒体机器全部开动起来，唱空黄金的新闻和评论铺天盖地，“金价崩溃”、“牛市终结”、“泡沫破裂”、“可笑的黄金哭了”、“爆仓”、“狂抛”等极具震撼力的标题充斥着电视、广播、报纸和网络，恐怖气氛在媒体的渲染下被高倍放大、快速传播、大面积传染。绝望的情绪经过一个周末的心理发酵，将黄金市场推向了4月15日星期一的“物种灭绝级”大灾难。

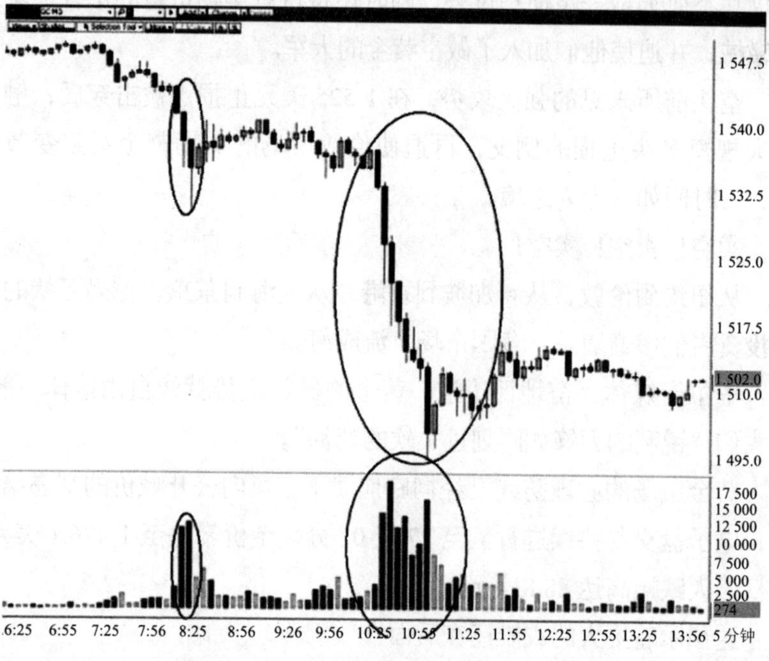

2013年4月12日上午8点30分和10点30分，纽约黄金期货市场遭到两轮猛烈的“空袭”

4月15日，200万年一遇的恐怖

10年一遇的不幸叫灾难，50年一遇的不幸叫重大灾难，100年一遇的不幸叫特大灾难，而200万年一遇的不幸呢？恐怕只能叫“物种灭绝级”灾难了。

2013年4月15日，黄金市场遭遇的就是灭绝级灾难!

在整整一个周末，追加保证金的通知单如雪片一般充斥着全球黄金市场，高倍杠杆下的黄金多头们已面临灭顶之灾。星期一，亚洲市场刚开盘，绝路逃生的人们自相践踏，死伤无数，黄金历史上最严重的大溃败由此拉开了序幕。

伦敦市场暴跌，美国市场崩溃，电视新闻的黄金价格显示已跟不上黄金暴跌的速度，全世界都目瞪口呆地见证着人们心目中的财富“诺亚方舟”，居然在短短的几个小时中就沉没了。

当天，纽约期货黄金价格从周五收盘的1 501美元，以自由落体的状态收盘于1 361美元，狂跌了140美元，跌幅达到了9.3%，创下30年来最大的单日跌幅纪录!

以市场波动性而论，当日盘中交易更为惊心动魄。英国《每日电讯报》4月16日惊呼：“以正态分布的理论为计算基础，你会看到周一（黄金市场）的波动性，在5亿个交易日里才会发生一次，即200万年一遇。”[1]

当这种级别的灾难降临时，恐龙也会灭绝。

华尔街的媒体啦啦队扯开嗓门高呼：黄金完蛋了!

“中国大妈”逆袭华尔街

然而，黄金投资者并没有“被灭绝”，接下来发生的事令全世界大吃一惊!

4月16日，就在期货黄金价格暴跌的惊涛骇浪中，于无声处炸响了一声惊雷!

全世界的实物黄金抢购者们，就像听到了发令枪一样，几乎在同一时刻，从各个角落中突然杀了出来。他们猛烈而毫无征兆地冲进了各大城市的金店和银行，半个世纪以来从未见过的黄金抢购狂潮席卷了整个世界!

在中国大陆，最早闻风而动的就是“中国大妈”了。她们看不懂《华尔街日报》，也不知道纽约黄金期货的技术图形，看到黄金价格下跌，就像听说北京三环的房价从5万元（每平方米）跌到了3万元，哪有不抢的道理？她们只在乎值与不值，哪管期货不期货。老百姓的思维很朴实：金比纸贵重，地比钱踏实！

不仅北京、上海、广州、深圳等一线城市发生了大规模的黄金抢购风潮，而且几乎每一个省会城市都出现了黄金卖断货的报道。

这到底是多大的购买规模呢？上海黄金交易所的数据说明了一切。

上海黄金交易所是中国所有合法黄金现货交易的总集散地。一切国内的矿产金、回收金，以及进口的海外金，都必须首先进入上海金交所，然后才能合法交易和向全国输送。在零售市场中，所有黄金制品的最终源头都出自上海金交所。上海金交所的会员包括金融机构，黄金、白银、铂等贵金属制品的生产、冶炼、加工、批发和进出口贸易的企业法人。简而言之，上海金交所的出库量，就是中国市场中所有合法黄金的总交易量。

2013年4月，上海黄金交易所的出库量同比暴涨182%，达到了惊人的236吨！[2]该所2012年的全年出库量为1 138吨，2013年4月的出库量接近2012年第一季度的总和！

到4月底，国内黄金市场已经基本断货，上海金交所的现货黄金的溢价比国际市场每克高出近10元，而正常情况一般不超过1元，这意味着在国内买黄金要比在国外买黄金每盎司贵了50美元！如此之高的溢价，反映出实物黄金在中国市场已处于极度短缺的状态。

因为国内金价太贵，大批“中国大妈”纷纷奔赴香港扫货，直接导致香港金银业贸易场库存被“洗劫一空”，成交总金额高达创纪录的1 600亿港币，相当于400吨黄金的交易量！至4月24日，香港实物黄金存货已濒临枯竭，不得不紧急从伦敦和瑞士补货，订购量为平常的4倍！

4月底，随着国内“五一”长假的临近，大批“中国大妈”再度

2013 年 4 月 16 日，“中国大妈”踊跃购买黄金

携巨款“轰炸”香港，香港的金店又一次赚得盆满钵满。据香港媒体报道，从 4 月 29 日到 5 月 2 日，全港 1 200 家珠宝店黄金销售同比暴涨 50%，4 天卖出黄金 40 吨！

“中国大妈”一战成名，她们在国际黄金期货价格暴跌，黄金市场人气崩溃的危机中，横扫了中国内地和香港的黄金实物，震惊了国际金融市场，也震动了华尔街的大佬们。

4 月 10 日，高盛发布报告，强烈看空黄金，并建议客户们大举做空黄金。仅仅13天后，在全世界实物黄金井喷般地抢购风潮面前，高盛不得不改口宣称，虽然继续看空黄金，但不建议客户继续做空黄金了。

其实，抢购黄金的风潮不仅仅在中国爆发，世界各地投资实物金银的热情也如燎原之火，熊熊蔓延。

纽约期货金价暴跌之后，美国的实物金银投资者们立刻开始了大规模抢购。

4月16日，美国最大的贵金属商Amark和CNT，宣布其白银库存已经断货，它们也是美国财政部指定的金银币制造的原材料供应商。受其影响，美国重要的贵金属订货网站SD Bullion，当天在首页上挂出“断货！”（“SOLD OUT！”）的显著提示：“由于今天史无前例的实物销售规模，订单送货将会延期20天”。

有着41年贵金属从业经历的比尔·海恩（Bill Hayne）不禁感慨：“从来没有见过这么大规模的金银短缺，美国众多的贵金属批发商都已断货，订单提货被延期4~6周处理。实物金银的买家与卖家的比例达到了惊人的50∶1，致使所有贵金属购买的手续费暴涨。”

4月17日，全球最大的金银币提供者——美国财政部铸币局发布的报告显示，美国人当天狂买了创历史纪录的6.35万盎司的金币，即两吨黄金！而“中国大妈”在“五一”节横扫香港市场时，出手规模为每天10吨！

4月24日，就在香港黄金卖断货的同时，美国铸币局宣布1/10盎司的金币也卖断了货，供应中断长达一个多月之久。1/10盎司金币是美国最受普通家庭喜爱的金币投资品种，2013年以来销售同比暴涨了118%。整个4月，美国铸币局黄金销售近21万盎司（6.8吨），销售金额3.11亿美元，创下了铸币局有史以来的最高纪录。

印度作为世界最大的黄金消费国，在4月进口了142.5吨的黄金，比前三个月的平均水平大幅增长66%；在澳大利亚，帕斯铸币局4月黄金销售创历史纪录，达到11.2万盎司（3.6吨），同比暴涨534.4%；在日本东京银座商业区的金店里，日本人大排长龙，需要耐心等待三个小时才能买到黄金。

从伊斯坦布尔到阿布扎比，从孟买到迪拜，从北美到欧洲，从澳大利亚到瑞士，从新加坡到香港，从北京到东京，全世界的实物黄金投资人都在期货黄金信心崩盘的两周里，大举购买实物黄金。

黄金市场出现了冰火两重天的奇观！期货黄金市场冰冷到了“灭绝”的程度，而实物黄金市场却火爆到了“烫手”的行情！

人们不禁狐疑，我们是在谈论同一种东西吗？为什么全世界的实物黄金如此抢手，期货黄金却“跌跌”不休呢？黄金价格到底哪个市场说了算？

要明白这其中的道理，就需要回顾一下世界黄金市场的发展历史了。

伦敦金：高贵的出身，私密的做派

19 世纪初，英国在世界上最早建立起金本位制度，1 盎司黄金被法律确定为 3 英镑 17 先令 10.5 便士。简单地说，就是英格兰银行承诺在 3 英镑 17 先令 9 便士的价位上随时收购一切黄金，并且以法定价格 3 英镑 17 先令 10.5 便士向市场无限量出售黄金。英格兰银行就是当时世界黄金市场上的最大做市商，它的主要职责就是捍卫黄金价格，确保金本位制度安全无虞。

当然，英格兰银行并非亲自赤膊上阵，在市场中叫买叫卖，而是依赖伦敦五大金商来做批发业务，金商们再依靠自己强大的渠道进行零售。其实，金融的本质也是渠道为王，只不过渠道中流通的是金融产品。

伦敦的五大金商几乎都是两三百年的老字号，最赫赫有名的是罗斯柴尔德家族（简称罗家），它不仅控制着欧洲各国的公债市场，而且也是世界黄金市场的霸主，在 19 世纪号称是“欧洲第六大强权”。除罗家之外，莫卡塔家族堪称老二，在伦敦经营黄金业务已历经 9 代，甚至比罗家的资格还要老。其他三家包括早在 1750 年就开始金银检验的庄信万丰公司、夏普斯·皮克斯利公司和塞缪尔·蒙塔古公司。[3]

19世纪以来，英国凭借其工业革命发源地的先发优势，以海上霸权为后盾，以金融实力为杠杆，建立起一个横跨欧、美、亚、非和大洋洲的殖民帝国，垄断着全球原材料与能源的供应，控制着世界市场的划分，掌握着远洋贸易的通道，左右着国际资本的流向。全世界的黄金从南非、加拿大、美国、俄国、巴西、澳大利亚等地的金矿向伦敦汇集，英格兰银行以黄金储备为基础创造出通行世界的英镑，然后英镑资本与工业制品从英国流向世界市场的各个角落，最终，巨额的利润裹挟着更多的黄金回流到伦敦，完成国际资本的大循环。

经典的金本位货币制度为英国的繁荣和霸权奠定了坚实的基础，直至后起之秀德国开始挑战这一英国统治下的造富机制。

第一次世界大战的爆发，打破了以伦敦为中心的世界黄金循环体系，参战各国不得不暂时停止纸币与黄金的兑换。在战时状态下，南非等英属殖民地的黄金产出直接被划入了英格兰银行的金库，成为英国的战时黄金储备。

“一战”结束后，英国虽然在军事上战胜了德国，但在经济上却遭到了重创。而美国人则坐山观虎斗，由于欧洲的黄金大量流入美国避险，促使美国工业与金融的实力大增。此时，美元的实力已经显著超过了英镑。

战争虽然结束了，但在战争中不得不大量印钞的英国，虽然没有出现恶性通胀，却欠下了巨额的美元债务，从战前美国的债权国沦为战后美国的债务国。伦敦国际金融中心的地位被纽约抢了过去，英镑世界货币的霸气已被美元压倒。英国金融元气大伤，导致英镑迟迟不能恢复金本位，英国苦心经营上百年的国际贸易和世界分工的秩序陷入严重混乱。

英镑的弱势被世人看得清清楚楚，美元的强大各国心里更是明明白白。1913年，战前的四大经济强国美、英、德、法共有黄金储备50亿美元，其中美国最多，为20亿美元，英国8亿美元，德国10亿美元，法国12亿美元。而战后，在四大强国60亿美元的黄金储备总额中，美国已坐拥45亿美元，超过英国5倍以上，占有绝对优势。但大英帝国显然无法及时调整霸主的心态，英格兰银行坚持只用英镑定价黄金，而英镑对美元却在明显贬值。

这样一来，南非等产金国就不干了。英格兰银行收兑它们的黄金是按照战时状态的固定价格，而金价明明在上涨，如果继续按固定价格显然就亏大了。当然英国是宗主国，南非不愿背主投向纽约，但他们急需在伦敦找到一个能真正反映黄金市场价格的出路。

很显然，在伦敦，无论是金融实力还是黄金地位，谁能比得上罗斯柴尔德家族呢？于是，罗家在各产金国和黄金经纪商们的共同拥戴之下，召集起伦敦五大金商家族，于1919年9月12日开始了第一次"伦敦黄金定价"。

这一天，黄金首开市场报价的纪录，金价定格为：4.18英镑！

从此以后，每个工作日的上午10点30分，伦敦四大金商的代表准时来到罗斯柴尔德家族在伦敦金融城的办公室，他们在一间密室中分别坐下，加上罗家代表一共5人，其他任何人不得入内。他们每人都有一条专线连通到各自公司的交易室，而这些交易室则连接着世界各地大大小小的黄金经纪商们。罗斯柴尔德的定价密室，正是全世界黄金交易的神经中枢，这间密室将南非的七大金矿、苏联的黄金出口商，南美、澳大利亚以及世界主要的黄金供应商，与香港、中东、印度、东京等地的黄金需求商，以及各国投机者们，紧密地整合成一张世界黄金的产销渠道网络。此刻，全世界都在紧张地等待着当日黄金的定盘价。

在密室中，5人的地位相同，主席自然是罗家的代表。他会首先宣布："先生们，我们今天从498美元开始。"（1968年后，伦敦金定价使用美元，定价时参考纽约收盘价。）紧接着，5人将初始价格用电话通知各自公司的交易室，交易员们立刻开始在电话中向客户询问买卖价格区间，同时更多的客户正在电话线上等待着。很快，各交易室将自己客户买卖的订单整理出来，计算轧差，再迅速反馈回罗家密室。几秒钟之内，5人根据各自交易室的轧差结果，宣布自己是买家还是卖家，或者对这个价格不感兴趣。一般而言，当5人宣布的买卖成交量达到数吨（该数字一直保密），而且买卖双方总量刚好平衡时，则定价生效。如果买卖的数量不匹配，那么主席必须再试一个价，大家又忙碌一番，直到在这个价位上，买卖总量平衡为止。[4]

当5人最终确定了满意的成交价后，伦敦金就算被“敲定”了。这个定盘价立刻通过电话向交易员们宣布，电光石火之间，伦敦金的定价被迅速传递到世界的各个角落，巨大的国际黄金市场开始隆隆地转动起来。

当金价比较稳定时，一次试价就够了，但金价波动剧烈时，可能必须试二三十次。1979年10月的一次定价，竟然费时1小时39分钟！最长的一次发生在1990年3月23日，一家中东银行要求卖出至少14吨黄金，时间延长到2小时26分，价格在定盘过程中跌了20美元。定盘成交最大的一次，发生在1968年3月，当时美军在越战中失利，英镑又大幅贬值，投机者蜂拥买入黄金，西方央行组成的黄金平准总库（Gold Pool）被挤兑超过2 000吨黄金。为此，伦敦黄金市场关闭了整整两周。金市重开后，黄金不再以英镑定价，而是按美元定价。

罗斯柴尔德家族主导伦敦金定价直到2004年。那一年，罗家宣布主动放弃黄金定价权，理由是不咋赚钱。要知道黄金的日交易量高达数千吨，年交易量近百万吨，交易总金额不下20万亿美元！定价权就是先知权，股票市场的高频交易商们为早知道行情1毫秒，都能付出数亿美元的投资代价，罗家在黄金价格上的“先知”时间又岂止1毫秒？这样巨大的权力，别人争都没戏，罗家却能主动放弃，看来罗家的水深已到了令人匪夷所思的地步。

瑞士金：小姐的心，丫鬟的命

“二战”的爆发，打断了伦敦垄断世界黄金市场的好日子。从1939年到1954年，伦敦黄金市场在战争的烽火和战后的混乱中被迫关闭。如果“一战”后大英帝国还能勉强维持世界金融中心的地位，那么英国在“二战”中的空前损失，特别是其殖民帝国被美国强行肢解之后，伦敦永远失去了恢复金融霸主的机会。在黄金市场中，另一个强大的对手已经悄然崛起，这就是瑞士。

瑞士在“二战”中作为纳粹德国与盟国进行秘密商业交易的中枢，被希特勒有意地“保护起来”，成为“中立国”。瑞士各银行向瑞士财政部申报的总账表明，瑞士的黄金从1941年的3.32亿美元猛增至1945年的8.46亿美元，其中至少有5亿美元来自纳粹德国，这个数字与克林顿时期美国国会的调查报告相吻合。该报告指出，“二战”期间瑞士曾经接收了价值4.4亿美元的纳粹黄金，其中3.16亿是纳粹从别国掠夺的。

1945—1954年，趁英国黄金市场仍处于关闭状态的机会，瑞士的银行开始四处活动，整合世界各地的黄金供销渠道，试图建立以瑞士为中心的全球黄金市场。在供货渠道方面，瑞士人没有意识形态的顾虑，他们一方面与苏联和东欧社会主义国家阵营建立起牢固的商业伙伴关系，另一方面甚至跑到南非去挖英国的墙脚。在销售渠道上，瑞士人最成功的扩张就是发现了亚洲市场强烈的黄金需求，特别是在中国市场上狂赚了一把。

1949年，中国国民党政权已经濒临最终的崩溃，北京、上海的黄金价格飞涨到50~55美元，而欧洲市场的黄金价格仅为38美元。民国政府的达官贵人和富豪们，以远高于欧洲的价格疯狂抢购黄金，最后又将这些黄金存入了瑞士的银行。一进一出间，巨额的利润让瑞士人赚得盆满钵满。同时，瑞士银行的信用在中国深入人心，连新中国成立之后，主要的国际黄金业务都是通过瑞士进行。

瑞士的黄金市场迅猛扩张，很快就将世界各地市场中大大小小的黄金交易商笼络到自己的帐下，再加上瑞士黄金高超的精炼技术，瑞士金条逐渐成为世界最流行的标准产品。到20世纪70年代初，80%的南非黄金流进瑞士而非英国。从1972—1980年，苏联出口的2 000吨黄金都汇集到了瑞士。70年代中期，美国和IMF（国际货币基金组织）为了将黄金彻底“非货币化”，在市场中大举抛售金条，聪明的瑞士人悄悄吃进了其中的1/3。瑞士人还每年向意大利和中东的首饰行业输出500吨黄金，从罗马到德黑兰，从伊斯坦布尔到利雅得，从新加坡到香港，到处都是瑞士精炼的金条。

巨大的黄金市场为瑞士提供了充足的黄金储备，瑞士中央银行为每一个瑞士人存储了13.2盎司（411克）的黄金，比美国这个最大的黄金储备国的人均持有量高出了整整11倍！[5]每一张流通中的瑞士法郎纸币背后，都有高达1.1倍的金条为支撑，瑞士法郎成为整个西方世界中最坚挺的货币。

在瑞士的强大挑战面前，英国终于丧失了300年来世界黄金集散地的宝座，逐步演变成纯粹的交易中心。

不过，伦敦在黄金定价方面的优势并未被弱化。英国人已经看明白了一个大趋势，由于全球美元的长期超发，在黄金市场中掌握着巨额资金的金融机构和市场投机者，已经在资金实力上大大超越了实物黄金的最终需求者，英国只要牢牢抓住金融资本的投资需求，就远比控制黄金供销渠道更为有利可图。与其做黄金实物的世界搬运工，不如当国际黄金价格的定价者。

一句话：让瑞士人去干体力活，自己来做老板。

如果将伦敦和瑞士的组合看作是“前店后厂”模式的话，伦敦就是做商业，而瑞士就是搞生产。伦敦利用其欧洲金融中心的有利地位，摇身一变成了黄金的定价中心，将运输、仓储、化验、精炼等苦活儿、累活儿外包给了瑞士，伦敦将主要注意力放在了拓展黄金投资商的渠道，以及为他们量身定制各种产品，将黄金市场清算的账本牢牢地抓在自己手中，将提货、交割这等琐事交给瑞士去处理。

瑞士虽有小姐的心，最终却是丫鬟的命。

纽约金：牛仔的乐园，赌徒的天堂

1975年1月2日，是黄金历史上划时代的一天。经过40多年的漫长岁月，美国政府终于宣布黄金解禁，从此美国人可以合法地持有黄金了。

世人都知道，美元又被称为“美金”，因为美元的背后是黄金，美国自由到枪支都能随便持有，怎么会禁止美国人持有黄金呢？难道黄金比枪支更危险？

对美国政府而言，枪可以要人命，黄金可以夺人心，人心比人命更难控制。

大英帝国在 19 世纪初率先开始实行金本位，随后欧洲各国纷纷跟进。当时在欧洲人眼中美国还是金融文明的“化外之地”，美国既无现代化的中央银行，又没有稳定的货币制度。从殖民地时代开始，各种货币五花八门，层出不穷。殖民地纸币、金银双轨制、林肯绿币，甚至每家银行都能发行自己的合法钞票，19 世纪堪称是美国货币制度大争论、大混乱和大试验的 100 年。有意思的是，美国的货币虽乱，但经济增长却突飞猛进。也正是在这 100 年里，美国从一个前殖民地弱邦，一举超越了欧洲所有发达国家，成为世界第一强国。

就像乍富的人有钱以后才开始讲究贵族礼仪，美国也是成了经济强国之后才觉得自己杂乱的货币体系有些不雅，虽然财富与权力在不断集中，货币制度却仍然混乱分散。最终，美国在 1900 年开始推行金本位，法律规定：1 盎司黄金＝ 20.67 美元。

第一次世界大战使美国成了暴发户，大量欧洲黄金涌入美国，从而刺激了 20 世纪 20 年代美国经济的大繁荣和随之而来的大泡沫。1929 年，美国股市崩盘，1931 年，美国银行开始大规模破产。惊恐万状的储蓄者涌向银行，用美元钞票挤兑黄金，结果导致数千家银行倒闭。1933 年 3 月 3 日，就在罗斯福宣誓就职总统的前一天，国际和国内的挤兑风潮竟然将美联储纽约银行的黄金储备洗劫一空[6]。如果 3 月 4 日罗斯福不采取断然行动，美国的中央银行体系就将破产！这是真正意义上的破产，因为美联储纽约银行乃是一家私营公司，并非政府部门。

1933 年 3 月 4 日，罗斯福上台的第一件事，就是立刻关闭全国的银行体系，放假10天。这是美国历史上第一次出现整个经济体在10天之内，完全处于没有银行和货币的状态之下。3月11日，罗斯福下达行政命令，以稳定经济为名，停止银行的黄金兑换。4月5日，又下令美国公民必须上缴他们所有的黄金，政府以20.67美元的价格强制收购。除了稀有金币和黄金首饰之外，任何私藏黄金的美国人，将被重判10年监禁和25万美元的罚款。1934年1月又通过了《黄金储备法案》，美元大幅贬值到35美元兑换1盎司黄金，但美国公民无权兑换黄金。几个月前美国人刚刚上缴了黄金，拿到手上的美元纸币还没捂热就贬值大半。

罗斯福当年救急的黄金禁令，居然维持了40多年！这种情况在战后更显得匪夷所思，美国坐拥全球2/3黄金储备，其GDP一度占全世界的半壁江山，竟然在如此之长的时间里，在显然没有正当理由的情况下，禁止公民持有黄金。这充分表明，隔绝黄金与美国人日常生活的联系正是这一政策的关键所在。其实，美国早就决心“篡金自立”，以美元来称霸世界了。

长期隔绝政策确实很有成效。在1975年黄金合法化之后，普通的美国人并未去大规模抢购黄金，因为他们确实对黄金“失忆”了。与中国的历史相比，美国的历史不过是一个朝代的时间。“乱世藏金”对中国人而言，是在几千年历史惨痛教训之中反复验证的终极经验；而对美国人来说，他们并没有经历过完整的大国兴衰，根本就不相信美国会衰落，历史会轮回。盛极而衰与物极必反这样的思维方式，在美国人的头脑中是没有经验对应的。既然美国的制度就是历史的终结，如果美国的霸权可以永续存在，那么美元自然就是人类货币的终极形式，黄金还能有任何价值吗？

在1975年美国刚刚开放的黄金市场上，人们普遍不理解也不看好黄金投资。在商品交易所里，黄金期货几乎无人问津，黄金交易员是最不入流的边缘者。在黄金交易的时间里，他们常常闲极无聊，甚至靠下国际象棋来打发时间。

当然，美元的暂时稳定只是一种假象。

1971 年美元与黄金脱钩之初，黄金价格逐渐从 35 美元上涨到 42.22 美元，美国的通胀开始发作。但普通美国人认为那是 1973 年石油危机的结果，物价很快就会恢复正常。毕竟 1971 年以前的美国物价有长达 170 年的稳定记录，虽然世界大战会造成物价波动，但金本位下的物价大致保持了长期下降的历史趋势，美国人对通货膨胀的感受非常陌生。不过，石油危机之后，美国的通胀非但没有回落的迹象，反而愈演愈烈，人们的情绪逐渐紧张起来。

1977 年美元在国际外汇市场上开始崩溃。1978 年美国的通胀已从 1971 年前后的 4%飙升到了 10%，1979 年更达到惊人的 14%！这时美国人的心态再也无法平和，他们从紧张变成了恐惧，对黄金的热情突然发生了大爆发。报纸、广播、电视迅速反应过来，原本无人关注的金价很快成为头版消息。伊朗人质危机，苏联入侵阿富汗，更是在炙热的黄金市场上火上浇油。

原来默默无闻的黄金交易员，顿时成为期货市场中的宠儿，身价倍增。仅仅在 1978 年 12 月的一个月内，美国黄金期货市场就突破了 100 万张合约的惊人交易量，而 1975 年和 1976 年全年的交易量平均不过 80 万张合约。[7]

三年中，黄金期货交易量以 10 倍的速度爆炸性增长，催生了美国黄金市场的期货革命。瑞士那种沉闷的实物黄金交易，简直令财大气粗的美国投资者窒息；伦敦保守老旧的商业模式，也不能满足美国投机商的巨大胃口。美国人天生喜欢冒险和创新，具有与生俱来的赌徒性格。

既然要开辟黄金市场，要玩就要玩大的。

COMEX（纽约商品交易所）率先推出了革命性的黄金期货产品，每张COMEX合约为 100 盎司含金量为 99.5%的标准金条，这比伦敦 400 盎司的标准金条更小。由于价格更低廉，所以极大地扩大了基础客户的规模。更为重要的是，期货合约采用了保证金模式，购买每份合约仅需 5%左右的保证金。如果金价为 1 000 美元，那么每份合约的总价就是 10 万美元，这个价格显然过高，不利于散户参与。如果只交 5%的保证金，也就是 5 000 美元，那么客户就能够用区区 5 000 美元来买卖价值 10 万美元的黄金。20 倍的杠杆，对于赌徒来说实在是太刺激了！

COMEX以伦敦金条 1/4 的规格，再辅之以 20 倍的杠杆，等于将投资黄金的门槛降低了 80 倍！当年瑞士人苦口婆心地游说全世界的金矿主和首饰商们，再苦哈哈地建立仓储、精炼、运输等设施，试图将瑞士打造成世界黄金中心，几十年苦干下来，被伦敦金融家们玩了个金蝉脱壳。而美国人则看透了黄金市场的投资主导趋势，大刀阔斧地降低投资黄金的门槛，充分刺激和满足了人性中的贪婪和赌性，轻而易举地抢走了伦敦黄金市场的大量国际客户。

纽约的牛仔精神与伦敦的贵族做派形成了鲜明的对比，伦敦的大佬们认为，黄金投资是一种私密性很强的生意，客户与交易商在一种相对非正式和缺少监管的气氛中可以讨价还价，而期货市场那种严格监管和剧烈交易的压迫感过强。简单地说，伦敦认为黄金交易是一种讲究身份和隐私的交易，真正的富豪需要伦敦那种更舒适和贴心的服务体验。伦敦市场认为，炒黄金的不过是暴发户，藏黄金的才是世家巨富。

纽约的牛仔们根本不在意大户小户之分，有钱赚才是硬道理。

COMEX公开喊价市场的开盘与伦敦金定价的过程迥然不同，没有伦敦贵族式的讲究与私密，一开盘就处于一种极度紧张和亢奋的气氛之中。来自全球的买卖信息通过美林、高盛等交易商汇集成波涛汹涌的订单洪流，交易指令即刻通过电话下达到交易大厅的电话亭。接线员们每人要应付 15 条电话专线，他们在接电话的同时就必须将交易指令草写在交易单上并加盖时间戳，以便客户查询。此刻，通讯员（runner）早已候在旁边，等交易单刚落在桌上，他们立刻一把抓起，然后以百米冲刺的速度直扑大厅中的交易员。交易疯狂时，数百条电话线交织成密密麻麻的蜘蛛网，从电话亭一直扯到离交易员最近的地方，通讯员们飞奔在层层的“绊马索”之中，竟然从来没人摔过跤，简直是奇迹。

高强度、快节奏、大批量、小成本，纽约黄金期货市场获得了空前的成功。COMEX市场就像磁石一般牢牢地吸住了全世界的黄金投资者，他们的作息时间完全被纽约的交易时间打乱。欧洲人不得不在办公室守到很晚；中东人很难在午夜前吃上晚饭；最惨的还是香港和亚洲的投资者，他们上床的时间基本都在凌晨3点以后。

20世纪80年代初，纽约的期货黄金市场规模和流动性都日益凌驾于伦敦的实物金市场之上。最近10年以来，纽约定价的力量越来越起到主导作用。在黄金期货市场中，绝大部分投资人其实是投机者，他们在这个紧张、刺激、跌宕起伏的市场中玩的是一种心跳。期货市场的交割量与成交量相比，往往连1%都不到，参与交易的赌徒们如果最后不得不提取现货，这是件相当没面子的事情。

对于任何一种商品而言，交易量越大的市场对价格的影响力就越大，原因在于商品在最大交易量的市场中流动性最好，变现最容易，价格发现最准确。黄金市场也不例外。不过，当期货、期权之类的“纸黄金”的交易量超过实物黄金交易量100倍时，这个市场已经不再是一个黄金的期货交易市场，而是一个期货市场名叫黄金。更准确地说，是一个以黄金价格为赌注的赌场。

这就是为什么“中国大妈”和世界黄金实物投资人大量购买黄金，却无法撼动黄金价格的原因。

当赌场越开越大，赌注越来越高，可是黄金筹码却日益稀缺，这就出现了一个风险：如果筹码耗尽，赌场就可能被迫关门。

这一潜在的风险在2012年底和2013年初正在逐渐聚集，并最终掀起了一场黄金市场的滔天巨浪。

美国QE3：一石激起千层浪，美元信心在摇晃

2012年9月14日，美国宣布QE3（第三轮量化宽松）即将启动，每月继续由美联储印钞购买400亿美元的MBS（按揭抵押债券）和450亿美元的国债，总规模每月高达850亿美元。更令人心惊肉跳的

是，美联储宣称QE3将持续到就业市场好转，同时暗示可以容忍通胀底线被突破。这样一来，QE3就变成了无时限、无量限、无底线的“三无政策”！仅在2013年一年里就会净增加1万亿美元的基础货币，到2013年底，美联储资产负债表将达到4万亿美元的规模，这将是2008年金融危机之前的4倍！

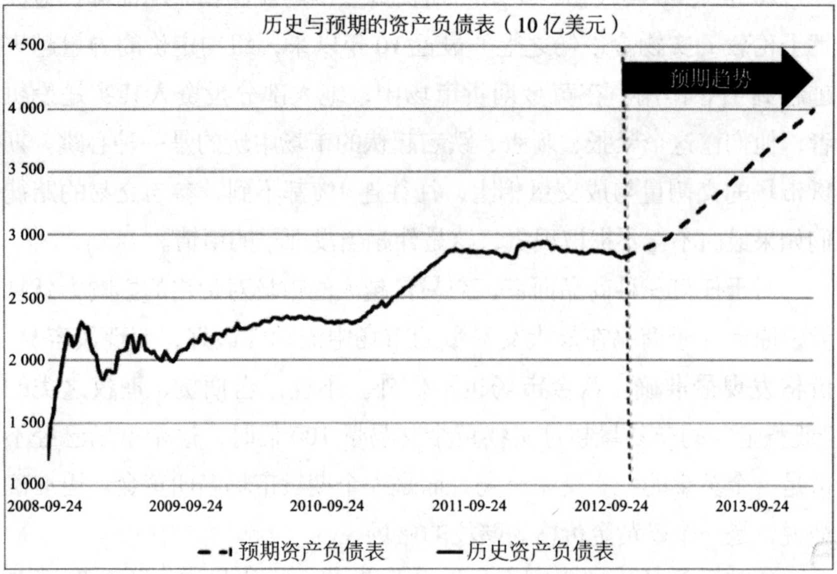

到2013年底，QE3将使美联储的资产负债表膨胀到4万亿美元

虽然QE1和QE2并没有带来人们最为担心的物价暴涨，但QE3的“三无政策”，最终是否将唤醒沉睡中的通胀恶魔，市场上没有人知道。货币超发之所以没有立刻带来通胀，主要原因是新增货币暂时陷入了金融系统的沼泽地里，进行着无效率的空转。但这种状况并非永久稳定，每月850亿美元的货币注入将不断增加维持脆弱稳定的困难，无论最终结果是奇迹般的经济复苏，还是悲剧式的崩溃，通货膨胀都是一个绕不开的疑问。如此规模的基础货币泛滥，已经形成了一个巨大的货币堰塞湖，令人望而生畏。

欧洲太平洋资本公司的CEO（首席执行官）彼得·希夫（Peter Schiff），在一次演讲中将QE3对世界的危害表达得形象传神，他模拟未来有一天美国总统发表电视讲话："同胞们，我们将大幅削减公共开支、提高税收、取消基础医疗保障、减少养老金发放，这么做的目的是中国人想要我们还钱。你们认为这会发生吗？永远不会！美国人民会说，你们这些可恶的中国人，明知道我们还不起钱，还硬要把钱借给我们，你们是高利贷的吸血鬼！我们永远不会还钱！"

彼得·希夫尖刻地指出："中国人似乎都是鸵鸟，当有人告诉他们，美国人从来就没打算还钱给你们，因为他们几辈子也还不清这些钱。中国人听到这话的反应竟然是将脑袋埋到沙子里去，告诉自己说：'不会的，不会的，美国国债是全世界最安全的投资。'然后一如既往地将中国的资源送往美国，换取绿纸片，接着去买美国国债。而中国还有1亿的贫困人口，这些同胞的生活似乎完全比不上美国国债重要，原来世界上最歧视中国人的竟然是中国人自己！"[8]

其实，世界各国都明白QE3是美国将祸水引向别国和转嫁危机的把戏，只不过每个国家的反应不同罢了。这就如同缺钱的黑社会老大，拎着明晃晃的砍刀，上了长途汽车，挨个向乘客索要保护费，乘客们都敢怒不敢言，老老实实地交出了财宝。等黑老大下了车，乘客们立刻炸了窝，发誓再也不能受这般折辱了。这就是各国纷纷开展货币互换和本币结算的原因，人们已经受够了黑老大的讹诈。

QE3无疑使各国对美元的不满从悄悄地滋生与蔓延，迅速升温成公开的声讨和愤怒。

美联储当然知道宣布QE3的后果，但如果没有QE3，经济复苏的海市蜃楼将被立刻打回原形。

为了控制美元汇率不至于发生重大危机，或者其他国家另起炉灶摆脱美元，美国将打一套货币、经济、市场、媒体和地缘冲突的立体组合拳，既要滥发美元，还要大家都来抢，这绝对是一项高难度的杂技。

既然大家看准了美元会烂下去，那美国就让其他货币更烂；既然新兴国家想另起炉灶摆脱美元，那就让这些地区的经济先乱起来。

遥相呼应：发达国家齐上阵，货币贬值战鼓闻

美国以往最烦别国货币贬值，动辄以“操控汇率”来指责和威胁，正所谓“只许州官放火，不许百姓点灯”。特别是对于中、日这两个最大的贸易伙伴和最大的债主，美国更是威逼利诱，只恨人民币和日元升值不够。

2013年1月22日，日本政府与日本央行悍然发表《关于摆脱通货紧缩、实现经济可持续增长》的共同声明，力争实现物价上涨2%的目标。手段就是“50年来最激烈”的日元贬值，每年增加基础货币60万亿~70万亿日元（大约为6 000亿~7 000亿美元），目标是在两年内使基础货币总量翻倍！

对于日本的超级版QE，德国人怒了，巴西人骂了，IMF嚷了，俄罗斯人恼了，韩国人惧了，中国人蒙了，美国人呢？洗洗睡了！

说到底，没有美国的支持甚至暗中纵容，安倍岂能轻松地使日元贬值，让美国人吃亏？对于美国而言，贸易损失事小，美元地位事大，两害相权取其轻。在日元大幅贬值的情况下，美元看起来气色好多了。

安倍经济学的核心就是要制造通货膨胀预期，扭转日本持续20年的通货紧缩局面，迫使日本消费者加速消费，以提升经济增长的动力。

这种思路完全是逻辑混乱！

日本通缩是经济困境的结果，而非原因。日本物价疲软的根源是消费不振，而消费不振的原因是深度老龄化导致的人口消费欲望萎靡。老年人退休后的生活极度依赖从前的储蓄，而超发货币只会进一步剥夺老龄人口的购买力，物价即便上涨，也只会导致更严重的消费乏力，问题岂能缓解？安倍经济学的本质就是搞财富再分配，将老龄人口的财富向年轻人口转移，试图以年轻人口的消费力去刺激经济。但在重度老龄化的日本，年轻人的消费增长能够完全抵消老龄人口消费的萎缩吗？

而日本贬值货币的策略，势必遭到其他国家的报复甚至围堵，你贬他也贬，效果相互抵消，更可能遭到别国贸易壁垒的反击，好处没占着，恶名满天下。

老年人养生需要的是节制，安倍却硬要服用大剂量的“伟哥”，导致虚火耗尽，身体只会更衰弱。

除了经济的一手，美国还准备了政治的一手。就在美联储2012年9月14日宣布QE3的前夕，日本国会在9月10日决定用20.5亿日元对钓鱼岛实行“国有化”，这直接导致中日钓鱼岛矛盾的升级。

这个世界没有纯粹的“巧合”！

中日钓鱼岛矛盾的升级，加剧了亚太地区的紧张局势，中日对抗、朝韩紧张、南海摩擦，美元的避险功能得以强化。更重要的是，在如此尖锐的对抗情绪下，谁还有心思在亚太地区另起货币的炉灶，摆脱美元的控制呢？

美国在亚太地区的货币战略是，对人民币取攻势，对日元用守势，刺激东亚矛盾，强化美元地位，为QE3的推出保驾护航！

除了动员日元贬值，欧元的参与也很重要。

贬值货币对各国政府有着天然的诱惑力，对于高负债的国家更是如此。就短期而言，货币贬值不仅能够缓解危机，变相赖账，还能刺激出口，改善就业，彰显政绩。只不过平常自家单干太过明显，容易招人诟病，甚至遭到贸易报复。但是，如果美国和日本敢于挑头，被欧债危机折磨得死去活来的欧盟，再不借坡下驴，趁机进行货币放水，那也太“不合时宜”了。

2012年12月6日，欧洲央行放出风来，声称正在讨论削减存款利息至负利率的想法，据说目的是促使银行将资金运用到其他地方。关于负利率的问题，欧洲央行行长德拉吉称：欧洲央行委员会第一次讨论了降低隔夜储蓄利率至负数的可能性，而且在必要时“操作上已经准备就绪”[9]。

欧元毕竟素以坚挺著称，尤其是主导欧洲央行的德国人对通胀有着病态级别的敏感，这恐怕与德国人在过去的100年里曾遭受了三次货币崩溃的惨痛教训有关。不贬值欧元，日子就不好过，而贬值则信誉扫地。

命重要还是脸重要，德国人还在痛苦地纠结。

对于美国来说，欧元对负利率持开放态度的声明就足以让美元颓势逆转了。

不过，一个对美元更大的危险正在迫近。

货币起义：贸易结算用本币，美元需求成问题

在中国的历史上，每当中央集权的实力下降，都必然催生地方割据，军阀混战。在国际货币争霸的过程中，情况也是一样。当货币霸主实力萎缩，就会出现储备货币供过于求，导致通货膨胀、资产泡沫、经济困顿和金融危机，结果就是“货币叛乱”此起彼伏。20世纪50年代卢布与美元对抗，60年代法郎挑战美元，70年代黄金揭竿而起，80年代日元咄咄逼人，90年代相对平静，而后就是欧元的分疆裂土。

受到欧元“货币起义”成功的巨大刺激，一些小国争相废美元而图自立，结果遭到了无情的镇压。

第一个被美国拿来杀鸡儆猴的就是萨达姆，欧元的出现让备受美国打压的萨达姆看到了一线光明。2000年11月，伊拉克央行放出风来，准备以欧元替代美元作为石油结算货币，并把100亿美元外汇储备调整为欧元。欧洲人大喜过望，欧元区开张大吉。美国人则恼怒异常，加强了对伊拉克的制裁。12月，伊拉克副总理兼财长阿扎维宣布，鉴于美国对伊拉克的敌视立场，伊拉克决定自2002年初开始，正式以欧元替代美元作为贸易结算货币。为确保落实，伊拉克政府还要求国有和私营企业必须遵照规定，使用欧元进行贸易结算。2001年夏，欧元对美元持续升值，萨达姆的欧元结算政策让伊拉克从中获取了丰厚的利润。随后，很多欧佩克国家也纷纷响应，准备向欧盟出售石油换取升值的欧元，而对弱势美元敬而远之。

美国此时已经出离愤怒，如果中东石油出口国都学萨达姆，那美元霸业就塌了一半，假如美元买不到石油，那天下人谁还愿意持有不断贬值的美元？

萨达姆审时却不度势，他看到了美元霸权的命门，准备搏命一击，但他不懂得“上兵伐谋，其次伐交”的道理。弱小的伊拉克只有借助大国之间的激烈角力，甚至战争冲突，才能坐收渔翁之利。被萨达姆当作保护伞的欧盟和俄罗斯，既没有与美国爆发冲突的意愿，也没有这样的实力。在中东非常不得人心的萨达姆，同样不可能得到欧佩克国家的鼎力帮助。孤家寡人挑战美国的命门，必将遭受致命的报复。

2003 年 3 月，伊拉克的欧元生意刚开张一年多，就横遭灭国之祸。

另一个试图挑战美元霸权而命丧黄泉的就是利比亚的卡扎菲。

卡扎菲在 20 世纪 70 年代就有一个梦想，他认为中东和非洲都处在世界体系的边缘，这里有丰富的石油，众多的人口，广阔的市场，如果能将中东和非洲从信仰到市场都整合在一起，将欧美势力赶出这片大陆，就能改变这一地区边缘化的地位。后来，由于石油美元体系的建立，中东国家对他的梦想逐渐敬而远之。卡扎菲一气之下退出了阿拉伯联盟。从此，他开始倾力打造非洲联盟。

要实现他的非洲梦想，没有资金是万万不能的。卡扎菲敏锐地将其经略非洲的重点锁定在货币上。他积极筹划一种新的货币体系，试图与马来西亚总理马哈蒂尔和其他伊斯兰国家联手推出新的伊斯兰通货——黄金第纳尔。

黄金第纳尔的历史可以追溯到 632 年，直到 1922 年土耳其帝国灭亡，第纳尔一直是伊斯兰世界的贸易结算货币。根据伊斯兰法律，1 第纳尔相当于 4.22 克（0.135 盎司）的纯金。卡扎菲的黄金第纳尔计划，在伊斯兰世界显然拥有某种历史回归的使命感和强烈的现实需求。

2003 年黄金第纳尔正式面世，它虽然没有引起一场货币变革的风暴，但美国和IMF已经被这一设想所震惊，黄金货币化不仅与IMF的规定激烈冲突，更是为了完全绕开IMF而另起炉灶。特别是黄金第纳尔的概念既有世界性的号召力，更有强烈的意识形态色彩，足以在阿拉伯世界引起广泛的共鸣。

卡扎菲在推进新货币的同时，还积极筹划建立非洲中央银行、非洲货币基金组织和非洲投资银行这三大金融机构，准备发行以黄金第纳尔为价值基准的非洲统一货币，将非洲与阿拉伯世界从货币上结为一体。

卡扎菲希望黄金第纳尔能够在中东和非洲出售石油和其他资源时作为标准的结算货币，从而彻底摆脱美元与欧元的控制。可以说，卡扎菲的货币雄心比萨达姆还要高远，他考虑的不仅是打击美元和欧元，更试图建立独立的非洲与阿拉伯世界的货币体系。

不过，卡扎菲的计划同时挑战了美元和欧元，而他的身后也没有大国强有力的保护，面对两大强权的联合绞杀，卡扎菲的雄图大略最终灰飞烟灭。

美元，是美国霸权最重要的基石，无论是谁，想要撼动美元的地位，都必须有强大的国际联盟作为后盾，同时还要有可信的战争威慑力，否则不过是“秀才造反，十年难成”。

2013年3月27日，号称“金砖五国”的中国、印度、俄罗斯、巴西、南非，在保护自身利益的共同需求下走到了一起，决心建立金砖国家开发银行，准备用本币来进行金砖国家之间的相互结算与贷款业务，从而减少对美元和欧元的依赖。

金砖五国终于走上了“货币起义”的道路。

除了金砖五国，南美洲12个国家组成的南美洲国家联盟，也对“美元暴政”心怀不满，已于2011年11月25日宣布“货币起义”，成立南方银行，推动地区贸易本币结算体系，逐步将每年1 200亿美元的区内贸易进行“非美元化”。

“前事不忘，后事之师。”无论是金砖五国，还是南美洲国家联盟、上海合作组织、海湾阿拉伯国家合作委员会，要想真正实现货币独立，只有团结起来才有成功的希望。如果这些地区最终脱离了美元的版图，这将是美元霸权以及美国霸主地位的终结。

这才是美元的心腹大患。

美元值此危难之时，德国人又开始捣乱。

雪上加霜：德国黄金运回家，美国金库要核查?

德国人在 2013 年 1 月 16 日宣布了一项举世震惊的声明：德国将把存放在美国纽约联邦储备银行的 300 吨黄金和法国央行的 374 吨黄金运回国内。

美国《福布斯》杂志惊呼："德国人准备将黄金储备从美国和法国运回家的惊人消息，让贵金属的投机者们担心这是全球央行之间的信任可能恶化的第一个重要信号……纸币价值的信任危机，使拥有实物黄金成为人们的本能反应。" [10]

德国央行发言人对《福布斯》透露，德国运回黄金并不是准备卖掉，而是对未来的"货币危机"进行预先防范。此前数月，德国央行宣称从美联储运回了一小部分黄金进行熔炼，检验一下纯度和重量，而最终宣布的运回数量却大得多，这不禁引发了市场的强烈疑惑。

德国共持有 3 391 吨实物黄金

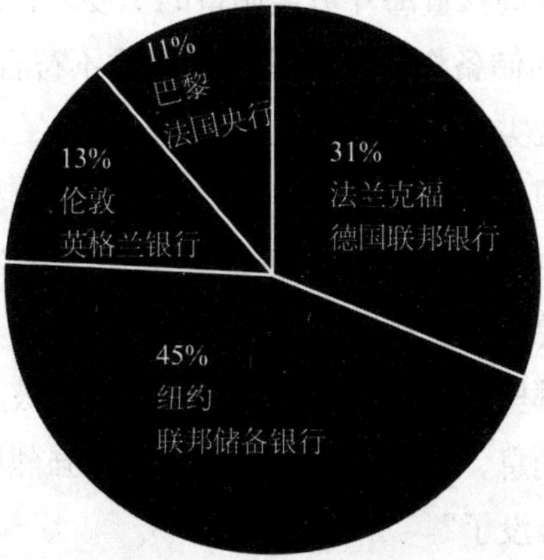

德国央行黄金储备分布图

英国《每日电讯报》于1月15日惊呼："这一行为意味着西方央行之间的信任已然崩溃。"全球最大债券基金——太平洋投资管理公司（PIMCD）首席投资官、债券大王格罗斯也在推特网上发文感叹："报道称德国将从纽约、巴黎运黄金回国，难道各国央行不再彼此信任了吗？"

2012年11月，德国《明镜周刊》曾报道，美国方面拒绝了德国要求"看一眼"自己的黄金储备的要求，理由是"可能会对金库造成安全隐患和程序问题"，这使得德国国内要求召回其黄金储备的呼声日益高涨。

在冷战时期，苏联陈兵百万，对近在咫尺的德国央行金库虎视眈眈。德国人一想到自己的黄金就在苏联的眼皮底下，就感到如芒在背。于是，德国将部分黄金储备存放在美国、法国和英国，这样也不至于家底儿被一锅端掉。随着冷战结束，德国人不能不惦记起寄存在别人那里的财富，就算不运回来，能看上一眼心里也会觉得踏实些。但这样的合理要求居然被美国反复地拒绝，而理由又明显不能令人信服。

德国人开始疑心，自家的黄金会不会出了什么问题呢？早在2011年德国人就开始惦记自家的黄金储备，2012年这种情绪已经不可遏制。据德国《明镜周刊》介绍："德意志联邦银行（德国央行）拒绝了（德国审计局核查海外黄金储备的）要求，声称中央银行之间通常不核查彼此的储备资产，审计局的做法不符合央行之间的惯例，海外托管机构的诚实和信誉是毫无疑问的。"[11]

很明显，德国央行不愿意与美联储闹僵，西方央行之间存在着某种说不清道不明的深厚关系。但德国国会不干了，有议员亲自跑到纽约联邦储备银行要求检查德国的黄金储备，接待人员不能或不愿告诉德国议员金条在哪里。不久，欧洲其他央行被迫披露了黄金储备已被大量租借出去的消息，越来越多的德国人开始强烈质疑自家的黄金储备已被美国人"整没了"。

德国央行仍在辩解黄金留在美国的益处，特别是如果德国出现危机，黄金可以立刻用来融资救难。德国议员们反唇相讥，既然两国央行之间的信任度那么高，金子放在德国和放在美国就没有区别，在哪儿都能融资解困。

德国央行在德国议会、广大民众、各界知名人士联手的强大压力之下，最终不得不同意召回黄金储备。

德国人的担心并非没有道理，其实，就连美国人自己也有同样的疑问。从 20 世纪 50 年代艾森豪威尔担任总统之后，美联储的黄金库存再也没有接受过审计，至今已有半个多世纪了。以罗恩·保罗（Ron Paul）为代表的美国国会议员一直试图审计美联储的黄金储备，但提案却从未被通过。

2013 年 1 月 9 日，美国民众在白宫的网站上发出了一份请愿书，其中写道："美国财政部于 2012 年 12 月 31 日宣布，持有 2.61 亿盎司黄金，储藏地点为丹佛、诺克斯堡、西点军校和纽约联邦储备银行。这些黄金上一次全面的审计还要追溯到久远的 1953 年。"美国民众认为，现在需要对这些黄金的情况做一个公开的审计。测评结果出来之后，需以书面形式进行核查，以便确认谁是真正的黄金拥有者。例如，有多少黄金被租借给了金商或者金融机构，有多少黄金被出售或互换给非财政部的实体（包括外国政府）。请愿书还对审计人的身份提出了要求，认为此次的审计人员"必须是美国造币厂、财政部、美国审计总署、检察长和美联储系统以外的专业审计人员"。

正所谓"无风不起浪"，不久前，比利时央行曾公开承认其 41% 的黄金储备，已经以 0.3% 的超低利息被租赁出去了，消息震惊朝野。好奇的研究人员发现，西方央行的黄金储备项下列出的不是黄金实物，而是黄金及"应收黄金"（Gold receivables），却并没有标明"应收黄金"究竟有多少。学过会计学的人都清楚，现金和应收账款的含义是不同的。很明显，黄金与应收黄金也不是一回事。

比利时央行的黄金租赁行为并不是特例，美联储和德国央行早就进行过类似操作，它们将黄金以超低的利息租赁给金商们，金商将这些黄金在市场中卖掉，得来的现金再投资美国国债，既压制了金价，又稳赚国债与黄金租赁之间的利差。借来的央行黄金早就消失在市场中了，金商们可以不断“滚动”借条，而央行的资产负债表中，则永远是“应收的黄金”，而真正的黄金却永远也收不回来了。

如果民众坚持审计，麻烦就大了，恐怕西方中央银行的半数黄金储备早已不见了踪影。美国民众闹着要审计黄金储备，德国议会吵着要召回黄金储备，瑞士全民公投要求央行不得抛售黄金储备，荷兰、波兰、瑞典等国也在蠢蠢欲动。美联储和德国央行都惊出一身冷汗，如果当真查账，必然东窗事发，大家吃不了兜着走。

于是，美联储和德国央行之间开始讨价还价，媒体委婉地称之为“央行之间开始不信任”，美联储不能公开拒绝德国央行的要求，但条件还是可以谈的，每年就运40吨，再多要大家一块儿死！

于是，德国央行宣布分7年运回黄金300吨。

7年？7年！

2011年9月，委内瑞拉总统查韦斯宣布将存放在美国和欧洲的211吨黄金运回国，运输工作在2012年启动，总共不过4个月。

德国运黄金回家的事在国际上闹得沸沸扬扬，另一个央行也吓得不轻，这就是英格兰银行。

连锁反应：女王陛下当道具，英国央行唱大戏

就在德国人与美国人密谈召回黄金的条件时，英国人沉不住气了。毕竟德国在英格兰银行的金库里也存了440吨黄金，德国民众不相信美联储了，他们就不会怀疑英格兰银行吗？

英国人越想越心虚：“那赵家的狗，何以看我两眼呢？我怕得有理”。

2012年12月13日，德国央行还在和美联储的谈判之中，英国BBC突然高调报道了英国女王视察英格兰银行金库的消息。

英国女王平常很少问政，更遑论货币政策和黄金储备了。这是15年来女王首次视察英格兰银行，还特意参观了金库。要知道，2008

年全球金融海啸爆发，世界经济一片狼藉，在那么危急的时刻，这位女王都没到英格兰银行慰问“灾区”。2012年12月并没发生什么惊天动地的大事，15年从没来过英格兰银行的女王，怎么会突然兴致盎然地跑来视察金库？蹊跷之事必有蹊跷之因。

2012年12月13日，英国女王视察英格兰银行并参观金库

英国媒体大篇幅报道了女王的视察，尤其将镜头聚焦在英格兰银行金库里堆放的密密麻麻的金砖上，只见老太太抚摸着成堆的金砖感慨道：“很遗憾，这里的黄金并不都是我们的。”[12]女王这话传递出两层意思：一是，黄金是个好东西；二是，英国忠实地守护着其他国家寄存在英国的黄金储备。

还是那句老话：这个世界没有所谓的“巧合”！

合乎逻辑的推论是，女王本人根本没想到要来英格兰银行的金库参观，而是英格兰银行的特意安排，并要求媒体配合大做文章，通过画面和文字高调曝光女王的视察，隐晦地展示金库中巨大的黄金库存，间接消除人们对英格兰银行黄金储备的怀疑。这一回，英国女王就是展示英国黄金储备的道具！

俗话说：“不做亏心事，不怕鬼敲门。”有实力的人，不会刻意表现实力；刻意表现的人，一定缺乏实力！

看来德国从纽约运回黄金储备的举动，击中了英国人敏感的神经。

恐惧升级：欧盟大盗打劫忙，塞浦路斯储户慌

2013年3月16日，塞浦路斯炸了锅！欧元集团向塞浦路斯发出最后通牒称，拯救其银行系统的条件就是必须向储户开刀，开征闻所未闻的储蓄税！

英国《每日邮报》惊呼："这是一场伟大的欧盟银行抢劫案。"

众所周知，银行储蓄不是债券，不是股票，也不是任何形式的投资，而是公民私有财产最基本的存在形式。储蓄的本质是一种财富的寄存，储蓄者并没有授权任何人以任何名义动用这笔钱去进行有风险的投资活动，这就是为什么银行必须无条件随时满足储蓄者提取存款的原因。银行投资的失败与储户毫无关系，一切损失没有任何理由让储蓄者分担。尽管在现实社会中，银行风险不可避免，但欧美所实行的存款保险制度正是用于确保储户的利益不受非法侵害，这是一个起码的道德底线。

私有财产神圣不可侵犯的原则，早已成为西方社会的价值基础。未经储蓄者的同意，没有社会的公平讨论，缺少正义的司法程序，欧元集团、欧洲央行和IMF这"三巨头"以威逼利诱的手段，强迫塞浦路斯政府接受完全无视正义底线的"城下之盟"，这比公开的抢劫行为更恶劣，因为它公然颠覆了社会道德的基础。

消息传来，塞浦路斯民众惊恐万状，他们奔向银行提款，却发现账户已被冻结。愤怒的人群开始骚乱，有人甚至开着推土机撞向银行的大门。

尽管银行储蓄税最终没有实施，但高额储蓄者的巨大损失仍然变成了一场金融噩梦。欧盟的这一举措被认为是未来其他成员国银行危机拯救方案的样板，欧洲的富人们陷入了严重的恐慌之中。

2013 年 3 月 26 日，塞浦路斯学生在总统府外示威，
抗议欧盟的苛刻援助条件

资料来源：路透社

如果财富在银行里都不安全，更何况是动荡的股票市场，高度泡沫的债券市场和变幻莫测的外汇市场。

财富，至少是部分财富，迫切需要一个远离金融体系的避风港。

2012 年年底和 2013 年年初，美国 QE3 激起的货币恐慌，经日元超级贬值和欧元负利率的预期，已被高倍放大。金砖五国准备另起炉灶强化了美元动荡的局面，加之德国人运黄金的疑云，英国人“此地无银三百两”的表演，以及塞浦路斯储蓄危机的升级，终于诱发了市场对全球各国货币的极度不安，富人囤积黄金的暗潮开始涌动。

COMEX 黄金库存拉响了红色警报

虽然纽约的黄金期货市场能够“凭空创造”任何数量的纸黄金交易量，但是凡事有一利则必有一弊，100 个瓶子只有一个盖子的杂耍早晚会出问题。

期货合约是允许实物交割的，尽管在正常情况下，99% 的合约持有人并不会要求实物交割（他们只在乎价差产生的利润）。但是在某种特定情况下，期货合约持有人有可能突然集中要求实物交割，这就产生了实物黄金挤兑的潜在危机。另外，原来仅仅是把黄金寄存在COMEX金库的客户，受到塞浦路斯事件的强烈刺激，既然储户寄存在银行的储蓄都随时可能被剥夺，他们又凭什么相信寄存在期货交易所金库中的黄金不会被没收？

在正常情况下，人们愿意将现金存在银行，但当危机爆发时，人们将冲向银行挤兑存款，期货市场在恐慌中也是同样的道理。

纽约COMEX的黄金库存可分为两大类："合格金"（eligible）和"交割金"（registered）。所谓"合格金"就是指符合COMEX纯度和重量要求的金条，它可以属于任何人，被存放和托管于COMEX的金库，合格金不得用于期货交割。"交割金"首先必须是合格金，是经过注册后可用于期货交割的金条。

准确地说，COMEX并没有自己的实际金库，它的金库是由五大金商的金库共同构成的。五大金商包括摩根大通、汇丰银行、加拿大丰业银行（Scotia Mocatta）、布林克斯公司（Brink's，Inc）和曼弗拉公司（Manfra）。五大金商每日向COMEX提交库存信息，COMEX据此汇总之后公布每日库存报告。

注意，COMEX仅仅是汇总五大金商提供的库存信息，它并未核查这些信息的内容是否属实。

2010年以来，纽约COMEX的黄金库存基本稳定在1 100万盎司（约354吨）的数量，黄金超级赌场的运行貌似一切正常。但是，2012年年底情况突然逆转，COMEX的黄金库存开始发生雪崩，局势急转直下。

从2012年12月起，美国黄金期货市场上开始出现剧烈的实物黄金转移风潮。COMEX的黄金库存从1 100多万盎司，急剧下降到4月初的800万盎司（257吨），近百吨黄金被客户提走。（注意：4月12日开盘抛出的400吨黄金，明显超过了COMEX的全部库存！）不到4个月里，COMEX的黄金流失就高达27%！照此速度恶化下去，整个COMEX的黄金库存将难以支撑到年底。

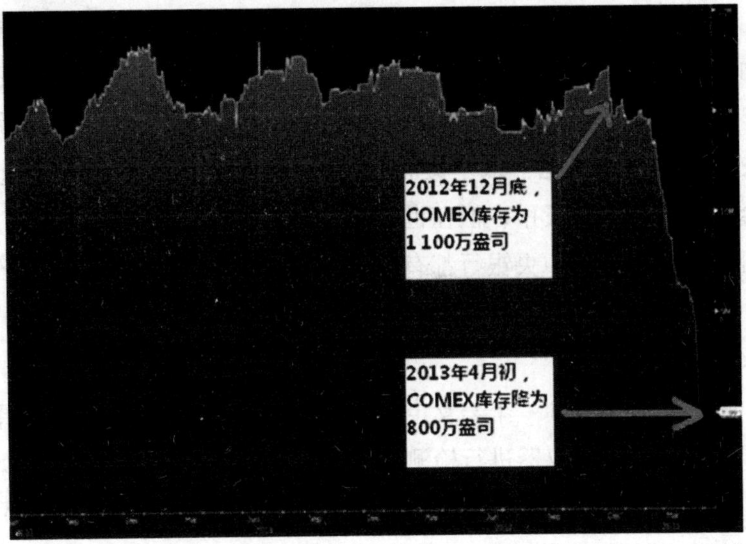

2013 年 1~4 月，纽约COMEX黄金库存遭到严重的“挤兑”冲击

如果COMEX的金库里没有黄金又会怎样呢？很简单，期货市场就会发生大规模的交割违约。那违约又能如何？答案是，个别违约叫事故，大面积违约叫危机。金融市场玩的是信心，没有信心就会崩溃。

其实，违约已经发生了。4 月初，荷兰最大银行ABN AMRO已无法交割实物黄金。该银行在向客户发出的致歉信中表示，无法向客户提交实物黄金，愿意以现金来进行交割。在正常的市场中，如果金价下跌，意味着黄金供过于求，ABN应该很容易在市场中买到实物黄金并交割给客户。很明显，此时他们已很难找到实物黄金了。

假如COMEX修改期货交割规则，改成现金而非实物交割，问题能解决吗？如果完全取消实物交割，那就成了纯粹的赌场，它不再与黄金有任何关系。那么所有对黄金有需求的客户就会流失，剩下的赌徒可以直接奔向拉斯维加斯的赌场，那里会赌得更爽。

如果COMEX的黄金期货市场没了现货，美国将丧失对黄金价格的定价权，从而威胁到对汇率市场的定价权，最终是美元霸主地位的动摇。

有人认为，黄金不过是一种普通的商品，与货币一毛钱的关系也没有。不错，从法律上看，的确如此，黄金已在20世纪70年代初被IMF强制性地“非货币化”了。但是，法律必须顺应民意，得不到民意支持的法律，只是一纸空文而已。所谓法不治众，就是这个道理。黄金在法律上不是货币，但在世人心中仍享有货币的地位，这是法律无可奈何的。各国中央银行都有黄金储备，却不可能有钢铁或钻石储备。这不是所谓的“野蛮的遗迹”，而是民心对黄金是财富终极代表的永恒认同。

人们在街头看到一个美女走来，会不由自主地多看几眼。如果医学能够提供精密的仪器进行检测，就会发现一个人看见美女时，体内的各种激素发生了奇妙的变化。同理，如果将黄金放在人们的手中，那种金黄、灿然、柔和、高贵、滑润和沉甸甸的感觉，同样会刺激人体激素分泌的变化，让人望而难舍。

如果做一个思想实验，把一公斤金灿灿的金条和一公斤黑黢黢的铁块并排放在繁华的大街上，观察行人的反应，情况必然是人们不约而同地去抢金条，而铁块不是被一脚踢开就是无人理睬。人们无须任何经济学理论或高深的知识，就可以本能地做出同样的反应。大家都争相拥有的东西，用于交换时，就无人会拒绝，这就是通货。真正的通货无须法律规定，它自然产生，自发进化，自动流通，这就是普天之下人心所向的货币。因此，黄金天然的货币属性无法被任何强权所剥夺，相反，所有强权必然假手黄金才能取信于民。

黄金在历史上就是所有法定货币（简称法币）的天敌，法币凭借暴力，黄金依靠人心。当法币倒行逆施之时，人心就会自动倒向黄金。世间的公道在人心，货币的公道在黄金。

美国的QE政策实属货币恶政，名为拯救经济，实为掠夺财富，滥发货币必然导致人心背离。虽然美国可以通过黄金期货打压金价，却挡不住民众浩浩荡荡抢购黄金实物的潮流。

从2012年12月到2013年4月月初，COMEX的金库已经频频告急。尤其摩根大通的库存更是身陷绝境，其库存由280万盎司（90

吨）急剧下降到不足100万盎司（约30吨），降幅逼近七成！

这已不是普通的期货交割，这是严重的黄金挤兑！

摩根大通不仅是黄金市场上最大的玩家，也是利率、汇率和其他几乎所有金融市场的最大玩家。2013年一二月份，COMEX黄金实物净交割量中，摩根大通独占了67%和60%，而三四月份更是占到95%和83%！

可以毫不夸张地说，摩根大通完全主导着COMEX黄金期货市场的命运。

如果摩根大通的金库以这样的速度持续流失黄金的话，那么它连两个月都难以支撑，这意味着COMEX的擎天之柱轰然坍塌，大面积的违约将难以避免。美国定价黄金的局面将会变天，而美元一旦失去了强美元弱黄金的掩饰，就会立刻变成那个"没穿新衣的皇帝"。

欲"挽狂澜于既倒，扶大厦之将倾"，唯一的办法就是制造一起黄金超级暴跌的"白色恐怖"，以雷霆万钧的期货黄金抛售，摧毁一切抵抗的意志，飞流直下的金价将彻底撼动市场，把黄金实物从投资人颤抖的双手中给震出来，一方面让华尔街大佬们在做空交易中暴赚一笔，另一方面则便于摩根大通们在更低的价位廉价扫货，重建濒临枯竭的黄金库存。同时，在崩溃的金价面前，所有跃跃欲试的黄金购买者，将被吓得魂飞魄散，逃之夭夭，从而阻绝后续的挤兑压力。

真可谓是一石三鸟的妙计！

这就是美国发动镇压黄金的"四一二"政变的根本原因！

这样的计划，将迫切需要强化美元地位的白宫，急需化解公众对QE3严重质疑的美联储，刻意回避黄金储备核查的财政部，和心急如焚的华尔街大佬们的多方利益完美地整合在一起。

于是，世人看到了一系列严丝合缝的"巧合"事件：

2013年4月初，华尔街媒体集体转向，黄金泡沫之声不绝于耳，黄金从备受推崇的"宠儿"突然沦落为受诅咒的"灾星"。

4月10日，奥巴马召集14家全球金融巨头密商大计，会议内容秘而不宣。

4月10日，高盛发布了看空黄金的报告（此前一直看多），吹响了做空黄金的“集结号”，一时间，“山雨欲来风满楼”。

4月11日，市场上谣言四起，声称塞浦路斯计划出售13.9吨的黄金，接着又有传言说葡萄牙（382吨）、意大利（2 451吨）可能步其后尘抛售黄金，黄金市场上人心惶惶。

4月11日，美联储会议纪要“意外”地提前泄露，纪要反映了美联储内部有人建议提前结束QE3。消息传出，看空黄金的悲观情绪弥漫市场。

这一切为4月12日的“黄金大屠杀”做好了充分的心理铺垫。

库存疑云

华尔街大佬们对期货市场的技术分析相当内行，他们可以精确预估“四一二”开盘400吨黄金抛单可能产生的震撼性效果，却无法判断金价暴跌对实物黄金购买者的影响。

就在华尔街大佬们在纸黄金市场上把黄金多头杀得丢盔卸甲、狼狈逃窜之时，“中国大妈”和世界各国的实物黄金抢购者突然蜂拥杀出，打了华尔街大佬们一个措手不及，他们还没来得及收缴实物黄金的战利品，就被“大妈们”扫荡得干干净净。这是华尔街大佬们始料不及的，这种现象完全违反了2000年以来，每次金价暴跌之后实物黄金销量将被有效压制的规律。

不仅全世界的普通投资人纷纷趁低买入黄金，各国央行也在悄悄地逆市，增持黄金储备。全球央行2012年第四季度购金量创48年来新高，并在2013年第一季度和“四一二”暴跌之后继续大幅增持。尤其是新兴市场国家的央行，更是加快了在低价位吃进长期被忽视的黄金储备的步伐。俄罗斯、土耳其、韩国、哈萨克斯坦、阿塞拜疆、白俄罗斯、吉尔吉斯斯坦、蒙古和乌克兰的央行，对黄金储备的兴趣空前高涨。

实物黄金的热销令华尔街大佬大吃一惊，就连黄金期货市场的老板特伦斯·达非（Terrence Duffy，CME的CEO）在2013年4月29日接受采访时，都不得不承认："关于黄金，一个有意思的现象是，两周前的黄金暴跌导致了黄金各类（纸）产品交易量的大幅下降，但金币和实物黄金却正好相反。这表明人们不想要黄金证书，或其他任何（纸黄金）的东西，他们只想要实物黄金。"[13]

2013年6月11日，山东济南泉城路上，一家金店金饰打折，近万人挤爆现场抢购黄金

这样一来，虽然在做空黄金期货的战线上，华尔街大佬们赚得盆满钵满，但他们最重要的战略目的是重建COMEX库存，而这一计划却泡汤了。非但如此，COMEX库存比"四一二"之前流失得更快，仅4月25日一天，COMEX就损失了7%的库存，而摩根大通的"合格金"库存在当天狂降了65%！

至5月7日，摩根大通的"交割金"已经下降到创纪录的新低13.7万盎司（约合4.3吨），仅5月7日当天，就有5.4万盎司被提走，占其总量的28.5%！

到6月10日，摩根大通的黄金库存更加危险。"交割金"继续减少到13.6万盎司，"合格金"下降得更快。其黄金总库存仅剩不到55万盎司（17.7吨）。

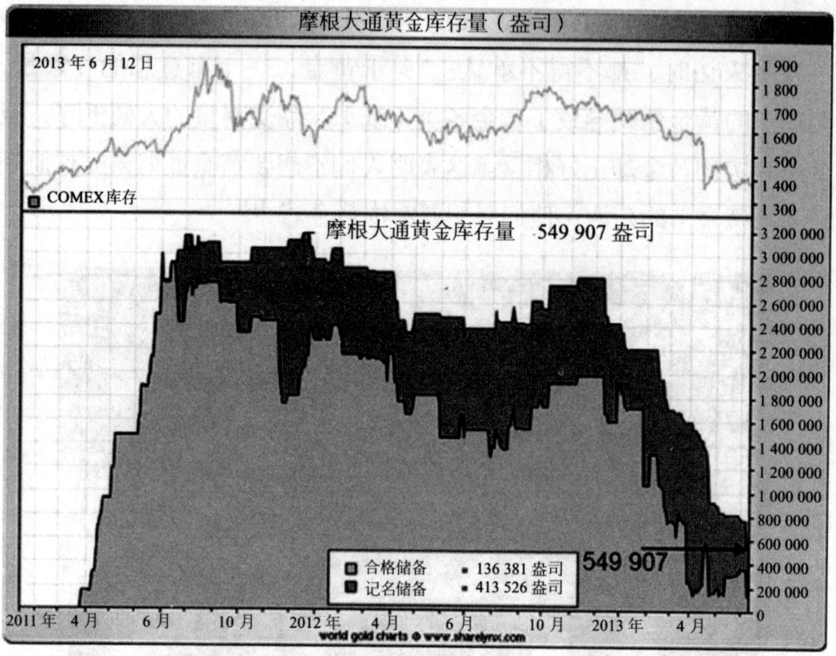

2013年6月12日，摩根大通的黄金库存仅剩不到55万盎司（17.7吨）

仅仅4吨多的“交割金”库存，已是危如累卵，即使加上临时可以转化的“合格金”，17吨的库存应对全世界的黄金实物挤兑，不过是杯水车薪。

此时，最怕的就是更大规模的“交割通知书”！

结果，怕什么就来什么！

6月10日，COMEX惊现一张规模巨大的“交割通知书”，客户要求摩根大通6月交出6 208份合约的黄金实物，其总量为62万盎司（约20吨），为正常月份（一二月份）交割量的9倍！

这已经超过了摩根大通55万盎司的全部库存！

简单地说，摩根大通必须从其他渠道紧急找到黄金，否则将会违约。如果世界黄金期货市场的老大发生违约，一切都将是浮云。

DLV665-P
BUSINESS DATE: 06/10/2013
PRODUCT GROUP: METALS

CME CLEARING - COMEX
YEAR TO DATE DELIVERY NOTICES

EXCHANGE: COMEX
PRODUCT : COMEX 100 GOLD FUTURES

FIRM NBR FIRM NAME	O	I/S	PREV DEC	JAN	FEB	MAR	APR	MAY	JUN
657		I		4	307				
MORGAN STANLEY & CO. LLC	H	S		0	0				
661		I	0	677	849	2209	3700	2781	6208
JP MORGAN SECURITIES	C	S	625	0	826	0	520	1	20
661		I	84	30	7005	1813	5990	167	206
JP MORGAN SECURITIES	H	S	1615	87	0	2	0	0	193

2013 年 6 月 10 日，摩根大通面临 62 万盎司（20 吨）黄金的“挤兑”，
超过了其全部COMEX库存

摩根大通的库存不足以应对 6 月期货交割的要求，这意味着摩根大通等五大金商的库存报告，可能存在着严重夸大的问题。其实，早就有客户怀疑五大金商的库存有猫腻，比如挪用客户黄金，私自进行黄金租赁和SWAP（黄金掉期）。美联储金库被质疑的问题，在五大金商库存中可能更为普遍，更加肆无忌惮。这也是为什么 2013 年 1 月德国宣布运黄金回家的举动，让很多将黄金寄存在COMEX金库的客户们产生了恐慌，他们纷纷将自已的黄金运出COMEX金库，干脆自己储存。不过，当库存中还有现货时，质疑仅仅是质疑。但是，如果摩根大通已经到了无法交割黄金的地步，这就不再是质疑，而是显然存在着欺诈。

于是，非常“巧合”的事又出现了。

2013 年 6 月 3 日，在COMEX每日黄金库存报告中，突然出现了一则令人震惊的声明：“本报告的信息源于可以信赖的机构，但我们对这些信息的准确性和完整性不承担任何责任。本报告仅提供参考信息。”

为什么突然发出这样一个声明？为什么在这个时刻？如果金商的库存是否准确都是问题，那还要COMEX的监管干什么？难道金融机构没撒过谎吗？如果它们都诚实本分，哪里会有 2008 年的金融海啸？

摩根大通的库存见底，期货交割濒临违约，这本该是黄金的利好消息。但是，6月的期货黄金却在持续下跌，并有向1 000美元价格逼近的趋势。

这说明摩根大通肯定还有其他获得黄金的渠道，黄金ETF（交易型开放式指数基金）就是其中之一。

黄金ETF，华尔街大佬的“小金库”

1910年的一天，德国气象学家魏格纳在医院养病，闲极无聊，盯着看墙上的世界地图。他突然发现欧洲和非洲大陆的轮廓，与北美和南美洲惊人地相似，如果将地图剪开，再把这两片大陆拼在一起，几乎可以达到天衣无缝的程度。根据多年的气象和地质学考证的积淀，他大胆地提出了“大陆漂移学说”。就这样，一个气象学家无意之中成了现代地质学的“板块学说之父”。

如果用同样的思路来观察黄金ETF的黄金流出曲线，与COMEX库存同期流失曲线的形状，人们会发现两者异常相似。

如果说摩根大通的库存不足以进行期货交割，那么它有没有可能从黄金ETF的库存中得到补充呢？

答案是：很有可能。

最近12年的黄金大牛市刺激了全球投资者持有黄金的欲望，投资者的心态与黄金消费者的心态完全不同，他们持有黄金的目的不是因为想拥有黄金，而是渴望通过黄金来赚钱。对他们来说，赚钱是目的，黄金只是手段。但拥有黄金比较麻烦，买货、验货、运输、保管、卖货都需要支出成本。尽管黄金期货也能赚钱同时不需要拥有实物，但是期货市场波动大风险高，心脏不好玩不了。市场需要一种黄金产品，它貌似拥有了实物黄金，但又没有任何麻烦和费用，而且随时可以买卖，这就是黄金ETF基金闪亮登场的原因。

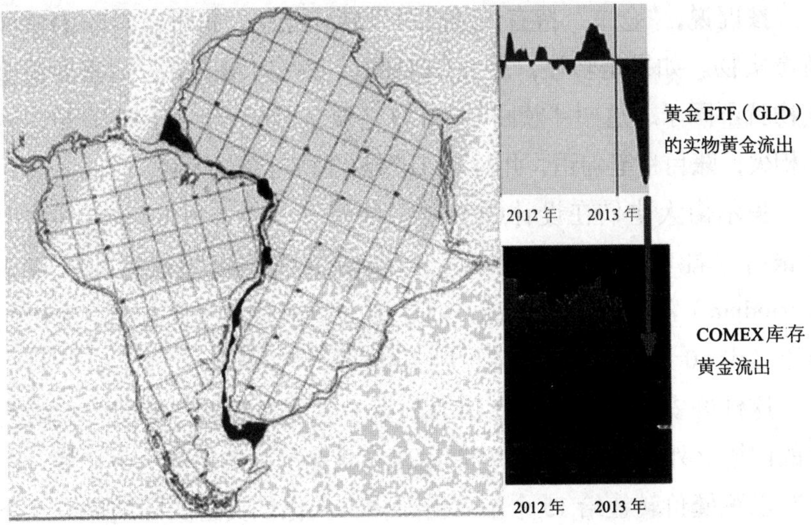

左图是魏格纳的大陆漂移拼图，右图是黄金ETF、COMEX库存拼图

黄金ETF的原理是：黄金生产商向黄金ETF基金寄售黄金实物，ETF基金以这些黄金为抵押在交易所发行“仓单”，最小单位为1/10盎司，以降低投资者的进入门槛，这些“仓单”（基金份额）可以自由交易，管理费用也很低廉。2003年，黄金ETF一经问世，很快就火遍世界，目前黄金ETF基金的巨无霸就是在纽约证券交易所挂牌的GLD。2004年上市后，其规模迅速膨胀，2012年12月曾持有1 350吨黄金，堪称各国黄金储备之外最大的黄金持有者。2012年9月，世界上所有的黄金ETF基金总共拥有大约2 330吨黄金。不过，有些黄金ETF所持有的黄金，其实是期货合约或以其他纸黄金的形式存在着。

当华尔街媒体唱衰黄金走势时，最常引用的理由就是GLD的黄金持有量在减少，这表明投资者在抛弃黄金，资金流出了黄金市场。

当资金流入时，GLD基金用这些钱买入黄金实物，将“仓单”交给投资人，这个过程很容易理解。那么资金流出时，又将发生什么呢？

猫腻就藏在这里！

按理说，“仓单”持有人随时可以转让仓单，也可以向GLD索要黄金实物。如果是转让，那么GLD的黄金持有量不变，但索要黄金实物就不同了，这叫“赎回”，GLD必须交出黄金，并销毁仓单，两不相欠，账目一笔勾销，此时GLD的黄金持有量将下降。

华尔街大佬们在设计GLD时特地留了一手，规定只有15家主要银行才能够与GLD的受托人（trustee）纽约梅隆银行和托管人（custodian）汇丰银行打交道，而这帮人本来就是一伙儿的。大佬们拿着至少10万份“仓单”才可以“赎回”实物黄金。

这样的安排将所有投资GLD的散户完全排除在“赎回”实物黄金的门槛之外，他们唯一的出路就是在黄金暴跌的恐怖之中，将“仓单”以跳楼价转让给15个华尔街大佬，大佬们笑逐颜开地舔干“仓单”上散户们的鲜血，然后找到同伙的委托人来消掉GLD的账目，之后拿到提货单，再去敲另一个同伙——汇丰银行的金库大门，汇丰验明正身发货起运，大佬们弹冠相庆，彼此恭喜发财。最后，大佬们把原本属于GLD散户们的黄金实物，交割给COMEX的期货客户。这样既洗劫了GLD的散户，又不会在COMEX期货交割时违约。

GLD的黄金藏在哪里呢？它们在伦敦汇丰银行的托管下，被实际存放在瑞士苏黎世UBS（瑞士联合银行集团）的金库里，在COMEX的库存雷达中，这些黄金是完全隐身的。

什么叫奸商？华尔街大佬们就是最鲜活的标本！

什么叫欺诈？GLD的规则就是最形象的案例！

什么叫悲摧？投资GLD的散户就是最现成的倒霉蛋！

GLD妙就妙在用散户的钱来坑他们自己。大佬们剪羊毛的技艺真是与时俱进，创新迭出，令人目不暇接。如果散户们直接拥有黄金实物，那么大佬们要从散落在世界各地的角落里淘出这些黄金实属不易，但GLD用刺激人性贪婪的法子将散户们的钱和黄金都集中在大佬们的手中，予取予夺，大快朵颐。

黄金价格vs COMEX库存vs ETF库存

2011年7月—2013年7月

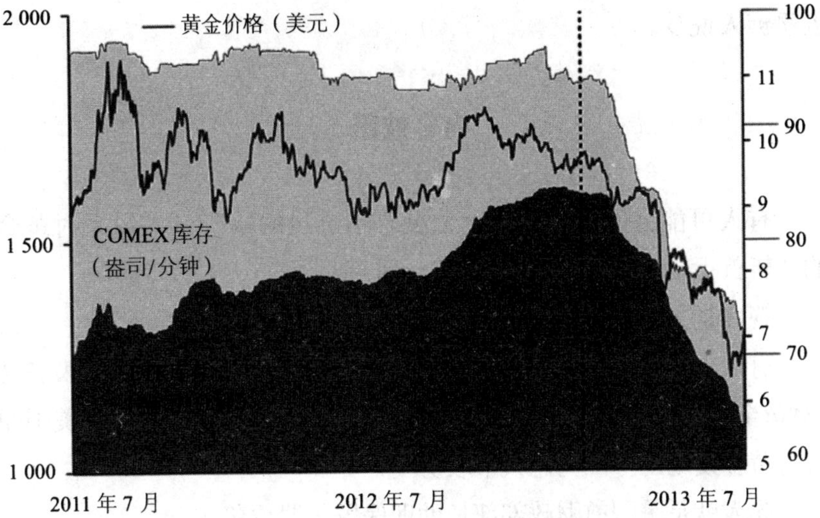

德国宣布运黄金回家之后，COMEX和黄金ETF的库存总量同时下降

资料来源：彭博社

2013年6月，摩根大通实际上是遭遇了黄金的挤兑，在COMEX的系统之内已经无法应对期货交割，GLD就成了摩根大通的一个方便顺手的黄金“取款机”。如果金价上涨或不变，那么GLD的散户们就不会老老实实地交出他们的“仓单”，只有金价暴跌才能把吓破胆的散户们的“仓单”给震出来。这就是6月底金价再度暴跌的根源。

如果将黄金ETF和COMEX的黄金库存合并在一张图上看，问题昭然若揭。2013年1月，德国宣布运黄金回家，黄金价格开始逆转，而COMEX和黄金ETF的库存量非常“巧合”地同步和同比例地下降。换个角度看，COMEX的黄金库存损失，可能部分由黄金ETF的库存来进行补充。

从长远看，ETF的黄金流出绝非坏事，与华尔街媒体的解释完全相反，黄金ETF的“失血”，说明了COMEX实物黄金短缺严重。ETF的黄金从大佬们的集中控制下重新获得了自由，它们再次散落到世界各地，并最终流入了亚洲和新兴市场国家“大妈们”的口袋里，她们将紧紧地攥住真正有价值的宝贝，华尔街大佬们想忽悠出这些黄金，近乎痴人说梦。

内幕披露

有人可能会问，既然“世上没有不透风的墙”，4 月以来对黄金的“斩首行动”，难道完全没有走漏风声？

答案是：当然有。

有人于 4 月 4 日（黄金斩首行动之前 8 天）就在网站上发表长文“对黄金的打击”（The Assault On Gold），文中精准“预测”了美国即将对黄金发动的“四月愚人节攻势”。

此人就是美国前财政部部长助理保罗 · 罗伯茨。

罗伯茨曾任里根政府的财政部部长助理，主管美国经济政策，被誉为里根经济学的创始人之一。

美国前财政部部长助理保罗 · 罗伯茨

罗伯茨在文章中指出，2011 年黄金暴涨 500 美元，强烈地震撼了美联储和美国财政部，为捍卫美元霸权必须镇压黄金，美国政府才是金银暴跌的主导力量。

“对于美国人而言，一场金融和经济的灾难可能已经近在咫尺。

美联储和它所倚重的金融机构联手打击金银价格以吓阻投资人的行为就是明证。”

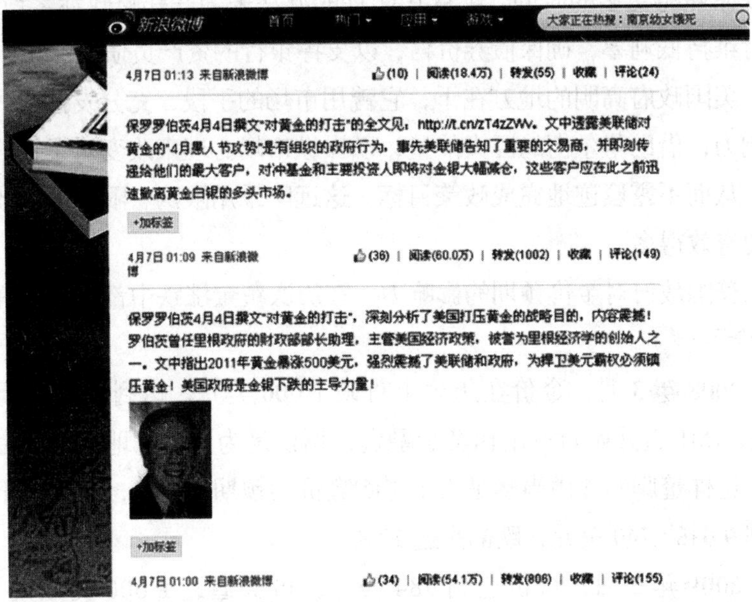

我在 2013 年 4 月 7 日的新浪微博中介绍了罗伯茨的黄金预警（60 万读者阅读），这发生在“四一二”金价暴跌之前 5 天

“美联储对黄金发动的‘四月愚人节攻势’是通过向金商们传话开始的，这些金商（指摩根大通等）迅速将（美联储）的意图传递给他们的客户，并告知他们对冲基金和其他大型投资机构即将抛售他们的黄金头寸，客户们应该在此之前迅速撤离贵金属市场。因为这些内部信息属于政府本身的策略，投资人将无法起诉这样的行为。”

“美联储对贵金属的打击是一种不计后果的行为，因为一旦被广为知晓，这一政策将注定失败。如我前面所解释的，对黄金和白银的联合打击行动，正是为了保护美元的汇率。如果金银没有威胁（美元），政府就不会对它们进行打击。”

“美联储每年制造出 1 万亿美元的新货币，但是世界在国际贸易结算中却在远离美元，以及美元储备，结果是（美元）供应的增加和需求的下降。这意味着美元汇率将会下跌，国内通胀将由于进口价格上涨而恶化，这将导致利率的上涨和债券、股票、房地产的崩溃。”

“美联储对金银的联合打击不可能最终成功，它的目的仅仅是为美联储赢得更多的时间，继续用印钞的办法来为联邦财政赤字埋单，同时维持低利率，确保债券价格，以支撑银行的资产负债表。”[14]

美国政府高明的地方在于，它善用市场的手段，充分发挥媒体的影响力，借助华尔街的巨大能量，以操纵市场心理来改变对金银的预期，从而不露痕迹地完成政策目标。这远比采用限购、限号等行政手段要有效得多。

美国政府对金价预期的影响力，在历次黄金涨跌中都能发现许多“巧合”：

2008 年 3 月，金价在历史上首破 1 000 美元，达到 1 011 美元。4 月，IMF 就开始讨论出售黄金融资，据说是为了更好地帮助贫穷国家。这样蹩脚的理由当然是为了影响金价的预期。果然，黄金闻讯下挫到 9 月的 740 美元，跌幅高达 27%。

2009 年 2 月，金价达到 984 美元，再次逼近 1 000 美元大关。3 月，在 G20 峰会上就安排讨论 IMF 的黄金出售计划，规模远超预料，竟然高达 403 吨。不出所料，4 月金价闻声下挫到 870 美元，跌幅 12%。

2009 年 11 月，黄金价格突破 1 175 美元，再次刷新历史新高。同月，IMF 出于“燃眉之急”，宣布抛售黄金 200 吨给印度，结果金价下挫到 3 个月后的 1 058 美元，跌幅 10%。

2010 年 6 月，金价达到 1 261 美元，再创历史新高。7 月 7 日《华尔街日报》突然透露出 BIS 与商业银行进行的黄金掉期交易：“如果（商业银行）向 BIS 抵押黄金而获得的贷款，出于一些原因不能偿还，那么 BIS 可能选择在市场中抛售这些黄金，如此规模的黄金抛售将大大增加市场供应”。结果 7 月底金价下跌到 1 157 美元，跌幅 8.2%。

2011 年 9 月 5 日，黄金创下 1 920 美元的历史最高纪录。从当年 2 月的 1 328 美元，7 个月飙升近 600 美元！紧接着黄金期货市场的砸盘行动就开始上演。9 月 21 日，美国推出 4 000 亿美元的扭曲操作，原本市场以为黄金会大涨，不料类似于“四一二”的悲剧发生了，疯狂的期货抛售在 22 日和 23 日将金价接连砸破 1 800 美元和 1 700 美元的关口。特别是 9 月 23 日，在黄金暴跌后，COMEX 来了个“釜底抽薪”，突然宣布大幅提高黄金的交易保证金达 21%，白银 16%。“恰巧”这又是一个星期五，第二天就是周末，黄金多头和“四一二”时一模一样地崩溃了。结果一周黄金价格下跌 9.7%。

如此之多的“巧合”和极小概率的事件频频发生在黄金市场之中，这个市场恐怕真的“闹鬼”了。

除了罗伯茨，另一位发现黄金市场“闹鬼”的就是前美国政府高官皮帕 · 马尔姆格林。

美国总统小布什时期的经济政策特别助理皮帕 · 马尔姆格林

皮帕 · 马尔姆格林，曾任美国总统小布什的经济政策特别助理，负责向总统汇报金融市场的动向，担任白宫与美联储、CFTC（美国期货交易委员会）、SEC（美国证监会）等金融监管机构的总协调人。

2013 年 6 月 7 日，皮帕 · 马尔姆格林接受采访时透露了许多黄金内幕。

记者问：“如何看待 4 月 12 日的黄金暴跌？”

皮帕·马尔姆格林坦承："（美国）政府厌恶黄金价格的暴涨，这的确是事实，特别是在它进行历史上最大程度的货币贬值政策的时候……我们从没有见过这么多发达的工业国同时采用这种（货币贬值的）策略。所以各国政府感到紧张是自然的。某些最大的银行恶意做空（黄金），并向市场宣称：'它（黄金）肯定会暴跌。'我不能肯定这种行为算不算令人惊讶。接着发生的就是非常非常巨大的（抛售黄金）交易量，历史罕见的交易规模在星期五（4月12日）的短短半个小时内发生了。"

记者问："这是一种明显的操纵行为，不是吗？"

皮帕·马尔姆格林答："我明白你的意思。所有的人都在呼吁政府调查这一事件，这很有意思，看起来这不会有结果的。所以，最终是我们永远不会知道（真相）。"

记者问："如果让CFTC以美国政府的名义展开调查，最后向政府报告：'我们发现了犯罪，但嫌疑人是政府和美联储。'这怎么办？"

皮帕·马尔姆格林（笑）："是的，你必须立即逮捕你自己。"

记者问："所以，实际上你不可能调查这种类型的事件，是吗？"

皮帕·马尔姆格林答："不，你不能（调查）。我认为这就是我担任顾问的许多机构非常担心黄金投资的问题，因为它们确实感觉到黄金市场被操纵着。这样（金价）的波动太过震撼人心，它们无法承受。"[15]

毫无疑问，无论是保罗·罗伯茨，还是皮帕·马尔姆格林，他们都曾经从美国政府的视角观察过黄金市场。特别是皮帕·马尔姆格林，监管美国期货市场正是她的分内工作，作为总统特别助理，她必须清楚地了解金融市场的各种异常动态，以备总统询问。美国政府对黄金市场的高度关注应当是毫无疑问的事情，这自然与美元的地位息息相关。

有趣的是，皮帕·马尔姆格林在另一次采访中透露了她对人民币国际化的看法："他们（中国）希望人民币在世界上能成为一种坚挺的、由黄金支撑的货币，而其他国家正在选择通货膨胀和贬值本币。最近（中国）与澳大利亚、法国、俄罗斯、新加坡和许多其他国家的双边货币协议，反映出（人民币）一种取代美元作为世界储备货币的意愿。”

红旗到底还能打多久？黄金和白银还有未来吗？

有人将 4 月 12 日对黄金的打击称为是“心理战”（psychological operation）的经典战例，对黄金的“心理战”旨在影响受众群体的价值系统、信仰系统、情绪、动机、逻辑和行为，特别是对行为的影响将直接诱发价格的波动。

黄金价格的剧烈下跌已成功地产生了“心理战”的预期效果，人们开始怀疑“乱世藏金”这一理念是否还有效，对黄金白银的投资价值的信心发生了严重的动摇，悲观情绪弥漫，唱衰之声大行其道，甚至超发货币终将导致通货膨胀的基本逻辑也变得含混不清。市场的感受与冷静的理性已脱节，价格的信号和财富的直觉相错乱，可以说，对黄金的看法已陷入了空前的混乱。

为此，全面和审慎的分析就显得十分必要。

从需求方面看，人们永远希望拥有黄金，这已经被 5 000 年来的人类文明史所验证，关键是在什么价位上会将这种冲动转化为行动。从供应角度说，就要看什么样的金价是黄金生产商愿意持续提供的。

这就涉及黄金的生产成本问题。

关于黄金的生产成本，目前有两种统计方法：一种叫“现金成本法”（cash costs），另一种就是“全成本法”（total costs）。前者仅仅计算了维持一个金矿正常运营的最基本的费用。例如，采矿、加工、精炼等，最后以金矿的总产量除以上述费用而得到每盎司黄金的开采成本。但是，该方法明显低估了黄金的综合成本。任何一个黄金生产企业为了维持公司利润，必须持续钻探新的金矿资源、深度挖掘已有的金矿储备，这些成本金额巨大且必须发生。另外，企业的财务成本

（债务利息等）、税务成本等也应该计算在黄金生产成本之中，最后还需要剔除衍生品对冲、资产减记、其他投资盈亏（与黄金生产无关），这样的分析才能真实和全面地反映生产企业的财务状况。尽管这些成本并不与现有金矿的生产直接相关，却是黄金企业真实发生的费用，没有这些必需的开销，黄金企业就不能持续生存。如果将上述成本综合考虑，就是黄金的“全成本法”。

根据“现金成本法”计算，有人认为黄金的成本为600~800美元/盎司，也有报告指出是1 000~1 100美元，这取决于不同金矿的不同情况。

赫巴投资公司（Hebba Alternative Investments）以“全成本法”对世界所有上市的黄金公司进行了系统研究。这些公司2012年的黄金总产量为800吨，约占2012年全球黄金矿产金总量（2 700吨）的1/3，具备足够的代表性。

经过测算，上市黄金企业的平均“全成本”为：

2011年，1 168美元/盎司。

2012年，1 287美元/盎司。

其中，2012年第四季度的黄金成本已上升到1 399美元/盎司!

由于发现新矿与挖掘现有矿的技术难度越来越大，如南非矿井的深度达到了3 200米，开采成本直线上升。除了开采成本之外，还有2009年以来货币严重超发导致的人力成本、能源成本、设备成本、运输成本、渠道成本的大幅飙升。常被人们忽略的还包括环保、法律和政策的隐性成本。例如，世界最大的金矿企业巴里克公司（Barrick）在南美帕斯瓜拉玛（Pascua Lama）的金矿项目，由于矿脉横跨了智利和阿根廷，结果在2013年4月被智利政府以环境保护的理由下令停止开发，巴里克前期投入的巨额资金一下子打了水漂。这种黄金企业所遭遇的巨大的隐性成本并未被计入传统的“现金成本法”，却是实实在在地发生着。

另外，赫巴投资公司还对白银做了全成本测算，结果发现2012年第四季度全世界所有上市白银企业（总产量7 000万盎司，约占全球总产量的 10%）的平均全成本为 23.04 美元，2011 年同期为 20.80 美元，成本同比增长 10.8%。

上市黄金企业—全成本分析				
	2011 年	2012 年	Q4FY11	Q4FY12
金产量（盎司）	26 309 889	25 587 285	6 556 599	6 654 280
全球金产量（盎司）	30 120 290	29 271 811	7 598 183	7 580 630
成本（美元）	35 566 496 500	42 718 550 400	13 968 285 200	18 642 151 500
资产减记（美元）	6 753 774 000	10 378 747 000	6 217 591 000	9 913 942 000
税（美元）	4 340 432 000	2 228 967 000	836 958 000	(1 091 752 000)
总计（美元）	39 906 928 500	44 947 517 400	14 805 243 200	17 550 399 500
全球黄金每盎司成本（美元）	1 324.92	1 535.52	1 948.52	2 315.16
不包括资产减记（美元）	**1 167.96**	**1 287.33**	**1 375.71**	**1 399.70**

赫巴投资公司对全球黄金上市企业的黄金全成本分析结果

上市白银企业—全成本分析				
	2011	2012	Q4FY11	Q4FY12
银产量（盎司）	70 444 233	74 037 670	18 429 969	19 071 778
全球银产量（盎司）	102 537 035	109 760 492	26 539 363	28 715 270
成本（美元）	1 831 242 900	2 447 415 300	493 170 200	736 666 700
资产减记（美元）	(86 736 000)	82 457 000	3 121 000	110 728 000
税（美元）	385 564 000	209 128 000	61 049 000	2 374 000
总计（美元）	2 216 806 900	2 656 543 300	554 219 200	739 040 700
全球银每盎司成本（美元）	21.62	24.20	20.88	25.74
不包括资产减记（美元）	**22.21**	**23.68**	**20.80**	**23.04**

赫巴投资公司对白银的全成本分析结果

如果说 2012 年底，黄金的全成本已经高达近 1 400 美元，那么到 2013 年 6 月，金价已跌到 1 250 美元左右，这意味着世界黄金生产企业将普遍陷于亏损。

实际上，这种情况已经发生。

2013年6月21日，美国黄金上市公司Golden Minerals Company（黄金矿产公司）宣布关闭其在墨西哥Velardena矿区的470处生产点。当年5月，该公司预计金价在1 500美元和银价25美元的条件下，全年后三季度将出现500万美元的负现金流。而6月的金银价格都已远低于其全成本，公司被迫裁员减产。

6月22日，世界最大的黄金企业巴里克公司，宣布将大规模裁减内华达州和犹他州55个矿区的员工，原因是金价已使巴里克难以维持生产规模。几乎同时，另一家世界著名的黄金企业纽蒙特矿业公司（Newmont Mining Corporation），裁减了科罗拉多州金矿33%的员工后，将对内华达州金矿再次进行裁员。该公司表示成本的飙升和金价的下跌迫使公司减产。

6月24日，排名世界黄金企业前5位的纽克雷斯特矿业有限公（Newcrest Mining Ltd）宣布进行高达55亿美元的资产减记，这是世界黄金史上最大的一次资产减记。

毫无疑问，如果金价长期低于黄金的全成本，那么黄金的产量将下降。

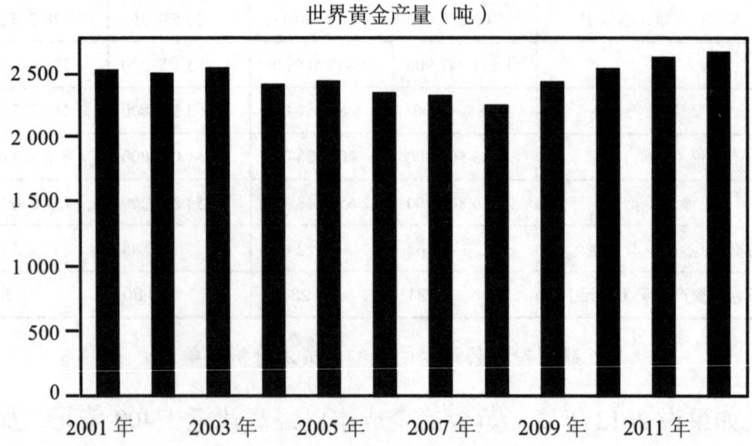

2001—2012年世界黄金生产示意图，由图可见，总量变化不明显

资料来源：美国地质勘探局

2001年以来，黄金价格已上涨5倍左右，按照供求关系的常识，利润增加产量也应同步增长，但实际情况是，12年以来矿产金的产量几乎没有明显变化。2001年，全球矿产金为2 560吨，2012年仅为2 700吨。

全球目前正在开采的超大型金矿少得可怜，在所有正在生产的400个金矿中，只有156个金矿年产量超过10万盎司（约3吨多）；其中，只有21个金矿年产量超过50万盎司（约16吨）；年产100万盎司（32吨）的超大型金矿不超过6个。由于金矿开采已有数千年的历史，地球上容易开采的金矿都已被发掘。近10年来，虽然也有一些大型金矿被发现，但金矿总储量超过2 000万盎司（约643吨）的超大型金矿一个也没有。

有人认为，黄金的生产成本并不重要，因为绝大部分已开采的黄金并不会被消耗掉，存量远大于增量，金价将由存量黄金来决定。其实，这与新房和二手房的道理一样，如果新房短缺，则二手房的房主会惜售，房地产总体价格将会上扬。同样，如果新增黄金不能满足市场需求，那么这些需求将只能求助于现有黄金的持有者，如果价格太低，就不会有人愿意出售。当然，各国的黄金储备抛售可以明显改变供求关系，但在目前全球央行已成为黄金净买家的情况下，特别是在德国央行运黄金回家对其他央行所产生的影响下，说服各国出售黄金储备并不容易。

2013年4月黄金暴跌之后，中国上海黄金交易所的出库量表明，中国已经吃掉了同期世界黄金矿产金的绝大部分，而印度的黄金消费与中国不相伯仲，仅中印两国2013年就可能吃掉2 000吨以上的黄金，中东以及全球央行至少将购入1 000吨，世界其他地区的实物黄金热也在更低的金价刺激下迅速升温。

必须注意到，金价已在黄金企业的生产成本之下，而这一成本正在以每年接近10%的速度快速攀升，越来越多的黄金生产商将被迫减产或关闭金矿，黄金的供应将迅速萎缩。

这就出现了一个问题，如果新增黄金不足以满足快速增长的需求，那么黄金存量就必然出现重新分配的趋势。

实际上，这一趋势在过去的40多年中一直存在着，那就是自1971年美元与黄金脱钩以来，世界黄金存量流动的方向始终是从西方向东方转移，从老牌发达国家向新兴市场国家转移，这与人类历史上文明兴衰交替时所发生的现象完全一致：黄金的运动方向显示着财富创造力的转移，繁荣与信心的转移，并最终标志着全球权力的转移。

黄金永远流向尊重财富创造的地方！

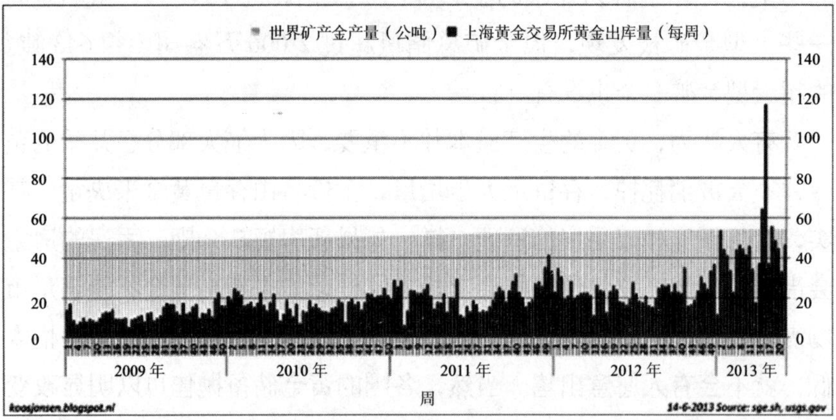

上海黄金交易所每周黄金出库量占世界矿产金的比例

申 论

黎明前的黑暗最令人绝望，但黑暗中孕育着黎明。

2013年美国政府和华尔街大佬对黄金市场的打压力道之猛烈，为30年来所未见。这反过来说明了另外一个问题，如此疯狂和激烈的行为，意味着美元对黄金的恐惧也是30年来所未见。

对美元信心的脆弱，恰是打击黄金的原因！

正如罗伯茨所说，美联储对金银的打击不可能最终成功。它的目的仅仅是为美联储赢得更多的时间，继续用印钞的办法来为联邦财政赤字埋单，同时维持低利率，确保债券价格，以支撑银行的资产负债表。

与2008年相比，2013年的美国金融体系不是更稳健，而是更脆弱。人们已经看出，美联储的货币量化宽松政策已经走到了尽头，在尽头的前面是另一个深不见底的悬崖。5年来，美元的超级膨胀带来的不是经济的真实繁荣，而是一个全球范围的更大的泡沫。维持资产泡沫必须依赖更宽松的货币政策，而更宽松的货币政策将注定使更大的泡沫破裂。

现在还有疑问的不是危机会不会爆发，而是什么时候爆发，从哪里开始爆发。如果2008年的金融危机是金融机构的危机，政府可以用泛滥的钞票将金融系统的烂账通通转移到自己的身上，那么下一次的危机就将是钞票本身的危机。

美国已经清楚地意识到，QE政策不可能有“善终”，一场货币危机将无可避免，如果必须保证美元在危机后的一片废墟中屹立不倒，唯一的退出策略就是首先引爆其他国家的危机。

任何有可能替代美元的货币选择，无论它们是欧元、日元、人民币、黄金，还是比特币，都是美国绝对不能容忍的。美国已经成功地让日元烂掉，让欧元自顾不暇，让黄金灰头土脸，让比特币四处流亡，只有对人民币美国采取了“围三阙一”的策略，继续逼迫人民币升值，其目的当然不是为了让人民币取美元而代之，而是诱使人民币脱离本土的坚固城防，在野战中寻机聚而歼之。

未来将要爆发的全球货币战争的根源就是美元的堕落，而美元的堕落始自1971年与黄金的脱钩。从此，不受任何刚性制约，没有任何制衡机制，美元的霸权变成了美元的独裁。绝对的权力导致绝对的腐败，货币权力同样如此。

所有的果子都往地上落，因为万有引力；所有的货币都会贬值，因为人性贪婪。

最终，在货币欲望的废墟里，黄金仍在熠熠生辉。

— 注释 —

[1] Thomas Pascoe, *The Gold Price Crashis Further Evidence of Market Rigging*, The Telegraph Blogs, 2013-04-16.

[2] 上海黄金交易所，2013 年 4 月份月报，交割情况表。

[3] Timothy Green, *The New World of Gold*, George Weidenfeldand Nicolson, London, 1982，p.108.

[4] Ibid. p.121.

[5] Ibid. p.125.

[6] Liaquat Ahamed, *Lords of Finance*, The Penguin Press, New York, 2009, p.448.

[7] Timothy Green, *The New World of Gold*, George Weidenfeld and Nicolson, London, 1982, p.136.

[8] [奥地利]彼得·希夫，《为什么我们不应对金融危机感到意外》，米塞斯研究院演讲稿，2009 年。

[9] Ambrose Evans-Pritchard, *ECB mulls negativer ates as Europe's economic crisis deepens*, The Telegraph, 2012-12-6.

[10] Robert Lenzner, *The Germans Want Their Gold Reserves Back In Germany*, Forbes, 2013-01-19.

[11] *Checking the Vaults: Germans Fret about Their Foreign Gold Reserves*, Der Spiege, 2012-05-14.

[12] *Queen Questioned Financial Crisis*, BBC News, 2013-12-12.

[13] Terrence Duffy, President and Executive Chairmanof CME Group Inc,. on Bloomberg TV.

[14] Paul Craig Roberts, *The Assaulton Gold*, PaulCraig Roberts.org, 2013-04-04.

[15] Eric King Interviewed with Dr. Philippa "Pippa" Malmgren, King World News, 2013-06-07.

第二章

真相隧道，穿越泡沫的空间

CURRENCY WARS

本章导读

在“四一二”黄金暴跌的理由中，华尔街媒体最津津乐道的就是美国股市的极度繁荣。公司利润大增，股指屡创新高，意味着美国经济复苏的前景一片光明，美元走强将势不可当。持有黄金的目的，无非是对冲美国经济衰退和美元贬值的风险，既然股市表现亮丽夺目，黄金的价值必然就会暗淡无光。

其实，对美国经济复苏的乐观预期可不算什么新鲜事。华尔街媒体曾预测美国经济将于2009年下半年强劲复苏，结果是后劲不继，第二年改口说2010年经济必定大幅增长，等来的却是增长乏力，然后是2011年、2012年、2013年，年年的乐观憧憬，岁岁的差强人意。5年下来，3万亿美元的量化宽松，近5万亿美元的财政赤字，美国立国以来，从来没有如此疯狂地印钱和花钱，换来的竟是不死不活的经济、居高不下的失业率，货币手段和财政政策的效果之差，堪称史无前例。到2013年，美国经济戴着QE的“呼吸机”已经喘息了5年，居然仍不敢摘下来。

股市屡创新高与经济复苏乏力之间，究竟哪一个是现实，哪一个是幻觉？

本章将引导你通过真相的隧道，穿越泡沫的空间！

股市中的黑色秃鹫

2009 年 12 月的一天，哈姆 · 博德克来到纽约参加一家电子交易商举办的聚会，在这里他发现了困扰自己数月之久的重大秘密。

哈姆曾是高盛和瑞银（瑞士联合银行集团）的股票交易员，2007 年创建了一家高频交易公司。所谓高频交易，就是以电脑的速度取代人脑的反应，在毫秒间完成仓位转换，并从中赢利。最初，公司利润很不错，可是后来生意越做越艰难，它们的股票订单总是抢不到好价格，利润被交易费蚕食殆尽。

最初，他怀疑公司交易代码有毛病，检查数月之久，仍然找不出问题。这天赶来参加聚会，就是想向这家电子交易平台的销售代表了解情况，看问题究竟出在哪里。

终于，哈姆在酒吧旁边截住了一个销售经理，再三追问之下，销售经理不得不认真起来。他问哈姆的公司使用什么类型的交易订单，哈姆回答：限价订单。销售经理嘿嘿一笑说：你不能用限价订单。哈姆大惑不解，限价订单不是最普通的订单方式吗？大到基金经理，小到普通散户，几乎人人都用。简单地说，如果你看中了一只股票的价格是 10 元，那限价订单将帮助你在 10 元以内完成交易。

但是，问题就出在电子交易平台的撮合系统，这种最普通的交易订单被埋了“木马”。

销售经理的解释让哈姆如梦初醒，原来撮合系统的电脑程序中，将所有买单进行排序，本来价格最高的应该排在订单队列的最前面，价格完全相同的应按照先来后到的顺序排列，即价格优先和时间优先的原则，但许多交易平台却在订单排序上留了“后门”，高频交易的特殊订单将被“隐藏”在买单队列的最前面，而普通的限价订单则被向后挤。在交易时，特殊订单总是能够以最优价格最先成交，而且不管价格如何变动，特殊订单的优先级永远高于限价订单。当价格上扬后，高频交易的特殊订单转身又排在卖单队列的最前面，以最优价格首先卖出，从而实现了“每单只赚不赔”的梦想。[1]

如果市场行情突变，原来的订单看错了方向，高频交易的特殊订单会亏损吗？答案是：不会！

高频交易的算法将在几毫秒内判断卖单队列的优势，确认价格趋势即将逆转，在价格还没来得及变化之前，特殊订单就把股票以原价卖给了排在身后的买单，电光石火之间完成了撤单。

哈姆的本行就是做高频交易，但他做梦也没有想到交易系统内部的撮合机制还藏着猫腻。销售经理建议哈姆不要将这个秘密告诉别人，在股票交易的食物链上，限价订单就是最底层的猎物，它们专供顶端的高频交易员享用。

尽管并非每个交易所都存在这样的“漏洞”，但是它反映了高频交易的核心理念就是“抢跑”，在发令枪扳机扣动后，子弹尚未出膛，枪响还没听见，所有选手还在等待，抢跑之人就已经冲到了所有人前面。

为了实现“抢跑”，高频交易商可谓不惜代价。

纽约和芝加哥两大金融中心相隔 700 英里①，在光缆中，数据传输速度仅需 7 毫秒，但对于高频交易员而言，7 毫秒太过漫长。一家高频交易公司不惜斥资 3 亿美元，修建了一条横贯阿巴拉契亚山脉的光缆隧道，这条光缆距离更短，数据传输时间可缩短到 6 毫秒。在高频

① 1 英里≈1.61 千米。——编者注

交易的世界中，1毫秒的价值超过了3亿美元。

从前，美国的股票交易所都是会员制的非营利机构，维护市场的公平、公正和公开是其主要职责。然而，自从改制成营利组织之后，赚钱成了各个交易所的头号任务，“三公”俨然变成了交易所的寻租手段。哪家公司的服务器离交易所的数据中心距离更近，这家公司就更容易抢跑。交易所居然将自己数据中心的机房位置当成生财之道，允许高频交易公司将服务器集群安置在旁边。作为回报，高频交易公司将自己海量的订单流导入交易所。

自高频交易诞生以来，它占美国全部股票成交量的比例已高达30%~50%，没有哪家交易所敢怠慢这些手握海量订单的新客户。为了让新客户更加满意，交易所还提供更大的带宽，让他们能以更高的数据传输速度扩大已有的优势。一些贪婪的交易平台，为了迎合高频交易商的需求，甚至在其撮合系统中植入“木马”，让他们在市场上肆意碾压普通订单的股民。

当高频交易商的服务器占据了交易所机房的最佳位置之后，他们实际上就占据了市场交易数据流的上游。这样一来，他们不仅能够抢跑，而且还可以“抢道”。

20世纪90年代，在IT泡沫的顶峰时期，交易所的处理速度是每秒1 000个报价，而2013年已达到令人眩晕的每秒200万个报价，高频交易占全部市场报价的90%~95%！制造海量报价“噪声”的目的，主要不是为了成交，而是延缓交易所数据处理的速度，挤占普通股民的信道，推迟市场获得真实交易信息的时间，这相当于互联网的“阻塞攻击”。

无论是哪种“抢跑”的途径，高频交易都制造了严重的不公，它就像一只黑色的秃鹫，盘旋在市场的上空，随时猎杀毫无抵抗能力的猎物。在市场稳定时，它盘剥全体股民，效果相当于变相征税；而在市场需要流动性时，它又迅速消失，导致市场的激烈动荡。

高频交易只是股票市场的一个细节，但“窥一斑可知全豹”。

贪婪当道，必会扭曲市场，损害公平；而在廉价货币的刺激之下，贪婪的欲望开始恶性膨胀，它不仅扭曲了整个经济，而且制造出更大的财富不公。

伯南克的惊吓

2013年6月19日，美联储主席伯南克放出话来，如果经济继续好转，“下半年适度缩减购债规模将是合适的”。什么叫经济好转呢？伯南克第一次给出了明确的定义，即失业率降到7%。届时，持续了5年之久的货币量化宽松政策将逐步终止。

或许伯南克的心中充满了经济复苏的信心，也可能是他意识到了QE持续下去所面临的巨大风险，他很想在2014年年初卸任之前，向世界证明他的印钞政策获得了成功，即便没有QE的维持，美国经济也能正常发展。他将成为人类经济史上第一个用货币成功拯救世界的英雄。

出乎伯南克的预料，退出QE的表态，吓了市场一大跳，同时，他也被市场吓了一大跳。伯南克话音刚落，全球金融市场立刻陷入一片恐慌，黄金市场下跌了5.4%。这本不足怪，QE缩减意味着伯南克是对的，美国经济已经复苏，黄金避险功能变得多余，为什么还要持有黄金呢？不过，原本对经济复苏信心满满的股票市场也发生了暴跌，美国S&P 500（标准普尔500指数）股票指数暴跌了2.5%，这是20个月来最大的单日跌幅。欧洲和日本的股市也难逃厄运，连中国股市也未能幸免，其他新兴市场无不摔得满地找牙。

这就奇怪了，QE退出不是说明经济复苏了吗？股票市场信心应该更足啊，怎么会出现暴跌呢？

华尔街媒体啦啦队的解释是：过早退出QE可能导致经济复苏夭折，进而打击股市信心。可是，QE政策已经持续了5年之久，2013年退出如果还算过早，那猴年马月才算不早呢？

2008年金融危机时，美国金融体系就像是一个危重的病人，命垂一线，气若游丝。紧接着就是美联储组织抢救，国会紧急动员，财政部出手治疗，纳税人被迫输血，利率吗啡，赤字起搏，货币电击，各种治疗手段无所不用其极，终于吊住了华尔街病人的这口气。戴上QE的"呼吸机"之后，华尔街大佬们逐渐缓过劲来，股市绝地反弹，几年下来，大佬们又赚得脑满肠肥，大腹便便。

怎奈华尔街老是戴着QE的呼吸机上蹿下跳，看着总是不雅。每当市场风传QE呼吸机要拔管子时，华尔街就满地打滚，寻死觅活，看得全世界都揪着心。如果当真拔掉输气管，华尔街到底是会继续梦游，还是再回重症监护病房？

在华尔街媒体啦啦队所营造的虚拟世界里，人们的生活每天都被好消息所萦绕：失业率越来越低，消费信心越来越高；房产价格反弹强劲，银行利润日进斗金；页岩油气一片光明，制造业回流比肩接踵；廉价货币印到美联储手软，通胀却低得使伯南克发愁；公司盈利前所未有，CEO们回购股票争先恐后；资本市场屡创新高，经济繁荣已经来到。

既然如此，伯南克退出QE到底怕什么？华尔街撒泼打滚究竟又为何来？

美国股市屡创新高，被普遍认为是美国经济复苏的"铁证"，如果从这个铁证开刀，就可以看清美国经济体的内脏是否健康。

美国股市屡创新高是经济复苏的"铁证"吗？

股市繁荣，还是股市浮肿？

如果看热闹，道琼斯指数是美国股市的晴雨表；但要看门道，S&P 500 指数则更具有广泛的代表性。S&P 500 涵盖了美国经济各领域中最具代表性的 500 家公司，截至 2013 年第一季度，它们的总市值为 13.8 万亿美元，与 S&P 500 指数挂钩的总资产多达 5.14 万亿美元。

S&P 500 指数在 2013 年 3 月 28 日创下了 1 569 点的历史新高，2008 年的金融危机似乎已成为历史的记忆，至少股票市场已展现出一个新的大牛市的轮廓。2009 年 3 月，S&P 500 指数最低曾跌到 667 点，至此已飙升了 135%。

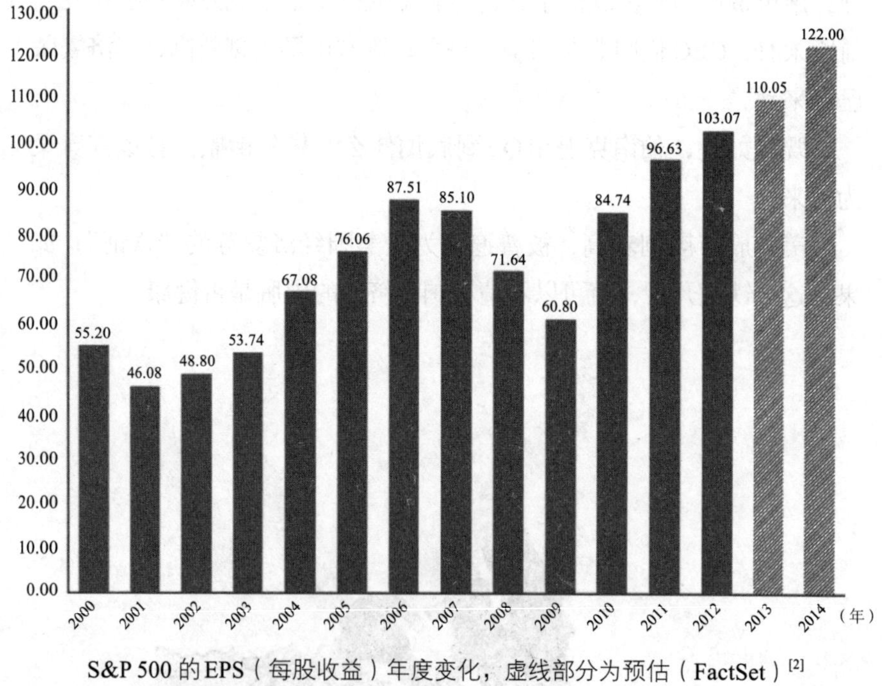

S&P 500 的 EPS（每股收益）年度变化，虚线部分为预估（FactSet）[2]

股票上涨的理由看起来非常充分，因为 S&P 500 公司的每股收益从 2007 年的 85 美元，急剧攀升到 2013 年预估的 110 美元，上涨幅度为 29.4%。如果将 S&P 500 的所有公司当作一家，那么该公司每股的赚钱能力正在大幅提升，整个公司的价值自然水涨船高。

每股收益正是决定股票价值的关键因素！

虽然股指的上涨幅度超过了每股收益，但股市的PE（市盈率）值却从2007年10月的15.2倍下降到了13.8倍。换句话说，2013年的股票比2007年的股票更便宜。投资100美元买股票，2013年将获得7%的价值回报，远远超过了银行存款和国债的利息，这样好的市场难道不该大涨特涨吗？

所有的奥秘就隐藏在每股收益的提高究竟是如何产生的！

要经营好一家公司最基本的工作就是开源节流，开源就是增加销售收入，节流就是压缩内部开支，双管齐下则效果更佳。

2008年9月金融危机爆发后，世界经济严重衰退，企业销售业绩大幅跳水，到2009年第三季度，S&P 500的销售增幅恶化到–15.81%。面对生死存亡的严酷考验，各大公司的第一个本能反应就是大规模裁员，一个人干两个人的活儿，降低了运营成本，提高了生产效率，这也正是同期美国失业率大幅攀升的原因。

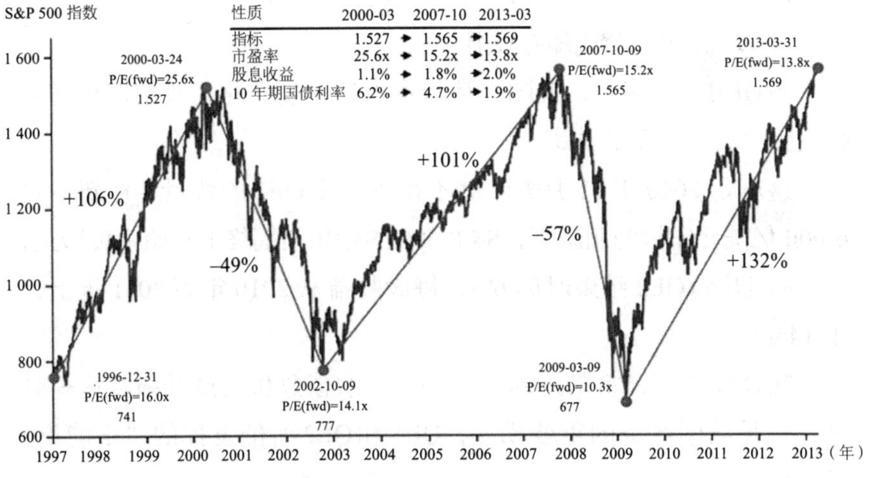

1997—2013年的S&P 500指数

资料来源：摩根资产管理

美联储此时推出了6 000亿美元的QE1（第一轮量化宽松政策），

挽救了即将崩溃的银行系统，也为股票市场带来了强烈的信心和资金的双重刺激。美联储将短期利率压低到0~0.25%的超低水平，同时，大规模购买国债和MBS的操作压低了长期利率，使得公司的财务成本得以大幅下降。

QE政策导致美元汇率大幅贬值，S&P 500公司都是美国经济各领域中的领导性企业，它们的业绩中有30%~50%的销售收入直接来自海外市场，美元贬值使得它们在国际竞争中处于更为有利的地位，直接刺激了海外销售增长；另外，当海外收入折算成美元出现在公司的财报上时，还能获得"汇率红利"的财富增加效应。于是，海外销售增长和"汇率红利"同时提升了公司的利润水平。

因此，2009年以来，导致公司每股收益大幅提升的原因包括：大幅裁员压缩运营成本、提高生产效率、财务成本降低、美元贬值刺激海外销售、汇率红利带来账面利润上涨这五大因素。

在这些因素共同作用之下，S&P 500的每股收益从2009年到2010年劲升了39.4%。尽管如此，到2010年第一季度，S&P 500的总销售仍然处于负增长状态，负增长高达–8.35%。

开源上不去，节流却有极限！

当QE1一旦终止，美国经济数据很快再度恶化，股票市场在大幅反弹之后又出现了暴跌。

这就是2010年11月美联储不得不推出QE2的背景。在新一轮6 000亿美元印钞的刺激下，S&P 500的销售增幅终于开始由负转正，从3%爬升到QE2结束时的6%，每股收益从2010年到2011年上升了14%。

2011年9月，希腊违约恐慌加剧，欧债危机再度升级。这一时刻，正是美国经济的重要拐点，QE1和QE2所能发挥的"正能量"已经耗尽。

S&P 500公司的销售增长已是强弩之末，公司节流的潜力也濒临极限。裁员带来的生产率暴涨在2009年第四季度达到了5.8%的顶峰，然后掉头直下到2013年的0.6%。这与历次经济衰退的情况一模一样，在没有重大技术革命的情况下，雇员身上的油水已被榨干。同时，货币刺激对开源的影响也到达顶峰，美元泛滥对美国公司的正面作用，正在被世界各国图谋本币结算的战略性转移所抵消。

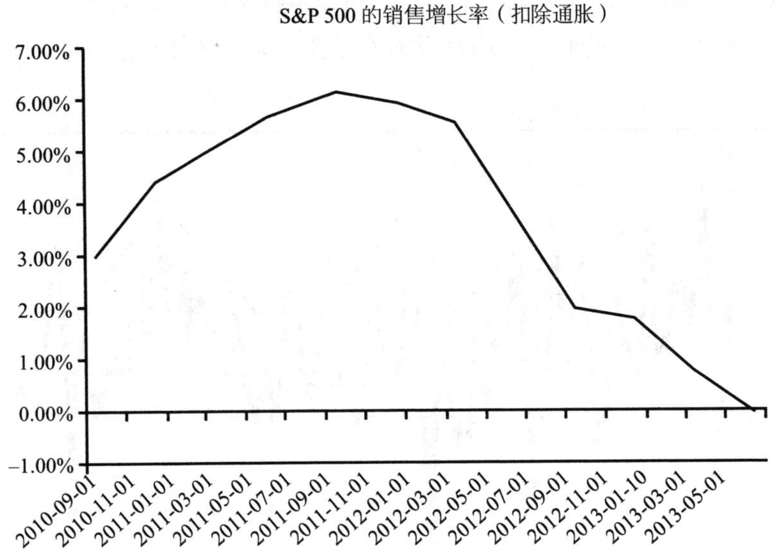

美国 S&P 500 公司的销售增长率（标准普尔）[3]

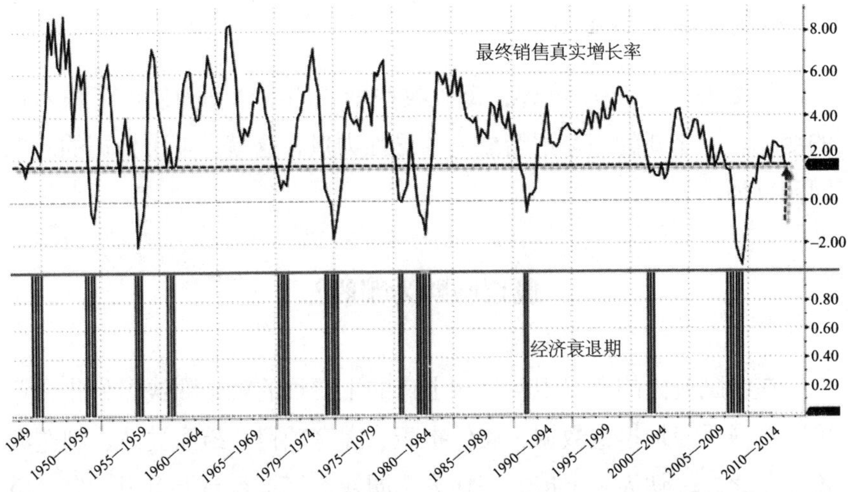

2009—2013 年，最终销售真实增长之缓慢，仅见于经济衰退时期

毫不奇怪，当2011年6月30日QE2结束之后，股市再度出现暴跌。

如果说2011年9月之前，美国股市强劲反弹基本反映了在前两轮QE的刺激之下，五大因素共同推动了美国经济的触底复苏的真实状态，那么，此后的股票市场就脱离了经济现实，飞向了虚幻的空间。

生产率：随经济复苏推进的变化

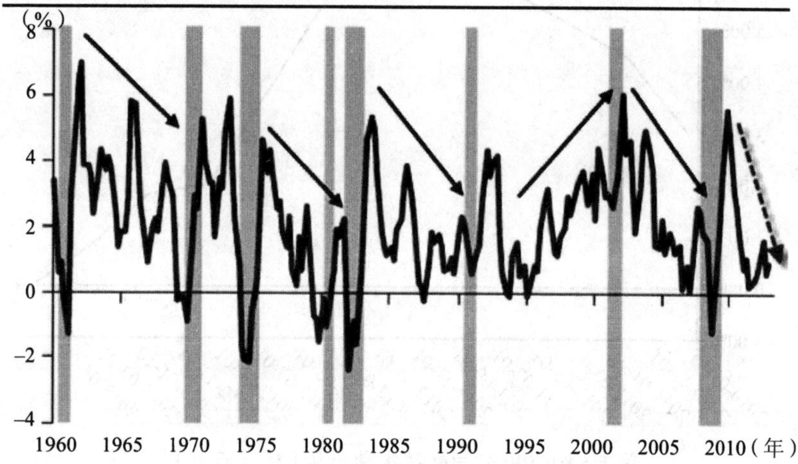

2010年之后，美国生产率急速下降，裁员增效潜力耗尽[4]

资料来源：美国劳工统计局

从2011年第三季度起，每股收益增长的主要动力发生了根本性的变化。一个新的因素逐渐成为主导性力量，这就是上市公司的股票回购行为。

股票回购为哪般？

在中国股民的心目中，公司上市的主要目的就是圈钱，为此企业可以不择手段地捏造数据、美化报表、虚夸项目、疏通关系、制造舆论。总之，一切为了上市，一切为了圈钱。好不容易上市了，自己再出银子把股票买回来，这不等于把吃到嘴里的肉又吐出来吗？这种傻事谁会干呢？

美国S&P 500的CEO们绝对不傻，他们通常并非创业者，而是职业经理人，他们回购本公司股票的动机，正是为了往自己口袋里装更多的钱！

自20世纪90年代起，美国IT行业率先兴起了一种以股票期权刺激员工的潮流。IT属于新兴的高增长行业，公司的每一块钱如果投在业务上都能在未来赚到更多的回报，因此尽可能减少现金工资成本，而以公司未来预期来吸引和留住人才就成了行业通行的手段，股票期权就是最有诱惑力的一种办法。股票期权的本质是一种受益权，它承诺员工能够在未来一定的时间内，有权选择按照协议价格来获得一定数量的公司股票。如果到时股票价格高于协议价，员工可以直接套现价差收益，也可以按协议价购进股票长期持有。假如股票价格低于协议价，员工可以选择放弃行权。股票期权以公司股票的当前价格作为支点，以未来的价格作为杠杆，来撬动员工努力工作的潜能，将公司发展与个人利益密切挂钩。上至公司CEO，下到核心员工，都可以获得股票期权。

对于S&P 500大型公司的CEO而言，工资仅仅是零花钱，股票期权才是收入的重头戏。董事会想得很明白，每年花上亿美元雇CEO是非常不划算的，但可以提供相当价值的股票期权，CEO干得好股票就会上涨，而天价的激励奖金主要源于股市，不需要公司破费现金。于是，股票期权就成为董事会吊在CEO眼前的胡萝卜，要想吃到它，就必须把股价给搞上去。

当每个季度公司申报盈利时，华尔街和上市公司的CEO们就拉开了一场有奖竞猜业绩的大型游戏，每股收益正是其中博大彩的经典项目。

2011年9月以来，CEO们在公司内部挖潜已经很难获得明显突破，而外部销售的扩张又受到全球经济萎靡的刚性制约，也难有大的作为。眼看博彩日期临近，达不到华尔街预期的后果是精神压力乘以经济痛苦，而且在下个季度中还会继续乘上一个时间系数。短期内提高每股收益的最有效的办法，就是回购自己公司的股票，反正是公司的钱，也不用自己掏腰包。回购股份将会导致流通股数量的减少，使本公司的股票更加稀缺。巨额现金的回购，加上流通股的减少，结果当然是股价的上涨。这是加速股票上涨的第一个动力。

每当公司宣布回购消息时，媒体啦啦队们往往解释为该公司认为自己的股票太便宜了，愿意自掏腰包回购股票，这说明该公司认为自己的股票未来肯定会上涨，毕竟公司内部更了解企业的运行状况，CEO们如此有信心，那投资人岂有不跟进的道理？这是回购造成股价上涨的第二个动力。

回购股份之后，由于流通股的减少，在公司总收益不变的情况下，将会提高每股平摊之后的收益水平，换句话说，每股收益是可以做出来的！华尔街一看每股收益大幅提高，预期达标，好评如潮。在股价已经上涨的强烈诱惑之下，更多的投资人接踵而至，形成了推动股价上涨的第三个动力。

在这三大动力的合力之下，股票回购提升股价的策略获得了巨大的成功。董事会和股东们因公司价值提升而兴高采烈，CEO们因巨额奖金到手喜不自胜，华尔街在股市繁荣和资产价值上升的过程中，又平添了融资、回购、兼并、新股发行等许多新业务，因而财源滚滚，喜气洋洋。

如果将回购因素剔除掉，让真相浮出水面，人们看到的是，自2011年9月之后，S&P 500的公司收益基本陷于停滞状态，股市的上涨并非基于企业真实盈利水平的提高，而是“会计技术革命”的产物！

从2011年第三季度开始，至2013年第一季度，S&P 500公司的每股收益增长了3.7美元，其中股票回购“贡献”了2.2美元，占比高达近60%；而公司依靠自身努力的“有机增长”部分仅为1.5美元。

在做高每股收益的会计革命中，其手法不仅体现在高估收益，还表现为低估费用。

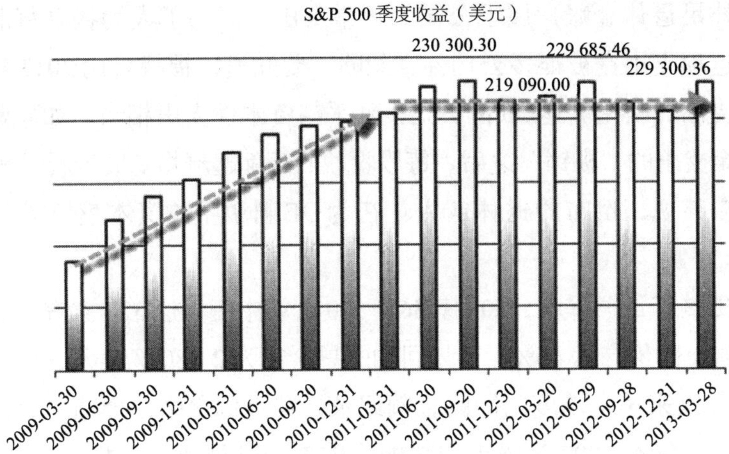

剔除股票回购之后，S&P 500 的季度收益从 2011 年 9 月之后基本陷于停滞

就在 S&P 500 创下历史新高的同时，这些公司的退休金账户短缺也创下了历史纪录。其中，2012 年的缺口达到了 4 517 亿美元，比 2011 年猛增了 27%！原因在于 QE 所制造的超低利率环境，挤压了退休金账户所依赖的债券收益。尽管公司近年来大力推行 401（k）退休方案，即员工从工资中预留未来的养老钱，公司则相应匹配资金，这与传统的退休金计划相比，公司的负担大大减轻。不过，传统的退休金计划所覆盖的就业人口仍高达 9 100 万，远超 401(k）的参与者人数。

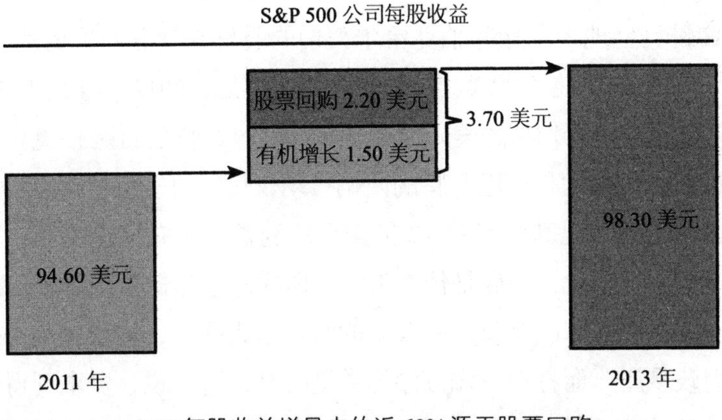

S&P 每股收益增量中的近 60% 源于股票回购

资料来源：摩根大通

补足退休金账户属于公司的正常支出，但为了人为拔高每股收益，这项支出竟被很多公司刻意忽略。要知道，福特公司2012年退休金支出的费用高达50亿美元，几乎与资本性支出相当。如果戴上退休金支出的“枷锁”之后，每股收益的翩翩起舞将变成步履蹒跚。

应该说，倒霉的退休老人正在为QE刺激下的资本盛宴默默地埋单。

2013年第一季度，500家S&P 500公司中有多达328家宣布了股票回购，比例高达66%，计划回购的总金额为2 080亿美元，创下了1985年以来第一季度的回购金额纪录。其比例之高，金额之大，范围之广，仅有2007年股市泡沫即将破裂的时刻能与之相比。其中，212家的回购导致流通股的减少，即便这些公司的业绩完全没有增长，其每股收益也将自动上涨。

以2013年宣布回购的速度和规模估算，全年回购计划总金额将达到8 330亿美元，远高于2012年的4 770亿，仅略低于2007年。难怪华尔街对2013年每股收益达到110美元以上信心满满，如果PE值能接近比较温和的18倍，S&P 500指数就将在2 000点附近，这意味着全年近18%的上涨空间。

在股票回购的大潮中，巴菲特的伯克希尔公司堪称是一朵“奇葩”。巴菲特本人一贯反对股票回购这种人为抬高股价的操纵手法，并且信誓旦旦地表示除非伯克希尔公司的股价跌到账面价值的110%以内，否则绝不考虑回购自家的股份。可是，2012年12月12日，巴菲特突然宣布用12亿美元以账面价值的120%来回购伯克希尔公司的股票。吊诡的是，巴菲特的回购行动仅仅针对一位“匿名”投资人，简单地说，巴菲特是将12亿美元的利益，定向输送给某一个股东。谁也不知道此人到底是什么来路，据称是巴菲特的长期投资人。

有意思的是，巴菲特回购股票的时机引人注目，这正是美国为解决“财政悬崖”而打得一塌糊涂的关键时刻，遗产税、资本利得税都是讨价还价的重头戏，2013年税负大幅上涨实属必然。巴菲特此刻从这位“神秘人物”手中高价回购股票，被许多人怀疑为利益输送，为富人朋友避税。可笑的是，仅仅就在前一天，巴菲特刚刚发表公开信，大声疾呼："富人应该多纳税"，"遗产税应该大幅提高，不仅因为这样合乎道德，也出于经济上的合理性"。公开信墨迹未干，巴菲特言犹在耳，第二天他就帮富人朋友省掉了数亿美元的税款，难怪人们惊呼"伪善"需要新的定义。

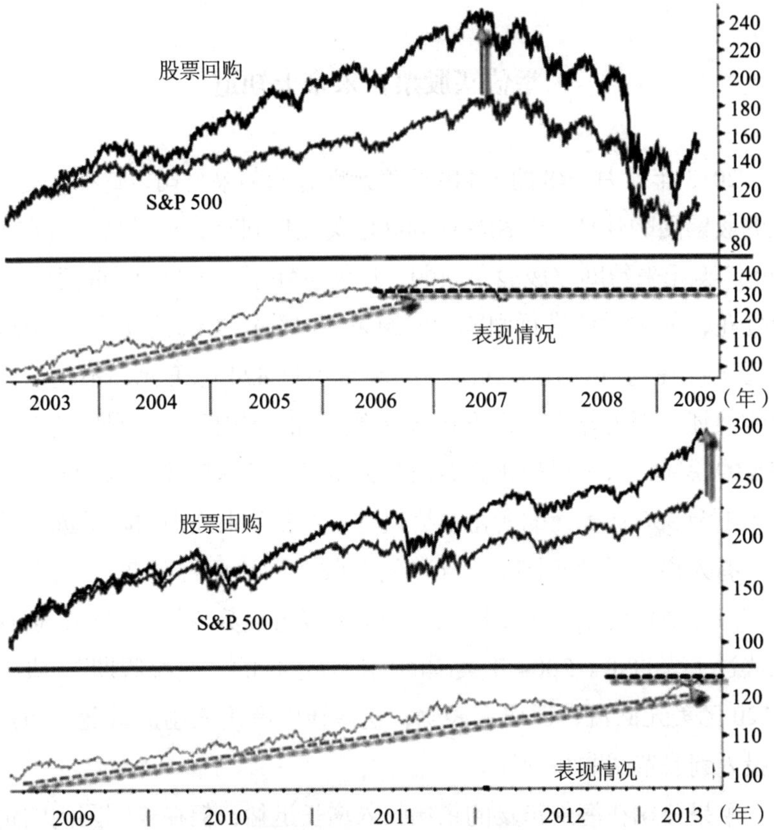

12 个月内回购股票超过 5% 的公司股价，与 S&P 500 指数的对比显示，
2007 年回购拉升股价最明显的时刻，也是股市泡沫最严重的时刻，
2013 年，这一现象再度突出

2009 年以来，S&P 500 公司投入股票回购和 2013 年计划回购的资金总额接近 2 万亿美元，占股票总市值的 14.5%！

很少有人意识到，上市公司已经成为美国股票市场的第一大买主，也是股票指数上涨的主要动力，它们为股票市场筑起价格铁底，一旦跌破就大举入市，推升股价。正如美联储是美国国债市场的最大买主一样，这种垄断性的力量已经达到能够操纵市场价格的能力。只要资金的供应不成问题，股市上涨就是必然。

可是，上市公司巨额的回购现金如果不是从市场销售中赚来的，那又是从哪里弄来的呢？

举债买股票，未来天知道

2013 年 4 月，坐拥 1 440 亿美元现金的苹果公司，宣布了史上最大的股票回购计划，金额高达 600 亿美元！同时，苹果公司宣布举债 170 亿美元来帮助完成股票回购。这就奇怪了，苹果公司的现金多到没处花，何须举债进行回购呢？原来苹果公司 70% 的现金（1 023 亿美元）都在海外，在美国国内的现金不过 424 亿美元，不足以完成回购计划。那为什么苹果不将海外现金调回国内呢？这是因为美国有 35% 的联邦收入所得税正张着血盆大口等着这些应税收入的回流。让苹果上缴 350 亿美元的所得税给政府，除非苹果公司的脑子进水了。

有人说，只要美国搞一个"海外收入回流免税假期"，将美国公司在海外滞留的收入吸引回来，美国的经济复苏就指日可待，但这种想法过于天真了。2004 年美国的确搞过这样的"免税假期"，吸引了 3 120 亿美元回流，但研究表明，这些钱没有用来创造就业，而是主要投入到股票回购和分红。

苹果公司在海外市场的销售收入增长迅猛，但在美国国内的销售最近两年都处于停滞状态，2013 年第一季度甚至开始萎缩。S&P 500 公司的整体销售从 2011 年 9 月起就开始逐季减速，如果扣除通胀，2013 年 6 月已跌至负数。资金永远是逐利的，美国国内的实体经济状况相当不妙，海外资金凭什么回流？即便回流，也是用于炒资产赚快钱，而不会投入前景黯淡的实业。

公司举债的妙处，不仅在于用于回购能够快速推高股票价格，还在于借债分红派息，可以享受股息和债息之间的“套利”好处。中国的上市公司很少现金分红，但80%的美国S&P 500公司都会派发现金股息，股息也是投资人热捧某家公司的主要动力之一。

英特公司2011年账面趴着250亿美元的现金，几乎没有债务。在QE带来的超低利率的诱惑下，英特公司在2012年举债60亿进行股票回购和发放股息，如果没有更好的投资机会，未来回购金额还可能大幅提高。英特公司的逻辑很简单，发放股息的成本大约为4%，而举债的成本仅1.55%。换句话说，借债发放股息还能“套利”2.45%，在这种情况下，谁不借债，谁就是傻瓜。

于是，股息和回购形成了上市公司向股东输送利益的两大通道；而且，在QE政策所形成的超低利率环境中，借钱分红和举债回购已经成为上市公司的一股潮流。在股息和回购两种选择中，股息的财务成本更高，回购则明显偏低。

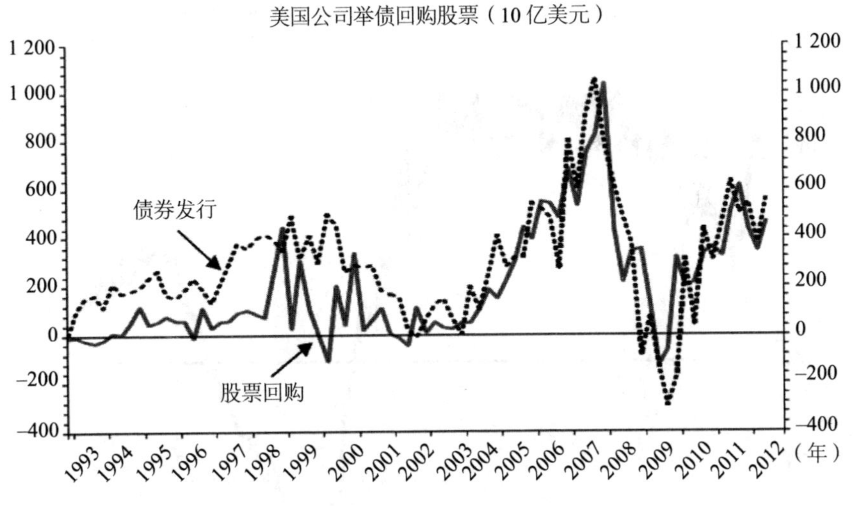

公司债务融资与股票回购高度相关

资料来源：数据流

美国的税法具有明显的债务偏好，债务利息可以抵扣应税收入，而对股息则双重征税。如果一家公司的收入是100元，联邦税先拿走

35 元，企业剩下 65 元进行分红，这笔钱还要交 20% 的利得税，股东拿到手中仅剩 52 元。相比之下，举债就美妙多了。公司负债的利息可以抵扣未来的应税收入，联邦税后的 65 元则通过债券利息的方式输送给债权人，债权人最后落袋 65 元。

在 QE 人为制造的低利率环境中，上市公司无论是进行回购还是发放股息，都会刺激负债规模的增加。美国公司的举债规模和股票回购的活动高度正相关，简单地说，公司以高度举债的方式来进行回购和股息发放。

从美国银行体系的资产负债表变化中，同样可以看出实体经济近年来的恶化趋势，2012 年以来，美国银行系统的信用创造速度开始下降，这是经济降温的明确标志。需要注意的是，在经济降温的曲线中，股票回购所刺激的巨额信用创造已经包括在内，如果扣除这些投机性债务膨胀，真正的实体经济信用萎缩的速度将更为糟糕。

美国银行体系资产负债表中贷款与租赁同比变化图

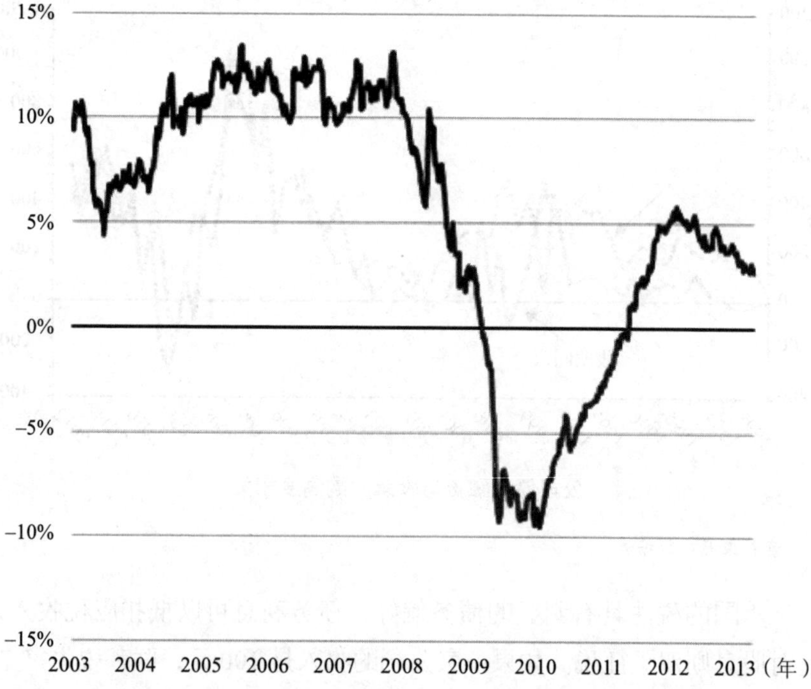

美国银行信贷增长从 2012 年开始萎缩，实体经济降温信号明确

无论是通过银行贷款，还是借助债券融资，普遍的股票回购行为已经大幅提高了S&P公司整体的负债水平。股票价格是浮动的，而负债则是刚性的。在QE营造的低利率温床上，投机与贪婪的病毒正在快速滋生，股市价格与真实经济已分道扬镳。

公司资产的“老龄化”

为什么上市公司坐拥巨额现金，还要大量举债？为什么举债得到的现金不用于增加雇员，扩大资本性支出，强化竞争力？

因为钱永远是逐利的，更准确地说，钱背后的人性是永远逐利的！

S&P 500的公司高管们大把大把地借钱，慷慨豪爽地分红，乐此不疲地回购，目的只有一个，让股东们高兴，把董事会伺候满意，最后正大光明地把股票期权套现的钱装进自己的口袋里。至于以后公司发展和还债的事，那是下一任高管们去操心的问题。

这就产生了一个严峻的问题，从公司层面上看，普遍严重缺乏“资本性支出”和生产性投资。公司赢利靠的是其核心资产，能够稳定、不断增长和源源不断地创造现金流的优良资产，就像一只会下金蛋的母鸡，需要悉心照料和百般呵护。即便如此，母鸡也有一定的寿命，尽最大可能地延长它的寿命，保证它的健康，才能让母鸡多下金蛋。与此同理，任何公司的优良资产都有其生命周期，公司必须不断投资维护、改善、优化和延长资产寿命，才能获得最大的收益，这就是“资本性支出”的重要作用。

在农业时代，土地是核心资产，资产寿命近乎无限，资本性支出就是扩大耕地、改良土壤、保持肥力、兴修水利、筛选良种、完善农具、深耕细作等，目的就是从土地中获得最大限度的农业产出。在工业时代，工厂和生产线是核心资产，新建工厂、运行设备、维护机器、优化流程、改造技术、提升技能等措施，都是为了提高产能、扩大销售，以获得利润的最大化。在知识经济时代，专利、商标权、版权、创意成为核心资产，这种知识产权的寿命一方面受到法律的保护，另一方面却遭到盗版行为的疯狂侵蚀，因此有效寿命更加短暂，对知识产权的核心资产进行投资，金额更大、风险更高，最终收益也更大。例如，一部电影从拍摄，宣传到放映所消耗的费用巨大，如果成功就会大获其利，一旦失败就将颗粒无收。一种新药，从研发到中试，从审核和生产，动辄几年甚至十几年，耗资数以亿计，如果成功，就是一只下金蛋的超级母鸡，成为养活一家药业集团几年或十几年的优良资产。

无论什么时代，也不管哪种行业，资本性支出都决定了资产的寿命和效益。

资本遵循逐利的原则，哪里回报高，它就流向哪里。从历史上看，技术的重大革命总是导致生产率的提高，生产率的提高又意味着利润率的提高，在高利润率的诱惑之下，资本自动流向生产创造的领域，进一步刺激革新与生产，社会财富得以实现更大幅度的增长。此时，经济发展动力强劲，人民就业充分，国家财政盈余，政治稳定清明，货币坚挺而无通胀。但是，在技术创新的"枯水期"，生产率的进步将会停滞，实业的高利润率难觅踪迹，资本性支出的回报必然恶化。此时，资本将转向资产兼并，以重新瓜分社会财富的方式获得更高的收益。

20世纪90年代的IT革命，带来了生产率的大幅提升，这与2009—2011年美国生产率的改善有着本质区别：前者是由技术创新所引发，而后者是裁员增效的结果；前者的资本性支出与生产率提升可以相互激发而持续循环，而后者会在裁员增效的潜能耗尽后导致资本性支出的萎缩。

到2011年9月，美国经济的自发性复苏已到极限，类似IT革命级别的重大生产率进步仍遥遥无期。此时，上市公司的现金再多，金融市场的流动性再充足，钱也不会自动流向资本性支出。政府的货币政策和财政刺激，永远无法对抗资本的逐利天性。

资产存在着折旧，随着时间推移而效益递减。资本性支出的最佳选择就是不断创造新的优良资产，越是年轻的资产创造财富的能力就越强；其次还要投资维护不断老化的资产，使之效益递减的速度放慢。如果停止资本性支出，或者支出严重不足，其结果就是新资产的创造不足，而老旧资产的折旧损失不断逼近甚至超过其带来的效益，那么公司利润最终的衰落就是逻辑上的必然。

这正是2011年9月以来S&P 500公司出现的状况，无论是从公司资本性支出的总量来观察，还是从设备、软件、建筑施工等细类来分析，2011年9月都是资本性支出大幅萎缩的拐点。2012年的情况更糟，无论是美联储的扭曲操作，还是2012年9月的QE3，都难以扭转各大公司资本性支出的崩溃趋势。

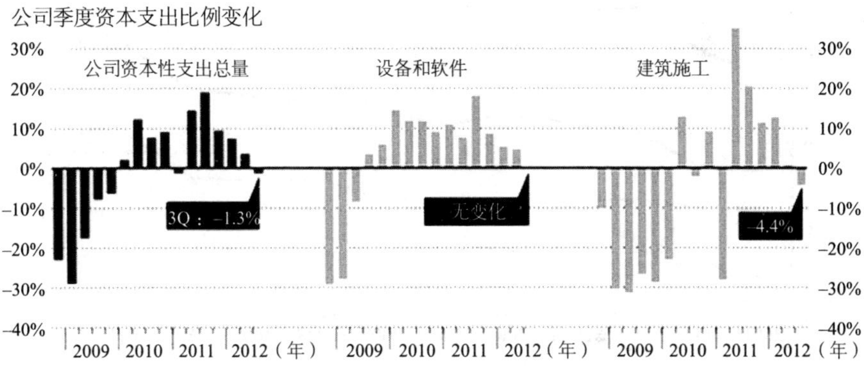

美国资本性支出在2011年9月之后逐季下跌

资料来源：华尔街日报

缺乏资本性支出就会导致公司资产“老龄化”的问题，这正是欧、美、日经济深陷泥潭的重要原因。在资产老龄化的国家之中，日本的问题最为严重，其资产的平均年限已达14年。金融危机后，日本公司的平均利润率仅为1%~2.5%，远低于世界各国的平均水平。欧洲的资产平均年限略高于10年，美国略高于8年，亚洲国家的资产最年轻，平均为7年。

2001年以来，日本、美国与欧洲、亚洲部分国家都存在着资产老龄化的问题，2010年之后出现了恶化加速的趋势，亚洲国家的资产年限正在逼近美国。

全球经济复苏不振的原因很多，资产老龄化正是其中之一，越来越高的债务规模，沉重地压在日益衰老的资产收益之上，而股票市场的牛气冲天，全然无视经济的严酷现实。

人们终将为自己的短视而付出代价。

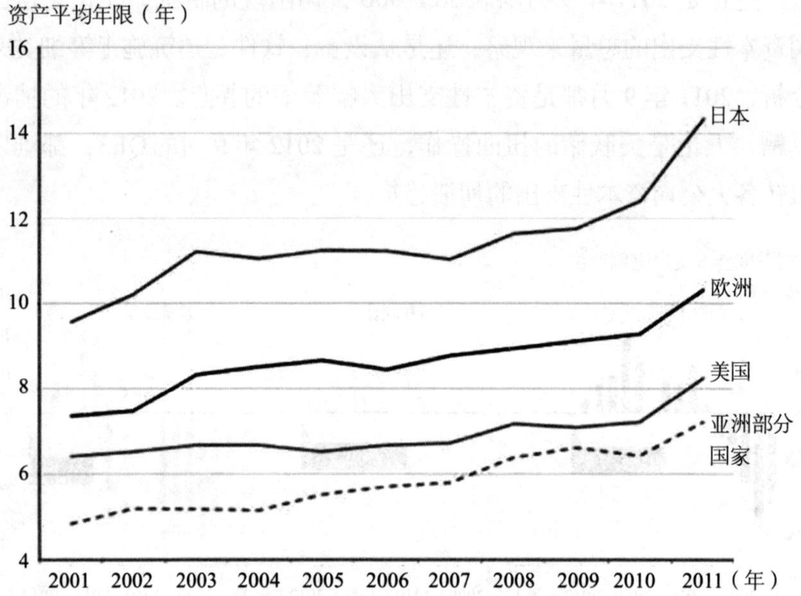

欧、美、日和亚洲资产年限的对比：
日本最长，欧洲其次，美国第三，亚洲部分国家最短

资料来源：高盛评估研究

拔掉QE呼吸机，股市还能蹦跶吗？

在金融危机之后的5年里，每当美联储停止QE操作，美国股市是如何变化的呢？

美国财政部公布的数据，直观地显示了QE的购债规模对股票市场的影响力。美联储购债行动的后果，就是美联储资产负债表的大幅攀升，其中期限在5年以上的债券持有规模，与美国股票市场的走势高度正相关。

尽管相关性并不代表因果性，但QE的购债行动对股票市场却有强烈的推动作用。S&P 500公司所发行的公司债券，主要是5年以上的中长期债券，而债券融资的主要目的正是用于股票回购，当美联储执行QE政策时，它将大举印钞在债券市场中集中购买中长期国债和MBS债券，特别是两轮OT（扭曲操作）和QE3更是如此。债券投资人将手中的中长期国债和MBS卖给央行，一方面获得了大笔现金，另一方面他们又必须将现金进行中长期投资，在国债供应有限的情况下，中长期的公司债券必然成为显而易见的替代品。

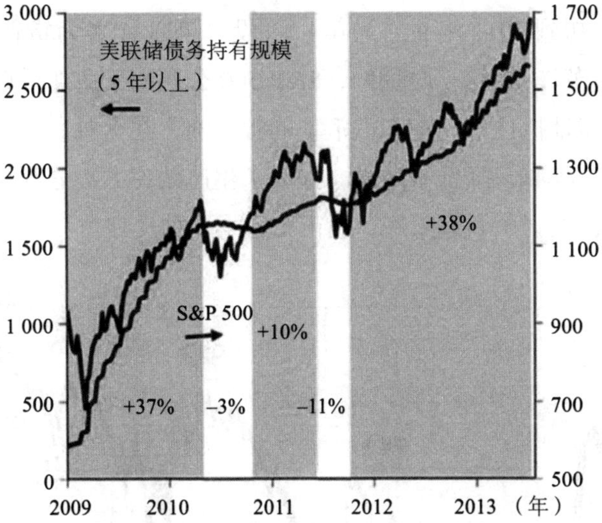

S&P 500指数与美联储持有的5年以上的债券规模同步增长

资料来源：美国财政部

美联储购债（美元）	S&P指数	百分比变化（%）	周数
＞50亿	570	54%	159
＜50亿	141	15%	62
＜0	–51	–2%	29

2009年1月—2013年4月，美联储每周购债量与S&P 500指数变动

资料来源：美国财政部

正是由于这种以公司债替代国债的资产转化行为，将美联储的印钞机与股票市场的连接管道完全打通，QE所创造的新增货币，得以源源不断地涌入股票市场，刺激了股市的飙升。

在美国财政部的分析报告中，美联储的购债规模对股市的影响力，甚至可以精确到单周。从2009年1月—2013年4月，在美联储的周购债规模大于50亿美元的159周里，S&P 500指数大涨了540点，涨幅高达54%；在小于50亿的62周里，股市只上涨了141点，仅为15%；在美联储停止购债的29周里，股市下跌51点，跌幅为2%。

2008年金融危机之后，美国股市上涨大致分为两个阶段：从2009年年初到2011年9月为第一阶段，可以称之为货币刺激下的“反射型复苏”。在这一时期内，S&P 500公司出于条件反射立刻裁员增效，本能地抓住低利率和低汇率的救生圈，在金融危机的惊涛骇浪中，稳住了阵脚，降低了成本，提高了生产效率，充分利用了美元汇率的红利，增强了利润家底，股市出现了强劲反弹。

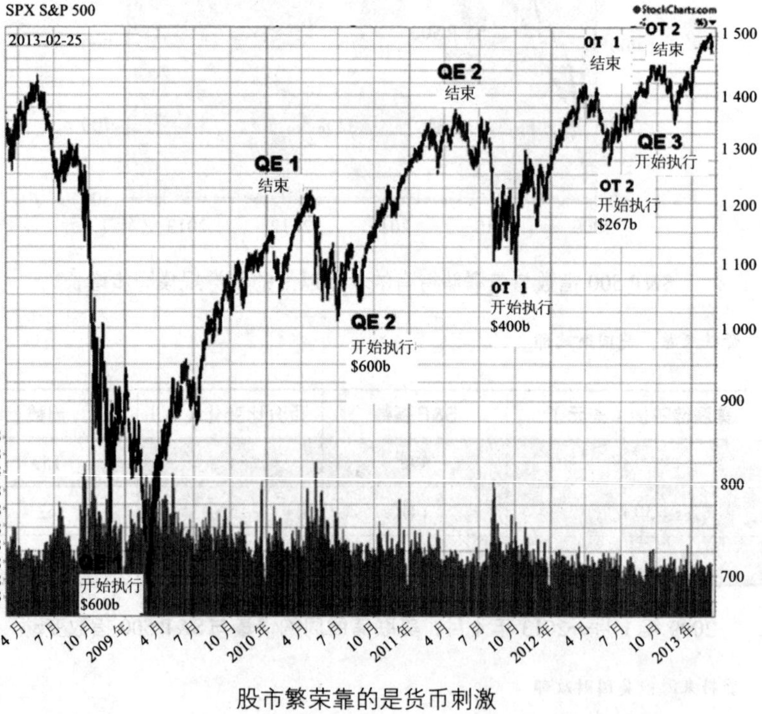

股市繁荣靠的是货币刺激

从2011年9月以后，股市上涨进入了第二阶段，在持续宽松的货币环境中，股市出现了“亢奋型上涨”，股价表现与经济现实开始脱节，而且渐行渐远，推动股价上涨的主要动力不是源于公司业绩的实际增长，而是源于股票回购的“会计革命”。

由于资本逐利的天性，上市公司账面的巨额现金，并未投入巩固公司长远发展潜力的资本性支出，而是虚耗于满足股东短视利益的派息和回购，绝大多数公司为此不惜背负巨额债务。这不仅加剧了资产老龄化的恶化趋势，削弱了未来盈利的能力，而且还将公司暴露在巨大债务和利率突变的双重风险之下。

股票回购的资金很大比例是来自于银行系统和债券市场，在QE政策的操作过程中，债券市场中充斥着极其廉价的资金。在疯狂追逐收益率的基金经理眼中，S&P 500公司的高品质债券，自然是兵家必争之地，这使回购股票的融资成本跌到了史无前例的水平。

在一个“亢奋型上涨”的股市中，“亢奋”能否持续下去，不是源于公司自身的业绩增长，而是要看持续进行股票回购的资金链是否会断裂。

资本不仅具有逐利的天性，同时还有厌恶风险的本能。QE的廉价货币政策，已经使股票市场对充裕的资金供应习以为常，超低的利率环境也麻痹了债券市场对风险的定价，债券市场已成为一个远比股票市场更加泡沫化的赌局。

如果美联储真的开始淡出QE，那么首先面临崩盘危险的就是债券市场。对风险的重新审视，将要求更高的利息补偿，如果利率飙升突破了一个心理底线，风险就会超出债券投资人的忍受极限，抛售浪潮将导致债券市场失血过度。如果债券市场无法持续提供廉价的股票回购资金，过高的融资成本会吓退股票回购的CEO们，支撑股市繁荣的资金链将最终断裂。那时，无论每股收益的故事如何动听，也不管PE值是否具有投资潜力，一个断掉主力资金链的股市已注定成为人们争相逃离的屠宰场。

喧嚣的债券市场

在中国，当人们说到资本市场时，出现频率最高的词汇一定是股市。从20世纪90年代初中国开放股票市场以来，数以亿计的中国股民在20多年股市的风风雨雨中，演绎出许多一夜暴富的神话，也遭遇了无数套牢割肉的惨痛教训。股票剧烈的波动刺激着人们的神经，调动着股民的激情，输赢虽然重要，但大幅涨跌带来的兴奋、紧张、痛苦和快感才是真正难以抗拒的诱惑。相对而言，债券市场给普通人的印象却相当遥远和陌生，拿着债券能干点啥呢？等着半年或一年才支付一次的利息？如果投资金额太小，散户们根本感觉不到财富的增值。另外，债券价格的波动看起来远不如股票剧烈，早已习惯了刺激的股民很难容忍这种单调和枯燥。

其实，美国的债券市场远比股票市场的规模更大、产品更多、玩法更深，几乎所有主要的金融创新都是发端于债券市场。

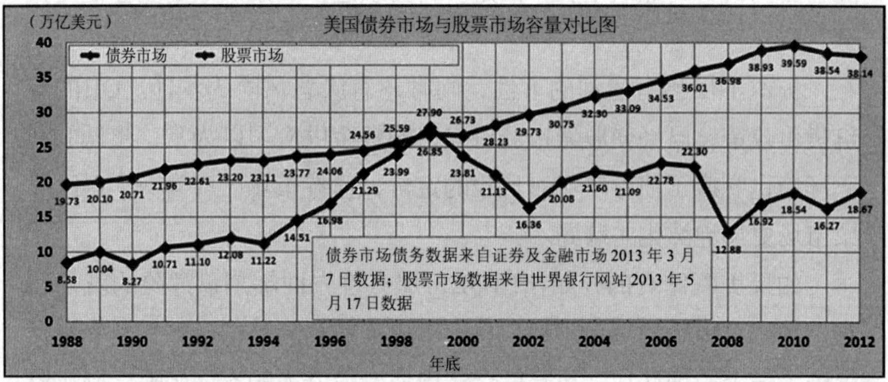

2012年，美国债券市场总规模38.14万亿美元，股票市场总市值18.67万亿美元

从规模上看，美国债券市场的容量高达38万亿美元，大约是股票市值的两倍。从种类上看，有国债、机构债、市政债、公司债、按揭抵押证券、资产抵押证券、短期票据等。从产品数量上看，仅仅在9万亿美元的公司债中，就有8万多家公司发行了不同期限和不同利率的债券产品，数量高达37 000多种，交易活跃的债券至少也有

5 000 多种。债券市场无论在数量上还是在复杂程度上，都远远超过了股票市场。另外，债券交易的资金规模也远大于股票，比较活跃的债券的交易金额一般是股票交易的 70 倍。

在股市上，投资人要查询数千家上市公司的股票并不算费劲，每只股票无论流通量有多大，毕竟质量相同，都代表着公司一定比例的所有权，股票价格计算也相对简单，交易集中、信息透明，而且完全电子化，投资股票既快速又便宜。

但是，要交易数万家公司发行的债券就不同了，数万种不同期限和不同利息的债券产品，在信用评级、留存时间、利率波动、汇率升降等因素不断变化之中，价格的计算方法远比股票复杂。最令人头痛的是债券市场没有类似股票交易所的集中交易平台，主要交易仍然是靠传统的做市商方式，销售经理和交易员是市场中的灵魂，他们之间的人脉关系才是债券市场的真正渠道。

举例而言，一个退休基金经理准备买进 2 500 万美元的 5 年期美国国债，他首先打电话给一家做市商的销售经理，虽然他认识不少市场销售人员，但经过多年筛选，最终锁定了少数几个最靠谱的老关系，他们不仅专精于 5 年期国债的行情，手中更有积累了多年的大客户资源，而且价格也最为优惠。

当做市商的销售经理接到退休基金经理的询价电话后，立刻答应提供最佳价格，他要确保交易成功，因为每笔债券的销售，对于他而言都意味着年底丰厚的奖金。

销售经理让买家在线稍候，然后扯开嗓门向坐在附近的本公司交易员询价："5 年 25 的价格？" 25 是 2 500 万美元的简称，交易员是老搭档，更是 5 年国债交易的熟手，所以连"国债"二字都一并省略，时间就是金钱，每一秒钟都有成本！交易员不假思索地吼道："10！" 这是指 101~10，101 是最近的市场价格，10 是 10/32 个百分点的简称。

交易员的出发点与销售经理不同，销售考核的是总销售量，而交易员则是根据交易利润考核，他们的本能就是低买高卖赚取价差。尽管交易员与销售经理是搭档，但亏本的买卖是不会干的。对于市场行情和客户心理都了如指掌的销售经理而言，他觉得交易员的报价偏高了一点点，于是反问："能做9又3/4吗？这是老客户！"销售经理想让交易员再让利1/128个百分点。

犹太金融家族从小对孩子们的一个基本训练就是熟背1/8、1/16、1/32、1/64、1/128……所对应的细微价差。因为在做金融生意时，利差之微小，金额之巨大，要求反应速度之迅速，都远非普通人所能想象。交易只在电光石火之间就必须敲定，根本没时间按计算器。脑子稍微迟钝一丁点儿，不是生意丢了，就是算错了成本和收益，对于2 500万美元的交易额而言，1/128个百分点也是1 953.125美元！

交易员知道老客户的重要性，也知道搭档的重要性，脑子飞快地算过一遍之后，立刻答道："9又3/4可以！"销售经理马上告诉一直在线等候的退休基金经理："尽管市场价是10，但我可以给你9又3/4！"退休基金经理满心欢喜道："成交！"销售经理一边对着电话说"成交"！一边对交易员喊道："销售25，价格9又3/4，与××基金成交！"交易员飞快下单，然后大叫："成交！"销售经理最后与退休金客户确认，然后挂断电话。

整个交易过程不过几十秒！

退休基金经理希望买到最低价，而交易员追求卖出最高价，销售经理则希望交易迅速完成，如果拖过一分钟，那么买家就会挂断电话拨打下一个做市商询价，生意就会流失。销售经理必须当机立断做出折中报价，而交易员在同时处理几个销售经理的报价时，大脑必须高速运转，以极其敏锐的判断力，将买家进行重要性排序，然后分别计算价差，评估买入成本与波动风险。他必须在一两秒内做出决定。一个超级交易员的大脑已经不是"软件"处理速度的问题，而是"硬件"天生就长得与众不同。

订单确认之后，债券做市商的"中台"立刻接手，他们的职责是控制信用和风险。由于交易对手的信用不同，合作金额和次数也不等，他们给各个商业伙伴定制了不同的"信用额度"，一旦超过风险临界点，中台人员有权向公司发出警告。同时，他们还必须对全公司的风险进行总量控制，并且实时监测。

当中台过关后，订单转往“后台”。后台负责打理后勤事务，如买卖的数量、金额记账，交割的时间、方式以及支付手段，清查出订单可能存在的差异，统计公司盈亏，并在当天处理完成一切剩余细节。最后，会计部门将交易入账，并整理出债券利息收入的时间表和应收数额。

做市商的作用就是促进债券市场的流动性，降低买卖之间的交易成本。它们中最大的 21 家就是国债市场的一级做市商，可以直接与美联储做交易，美联储的公开市场委员会所制定的利率政策，正是靠这 21 家一级做市商来执行，它们的地位相当于金本位时代英格兰银行所倚重的五大金商。它们在市场中随时准备买进和卖出债券，并在其中获取一定的差价。在正常状态下，5 年国债差价仅为 1/128 个百分点，即 100 万美元的交易量，做市商理论上能赚取 78.125 美元。不过在实际操作中，一个优秀的交易员在交易中，大约只能以叫买价与叫卖价的中间点成交，从而赚取一半的利润，即 39.06 美元。

在这微薄的 39.06 美元差价中，还包括融资成本，前台、中台、后台的分摊成本，以及间接的工资成本、销售奖金、市场宣传、系统支持等等。在扣除直接和间接成本之后，纯利润部分还要面临诸多市场风险，其中最大的变数就是利率波动，国际新闻、经济数据、突发事件都可能导致利率的大幅震荡。在交易时间内，随时变化的利率经常造成 1% 的国债价格波动，即 100 万美元的国债价格，上下可能波动 1 万美元，交易员稍有迟缓，39 美元的利润就会被 1 万美元的损失吃得尸骨无存，这相当于 250 次 100 万美元国债成功交易的全部成果。

做市商是在刀尖上舔血，在微薄的利差中讨生活，就必须依靠巨大的交易规模才能赚钱。2012 年，在 10 万亿美元的流通国债市场中，每天交易总量高达 5 320 亿美元，仅次于每天 4 万亿美元交易量的外汇市场。除了国债，还有 8 万亿美元总量的公司债，其每天交易量约

1 800 亿美元。另外，20 万亿美元的其他类型的债券也在市场中频繁交易。

做市商要吞吐如此规模的债券交易量，就必须拥有相当规模的债券库存和巨大的融资能力，以便向市场提供充足的流动性。对于美国股票市场而言，股市上涨的动力越来越依赖股票回购，而股票回购的资金又依赖于上市公司的债券融资。如果做市商的公司债库存下降到一定程度，就必然导致债券市场流动性不足和交易成本的上升，最终将迫使上市公司融资成本大幅上涨，削弱其股票回购能力，从而导致股票市场上涨乏力。

做市商的公司债券库存，就成为一个观察股市变化的风向标。

公司债库存萎缩，做市商调节失灵

众所周知，湖泊在江河水系中发挥着重要的平衡作用。当洪水泛滥时，湖泊能够吸纳过剩的水量，避免江河水位暴涨酿成水灾；当江河流量不足时，湖泊又能提供补充的水量，使河道不至于干涸，从而起到调节水系流量的平衡作用。

做市商的债券库存就相当于债券水系中的湖泊，如果债券价格涨得太高，做市商就会抛出大量库存以赚取价差利润，平抑价格猛涨的势头；如果债券价格过于低迷，做市商则会逢低吸纳，扩大库存，等待价格反弹获利，从而拉升债券的市场价格。因此，做市商在债券市场中发挥着重要的价格稳定器的功能。

然而，2008 年金融危机以来，做市商在债券市场中的调节功能严重失灵，致使债券市场"洪水泛滥"，收益率低到荒谬的程度。其中，公司债的问题最为突出。

2007 年 10 月，美国做市商的公司债库存达到了 2 350 亿美元的历史性峰值，股票市场中的极度乐观情绪也达到了顶峰，做市商大规模囤积债券资产，以为奇货可居。最终，金融市场的崩溃导致做市商们损失惨重。

“一朝被蛇咬，十年怕井绳。”做市商的公司债库存自金融危机之后，再也没有恢复过来，到 2012 年 2 月，公司债库存仅剩 424 亿美元，比历史顶峰时大幅下跌了 82%！到 2013 年 3 月，也不过 560 亿美元左右。

做市商的公司债库存严重萎缩导致两个后果：一是公司债券价格上涨失去了刹车装置，升值效应十分明显，从而吸引了各路资金纷纷涌进债券市场淘金，出现了明显的泡沫化现象，这种现象类似于湖泊干涸，雨季江河水位暴涨；二是由于做市商提供的流动性不足，结果就是公司债券的购买容易出手难，这就好像旱季出现的江河断流。

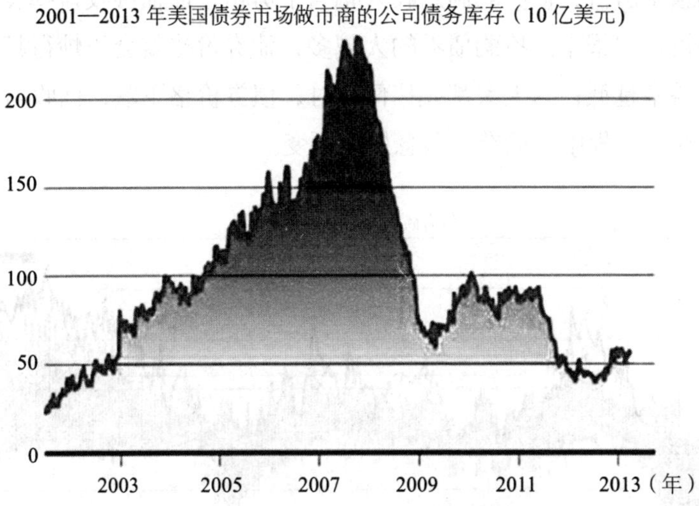

美国债券市场做市商的公司债库存严重萎缩

资料来源：美联储

做市商们急剧减少了公司债的库存，与此同时却大规模增加了国债库存。从 2011 年 5 月到年底，国债库存翻了近一倍达到了 747 亿美元，而公司债库存则下降了一半到 611 亿美元，这是做市商的国债库存第一次超过了公司债库存。其实，背后的原因很简单，因为持有国债的收益超过了公司债，这自然是美联储量化宽松的功劳，因为QE操作时美联储只购买国债和机构MBS债券，国债价格上涨幅度更明显。从2007年年中到2011年年底，持有国债的总收益达到了38%，超过了公司债的37%，而且国债更安全，也更符合新的金融监管原则。

在这里，需要搞明白债券价格和收益率正好相反。以投资房子为例，大家买房时会考虑到房价和租金两个因素。假如房价是100万元，而年租金收入是5万元，那么投资房子的年回报率就是5%。如果房价涨到110万元，而年租金收入不变，投资回报就会降为4.5%；同样，如果房价下跌到90万元，租金仍然不变，投资回报将上涨为5.6%。房价与投资回报率成反比。债券的道理与房子类似，债券价格相当于房价，债券的利息收入相当于房租，而债券收益率类似于房子的投资回报率。抢购债券的人越多，债券价格就会被炒得越高，但其收益率越低；当大家都抛售债券时，债券价格下跌，而收益率则上扬。在此过程中，债券的利息始终不变。

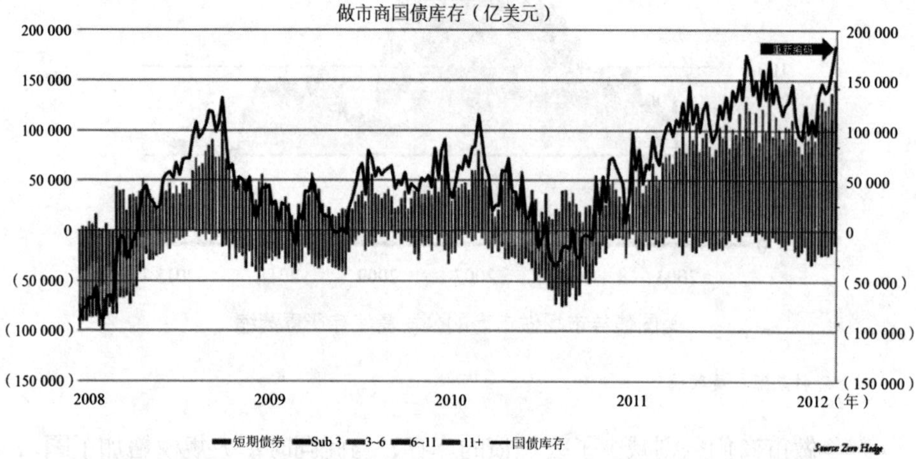

做市商在公司债券库存大幅下跌的同时，却大规模增持了国债库存

当美联储启动QE后，每月从债券市场上吃进大笔国债和MBS债券，怎么吃呢？就是印钞票来与21家一级做市商进行交换。当然，印钞票是形象的说法，美联储根本不需要印钞机，它只是在计算机屏

幕上敲上一系列数字，然后一按“回车”键，钱就变出来了，而且要多少就有多少，既不需要开工厂，也不需要劳心费力搞经营。操作QE的结果是，做市商的债券库存涌进了美联储的资产负债表，而它们在美联储的账户中，则被打入了相应的金额。这样一来，做市商手中拿着大把的货币，整个经济体中的货币总量就扩张了，这就是美联储通过QE向金融市场注入资金的过程。

当做市商有钱后，就到财政部去竞购新的国债，结果政府就有钱花了，这是一级市场。然后做市商再将国债通过自己的渠道，层层分销到世界各地，最终大家都通过做市商来买卖国债，这就是二级市场。前面退休基金经理买国债的例子就发生在二级市场。

做市商们同时也是最大的投资银行，它们帮助企业承销公司债券，往往是自己先垫资全部买下债券，这样公司获得了现金，转手用于股票回购，炒高股价，然后CEO们喜笑颜开地分奖金。做市商可以持有公司债券，也可以转卖给养老基金、共同基金、对冲基金、货币基金、大企业、外国机构等债券投资人。

由于金融市场中的货币太多，基金经理们被存在账上的大笔现金烫得心急火燎，钱不赶紧投资出去，拿在手上就是闲置。此时，一旦有公司债券发行，大家往往一拥而上，疯抢一空。债券价格扶摇直上，收益率却每况愈下。随着QE一轮一轮加码，货币过剩变成了货币泛滥，此时的基金经理们就像眼冒绿光的饿狼，只要看见收益率稍有姿色的债券出现，就立刻扑将上去。

在QE的刺激下，公司债券的发行规模每年增长高达10%，债券融资得来的廉价货币，一转眼就变成了股票回购的万丈豪情，在股票升值的强烈预期之下，S&P 500的增幅达到了16.7%。

2008年以来，公司债券总共发行了5.7万亿美元的惊人规模，而收益率却从5.7%一路狂跌到2.0%。

收益率暴跌过半，意味着债券价格飞涨。如果做市商拥有大规模的债券库存，此时正是卖出库存获取暴利的好时机，这种抛售行为将会有效抑制债券价格的涨势，从而实现价格调节作用。可是，由于库存短缺，做市商无法有效发挥湖泊吞吐过剩水量的作用，致使债券市场被货币洪水灌成了一片汪洋。

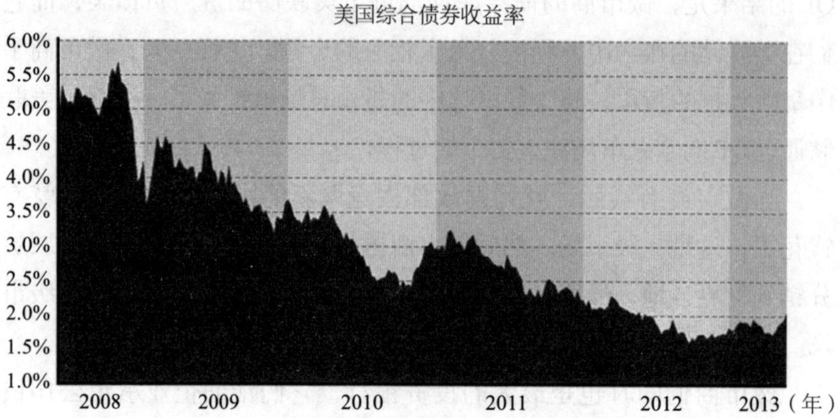

美国综合债券收益率 5 年下跌过半

资料来源：彭博社

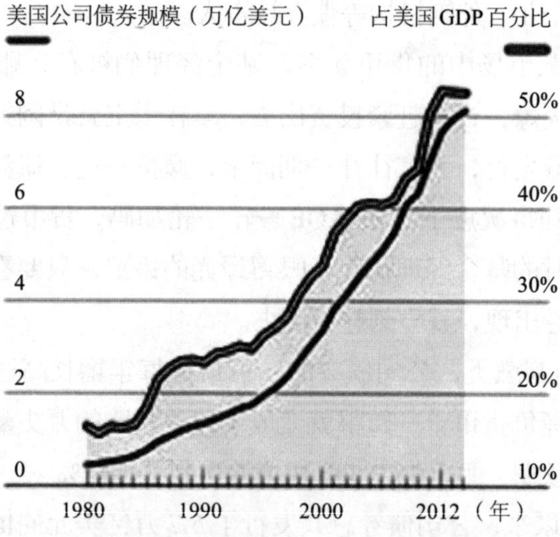

20 世纪 80 年代以来，美国公司债券总规模持续攀升，
2012 年占美国GDP的 50%

资料来源：美国证券及金融市场协会、路透社、纽约联邦储备银行

债券投资机构欢天喜地抢到奇贵无比的公司债券后，它们逐渐发觉持有这些债券的隐忧越来越大，因为当它们想卖出债券套现时，必须找到做市商，而做市商给的报价却很不理想。而当另外一些机构想买入公司债券时，做市商的卖价同样令人失望。做市商报出的买卖价格之间的差距越来越大，债券投资人的愤怒也日益高涨。这就如同新房市场极其火爆，而二手房交易非常清淡，有房子想出手变现难上加难，而想买房的人却无从下手。债券市场买方与卖方的信息都掌握在做市商的手中，它们不愿扩大债券库存并提供融资。做市商的态度是，你想买债券吗？对不起，我没货；你想卖债券吗？抱歉，我缺钱。

做市商的公司债库存短缺已经形成了债券市场的严重瓶颈。

到 2013 年，11 万亿美元的流通国债与膨胀到 9 万亿美元的公司债券规模相当，但每日交易量公司债仅为国债的 1/3。公司债券市场流动性的恶化，终于激怒了债券投资人，他们与做市商反复沟通，但做市商表示爱莫能助。被逼无奈之下，债券市场的投资人们痛下决心，决心绕开已经成为市场交易障碍的做市商，他们纷纷搞起自己的电子化债券交易系统，让买家与卖家在平台上直接交易。UBS、高盛、黑石都是自建平台的先驱。不过，迄今为止效果并不明显。2013 年，UBS 的债券交易系统每天仅有 30 单交易，少到令人悲哀。

其实，做市商制度有其合理之处，债券市场不同于股票、外汇或黄金市场，在这些市场中价格大幅波动极为正常，每天上下翻飞 10% 甚至 20% 都曾反复出现，对于习惯高风险的投资者而言，搏的就是惊心动魄。但是债券市场的性质完全不同，投资者的心态求的是稳，要的是安全。做市商“湖泊”吞吐水量的作用绝非可有可无，而是债券市场的基本属性。如果债券价格每天暴跌暴涨，世界上哪里还有人敢投资美国国债？退休金、保险公司等安全性要求极高的投资机构，又哪里经得起如此折腾？电子化交易平台将买家与卖家的需求径直对接固然可以降低交易成本，但同时也必然造成市场的共振效应。当大家一起看好债券时，就会同时疯抢；当大家的悲观情绪快速传染时，债券价格就会雪崩。这就如同将湖泊全部填掉，水流倒是没有了阻碍，但是雨季江河将肆意泛滥，旱季河床会干涸见底。

公司债库存下降所引发的买易卖难的问题，最终将迫使买家要求发债公司进行补偿，这将反应为债券收益率的上涨。导致这一问题的根源还是美联储的QE政策，没有美联储这一最大的买家垫底，国债的投资回报就不可能超过公司债，毕竟应该是高风险带来高收益，做市商也不会将公司债的库存降低到如此程度。QE政策执行时间越长，债券市场扭曲的状况就会越严重。

如果说美国的公司债市场严重畸形，那么公司债中的垃圾债则堪称是极端变态。

垃圾债，公司债中的“次级贷”

垃圾债券，顾名思义就是债券中的垃圾，它的本质与次级贷并无二致。被2008年金融危机炒热的“次级贷”，特指美国按揭抵押贷款中那些“无工作、无收入、无资产”的“三无人员”所申请的贷款，这些贷款在房价下跌时将注定出现大规模违约。在美国房地产红火的日子里，银行拼命地发放次级贷款，生产制造资产的“病毒猪肉”；投资银行大胆地将其打包成MBS债券和CDO（担保债务凭证），加工精装成标准的“病毒猪肉罐头”；负责质量检验的评级公司则睁一只眼闭一只眼，随意贴上优质产品的AAA评级，致使全世界的投资人大面积中毒身亡。

垃圾债的发行者，自然就是垃圾公司，这些公司就是企业中的“三无人员”。它们大多都是“无拳头产品、无固定客户、无稳定现金流”。在经济景气时，消费者花钱大手大脚，不太在意产品的品牌和性价比，垃圾公司的产品也能分得一杯羹；但在经济萧条时，消费者收紧了荷包，对性价比更加敏感，在同等价格的情况下，更加看重品质。垃圾公司普遍缺乏核心技术，产品竞争力较弱，管理水平不足，品质低而价格高，在激烈的市场竞争中往往会遭到淘汰，现金流高度不稳定，如果过度负债，违约率将大幅上升。

在美联储人造的超低利率环境中，垃圾公司们如沐春风，垃圾债就如同杂草一般茁壮成长起来。2009年，美国垃圾债发行在危机后终于迈过了1 000亿美元的门槛；2010年首次突破了2 000亿美元大关；2012年持续演绎“垃圾传奇”，超越了2 500亿美元的巅峰；进入2013年更是喜迎开门红，到5月初就发行了1 500亿美元，全年将轻松超过2012年的纪录，再创“垃圾辉煌”。垃圾债的总规模膨胀到1.1万亿美元，在9.2万亿美元的公司债券市场中的占比已高达12%！

历史惊人地相似，市场却总是健忘。

2006年金融危机爆发之前，美国按揭抵押债券市场的总规模约10万亿美元，其中次级MBS债券1.5万亿美元，占比为15%。2013年的垃圾债与2006年的次级债越来越像。

2009—2013年，垃圾债券的价格年均暴涨21%，收益率则从20%暴跌到了史无前例的5%。2013年5月8日，垃圾债券的收益率自有记录以来第一次跌破了5%，创下了4.97%的历史最低纪录！这相当于美国10年国债在2007年7月的水平。

巴克莱银行的美国垃圾债收益率指数，2013年5月垃圾债券收益率逼近2007年10年国债收益率

国债是由美国政府出面举债，只要人们不担心美国崩溃，国债永远是债券市场中最安全的品种。在同期限的债券中，国债价格最高而

收益率最低。因此，国债收益率成为整个市场中的利率定价基准，任何一种同类债券的收益率都会高于国债。2013 年 5 月，垃圾公司成功“晋级”为 2007 年的美国国家信用!

如果反着说，就是 2007 年的美国国家信用到 2013 年已经沦为“垃圾”。

历史正在重演，当年狂买次级按揭抵押债券的是共同基金、退休金和保险公司，2013 年它们又成了垃圾债的购买大户。2013 年上半年，仅共同基金就吃进了 70% 新发行的垃圾债。人人都知道垃圾债券迟早会成为垃圾，但是有美联储 QE 计划罩着，没有人相信危机会立刻爆发。现在投资人最大的痛苦是买不到，未来则是卖不掉。

如果美国的房价能够无限上涨，那么当年的次级贷款人也不会大规模违约，他们只需将房子每年增值的部分向银行申请“增值抵押贷款”，就可以套取现金用于偿还房贷。但是，一旦房价停止上涨，“三无人员”的资金链将很快断裂，造成大规模违约。

垃圾债券的价格就像房价，只要收益率无限下跌，那么垃圾债券的价格就能无限上涨。如此一来，垃圾公司总能在市场上借新还旧，不断进行债务滚动，违约也不会发生。可是，收益率无限下跌的假设能成立吗？

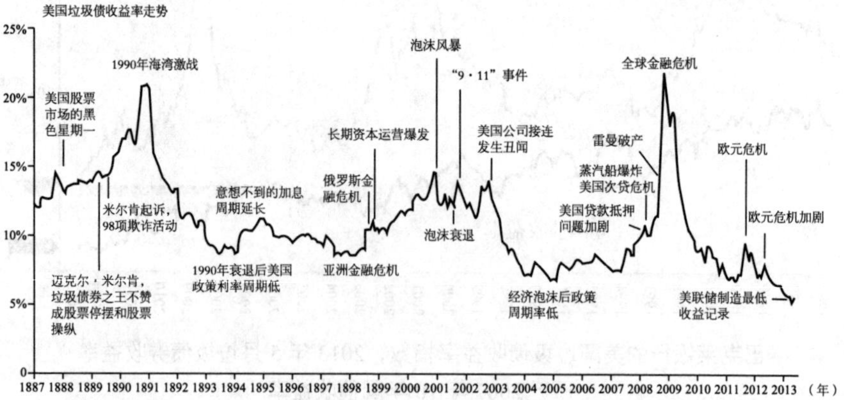

1987—2013 年美国垃圾债收益率走势，1990—1991 年、2000—2001 年、2007—2009 年三次危机中，垃圾债收益率都大幅跳升

从20世纪80年代垃圾债券开始流行以来，每逢美联储制造低利率温床，垃圾债的收益率都随之降低，但仍比国债和其他正常债券有吸引力。由于机构手中的钱太多，追求高收益的本能促使资金涌向“颇有姿色”的垃圾债，垃圾公司借钱很容易，因此违约率并不算高。可是，每当危机来临，如1991年、2001年、2008年，垃圾债总是首先出现收益率攀升的现象，继而遭到大规模抛售，违约率随之大幅飙升。

如果以10年为周期来观察垃圾债券的违约率，那么历史趋势就一目了然了。BB级的垃圾债券是19%的违约率，B级则超过了30%，而CCC/C级则接近60%！很明显，垃圾债券绝不能长久持有。所以，机构投资人的心态只是短期炒作，赚到钱就跑，而且早已形成了共识，一旦利率走势反转，垃圾债的价格暴跌将来得异常猛烈。

当瘟疫和疾病开始流行时，老人和孩子往往最先病倒。当金融危机爆发时，总是从债务链条上最薄弱的环节首先断裂，而导致债务崩溃的先兆又总是利率趋势的反转。

美国10年周期垃圾债券违约率

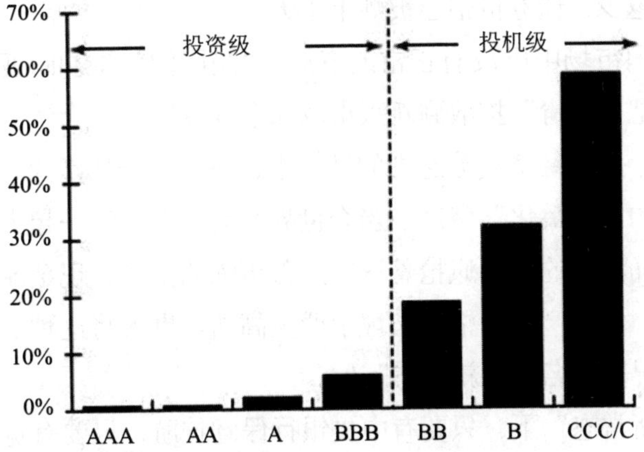

CCC/C级垃圾债的10年累计违约率高达60%

2007年初，次贷危机是从“利率重设”开始，引发了次级贷款人的资金链断裂，违约海啸于2008年横扫全球。2013年，垃圾债的收益率已经低到荒谬的程度，整个38万亿美元的债券市场就像一口即将沸腾的大锅。垃圾债的收益率一旦抬头，猛然意识到利率风险被严重低估的机构投资人就会惊醒过来，垃圾公司们在市场中借钱将突然变得困难，违约风险的风向标CDS将如火箭般迅速蹿升。

尽管垃圾债并不是债券市场的最大泡沫，但它注定是第一个牺牲者。

申论

美国流行的电影题材中，有一类叫“僵尸”大片，人被某种病毒感染后就会变成僵尸，正常人被它们咬伤就会感染病毒也变成僵尸，然后更多的僵尸疯狂地见人就咬，直到整个城市甚至国家都充满了僵尸。

这就是债券市场正在出现的情况。

美联储的购债行为，其实是在传播一种名叫疯狂的“病毒”，随着市场中高质量的债券越来越少，基金经理们变成了“僵尸”，他们为争一块有“收益率”的资产而相互撕咬，直到市场中神志清醒的正常人越来越少，债券价格已被炒上了天。

当美国市场中已没有正常的资产，“僵尸们”将冲向亚洲、欧洲和南美，把“病毒”扩散到新兴市场和全世界。

在一个实体经济复苏乏力的环境中，每个经济体都像一块现金流增长缓慢的“老龄化”资产，当全世界所有主要国家一起大搞货币宽松时，汹涌泛滥的资金疯抢着这些乏善可陈的资产，现金流并未得到根本改善，但资产的价格却出现了严重高估。世人将这种低收益、低风险的状况美其名曰“新常态”！

在“新常态”下，只要有中央银行保驾护航，只要有宽松货币源源不断，市场的风险将不复存在。人们似乎发明了“经济永动机”，印刷钞票可以带来永续的资产价格繁荣！

其实，“宽松货币”、“资产永续升值”、“经济永动机”从逻辑上就是不可能存在的。如果做一个思想实验，假设美国债券市场处于完全封闭的状态，中央银行不断地印钞票买债券，强行向市场注入货币，那么它最终的极限状态是什么呢？就是美联储将市场中的38万亿美元的债券逐步买光，债券市场中将充斥着同等数额的现金，央行自己的资产负债表也膨胀到同等规模，在这种“理想”状态之下，债券基金的经理们会怎样呢？他们会全部饿死，因为市场中已经没有任何能够产生现金流的资产了，债券市场将不复存在。

因此，宽松货币在理论上就存在着极限，中央银行不能无限吃进债券，所以资产永续升值只是一种神话，经济永动机更不可能发明。这就是美联储在2013年5月开始放风准备退出QE的根本原因。

当资产价格不再上涨时，收益率也同时到达了最低的极限点。所有人都希望资产价格能够稳定在一个高位而不必下跌，但历史告诉人们，这种事从来就没有发生过。资产价格就像喷气飞机，如果燃油耗尽，它不可能在高空中滑翔，而只会一头栽下来，同时发生的就是收益率飞上了天！

要命的是，当资产价格从高空坠落时，中央银行并没有给投资人准备降落伞。

有人会问，如果经济在货币刺激下真的复苏了呢？不断增长的现金流就能够支撑更高的资产价格了。可惜，货币运动有其自身的规律，不以人的意志为转移。如果把资金比作水，它的运动规律总是沿着“陡度”最大的斜坡流动，这个“陡度”就是利润率。

当货币长时间过度宽松时，资产价格上涨所产生的利润率，将高于经营实业的利润率，这种差距越大，资金就越不会流入实业，而只会追逐资产升值。在更极端的情况下，甚至会倒抽实业的资金，去疯狂爆炒资产。如果政府鼓励资金流入实业，或强制资金改变流向呢？这就像筑坝拦水，只要利润率的水位存在巨大落差，资金的水流总是会绕过障碍而继续涌向高利润率行业。

美国的QE政策最终必然失败，而且持续越久，失败越惨。同样，欧洲地区国家、日本和其他国家的货币刺激也不可能成功，这不过是在重复历史上反复出现的灾难而已。

在现实的世界里，在债券价格疯狂上涨的过程中，市场中总是会有少数清醒而大胆的投资者，他们就像极有耐心的猎手，不断积蓄力量，准备弹药，在债券价格上涨到强弩之末时，突然发动做空的攻击。此时，少量而坚决的资金力量就足以唤醒大批的跟随者倒戈，从而形成市场价格的突然反转。债券价格下跌将引发收益率的加速上扬，形成持有债券资产缩水的强烈预期，导致更多人加入抛售大军，恶性循环之下，局面将不堪收拾。这就是资产价格一旦见顶就不可能稳定在高位的原因。

以目前全球实体经济的现状而言，超低利率已经使股票和债券市场都处于严重高估的状态之下，收益率的反转将迫使资产价格发生大规模的修正，如果价格修正演变为价格跳水，就很可能会引发一轮新的金融危机。

在公司债券市场中最先倒下的自然是垃圾债券，然后波及正常公司的债券价格，进而导致上市公司在股票市场的回购资金链断裂，触发股市坍塌。

然而，垃圾债券只是债券市场中最危险的泡沫，但绝不是最严重的泡沫。公司债券市场和股票市场的资产价格暴跌，也不是金融市场中最糟糕的状况。它们只是起到了导火索的作用，而引爆的是一个更为巨大的金融衍生品市场和更具爆炸力的主权信用市场。

货币政策解决不了问题，货币政策本身才是问题！

— 注释 —

[1] Scott Patterson, Dark Pools: *The Riseof the Machine Trades and the Rigging of the US Stock Market*, Crown Business, 2012-06.

[2] Fact Set Earnings Insight Report, Bottomup EPS Estimates: Current & Historical, 2013-11-01.

[3] Standard & Poor's, Current S&P 500 Real Sales Growth.

[4] Sam Ro, *How Labor Productivity Evolves During Economic Recoveries*, Business Insider, 2013-08-09.

第三章

钱荒惊魂，梦游的影子狂欢

CURRENCY WARS

本章导读

不懂部分准备金制度，就谈不上理解20世纪金融的本质；不理解回购抵押创造货币，就不可能看透21世纪的金融市场。

现行的货币金融理论，仍然停留在20世纪80年代的传统时代，而当今世界金融市场的风云变幻，已经让过去的知识内容和分析方法基本失效。

如果在一篇分析世界货币金融形势的文章中，你没有发现回购市场、回购利率、抵押折损、资产置换、转抵押、影子银行、影子货币等关键词，你基本可以直接将这篇文章扔进垃圾桶，因为文章根本没有涉及当今世界金融市场的关键部位，也就不可能抓住问题的要害。

在美国，影子货币的供应量已是传统M2（广义货币）的三倍以上，不理解影子货币的创造原理，又怎么可能理解金融市场的资产价格？影子银行的重要性不在于缺少监管，而在于它是影子货币的创造中心，这一点，压倒了一切影子银行的其他问题。

只有建立全新的知识体系，人们才能理解在全球货币泛滥的时代，何以会出现“钱荒”这样离奇的事件，才能深刻地警觉出，在钱荒的背后，已经隐藏着一场更严重的金融危机的前兆！

叙利亚危机，华尔街的及时雨？

2013年8月21日，一个震惊世界的消息在中东地区掀起轩然大波，叙利亚反政府武装声称叙利亚政府军使用了化学武器，并造成1 300多人的死亡。8月23日，美国国防部开始向中东部署军事力量。8月24日，美国总统奥巴马表示，叙利亚内战已经涉及美国的“核心国家利益”。8月27日，军方表示战争准备一切就绪，只待总统下令开打。从化学武器消息的传出，到美国完成战争部署，只用了7天，而伊拉克与阿富汗战争，美国至少准备了一年半。

奇怪的是，就在8月18日，联合国化学武器调查小组刚刚抵达叙利亚首都大马士革，它们是应叙利亚政府的要求前来调查反对派使用化学武器的情况。叙利亚政府声称，3月，反对派曾使用化学武器造成大量人员伤亡；而反对派则否认这一指控，认为政府使用了化学武器。由于双方纠缠不清，联合国调查小组被叙利亚政府请来查清真相。就在联合国调查小组的眼皮底下，化学武器突然造成了巨大的人员伤亡。叙利亚的交战双方，无论是谁，敢在这样的情况之下使用化学武器，不是胆大包天，就是愚蠢透顶。

然而，不管真相如何，美国已经摆出了大打出手的架势。这场战争危机来得极其突兀，难道奥巴马早就准备对叙利亚动手了吗？

大数据时代不妨用大数据说话。如果用谷歌的趋势搜索工具

“Google Trend”来查询“奥巴马”（Obama）、“叙利亚”（Syria）的全球新闻标题，人们会发现，在过去的5年里，奥巴马极少涉及叙利亚问题。如果谷歌的搜索技术值得信赖的话，那么只要奥巴马在公众场合提到叙利亚，在当今的网络社会，这些言论都将迅速进入谷歌的搜索引擎。

然而，搜索结果显示，直到2013年8月16日之前的5年里，“奥巴马、叙利亚”这组关键字，在全球新闻标题中出现的频率几乎为0！

只是在8月16日之后，奥巴马才开始大量谈及叙利亚问题。

显而易见，对于奥巴马而言，叙利亚危机来得非常突兀，他自己并没有太多的思想准备。既然如此，为什么在几天之内就要仓促决定是否发动战争呢？战争毕竟不是儿戏！俄罗斯质疑证据，中国呼唤真相，联合国争论不休，欧盟表示反对，北约拒绝参与，英国犹豫退缩，美国人民也不愿打仗，中东人民更不愿战火连天。在伊拉克战争中，全世界都曾被英美情报机构“大规模杀伤性武器”的所谓证据忽悠过，既然失信在前，再想取信于人谈何容易。

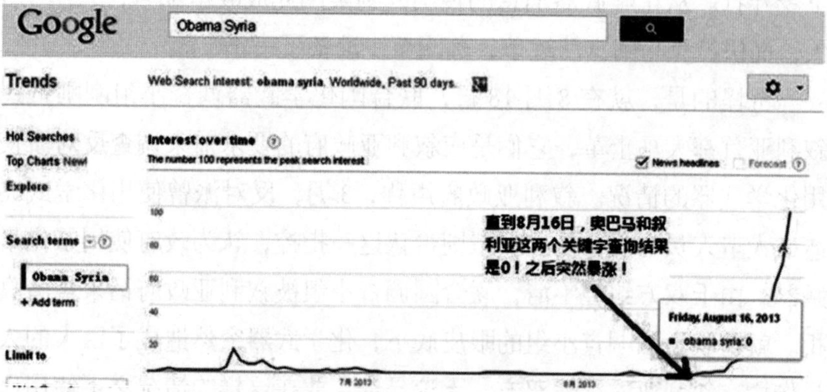

谷歌趋势搜索显示，2013年8月16日是奥巴马开始关注叙利亚问题的时间拐点

然而，在华盛顿的政治氛围中，浓烈的火药味四处弥漫，打与不打，似乎已经不再是化学武器的证据问题，而是奥巴马和美国政府不能“失信于天下”的问题。因为奥巴马说了要打，所以就必须打。这

是一种奇怪而荒谬的逻辑，即便是杀人嫌疑犯，法律都必须保证其申辩的权利，叙利亚政府在化武证据不足的情况下，就已经被美国定下死罪，而且7天之后就准备执行！

美国如此急不可耐的焦虑情绪极端反常，这不像是准备一场真正的战争，倒更像是以战争威胁作为烟幕弹。

其实，就在叙利亚局势急速恶化的同时，华尔街也在经历一场惊涛骇浪！

伯南克5月放风退出QE，6月再度明确态度，国际金融市场一片狼藉。更要命的是，利率趋势开始反转，美国国债收益率急速攀升！

5月初，10年国债收益率仅1.66%，到8月16日，竟然飙升至2.83%。3个月就暴涨了70%！这是30年来前所未有的幅度！

美国政府是国债的借款人，也是市场信用最好的借款人，任何人都可能破产，但只要美国还存在，美国政府就永远可以印钞还钱。因此国债收益率是债券市场中的下限，任何其他同类型债券的收益率均高于国债。如果国债收益率暴涨70%，其他债券只会涨得更离谱，而债券中的垃圾债呢？当然是惨不忍睹。

债券收益率的飙升，即债券价格的暴跌，意味着债券市场遭遇了可怕的抛售。有人会问，2.83%的收益率仍然很低，利率飙升有什么可怕？

国债收益率是整个美国金融资产价格的定价基准，它的剧烈上涨，将严重冲击38万亿美元债券市场的定价和19万亿美元股票市场的估值！华尔街金融资产之所以是现在的价格，那是10年国债收益率仅为1.66%左右的情况，当收益率到了2.83%，那么各种资产的价格都将承受向下修正的沉重压力。8月，美国股市出现了一年半以来的最大跌幅，原因正在于此。

那么美联储能不能继续在市场中购买债券，以缓解利率飙升的压力呢？这正是执行QE政策的目的。但是，现在这招不好使了！

既然美联储已经放话准备退出QE，那么未来国债市场就会缺少一个最大的买主，美联储吃进了新增国债的90%，它要是缺席，市场上谁能接得住巨大的国债供应？中国、日本和外国投资人会这样想，既然你想跑，我就只能比你跑得更快才能避免将来更大的损失。结果大家一齐逃离国债，国债价格自然剧烈下跌，持有国债越多，资产贬值越凶。

仅仅三个月下来，美联储的资产负债表就惊现 3 000 亿美元的浮亏！持有巨额美债作为外汇储备的各国央行，无不胆战心惊，争相逃命。中国和日本这两大美国国债持有国，在 6 月大规模减持了 420 亿美元的国债，创下减持的单月历史最高纪录！整个 6 月，外国投资人疯狂抛售美国国债、公司债以及股票和一切美元资产，美国金融市场遭遇了比 2008 年雷曼兄弟倒闭、金融海啸爆发时更加凶猛的外国资金出逃！

正因如此，10 年国债的收益率才会如此猛烈地飙升，美联储通过 QE 购债的手段来压低利率的办法濒临失控！

由于剧烈的资产价格下跌，追求高风险收益的华尔街基金经理们猛然发现，他们在高度杠杆化之下，已经膨胀过度的资产，顷刻之间就陷入了巨幅贬值和流动性枯竭的风险。为缓解资金压力，他们被迫大规模抛售海外资产回收美元。那些在美元宽松大潮中被热钱所热捧的新兴市场国家，尤其是资本市场开放度较高的印度等国，立刻遭遇了美元倒抽的寒流。

8 月，全球新兴市场一片哀鸿。美元回流不是因为美国经济的好转，而是利率反转迫使美国金融市场进行剧烈的资产价格修正，导致美元流动性的严重短缺！

伯南克做梦也没有想到，利率预期的反转来得如此之快，如此之猛烈。一边是外国投资人疯狂逃离美元资产，另一边是美国投资人大举撤离新兴市场回援华尔街，货币狼奔豕突，资产烽烟四起。

8 月 16 日，就在叙利亚化学武器危机爆发的前 4 天，美国 10 年国债收益率已飙升至 2.83%！多家华尔街机构的报告称，收益率一旦突破 3%，利率反转的趋势将被市场确认，突破 3.5%，股市和债市都将转为熊市。

一场严峻的利率保卫战一触即发！

8月20日，美国总统奥巴马紧急召集华尔街的大佬们以及美国政府所有金融部门的负责人，密商对策。与会者包括美联储、财政部、证监会（SEC）、消费者金融保护局（CFPB）、联邦住房金融局（FHFA）、商品期货交易委员会（CFTC）、联邦储蓄保险公司（FDIC）、国家信贷管理局（NCUA）的头头们。虽然会议内容没有外传，但利率飙升的紧急状态将严重冲击上述所有机构。

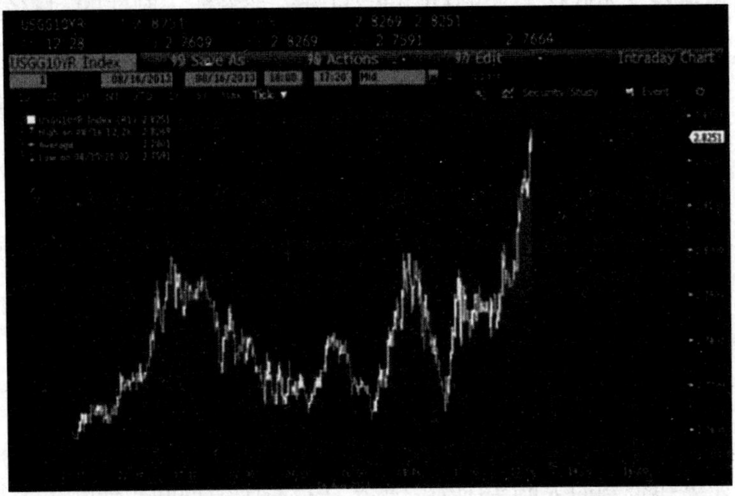

8月16日，美国10年国债收益率冲高至2.83%

国债收益率上涨，那么整个社会的融资成本都会提高。2月，美国30年固定利率的按揭贷款利息仅为3.6%，8月已经暴涨到4.8%！其他行业的融资成本也在大幅上涨。金融市场受不了，实体经济同样受不了。

8月22日，10年国债收益率飙升到2.9%！情况越来越紧急。

对冲基金、共同基金、退休基金、保险公司就像中国和日本一样，都是美国国债和其他债券的持有大户，眼见国债收益率暴涨，同时债券价格跳水，它们账面上的资产同样损失严重。为避免更大损失，它们只有做空国债，对冲风险，而这又加剧了国债的下跌。

从5月到8月，利率市场的大幅飙升，已经导致全球金融市场损失了3万亿美元的市值！如果利率急剧上涨的局面不能迅速扭转，势必引发一系列更为严重的金融市场内爆。

对华尔街而言，叙利亚危机来得正是时候！

奥巴马宣布美国准备动武，中东乃至全世界的神经立刻紧绷。全球资金本能地再度流向美国国债以求躲避战争风险，美国10年国债收益率从2.9%大幅下挫到2.75%。

5月以来，几近失控的利率飙升趋势被大大缓解了，美联储在4个月里连续3 400亿美元的QE购债总量，都没能压制住的利率危机，竟然被美国几艘军舰的武装大游行所轻易化解。

未来，在美联储退出QE的过程中，局部战争、社会动乱、地缘冲突等重大国际危机很可能成为利率飙升最有效的“减震”手段。

不过，无论是哪种危机，都只能暂时缓解利率上涨的速度，无法改变其趋势。因为金融体系中更大的内爆压力还在持续升高，回购市场就是其中最关键的受力点。

回购，就是债券的典当

如果一个普通人购买国债，那么在持有国债期间，他除了等待之外，什么也做不了，他的资金将被锁定直到国债到期，或是决定卖掉国债为止。但是，如果一家金融机构持有国债，情况就不同了，它能将“死国债”变成“活现金”。

这就是回购的魅力。

金融机构可以以国债为抵押向其他有闲钱的人借钱，并承诺一定时间之后，以更高的价格赎回国债，这个差价就是回购利率，投资人赚的就是这个利差，而借钱人签字画押的保证书就是回购协议。由于国债拥有国家信用，所以在市场中很容易变现，有国债抵押，借钱的时间又不长，最短一夜，最长不过几十天，所以很多有闲钱的金融机构和个人，它们既不愿被银行定期存款所套死，也不想被活期利率所盘剥；他们既要资金随时可动的灵活性，也要较高的收益，同时还要投资安全，能同时满足上述要求的就是回购市场。

回购就像典当，缺钱的人拿着家里的古董来到当铺借钱，古董就相当于回购的抵押品国债。当铺伙计估值时往往会打折，在回购协议中，这叫打折金额；当铺伙计通常会问几天赎当，这就是回购时间；借钱的利息自然就是回购利率。如果到期欠钱者不来赎当，在回购中就是违约，当铺老板有权自行处置，可以变卖也可以自用。同理，如果回购违约，那么抵押品国债也就属于放贷者了。

回购的原理很简单，操作也不复杂，但其在金融市场中的重要意义却被严重忽视。在金融行业之外，几乎很少有人明白，回购已成为现代金融市场中最核心的融资渠道、最关键的流动性提供手段、最重要的货币创造中心，它堪称是驱动整个金融体系运动的发动机！

在美国的债券市场中，21 家一级做市商之所以能够保持上千亿美元的债券库存，主要依赖的就是回购市场的融资渠道。

当美国财政部拍卖国债时，21 家一级交易商有资格直接竞购国债，这构成了国债的一级市场。它们同时又是二级市场的主要做市商，纽约联邦储备银行与它们密切配合进行公开市场操作，买进卖出国债和MBS债券，扩大或收缩美联储的资产负债表，QE以及任何货币政策，都必须由一级交易商来具体落实。

事实上，一级交易商的圈子成员，都是源于 18 世纪欧洲 17 大金融家族的血脉分支，继承了祖先 300 年来创建起来的遍及全球的金融渠道。他们之间代代合作，辈辈勾连，层层盘根，事事通气，后辈在进入金融行业之初，往往相互派驻到彼此的银行实习锻炼，既熟悉行业具体的操作细节，又建立起相互之间的信任友谊。他们之间也时常竞争，甚至激烈冲突，但其根本目的是为了强化已有的垄断地位。如果有严重不按规矩办事，威胁整体利益的害群之马，或经营不善后继乏人的腐朽之辈，他们将联手清理门户。由于数百年来的客户资源积累以及长期拼杀于市场第一线，他们的信息往往更准确、更及时，实战经验更是远超美联储学术出身的头头们。他们才是美国金融市场真正的大脑、心脏、神经、骨骼、肌肉和手脚，而远在华盛顿的美联储官员们则更像是面向媒体的喉舌。

在财政部拍卖国债的竞购中，每一笔申购的规模动辄数亿美元，也只有一级交易商有实力吃得下来，也只有它们才有足够的渠道卖得出去。它们所持有的资产规模，常常是自有资金的数十倍，可谓“艺高人胆大”。当拿到国债后，一级交易商立刻在回购市场中将国债进行抵押融资，放贷者们蜂拥而至，争抢回购大饼。这些有闲钱的大户主要包括：货币基金、共同基金、跨国企业、保险公司、州与地方政府、主权财富基金、外国央行和其他重量级投资者。有钱的大户们为什么不直接购买国债呢？因为隔夜回购的利息，有时比三个月期的国债收益率更高，其他尚有数月到期的债券产品的收益率与回购相比，也都黯然失色。同时，回购的时间超短，资金高度灵活，抵押品安全，风险几乎可以忽略不计。

一级交易商们拿国债做回购融资，资金到手后，又再次杀入回购市场，这回它们做的却是放贷者，又叫逆回购，在市场中借回一模一样的国债品种和数量。有人会问，这不是瞎折腾吗？先压券借钱，再压钱借券，完全没有意义嘛。不过，一级交易商们的算盘打得更精，持有上千亿美元的债券库存，是一件风险极大的买卖，因为利率每时每刻都在发生变化，有时甚至是剧烈变化。利率一变，债券价格就会随之而变，而周转如此规模的债券库存需要很长时间，如果不能及时完成吞吐，而利率却出现大幅上扬，那么赚来的辛苦费就可能全部泡汤，甚至吐血赔本。先压券借钱，再压钱借券，前者的利息成本与后者的利息收益可以完全对冲。假如此时利率突然飙升，前者抵押出去的国债贬值，回购时承诺赎回的价格高于市场价格，肯定是赔了；而后者持有别人抵押的国债也同等贬值，对方回购时也得出高价赎回，又肯定是赚了，这样输赢相抵，从而完全避免了利率上扬对债券库存的威胁。这就是资产负债表的“匹配对冲”。没有了利率风险，一级承销商就可以踏踏实实地赚批发和零售债券之间的价差了。

当然，这样操作保险是保险，但是国债批发和零售之间的利润实在有点寒酸，100 万美元才赚几十美元，1 亿美元的买卖也就赚几千美元，连卖白菜的利润率都比其高得多。当然，一级交易商走的是量，美国每年新增上万亿美元的国债，利润还是有一些的。

有没有办法赚得更多呢？当然有。如果一级交易商们“看准”了利率不会大幅飙升，那就可以减少后者压钱借券的量，而把多余的钱用于扩大国债库存，增加生意总量就可以了。2011年之后，一级交易商国债库存大幅超越公司债库存，就是因为它们“赌定”了美联储将继续扩大QE规模，如此一来，国债收益率显然是持续走低的趋势，继续搞“匹配对冲”，就显然没必要了。不过，国债库存不匹配对冲的程度越高，利率飙升的危险就越大。

由于一级交易商对美联储政策有无形而关键的影响力，它们往往都“赌”对了。

利率的大方向不能看错，而小擒拿的法子就更多。为什么伦敦银行间拆借利率频频传出利率被操纵的丑闻？因为操纵利率市场能够扩大一级交易商们的利润空间！这些人不仅在美国金融市场呼风唤雨，很多也是欧洲市场的巨无霸。回购市场仅仅是利率操纵获益的一个小案例，更大的利润则在利率掉期和其他金融衍生品市场。

一级交易商将竞购得来的数亿美元国债的大单，拆分成数百万美元的小单子，于是市场中较小的交易商们趋之若鹜。它们的做法与大交易商们如出一辙，融资用回购！对冲用逆回购，胆子大的根本不用风险对冲，直接“裸”持国债，然后给债券市场上的新朋故旧狂打电话，很快将国债分销至更细的市场，最终趴在了千家万户的资产负债表上。

回购市场的6月惊魂

5月，伯南克声言退出QE的一声炮响，惊醒了债券市场链条上的所有参与者，“裸”持国债的人赶紧四下找“内裤”，债券库存太大而缺乏匹配对冲的交易商急得想跳墙。

6月，中国、日本等美国国债大国开始“胜利大逃亡”，国债收益率陡然变脸，这又惊着了回购市场上众多“压券借钱”的对冲基金，国债价格下跌，抵押品高台跳水。放贷人立马不干了，纷纷向借款人发出最后通牒，限时追加保证金，而高倍杠杆的对冲基金根本没有现金储备！

对冲基金只能卖资产套现金，几家这样干还可以，但所有人同时卖，市场就会出现流动性枯竭，资产价格暴跌！

5 月月底至 7 月月初，3 年和 10 年国债的回购利率居然变为负值！6 月当中国、日本狂抛美国国债之时，10 年期国债的回购利率竟然达到 –3%，堪称是极端罕见的奇观！

本来有闲钱想投资的放贷人，居然因为对方的抵押品是 10 年期国债，而导致放贷倒贴 3%！

这究竟是怎么回事？

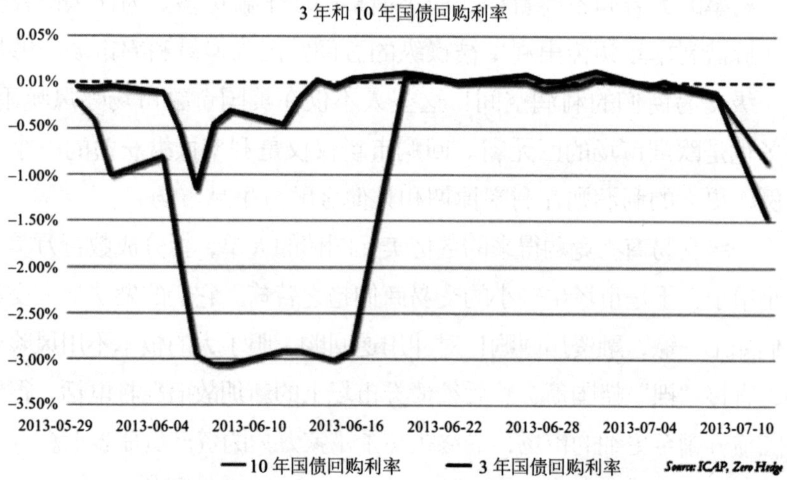

2013 年 5 月开始，美国 3 年和 10 年国债回购利率逆转为负值

还是用当铺的例子来解释，你拿着家传的古董来当铺抵押借钱，当铺伙计横挑鼻子竖挑眼地说只能打 5 折放贷，你立刻火冒三丈声称低于 9 折就不当了，最后就看谁耗得过谁，结果双方妥协在 7 折，这是正常的情况。

现在行情突然变了，市场传言这种古董正在被几个大收藏家狂抛，越来越不值钱了，这可吓坏了手中有存货的其他收藏家，他们也纷纷向市场抛售。除了收藏家，市场上更多的是投机商，专干买空卖空的生意，他们听到这个消息后，立刻宣称自己有货，跳楼甩卖，吐血清仓。其实，投机商手中并没有货。市场上总是有卖就有买，于是买家们涌向卖空的投机商，付了现金等待提货。投机商知道当铺老板手中有货，于是跑来借，数量多多益善，他们愿意出溢价。

为什么投机商愿意冒险出溢价借古董呢？原来投机商认为古董的价格还会下跌，先借当铺的古董来交货，等过几天价格更低时，再买回来归还当铺老板，吃中间的差价就赚翻了。

本来古董暴跌，市场卖多买少，古董应该供过于求，但投机商参与进来，大肆卖空，却导致交割困难，他们不得不出溢价向当铺借货以满足交割，结果当铺的古董反而金贵起来。这时，手中持有古董的人，可以向当铺抵押而赚取部分投机商的溢价。

回购利率变为负值也是同样的道理。国债被抛售导致收益率急升，吓坏了手持巨额国债资产的银行、货币基金、保险公司、跨国公司以及外国投资机构，为了减少国债贬值的重大损失，他们不得不加入抛售国债的行列，这又加剧了国债下跌的恐怖。作为卖空的专业大户，某些对冲基金更是看准了机会痛下杀手。国债市场的抛售数量虽然庞大，但卖空国债的规模更是惊人。

手中持有国债的人只是抛售存货，不存在借券的问题，但纯粹卖空的人，就必须借到国债才能完成交割。如果同时卖空的规模达到临界点，那么借券交割时就必然会遭遇瓶颈，导致很多人因借不到国债而无法完成交割。这时，交割违约率就会大幅上升。

实际情况也正是如此，6 月 5 日，国债交割违约率达到了 1 300 亿美元的惊人规模！

卖空美国国债的风潮之烈，足以让伯南克目瞪口呆。

回购利率逆转为负数，与国债交割违约的持续攀升，说明回购市场已处于一种极端不正常的状态，而这将严重影响金融体系的流动性供应与货币创造的功能，进而诱发数百万亿的衍生品市场发生更猛烈的内爆。

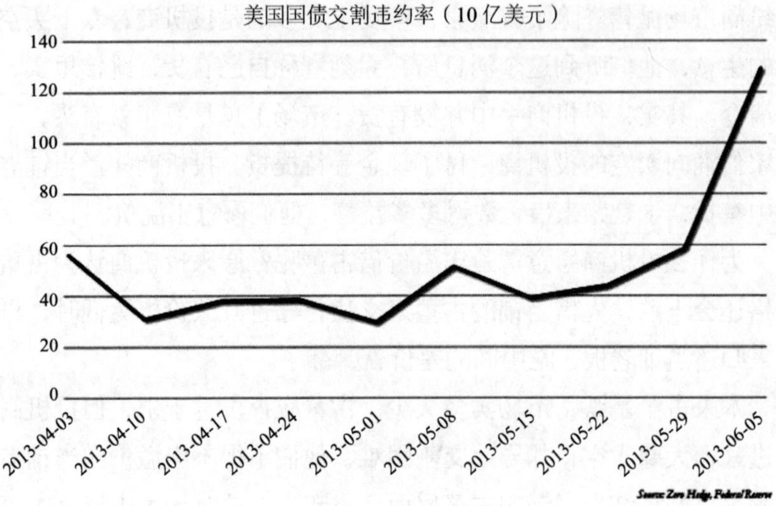

2013 年 6 月 5 日，美国国债交割违约率达到 1 300 亿美元

传统的货币创造

究其本质而言，银行体系就是一个服务提供商，其主要功能就是向经济活动提供货币服务。这与电信部门提供通信服务，交通部门提供运输服务并无本质区别，银行系统的收益源于社会为其货币服务所支付的服务费。

银行系统的货币是从哪里来的呢？答案是：银行货币源于银行系统的自我创造。

绝大多数人每天都在使用货币，却并不了解货币的产生机制，他们误以为政府造币厂印刷的钞票就是社会的全部货币。其实，在现代国家，钞票只占货币的极小部分，绝大部分的货币是由银行创造出来的银行货币。

银行究竟是如何创造货币的呢？

先看一张最简单的银行资产负债表，假如在初始状态，一家银行既无资产也无负债，也没有所有者权益，它的状态可以简化为：

资产	负债&权益
现金：0	储蓄：0

银行的资产负债表就是该银行在某一时刻的经营状态，这就如同一张快照，如果将银行经营的每一个瞬间都拍成快照，连续看下来，就能知道银行业务的发展状态。其中，左边的总资产永远等于右边的负债加权益，这是一个恒等式。

现金是银行的一种资产，而储蓄则是一种负债，这是因为当人们将现金存入银行后，可能随时来取钱，银行必须无条件满足储户的取款要求，这是银行的一种责任和义务。

此时，一名客户A来到银行，存入了100元钱的现金，如果再拍一张快照，银行的资产负债表将变成：

资产	负债&权益
现金：100	客户A的储蓄：100

很简单，左边的资产与右边的负债加上权益仍然相等。银行给客户A提供一个纸质的储蓄本，一张塑料的银行卡，或者一个网上交易的U盾，无论哪种形式，客户A都获得了随时到银行提取现金的权力，银行储蓄的本质就是储户索取现金的权力。

这时又来了一名客户B，他不是来存钱的，而是来贷款的，银行对客户B进行了认真调查，对贷款需求也反复审核，决定可以贷款。但是受中央银行的规定制约，比如100元存款中，最多只能拿出90元来贷款，剩下的10元必须留在银行以备不时之需。

一般人觉得银行肯定是将资产中的现金90元贷给客户B，所以现金资产应该只剩下10元，银行的作用不就是将储户的钱借给需要资金的人吗？如果绝大多数人都持这种看法，那就说明绝大多数的人都没搞懂现代银行的赚钱奥秘。其实，银行并没有动用100元的现金，而是“无中生有”地创造了新的储蓄，如果再拍一张快照，银行的资产负债表将变成：

资产	负债&权益
现金：100 客户B的贷款：90	客户A的储蓄：100 客户B的储蓄：90

没看明白？那就对了。

银行确实好比魔术师，居然真的能够“无中生有”地创造出来新的储蓄！普通人的思维方式很难理解这样记账的合理性和逻辑性。但不管怎样，自从19世纪欧洲的金融家族们定下了这样的记账规矩，并且获得了英美法系的承认，现在部分准备金制度已经成为世界通行的标准，无论它是否合理，是否公平，都已无关紧要。重要的是，普通人必须深刻理解这种制度强加在他们身上的不公平待遇。注意，除了银行享有这样“无中生有”的记账特权，其他任何公司如果敢照此办理，必然被视作欺诈罪，法人会被关进大牢。这说明了一个重要的问题，银行系统自19世纪以来，获得了经济活动中的某种特权。

为什么客户B的贷款会被银行视作资产呢？客户B的欠条是能够产生利息收益的。对于银行而言，凡是能够带来现金流的东西都是资产。因此，银行的资产，就是社会其他部门欠银行的债务。现在银行的总资产是190元，而总负债也是190元，两者依然相等。右边负债增加了90元，这是银行为客户B开设的新的储蓄账户，客户B可以通过支票转账，或提取现金来花掉这笔钱。

注意，当客户B的储蓄账户被激活的同时，整个经济体中的货币总量就新增加了90元。

无论客户B怎样花钱，这90元迟早会流入银行体系中另一家银行的账户上。于是，这家银行将新增90元储蓄，同时增加了90元的现金资产，而它同样可以放贷其中的81元，并创造新的81元储蓄。这一循环可以持续进行下去，直到整个银行体系的总货币量增加10倍为止，100元的新增储蓄，最终将创造出1 000元的货币供应。

这就是银行进行的货币创造。在正常情况下，新增货币并不是以钞票的方式流通于市面，而是以账本上的数字形式存在于银行系统，这些数字在各个银行的账本上加加减减，此消彼长，货币就在银行账本数字的变化之中悄然无息地流动着。

当客户B向银行贷款时，这种需求相当于实体经济增长所产生的货币需求，银行系统创造货币来满足这种需求，利息收入就是银行向社会收取的服务费。当实体经济对货币创造没有新增需求，但银行体系能够自我创造出新的货币需求，此时，社会向银行支付的服务费，就变成了银行向社会强行摊派的“管理费”。

既然实体经济不景气，那么银行也就难以发放贷款，这个“管理费”怎么收呢？

在当今的金融市场中，银行创造传统储蓄货币的能力已经萎缩，代之而起的是影子银行创造影子货币的新机制。贷款创造储蓄负债，已让位于抵押创造回购负债。回购市场，才是当今世界最重要的货币创造中心。

货币在进化，而社会中绝大多数人的思维却没有跟上。当今的货币金融学理论，仍停留在20世纪80年代的水平，这种陈旧落伍的知识，已经完全无法理解新的货币创造现象，致使目前许多对于货币、物价、汇率、利率和金融市场的解读出现了重大误差。

不懂部分准备金制度，就不能理解20世纪的金融本质；不懂回购抵押创造货币，就无法看清21世纪的金融核心。

影子货币：全新的货币创造规律

要理解当今金融市场货币创造的精要，最简单的办法就是看一家对冲基金如何创造类似银行储蓄的负债。

如果从最初的状态看，一家基金募集了100元的资金，然后敲锣打鼓地开张了，资金不能闲置，因此资金经理首先买入了100元的国债，这时资产负债表很简单：

资产	负债＆权益
现金：0 国债：100	负债：0 权益：100

但基金经理买国债的目的并非是被动持有吃利息，那是大妈大婶干的事，他买国债是为了进一步融资扩大资产规模来赚钱。于是，他将100元国债在回购市场中进行抵押融资，结果拿回了90元现金（仅为简单的概念说明），增加了回购交易的资产负债表开始发生了有意思的变化：

资产	负债＆权益
现金：100 国债：90	回购负债：90 权益：100

在进行了回购融资后，基金的总资产增加到了190元，增加的90元现金可以用于高风险、高收益的冒险，套取回购利息成本与高收益回报之间的利差。

在这里需要强调一下，虽然回购操作是“先卖出，再买回”，它貌似“真实出售”，实则是“真实借钱”，由于借钱方在回购协议中承诺一天或几天之内买回资产，其实一切利率或违约等风险仍然属于抵押借款方，因此，会计规则要求回购资产必须继续保留在借钱方的资产负债表上，而不能转移到放贷人那里。

雷曼兄弟公司就曾在此偷换了概念，导致著名的“回购105”（Repo 105）案例。

在金融危机前夕，次贷问题的暴露，使得深度介入该市场的雷曼兄弟公司出现了严重的资产贬值，而在极度糟糕的金融市场中，雷曼很难及时卖掉这些资产毒垃圾而避免出现大规模的财务损失。为了掩盖真实的财务困境，雷曼每逢财务报表公布之前，都会大量进行回购操作，它把价值105美元的债券资产，以100美元的价格“出售”出去，将“销售收入”所获得的现金用于清偿负债，结果导致财务报告上的资产和负债同时大幅降低，粉饰其财务状况。等十几天后，财务报表发布完毕，雷曼再进行融资，把这些资产“回购”回来，资产负债恢复原状。雷曼兄弟曾以这种手段将高达500亿美元的资产毒垃圾，“临时”转移出资产负债表，从而严重误导了投资人对雷曼的风险评估，构成了财务欺诈。

在回购市场正常的状态下，抵押102美元的债券资产，大约可以获得100美元的贷款，但雷曼为获得100美元的贷款，抵押了价值105美元的债券，这是为什么呢？

原来雷曼想让“回购借钱”看起来更像“真实销售”！回购市场超额抵押的公允价是2%，一旦超过这个值，借钱方就会被认为对抵押资产的实际控制力基本丧失，从而更接近资产“出售”，而不再属于回购质押，会计准则允许雷曼将这些“被真实出售”的债券移出资产负债表。雷曼正是抓住了这个漏洞，宁愿承受更高的打折率，也要从法律字眼上规避欺诈的风险。

105%的超额回购抵押从此名扬天下，“回购105”也将被载入世界金融史。

在上述例子中，为了简单起见，选用了10%的打折率。假如放贷人不愿承担风险，对国债抵押品打9折放贷就非常安全了，即便对冲基金倒闭，放贷人也可以在市场中卖掉这100元国债，可以轻松拿回至少90元的贷款，甚至还要多一些。

对冲基金通过回购融来的90元，就相当于传统银行中客户A的现金存款，回购负债相当于储蓄负债，它同样也是一种责任和义务，对冲基金必须在规定的时间内，以略高的价格赎回抵押资产。换个角度看，就是持有回购协议的放贷人拥有一种索取权，在规定时间到来时，有权拿回自己的本金加利息。

如果仔细观察对冲基金的资产负债表，有一个问题已经冒了出来，那就是由于回购市场的存在，国债几乎可以当现金用！

在传统银行业务中，货币创造就是通过发放贷款来进行储蓄负债的创造，其基础是准备金，即国家法定货币，从整个银行系统来看，货币创造就是对中央银行的基础货币进行放大。

在回购市场中，国债起到了基础货币的作用，它从本质上看，正是金融体系创造“影子货币”的“准备金”！

银行的储蓄负债就是银行货币，它具有支付一切市场交易的功能。无论是人们从储蓄账户中提取现金，或者是支付银行支票，其实质都是在调动和转移银行资产负债表中的准备金。当储户开出一张银行支票时，这就是发出一项指令，将开户银行的准备金转移到另一家银行。

如果回购负债相当于银行的储蓄负债，它是否具有支付功能，是否能够调动和转移资产负债表上的国债呢？答案是肯定的。

这就是回购市场中的“转抵押”！

从下面的图中，可以看到对冲基金原来所持有的国债资产，即影子货币的“准备金”，能够在回购市场中反复作为抵押品，被一个“抵押链条”上的所有回购负债重复使用。

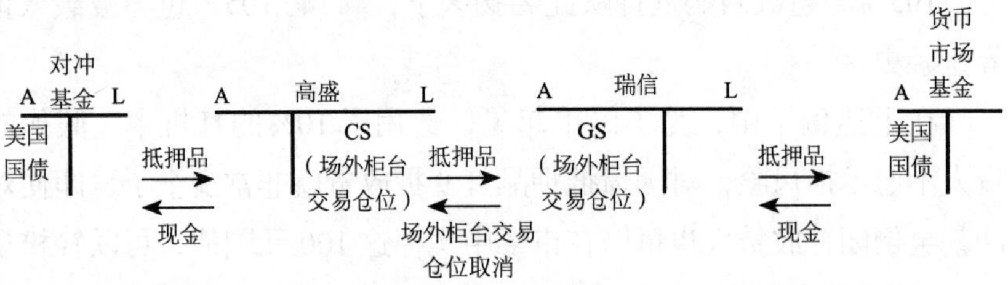

国债从对冲基金的资产上被转移到抵押链条上重复使用[1]

100元的国债本来是对冲基金所持有的资产，当它被抵押给回购市场中的一级交易商高盛时，高盛可能提出一个“转抵押”的要求，即对冲基金的国债在抵押期间，高盛有权将其再次抵押给别人。对冲基金当然有权说不，那么高盛将收取更高的“回购利率”，从而增加对冲基金的融资成本。对冲基金的经理转念一想，高盛是谁啊？那是金融市场的老大级人物，国债压在高盛那里肯定是绝对安全，只要高盛不倒，“转抵押”对自己也就没有太大风险，而且回购利息更低一些，与人方便自己方便，何乐而不为呢？于是答应了高盛的要求。

高盛转手将国债又“支付”给了瑞信，用来清偿与瑞信的衍生品的交易仓位。注意，原来对冲基金资产负债表上的“回购负债”，此时已成为高盛的资产，这实质上相当于在传统银行业务中，对冲基金给高盛开设了一个“储蓄账户”，任由高盛出具银行支票。高盛“支付”给瑞信的“支票”，就相当于一个指令，将对冲基金的国债资产转移给瑞信，这与传统银行的支票转移了银行准备金是同样的道理。最后，瑞信又将同一笔国债再次“支付”给了一家货币基金，获得了现金，而货币基金决定暂时持有国债，以后再说。

在每一次转抵押的过程中，由于不断打折的损耗，货币创造的能量逐步递减。在这样一个回购抵押创造货币的链条上，国债相当于高能货币，转抵押的次数即抵押链条的长度，相当于货币乘数，抵押资产的打折率就是准备金率。传统银行依靠的是“部分准备金”制度来创造货币，而影子银行用的则是“部分抵押资产”来创造影子货币。

回购负债到底是不是钱？这要看你问谁，如果是大妈和大婶，她们肯定不能用回购负债去街上买菜；但如果是金融市场中的机构投资者，那就完全没有问题，它们可以使用回购负债购买任何金融资产。回购负债的抵押资产是国债，而国债几乎就是现金，或者叫“类现金”，回购负债就是这种“类现金”的收据。

美国有句谚语：“如果有一种动物，它看起来像鸭子，叫起来像鸭子，走起来也像鸭子，那么它就是一只鸭子。”回购负债具有类似于银行储蓄负债的所有功能，它们之间唯一的差别就是，银行储蓄负债，即银行货币，可以用于经济的一切领域，支付商品和服务；而回购负债，即影子货币，则专用于金融市场，买卖金融资产。

转抵押，几个瓶子一个盖的杂技

仍以当铺为例，如果你为了借钱而把传家宝抵押给当铺，同时约定赎当期限为三天。而当铺老板要求在此期间，他有权把你的传家宝再去抵押给别人，你多半会心生疑虑，担心三天后当你想赎回传家宝时，东西可能并不在当铺手中。事实上，当铺老板的确将你的宝贝转抵押给了城里的张家大户，而张家大户又再次转抵押给了李家钱庄。在正常的情况下，当铺、张家大户和李家钱庄都是有信誉和有家底的豪强大户，站着房子躺着地，一般不会违约。但如果经济大势不妙，他们的生意也将陷入连环债务的困境而难以自拔，只要其中任何一家出了问题，你都可能拿不回传家宝了。

随着转抵押链条的延长，违约风险将呈几何级数膨胀，金融系统将脆弱得如同一层蝉翼，甚至一只蝴蝶轻轻地扇动一下翅膀，就能折断链条上最脆弱的一环，从而引发大规模的违约和金融体系发生内爆。

无论是传统银行的部分准备金制度，还是当今影子银行的回购抵押链条，其本质都是在玩几个瓶子一个盖的游戏，金融杂技师们越玩胆子越大，旁边看热闹的人们下的赌注也越来越高，直到瓶子实在太多，瓶盖一不留神落了地，大家一起作鸟兽散。

2008 年发生的正是这样一幕。

美国的金融监管者们当然明白金融杂技的实质，因此将一级交易商的转抵押规模做了限制，规定转抵押的上限不能超过其客户负债总额的 140%，也就是将影子货币的放大乘数限定为 1.4 倍。

不过，英国人却不这么保守。为了赢得更多的金融市场份额，英国和欧盟对回购的转抵押的次数均没有法律上的限制。

华尔街的赌徒们既然在美国难以施展手脚，英国自然成为超级赌徒进行回购转抵押的天堂。

基金经理们大批涌向华尔街的一级做市商，要求进行回购融资，一级交易商中玩得最野蛮的就是雷曼。雷曼向赌徒们提供的回购融资成本最低，来的都是客，玩的就是 high。雷曼向赌徒们事先交代，你们押在我这里的债券，我要转抵押到伦敦去，根据英国法律，你们债券的所有权需要暂时委托给我。伦敦鼓励大家赌，这样你们的借钱成本最低，玩得最开心，只要大家信得过我雷曼兄弟，我保证大家的债券到时物归原主，绝对安全！

雷曼是谁啊？那是华尔街最大的“当铺”之一，百年老店，信誉昭昭，是一位能玩30个瓶子一个盖的超高难度杂技，而且从未失手的金融杂技高手，赌徒们怀疑谁也不会怀疑雷曼会倒闭。于是，赌徒们纷纷押上自己的债券资产，而雷曼则将这些债券库存封装好，大批运往雷曼在伦敦的分号。

2008年，雷曼居然破产了！

这是谁都不可能事先想到的。赌徒们急了，他们抵押给雷曼的债券资产一下子没了着落。在破产清偿过程中，大家首先必须搞明白自己的资产究竟在谁手上，这可不是一件简单的事。如果资产托管在美国，问题要简单很多，美国的法律对托管资产的保护更明确，拿回资产不是问题。但是，雷曼已经将客户们的资产转移到伦敦的“雷曼兄弟国际（欧洲）”（LBIE）分号去了，而英国的资产托管保护法律与美国非常不同。

赌徒们悔得肠子都青了，当初为了回购利息能便宜一点点，轻信了雷曼兄弟，自愿放弃了资产转移海外后的所有权，结果丧失了美国法律的保护。伦敦那边则认为这些赌徒已经与他们的资产没有任何法律关系，破产清偿后的资产分配是按照有资产抵押和无资产抵押来排债主的优先顺序，他们现在只能算是普通的无资产抵押债主，雷曼伦敦分号砸锅卖铁之后，首先偿还有资产抵押的人，最后剩下的破烂才由普通债主去捡，如果还剩下些桌椅板凳的话，那已经算是万幸了。赌徒们立刻陷入叫天天不应、叫地地不灵的抓狂境地。

经过这场浩劫，赌徒们痛定思痛，他们再也不敢相信一级交易商的信誉了。雷曼都能趴下，谁又敢说自己绝对安全？他们以前从不在意与一级交易商的回购协议细节，只关心回购利息是否足够优惠，而华尔街和欧洲的回购协议并没有一个行业统一的模板，各大交易商都是各吹各的号，各唱各的调，对转抵押的约定更无一定之规，雷曼破产使所有人都心惊肉跳。赌徒们开始逐字逐句地与交易商们掰扯条件，例如，对转抵押加以限制，要求交易商开设专门的托管账户等。

专设账户能保证客户的资产安全吗？金融魔术师们不禁莞尔，客户们忘了魔术师的专业就是把别人的钱“变”到自己口袋里。

“回购到期”交易：金融魔术师的新玩法

2011年11月，继雷曼倒掉之后，另外一家一级交易商MF Global（全球曼氏金融）破产了，客户们的专设账户上神秘地失踪了12亿美元。

MF Global是一级交易商中个头最小的一个，自有资金规模仅为其他大佬们的1/30。别看它体量不大，胆量却不小，它立志成为迷你版的高盛，结果竟成了迷你版的雷曼。

MF Global最大的特点就是敢赌，而且敢孤注一掷地豪赌，它失败的主因就是投入了高达62亿美元的资金，豪赌欧洲主权债务，特别是“欧猪五国”①的国债。

MF Global所持有的“欧猪债券”自然也被拿到回购市场中进行抵押融资，得来的现金被用来加大赌注，然后这些赌注还可以再去抵押拿到现金，如此反复直到把黑手伸进客户的账户。

MF Global所持有的意大利、西班牙、比利时、爱尔兰、葡萄牙的债券资产，虽然不被市场看好，但还本付息仍属正常，特别是利息回报颇为诱人，除了抵偿回购融资的利息成本之外，还能获得可观的利差收益。MF Global感觉自己像是发现了一个大金矿。不过，随着持有的欧债资产规模越来越大，自有资本金不足的问题也日益突出，欧债资产比例已高达公司净资产的5倍！

为了满足金融监管和美化财务报表的需要，MF Global也需要对资产负债表进行“瘦身”，特别是在欧债危机爆发之后，它的资产价格每况愈下，“瘦身”已不仅限于“美容”，更重要的是掩盖资产恶化的情况暴露，最方便的工具自然还是回购交易。不过，在雷曼“回购105”全球“走光”之后，MF Global不敢再玩资产“真实出售”的把戏了，苦思冥想之下，竟然创造出“回购到期”（Repo-To-Maturity）

① 这是国际经济媒体对欧洲五个较弱经济体的贬称，五国分别为葡萄牙（Portugal）、意大利（Italy）、爱尔兰（Ireland）、希腊（Greece）、西班牙（Spain）。五国国名首字母组合“PIIGS”类似“pigs”（猪），故而得此名。——编者注

的新魔术！

MF Global将持有的“欧猪债券”库存清点一番，将同时到期的债券打成资产包，然后拿到回购市场找买家做抵押贷款，特别之处在于，在交易中，它明确要求回购的时间必须与债券到期的时间完全一致，这就是所谓的“回购到期”交易。放贷人觉得古怪，但也没琢磨透背后的道道，只要有抵押品，放贷收益不错，时间长短不是问题。于是，MF Global将一笔笔“欧猪债券”逐步做成了“回购到期”型融资交易。

在美国回购交易适用的会计准则叫FASB 140，该准则规定所谓的“真实销售”，必须是金融资产的转移，这意味着原持有人放弃对该资产的控制权。其中的关键字是“控制权”，雷曼正是钻了这个空子，定价102%算是有控制权，而定价105%就算失去了控制权。而MF Global也是试图钻同一个空子，当它抵押“欧猪债券”时，这些资产还“健在”，而当回购期限到了，被抵押的“欧猪债券”却“自然死亡”了，MF Global当然无法完成回购。

从会计规则字面上看，债券在回购期间“自然死亡”的现象显然属于持有人失去了“控制权”。因此，对“回购到期”的交易，会计准则允许其移出资产负债表，它们被记录在财务报表底下密密麻麻必须用显微镜才能看清的注释里，而且全然没有细节。一般的投资人根本不会注意它们的存在，即便是谨慎的专业玩家，由于看不到细节，也无法质疑其中的猫腻。MF Global用这一巧妙的魔术手法，将高达165亿美元的资产进行了“回购到期”处理，从资产负债表上给变没了。

魔术是怎样被拆穿的呢？

原来，欧洲负责回购交易清算的公司LCH. Clearnet，无法处理当天到期的债券回购交易，结果MF Global的回购时间不得不提前两天。这就麻烦大了，人还没断气，讣告就提前两天出了，结果就是全乱套了！

回购时间早于债券到期日两天发生，这就意味着MF Global还没有丧失对资产的“控制权”，这些资产按照规定就必须重新回到资产负债表上来，巨额“欧猪债券”资产在2011年7月31日的财务报表修正中被曝光。突然增加的50亿美元资产负债，立刻导致MF Global的资本金严重低于要求，对“欧猪资产”避之如瘟神的投资人马上嗅出了大麻烦，顷刻之间撤资的撤资，抛售的抛售，贷款的追债，MF Global的资金链危机四伏。

“屋漏偏逢连夜雨”，MF Global的资金短缺正好又赶上了欧债危机愈演愈烈的重要时刻，“欧猪债券”的价格一落千丈，公司在回购市场中的抵押资产的价值大幅缩水，放贷人开始频频催促MF Global追加保证金，以保障放贷人的资金安全。可是，MF Global已经将杠杆放大到极限，自有资金已无力应对放贷人的逼迫。

“欧猪债券”并未违约，但过高的杠杆成本压得MF Global喘不上气来，此时，公司的杠杆比例已高达40∶1的惊人数字！

与雷曼兄弟一样，MF Global也有大量的基金客户，雷曼倒掉之后，基金已成惊弓之鸟，纷纷要求开设独立的专有账户，以保护资产安全。事实上，当MF Global被回购放贷人追得走投无路时，竟然将客户们专有账户中的资金抵押给了放贷人。

最终，当破产来临之时，基金客户们的资金被回购放贷人一并冻结。

还是那句老话，“不怕贼偷，就怕贼惦记”。

垃圾债的“奇幻漂流”

在回购抵押创造货币的机制中，国债担当了基础货币的功能，它相当于传统银行中的准备金，由于回购市场的存在，国债几乎就是现金，或者叫“类现金”。除了国债之外，美国政府间接担保的两房MBS债券，也同样可以作为回购抵押品进行融资。

假如持有的不是国债和两房的MBS，而是垃圾债呢？垃圾债能充当“类现金”吗？当然可以。在华尔街的金融魔术世界里，只有想不到的事情，没有做不到的事情，这就是“抵押资产转换”的戏法。

如果一家对冲基金持有垃圾债，但是想做回购融资，这时它有两个选择，首先是自己满世界去找一个交易对手，愿意接受它的垃圾债抵押品，当然打折率会高很多，利息自然不会便宜。最大的困扰还是对冲基金的客户资源量有限，而且还要自己处理资产交割、库存管理、资金划转、违约防范、风险控制等一系列后台工作，对冲基金既缺乏人脉丰沛的回购市场的销售经理，又没有经验丰富的交易员，后台处理能力更是乏善可陈，自己直接找回购交易对手的性价比实在不高，这就是双边回购的弊端。

另一种选择就是三边回购，任何自发形成的市场都会有老大，回购市场也不例外。在华尔街的回购市场中，摩根大通和纽约梅隆银行（Bank of New York Mellon）就是最重要的两位大佬，它们承担了回购交易清算行的角色。买卖双方都在清算行开户，资金和债券通过清算行进行划转，两家大佬制定回购市场的游戏规则。回购参与者将买卖本身之外的所有后勤事务全部“外包”给清算行，这样大家就只需要专注于买卖业务本身了。

对冲基金觉得还是找清算行来进行垃圾债的回购融资比较靠谱，于是找到摩根大通说明来意，摩根大通的人一看抵押品是垃圾债，立刻就打发对冲基金的经理走人。原来大佬们也有自己的严格标准，三方回购市场只接受国债或政府担保的机构债作为抵押品，别说是垃圾债，就是品质优良的公司债也不受欢迎。

对冲基金经理愁眉苦脸地出来，正好碰上一个回购市场上的普通交易商，得知情况后，交易商笑了，这算啥事儿，摆平这点困难易如反掌。交易商提出了一个安排，对冲基金先与交易商做一个双边回购，将垃圾债抵押给交易商，交易商负责提供国债，对冲基金承诺一定时间后归还国债，并拿回自己的垃圾债，这叫“抵押置换”。当然，对冲基金自然要支付相当的费用，垃圾债的抵押数量必须要超额更多。对冲基金经理算了一番，费用虽然不菲，但仍比自己去找双边回购更合算，最后爽快地答应下来。

不过，交易商自己并不一定有多余的国债，但知道一家退休基金经理的手中有货，于是交易商找到退休基金经理，提出与这家退休基金做了一个“镜像置换”，即以对冲基金的垃圾债与退休基金的国债进行完全一样的抵押置换，并承诺到时以归还国债、拿回垃圾债作为回报，退休基金将获得可观的费用。当然，这仅是对冲基金支付给交易商的费用的一部分，剩余部分自然落入交易商的腰包。最后，退休基金经理欣然同意。

难道退休基金经理不知道垃圾债的风险远比国债高吗？难道他不怕资产负债表上堆满了垃圾很难交代吗？他有什么必要去做这样高风险的操作呢？退休基金经理当然知道有风险，但他并不担心。

原来退休基金经理的日子也很难过，QE带来的货币泛滥搞得市场中可以投资的安全债券的价格高得离谱，而收益率却低得令人心碎。退休基金必须承担支付退休人员养命钱的重大职责，投资风险绝不能高，而收益又不能太低，否则收益赶不上通胀，退休人员拿不到足够的养命钱，一番投诉下来，投资人一撤资，基金也就关门大吉了。投资收益的压力使得基金经理深感苦恼。

交易商送来的是一个高收益的好机会，退休基金经理不能直接去买垃圾债，政策和规定都不允许，但“抵押置换”就不同了。对于基金经理而言，他仅仅需要签下一纸合同，就能获得一份超额收益。因为“资产置换”模式类似回购，因此国债仍然留在退休基金的资产负债表上。从表面上看，什么也没发生，而且时间短、风险小、收益高。对外说得过去，对内风险可控，对自己利益就大了：基金收益达标，奖金分红落袋。这一切好处仅仅是由于持有垃圾债短短几天的时间，天还能塌下来？

一番“抵押置换”下来，对冲基金兴高采烈地找摩根大通去做回购融资，退休基金经理舒舒服服地坐享超额收益，交易商笑眯眯地回家数钱去了。

垃圾债到底是在谁手上？这可真不太容易说清楚。对冲基金手中拿的是国债，而且已经从摩根大通拿到了实实在在的现金，垃圾债肯定不在它手上；交易商倒买倒卖，实际上它的库存里也没有垃圾债；

而从法律上说，国债仍在退休基金的资产负债表上没动。

可是，垃圾债却不见了踪影！

金融魔术＝法律漏洞+会计革命，欢迎来到华尔街的金融魔幻空间！

高风险的垃圾债正是当前金融市场中的资产毒垃圾，经过一番“奇幻漂流”，它并没有真正消失，而是从对冲基金的账本上，漂流到了养老基金的仓库里，无论法律如何解释，实实在在的风险已经转移到了养老基金的手中。

如果垃圾债的价格不出问题，游戏就可以无休止地玩下去。但是，突然有一天利率开始飙升，麻烦就来了。如果垃圾债的价格大幅跳水 30%，退休基金经理会跳起来狂打交易商的电话，要么立刻归还我的国债，要么追加至少 50% 的抵押品，否则我将抛售你的垃圾！

天啊，真的是垃圾！看着电脑屏幕，退休基金经理满头冷汗，已经说不出话来，因为垃圾债正在市场中被所有人一起抛售。

快被退休基金经理逼疯的交易商，此时也是焦头烂额，他如果不想宣布倒闭，就有法律义务收回垃圾债，并归还国债，只有拼命催对冲基金经理，赶紧把国债还回来，把他的垃圾捡回去，还有一个办法就是立刻追加保证金。此时，对冲基金经理也是如坐针毡，垃圾债在他的资产负债表上，价格暴跌将直接影响基金业绩。国债？哪还有国债，早就抵押给了摩根大通，这老小子又不知转抵押了多少次，在谁手上只有天知道。追加保证金？回购融来的钱早就买了更多的垃圾债，还有印度股票和债券，哪里还有闲钱？纯正的印度货，要不要？交易商鼻子已经气歪了，市场上垃圾债是垃圾，印度资产比垃圾还垃圾。对冲基金经理摆出了一副要钱没有、要命一条的架势。尽管如此，对冲基金也开始大规模处理垃圾债变现以图自保。

2013 年 5 月出现的利率飙升趋势，仅仅是未来更大规模利率火山爆发的前奏，5 月以来全球金融市场已经损失了 3 万亿美元，以印度、巴西、南非、印尼为代表的新兴市场国家，更是这轮利率飙升的直接受害者。

印度的外来投资与中国不同，中国是直接投资（FDI）占绝对优势，投资者中虽不乏奔着人民币升值而来的热钱赌徒，但多数还是想在中国扩大投资的实业公司，这些人都是着眼于长远，他们受利率飙升的冲击不大。但流入印度的外资就完全不同了，近年来被西方媒体捧上天的印度模式成了国际上的大明星，印度头脑一热，大开资本进出的大门，特别是允许外国资金直接进入印度的资本市场。于是，外国投资印度的资金大部分属于资产配置型的金融热钱，对冲基金正是其中的主力，它们赌的是印度资本市场的升值，而对印度的实业投资兴趣不大。一旦华尔街出现风吹草动，它们跑得比兔子还快。

那帮顾头不顾尾、顾上不顾下的华尔街对冲基金经理们，连内裤都没穿，就敢大举投入印度。幸亏中国没有开放股票与债券市场，如果中国与印度一样，那么 6 月新兴市场国家的“阵亡名单”上，中国恐怕也会榜上有名。

如果未来的某一天，利率火山突然爆发，首先烧焦的就是 1.1 万亿美元的垃圾债，被严重烧伤的不仅是博出位的高风险的对冲基金，交易商们也在劫难逃，债券市场的流动性将因交易商和做市商的瘫痪而濒临枯竭，结果优质债券买卖阻塞，回购成本剧增，引发更大范围的收益率飙升，卖空自保和卖空投机之风潮弥漫整个市场，债券市场开始发生剧烈的内爆。死难者名单中当然还有养老基金，作为垃圾债最终的持有者，国债没了，垃圾债巨亏，审计查账曝光了“抵押置换”的丑闻，投资机构痛骂上当受骗而纷纷撤资。

从另一个角度看，对冲基金的垃圾债经过现代金融炼丹术，摇身一变成了国债，然后通过回购抵押链条，向整个金融体系深度扩散，将有毒资产沿途播种，它们将继续生根发芽，野蛮生长。这一抵押链条越长，未来的清算就越猛烈。

人们只能祈祷万能的利率了，攀升已经吃不消，飙升就只有死路一条。

影子货币与影子银行

影子货币就是影子银行体系所创造出的货币供应，它流通于资本市场，买卖着金融资产，虚构出财富效应，制造了资产通胀，改变着财富分配，影响了实业的资金流向，左右着整个社会的资源配置。

什么又是影子银行系统呢？

简单地说，就是不受传统银行的监管制约，又具备创造影子货币的能力，而且彼此接受影子货币作为支付手段的体系。传统银行必须接受中央银行的管理，法律允许吸纳储户存款，享有创造银行货币的特权，存款保险有政府担保等特点。而影子银行系统没有全球统一的管理机制，不能直接吸纳储户存款，主要依赖回购抵押融资，影子货币创造全看市场接受程度，缺乏法律上的规范，经营失败没有任何政府担保。

为什么影子银行会大行其道呢？

其根本原因在于1971年美国废除金本位之后，货币创造失去有效制衡，美元超发愈演愈烈，资产价格上涨幅度远超实体经济的利润率增长。企业家的生态环境丕变，为了生存和发展，美国越来越多的制造业公司迁往东亚和东南亚地区，以更低的生产成本来维持较高的利润率。在美国的货币政策影响之下，欧洲与日本也陆续掀起了海外投资风潮，这就是廉价货币驱逐实业的产业空心化。

在过去的40多年里，美国的实业经济出现了史无前例的大规模转移，随之而去的还有能够产生稳定现金流的优质资产，而留在美国的资产，只能越来越依赖于房地产贷款和消费信贷，传统银行的盈利模式开始面临巨大的挑战。当银行贷款给企业，特别是高利润的优质制造业，银行并不担心贷款的安全，因为它知道企业能够创造更多的现金流来偿还贷款。但是，当银行给消费者放贷买房买车时，它就不得不仔细评估消费者的收入水平和还贷能力，因为贷款不是用于人们提高创造财富的能力，而仅仅是满足个人的消费欲望罢了。此时，资金是被消耗，而不是用于创造。对于银行而言，生产型资产和消费型资产有着本质区别，虽然两者都能为银行带来收入，但前者为经济体创造了现金流，而后者则是消耗现金流。当消耗大于创造，该国将越来越依赖海外资金的供应，来补贴经济体的“内出血”，即美元回流补贴型经济模式。

传统银行的资产质量总体下降，收益大不如前，而美元超发带来的通胀威胁却在蚕食着银行的资产负债表。因此，银行体系被迫产生一种应激反应，即缩减资产负债的规模，进行大幅度“瘦身”。因此，银行系统产生了强烈地“倾倒”资产负债的巨大冲动。这一趋势与美元回流的大潮一拍即合，形成了银行系统新的盈利模式，即创造出一个庞大而复杂的金融市场，以爆炒金融资产来获取高于贷款利润的新玩法。正因如此，资产证券化、回购融资和其他金融创新才会在20世纪70年代之后如雨后春笋般勃然兴起。

“倾倒”资产与负债的巨大需求，催生出一系列新的市场和新的服务。20世纪70年代初，美国规定银行的支票账户（储户随时可以进行支票转账或现金提取）不得支付利息。而废除金本位之后，美元大量超发使银行能够创造出巨额的新储蓄，在严重的通胀威胁之下，这些储蓄急需寻找能够生息的避难所，货币市场基金就应运而生了。因为货币基金投资回购市场，因而能够获得较高的利息，而且不受类似银行的利息管制，它“拐跑”了本该存在银行中的储蓄，逐渐成为回购融资和商业票据市场的主要放贷者，目前坐拥2.6万亿美元的庞大资金。货币基金貌似安全，因为它只投资像回购抵押这样的超短期产品，但在极端情况下，它反而会成为最危险的市场。

2008年9月18日，雷曼宣布破产之后，一些货币基金由于投资雷曼而出现严重亏损，出现了跌破1美元净值的罕见状况。美国人通常将货币基金账户视作银行储蓄，根本没想到货币基金竟然会亏损，全社会强烈的恐慌引发了大规模资金抽逃。当天上午11点，美联储发现高达5 500亿美元的货币基金，在一两个小时之内遭到了投资人的疯狂“挤兑”，财政部紧急注入1 050亿美元，但无力阻止夺命而逃的投资者。美国政府立即冻结所有账户，如果不采取断然措施，到下午两点，货币基金的3.5万亿美元就将濒临枯竭。

由于货币基金是回购市场和商业票据市场的主力放贷者，而这两个市场又是美国各大公司短期融资链条上的最关键的环节，一旦资金枯竭，美国就将爆发大规模企业债务违约，甚至直接导致公司破产，1933年数千家银行倒闭和数万家公司破产的崩溃景象将会再现。

商业票据市场经2008年9月的"惊吓"之后，再也没有恢复元气。目前，回购市场已成为美国金融机构和各大公司短期资金补给的"生命线"。

坐拥13万亿美元的共同基金，也是影子银行市场中活跃的玩家，它为回购市场提供了大量的债券和股票资产作为质押品，同时也提供回购融资所需的部分资金。

影子银行更少不了对冲基金的身影，它们控制着约2万亿美元的资金，在回购市场中反复"压券借钱"，再"以钱买券"，扩大资产规模，在全世界对各类市场进行套利、对赌、买空卖空，在市场波动和关键事件中捕捉战机，以高倍杠杆博取巨大收益。

貌似保守的退休基金也并不安分，在它们手中的6万亿美元资金，并不是老老实实地趴在债券和其他低风险资产上不动，而是暗地摆弄着"资产置换"等新玩意儿，间接参与了回购交易和其他影子银行的业务。

另外，拥有数万亿美元的保险公司、ETF基金、外国主权财富基金也都是影子银行里不可或缺的角色。

这些"非银行"但"类银行"的机构，共同构成了所谓的影子银行体系。影子银行体系大致沿着两个链条依次展开。第一个链条就是帮助银行"真实销售"其资产，这就是资产证券化的产业链；另一个链条，则是帮助银行将其资产进行大规模的抵押，这就是回购产业链。最终，两个链条又连接到一起，资产证券化的终端产品就是MBS、ABS（资产抵押证券）、债务抵押凭证（CDO）等，它们又能在回购市场中作为融资抵押品，即成为影子银行的基础货币，与国债、公司债甚至垃圾债，共同参与进行更大规模的影子货币创造。

在美元回流、传统货币与影子货币的共同作用之下，美国金融资产的价格节节攀升，银行的盈利滚滚而来，而“类银行”们也赚得盆满钵满。

“真实销售”与“回购抵押”这两条产业链的根本目的都一样，就是为了将银行的资产尽快变现，缩短资产持有的周期，加速资金周转的速度，规避资产质量恶化和通货膨胀带来的风险，将盈利的重心移向金融资产的交易，走上了一条轻资产、重交易的发展道路。

这就是华尔街在20世纪90年代急于打破商业银行与投资银行界限的原动力。

1934年的《格拉斯-斯蒂格尔法案》(Glass Steagall Act)是在反思20世纪30年代导致金融大崩溃的极度贪婪之后，将商业银行与投资银行的业务进行了彻底隔离，保障了金融系统60多年的平稳运转。1999年，美国总统克林顿在华尔街强大的游说之下，签署了废除商业银行、投资银行和保险公司三者之间界限的所谓《金融现代化法案》(Gramm Leach bliley Act)，仅仅不过10年的时间，全世界就迎来了“金融现代化”时代第一场严重的金融危机，其规模和杀伤力直追30年代的大崩溃。

金融危机之后，资产证券化与回购市场一度冷清了不少，但美联储为创造“资产再通胀”的奇迹，同时动用了压制短期基准利率到接近于零、压制中期利率靠强烈的政策预期、压制长期利率靠QE的三种超常规手段，结果金融市场再度活跃起来。不过，影子货币创造的主角已由次级债、公司债，变成了国债和两房的MBS，金融风险正向主权信用快速集中。

回购抵押创造了多少影子货币?

在美国的回购市场中，三方回购最常见，其抵押资产最容易被“转抵押”。到2012年底，三方回购市场中被抵押的总资产为1.96万亿美元，这些资产就是影子货币创造的基础货币，也可以被称作SM0

(Shadow m0)(以对应传统银行的M0)。在1.96万亿美元的基础上，影子货币被放大一个货币乘数，目前影子乘数大约为2.5倍[2]，即三方回购市场中的抵押资产，平均被转抵押了2.5次。这样粗估下来，三方回购市场创造了接近5万亿美元的影子货币供应。

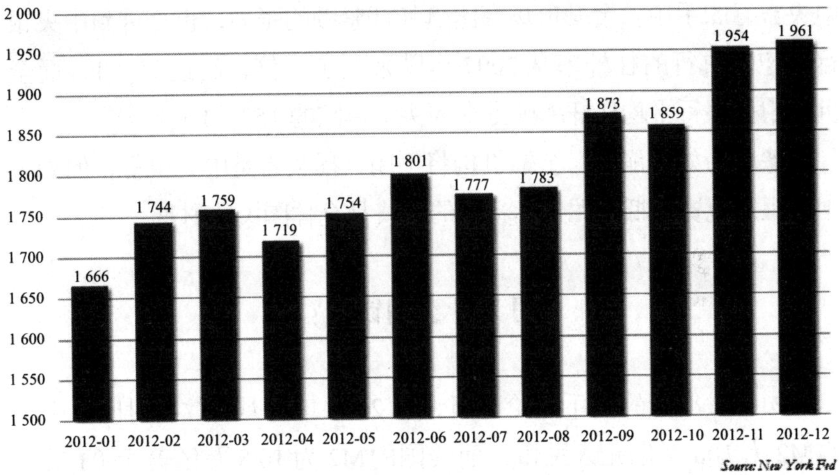

2012年12月，三方回购的抵押资产总额为1.96万亿美元

在金融全球化的时代，无数条巨大而无形的抵押链条，将全世界的金融机构，以及亿万民众的资产负债表紧紧地拧在了一起。“欧猪债券”可能最初被德国银行持有，然后被转抵押给英国的交易商，再经过伦敦市场无数次的转抵押之后，落到了美国MF Global或雷曼伦敦分号的手中，又经过“资产置换”转手到了对冲基金，最后“漂流”到美国养老金的账户上，当危机来临时，受到损失的竟然是美国的退休老人。同样，“美国制造”的垃圾债，也可以通过对冲基金、一级交易商的国际分号流入伦敦，再被转抵押给香港的金融机构，然后被中国的QDII（合格境内机构投资者）基金所持有，从而潜伏在中国老百姓的资产负债表上。

当欧债危机爆发后，美国号称自身的银行系统持有的欧洲债券规模极小，但国际清算银行的估计则是至少存在着1 810亿美元的风险敞口。尽管德国自信拥有欧洲大陆最强健的银行系统，但《格兰特利率观察》(*Grant's Interest Rate Observer*)透露，德意志银行的杠杆比例高达43∶1，德意志银行正是欧洲金融魔术界的顶尖高手。

回购抵押链条就像一根橡皮筋，拉得越长，反弹力越大，断裂的风险也越高。这条橡皮筋的终端连着亿万家庭的财富，起点则捏在中央银行的手中。金融市场高比例杠杆紧绷的张力，也会传到中央银行，德国央行的杠杆率从2007年以来翻了一倍，高达75∶1，而全世界中央银行平均杠杆率则是令人头晕目眩的153∶1！

橡皮筋如果崩断，金融机构将倒闭，拯救者是中央银行，但如果中央银行也资不抵债呢？拯救它的最终是全体国民的财富。

6月为什么闹钱荒？

如果从狭义的货币理论分析，以2013年9月的数据对比，中国的M2为106万亿元人民币，而美国的M2为10.8万亿美元（1美元＝6.2元人民币），美国M2约合人民币67万亿元，于是很多人惊呼“中国的M2远高于美国”！

不过，如果搞明白美国金融市场的真实情况之后，恐怕这种看法就需要做一下修正了。

影子货币的存在，已经使传统货币银行学对货币创造的基本观念完全过时。2013年，美国财政部的债务管理办公室（Office of Debt Management）对美国影子货币的总量进行了评估，得出的结论是，美国影子货币总量约33万亿美元（其中回购转抵押贡献了5万亿美元），是M2的3倍多，有效货币总供应量约45万亿美元[3]，约合人民币279万亿元!

如果将影子货币定义为SM2（Shadow M2），它将包括所有可以被用来在回购市场进行抵押融资的债券资产。简单地说，债券就是货币！如果没有转抵押现象，影子货币的乘数为1，转抵押的次数就是影子货币的乘数。

因此，一国货币总有效供应的定义，需要进行修正，即：

有效货币供应＝M2+SM2

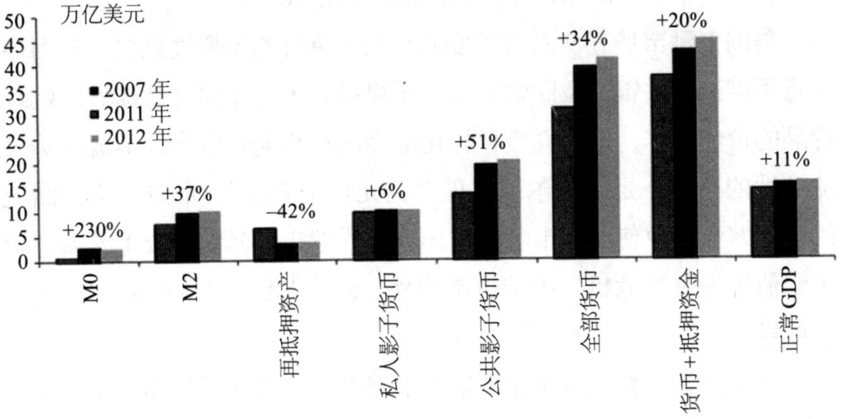

美国有效货币供应 = SM2+M2

资料来源：彭博社

当然，中国也存在着影子银行和影子货币的问题，其规模有各种估算，大致在 20 万亿~36 万亿元之间，加上影子货币，中国的有效货币供应量估计在 126 万亿~142 万亿元之间，大约是美国的一半，2012 年中国的 GDP 大约也是美国的一半。因此，中国的货币供应与经济发展之间的比例关系与美国大致相当。

中美之间的差别在于，美国的影子货币创造规模是中国的 5.7~10.2 倍，而中国传统货币创造规模是美国的 1.6 倍。在财富表现形式上，中国财富含金量最高的是房地产，而美国财富则集中体现在金融资产。

既然中国的货币总量如此之大，怎么会在 2013 年 6 月突然闹起钱荒呢？

实际上，中国银行系统从 5 月底就已经出现了资金紧张的局面，6 月问题变得严重起来。从时间上看，这与美联储 5 月宣布准备退出 QE 大致吻合。6 月，美国 10 年期国债回购利率出现了极为罕见的–3%，而中国的回购利率则一度飙升至 30%！之所以出现这样的冰火两重天，主要因为美国国债允许投机商大规模卖空！如果没有卖空行为的干扰，美国的回购利率也会与国债收益率同步飙升。

其实，不仅中国闹钱荒，美国闹的也是钱荒！

美国金融市场五、六月爆发的是利率飙升的恐慌性危机，进而导致货币创造的关键部位回购市场近乎瘫痪，收益率飙升意味着回购抵押品的价值跳水，迫使高度杠杆化的金融机构抛售资产，造成了美元流动性的严重不足，华尔街出现“美元真空效应”，形成了美元回流的全球寒流，致使新兴市场国家出现了股票市场暴跌、资本外流、货币贬值等一系列危机。中国也不例外，5 月外汇占款大幅萎缩就是一个信号。

再次注意，美元回流并不是由于美国经济的强劲复苏，而是因为美国回购市场内爆的压力急剧升高！

影子银行的真正风险是其货币创造功能，它的核心在于回购市场！由于回购市场的存在，使 1 元钱的债券直接变成了 1 元钱的类现金，这使有效货币供应量立刻扩大了 1 倍！如果允许“转抵押”，货币供应量还将进一步扩大。这一点，使回购市场的重要性压倒了影子银行的一切其他问题。

正是回购的货币创造这一特性，使得众多的金融机构能够利用库存的债券资产，立刻获得新的现金，进一步扩大债券库存，然后再反复进行回购以扩大资产规模，从而轻松套取回购利息成本与债券收益之间的利差。在回购利率偏低的正常情况下，滚动资金不是问题，这一赢利模式要远比投资房地产、股市和实业更安全、更灵活、更有吸引力。

中国金融市场普遍存在的“养券”问题，与华尔街对冲基金高倍杠杆的操作原理完全一样，只不过中国金融机构几乎完全没有做任何风险对冲，更不必说“匹配对冲”，回购市场的融资成本一旦持续上扬，则后果不堪设想。正因如此，6 月钱荒期间，所有金融机构都眼巴巴地指望“央妈”赶紧“喂奶”。毫无疑问，央行如果拒绝提供流动性，那么金融市场的系统性危机必然爆发。

有意思的是，6 月钱荒的最大受害者正是债券市场。以城投债为代表的高收益债券遭到了猛烈抛售，债券市场交易一片萧条。银行间债券市场现券交易累计成交 1.2 万亿元，同比暴跌了 81.1%，环比陡降 49.0%。同月，债券累计发行 5 342 亿元，同比减少 34.6%，环比下降 43.3%。股票市场显然也受到了波及，不排除影子货币中的一部分资金已经流入了股市。

如果金融机构主要投资的是长线项目，如房地产，那么在流动性紧张时被抛售的应该是信托、集合理财或其他类似的房地产融资产品，房地产也将承受巨大的资金压力。但 6 月中国各省的地王轮番上涨，就在钱荒肆虐的 6 月下旬，上海、重庆、南京、武汉等城市的地价频频创下历史最高纪录。

中国的回购市场正在迅猛扩张，在回购交易中，存在着企业债与标准券的折算问题，该转换类似于美国垃圾债的“奇幻漂流”，只不过连“漂流”都省略了。如果企业债从质量上有足够的保证，打折率又足够高，那么这个问题并不算严重，但这种折算制度留下了未来的隐患，值得金融监管部门保持警觉。

另外，中国的回购市场中还没有“转抵押”的规定，但不排除未来也将被“创新”出来。在全球尚未出现统一的“转抵押”的法律框架之前，转抵押将是回购市场危机的最大温床。

应该当心的是，6 月钱荒，仅仅是未来利率火山爆发的一次微不足道的预演而已。

申　论

银行向社会提供的是货币服务，它的收益就是社会为该服务所支付的服务费。社会向银行托管各类资产，然后获得托管资产的收据，这些收据就是流通货币。货币收据对应着托管资产的索取权，人们以货币收据在市场中进行支付，当货币收据换手之时，意味着其对应的银行托管资产的所有权也同时易主。

在银行的托管资产中，最广为社会接受的资产就是流动性最好的资产，当你拿这种资产在市场中和任何人交易时，所有人都会欣然接受，这种流动性最好的资产就是财富的代表，即真正的钱。因此，货币不是钱，而是钱的收据；货币也不是财富，而是财富的索取权。

在金本位时代，黄金是真正的钱，银行是存钱的地方，银行发行的银行券就是黄金的收据，任何手持银行券的人都可以随时向银行索要托管的黄金。在1971年金本位被美国废掉之后，国家法定货币取代了黄金，货币收据对应的是国家法定货币。货币收据存在着不同的形式，无论是纸质的储蓄本，还是塑料的银行卡，或者是网上银行账户中的数字，它们的本质都一样，就是向银行索要国家法定货币的凭证。

如果以黄金作为钱的基准，银行自我创造货币的能力将不得不与黄金增量匹配，而黄金增长与实业增长基本同步。那么如果实业中某些领域的增长远高于黄金，其产品与服务的质量和数量没有足够的黄金来支撑交易将会怎样？很显然，这些产品的价格将会下降，这会产生价格通缩吗？有可能，但这不构成对经济的危害。说到底，黄金只是帮助商品交换时进行比价兑换的“计算器”，计算器的大小不会影响计算结果，因此，商品之间的比价关系与黄金数量无关。当货币供应稳定时，货币对经济最终的影响力是“中性”的。

在世界经济发展史上，实际发生的情况也正是如此。英国于1664年建立物价统计体系，如果把当时的物价基准设定成100，那么250年后的1914年，英国的物价指数仅为91。在金本位之下，物价长期通缩，但这并没有影响英国的工业革命，工业革命的生产率提升与农业时代相比，堪称是成千上万倍的提高，商品种类之多，数量之大，与农业时代完全不在一个数量级。事实上，经济繁荣的本质就是生产率的提高和生产成本的大幅下降，与之相对应，各种商品的价格本应不断下跌才能反映生产力的增长。

这一现象在当今的互联网与电子时代更加明显，电脑和手机的价格总是不断下跌，但这并没有造成大家持币等待，而是更频繁地更新和更大量地购买，这不正是生产率提高的结果吗？这些行业非但没有因为“价格通缩”就陷入停滞，而是更加迅猛地向前发展。

美国是另外一个实例。1800 年美国物价指数为 100，到 1939 年物价指数降为 81，在这 139 年的“通货紧缩”期间，美国从一个边缘的殖民地脱胎换骨，一跃而成为世界第一强国，这同样是在金本位制度之下完成的经济飞跃。难怪西方有思想家认为，金本位时代才是资本主义的黄金时期。

货币制度其实就是社会财富分配的契约，货币稳则天下公，货币乱则天下患。

人们每天辛苦工作后，将劳动成果托管于银行，拿到的是一纸收据，大家原指望在自己退休或无法工作时，能够用收据取回与当初向社会贡献相当的劳动成果，以保证生活质量与从前接近。但如果收据大幅贬值，这不就等于是掠夺和欺诈吗？在一个社会中，人们可能互不相识，但因为有货币契约存在，因此大家能够彼此信任共同创造更多的财富。假如货币贬值，这就践踏了财富分配的公平原则，制造出全社会深层次的不信任，进而破换社会分工，打击劳动热情，鼓励投机取巧，破坏诚信的基础，导致交易成本的上升。

一个国家对自己的货币不诚信，它怎么可能期待民众对国家有诚信？又怎么可能期待民众之间会存在诚信？货币贬值对一个国家和一个文明的伤害是深远、持久和难以逆转的。

当 1914 年英国脱离金本位之时，大英帝国的命运就已经注定走向衰落；当 1971 年美国废除金本位后，它抛弃的是诚信、创造、勤劳、节俭的立国之本，纵容的是贪婪、投机、享乐、奢侈的堕落之风。

2008 年的金融危机只是一系列更严重的经济危机和社会危机的序幕。可悲的是，以美元为代表的货币贬值之风正在全世界大行其道，正是货币贬值催生出了影子银行和影子货币，而在 1971 年之前的 300 年工业化时代，银行盈利并不需要“银行的影子”，社会也不需要“货币的影子”。

影子货币的抵押链条越来越长，其内在的张力正在趋于断裂的极限。2013 年 6 月的世界性钱荒，仅仅是一场更大的金融地震的前兆。

金融全球化已经通过资产的抵押链条将各国紧紧地捆绑在一起，这意味着未来的危机将无可避免地成为全球危机。

— 注释 —

[1] Manmohan Singh, *Peter Stella, The (other) deleveraging: What economists need to know about the modern money creation process,* 2012-07-02.

[2] Ibid.

[3] Dept of Treasury, Office of Debt Management, 2013 fiscal year Q2 report.

第四章

利率火山，最后的审判日

CURRENCY WARS

本章导读

在一切有关经济和金融的数据中，恐怕没有一个比10年期美国国债收益率更为重要的了。它是利率火山爆发前最后一个逃生的信号灯，当它开始剧烈闪烁之时，你的时间已经不多了。

如果你还没有听说过利率掉期，最好赶紧在谷歌上搜索一下，利率掉期在不久以后，将会像2008年的信用违约掉期一样，名震天下。当年搞垮美国金融体系的CDS不过是波及近60万亿的衍生品市场，而IRS（利率掉期）将是其7倍以上的规模，如果说CDS是原子弹的威力，那么IRS就是氢弹的当量。

在人类历史上，我们从来没有见过各国将利率压制在如此之低的水平上，而且维持了如此之长的时间。罕见的超低利率温床，滋生出一个罕见的资产泡沫的怪兽，它在扭曲中畸形壮大，不断掠夺着实业的营养，挤压着财富的均衡，破坏着社会的健康。

量化宽松与资产泡沫正在走向时间的终点，各国央行压制利率的努力终将失败。

当欧洲央行和美联储的新掌门开始越来越频繁地谈论“负利率”时，你需要立刻警觉起来，这说明即便是零利率，都已经不足以支撑资产价格的继续上涨了。负利率绝对是一个疯狂的想法，这将让全世界看清疯狂究竟能走多远。

最终，利率火山的爆发就是这轮泡沫的审判日！

美联储突然“阳痿”，伯南克意外变卦

2013年9月18日，美联储宣布继续维持QE3每月购债850亿美元的规模不变。消息传出，华尔街再度沸腾了，S&P 500与道琼斯指数双双刷新历史新高，美国10年国债收益率当天从2.9%大幅下跌到2.7%，新兴市场国家的股市、债市、外汇闻讯大涨，黄金、白银、石油强劲反弹。

美联储的决定太出乎市场预料了。

自5月以来，伯南克反复念叨“淡出”（tapering）QE的紧箍咒，全球金融市场一夜数惊，国债收益率血雨腥风，叙利亚战争箭在弦上，股票债券闻风丧胆，金融体系钱荒肆虐，美元回流风急浪高，新兴市场满地鸡毛。

伯南克也吓了一大跳，在他看来，“淡出”并不意味着货币收紧，而仅仅是印钞减速，总体来说仍然是货币宽松，市场不应该过度“解读”啊，何况他还附加了一系列“如果”“假设”之类的前提条件。他这些年来玩得屡试不爽的“预期管理”此次突然失效，特别是国债收益率的飙升几乎失去了控制，这让伯南克和美联储都暗暗心惊。

在QE政策的有效性上，美联储内部，甚至包括欧洲、IMF和号称“中央银行的银行”的BIS，都存在着日趋尖锐的分歧。货币鸽派们，自然是以伯南克和各国央行的当权派为代表，他们认为货币宽松

拯救了金融系统，也能拯救各国经济，只要假以时日，经济复苏的奇迹就会发生；但货币鹰派们则认为，金融危机之后的5年里，中央银行浪费了宝贵的时间，过度宽松的货币政策，使各国滋生了麻痹和怠惰，经济失衡依旧，财政赤字恶化，就业复苏疲软，资产泡沫泛滥，一切与2007年类似，而金融风险甚至更加严重。

BIS对QE的态度就相当负面，它的前首席经济学家威廉·怀特（William White）在9月美联储会议之前发出了刺耳的警告："在我看来，这是2007年的翻版。所有那时存在的经济失衡问题仍未解决，发达国家的公共与私人的总负债与GDP的比例，却比那时高出了30%，而现在我们又多了一个新兴市场泡沫的全新难题，这个泡沫正在走向破裂的周期……美国的（超低）利率水平是全世界（资产泡沫）的终极推动力，当利率开始上涨，每一个人都将受到冲击。"BIS甚至含沙射影地指责欧美央行试图仅用言辞的"预期管理"，来压制长期利率的做法已经"基本失败"，"（央行政策的）良好沟通手段，对市场的控制力也有极限，现在这些极限已经变得非常明显"。[1]

美国的超低利率是全球资产泡沫的终极动力，这一观点可谓一语中的！

眼看泡沫越吹越大，魔术越演越邪，杂技越玩越险，BIS和IMF这些观众们看得心惊肉跳，冷汗淋漓，他们盼望着强悍的货币鹰派上台，来制止这场疯狂的游戏，美国前财长萨默斯就曾是他们的希望。

伯南克去日无多，在美联储主席的竞争者中，呼声最高的本是萨默斯，他突然宣布退出，使得局势一下明朗起来，货币鸽派的新领袖耶伦已是呼之欲出。耶伦对宽松货币的极端信仰，甚至让伯南克看起来更像是鹰派。她在美联储所有的货币政策投票中，无一例外地支持宽松、宽松、再宽松，2010年她甚至要求将基准利率干脆整到"负数"！这是连鸽派大佬伯南克和鸽派前辈日本央行都甘拜下风的"熊心豹子胆"，"谁说女子不如男"？

伯南克走了，耶伦来了，很好，很好，这两件事都是值得"庆祝"的。

美联储憋了三个月的“淡出”激情，终于以“阳痿”而告终。

QE的泰坦尼克号，迎头撞向回购冰山

2013年5月，美联储开始强烈暗示即将退出QE，全球市场不禁愕然，美国国债收益率的剧烈飙升说明了市场震惊的程度。QE3推进了才半年多，美国的股市、债市、房地产就出现了一片兴旺的景象，资产再通胀的成果刚刚崭露头角，究竟是什么原因导致伯南克如此心急火燎地准备退出QE呢？

看出门道的人的确很少，主要是纽约联邦储备银行、BIS、IMF的研究人员和少数学者在一些研究报告中和网络上小规模地讨论这些话题，几乎没有引起主流媒体的任何关注。直到2013年5月，才有少数媒体如梦初醒，开始谈论普通美国公众闻所未闻的回购市场困境。

5月23日的《华尔街日报》大声惊呼：“美联储挤压了影子银行，央行对国债的购买行为，正在导致关键的回购市场出现抵押品短缺。”文章指出：“在过去的30年里，货币和信用的创造方式已经发生了剧变，扔掉你的教科书吧。”尽管文章错误地理解了“转抵押”的概念，却正确地抓住了QE政策自相矛盾的要害：“闲置在美联储账户上的1.8万亿美元国债，正在使回购市场的安全抵押品处于饥荒状态，考虑到‘转抵押’的（货币）乘数效应，这意味着经济体少创造了约5万亿美元的信用。这是经典的意料之外的后果。伯南克的美联储（通过印钞）使美国政府能够进行巨额赤字透支就已经深受诟病，而胡搞美国经济的血液就更糟。”[2]

道理很简单，回购市场需要抵押品，而国债是最重要的抵押品，QE的购债行为造成了美联储与回购市场争夺抵押品的矛盾，美联储执行QE的时间越长，回购抵押创造影子货币的能力越弱。

其实，在美联储的账户上还“闲置”着1.1万亿美元的两房MBS债券，它们被认为拥有政府级别的信用，同样属于“安全”的回购

抵押资产。如果将国债和两房MBS债券都作为影子货币的基础货币，那么影子银行体系因为QE政策可能导致7万亿~9万亿美元的影子货币扩张不足。

回购抵押品被QE挤压的问题究竟严重到什么程度呢？可以说是刻不容缓！

在QE操作中，当美联储在市场中购买国债时，从短债到长债通通吃进，不过主要还是集中于中长期债券。如此一来，美联储的“国债库存”就显得十分复杂，各种期限的国债都有，而且数量多少差异很大。科学研究的方法论之一就是要找到复杂系统的简单替代变量（proxy），通过研究替代变量，来了解整个系统的状况。“类10年期国债”就是美联储“国债库存”的有效替代变量，它将各种期限和不同数量的国债所产生的利率风险，用一定数量的10年期国债来替代。简而言之，美联储的所有国债持有量，可以用“类10年期国债”来代表。

以“类10年期国债”的方法计算，到2013年8月，美联储已经持有了全部流通国债的30%，如果继续按照QE3的购债速度推进，2014年将达到45%，2015年为60%，2016年为75%，2017年为90%，到2018年底之前，所有市场中的国债都将被美联储通通吃光。当然，早在这之前，回购市场就已经崩溃了。

恐怕伯南克的确是没有事先料到QE会造成回购市场的严重困境，7万亿~9万亿美元影子货币的扩张不足，足以抵消美联储QE印钞机的效果。如果继续以每月850亿美元的速度吃进国债和两房MBS债券，那么回购市场所面临的内爆压力将与日俱增。

这就是伯南克心急如焚地想在2014年结束QE的真正原因！

在回购市场上，本来玩的就是10个瓶子三个盖的高难度杂技，如果美联储以每月850亿美元的速度从市场上不断回收“瓶盖”，那一年就会使市场减少1万亿美元的抵押品，考虑到美国三方回购市场的全部抵押资产规模不过2万亿美元，这样的瓶盖流失速度不可谓不惊人。由于瓶盖的减少，杂技会逐渐变成10个瓶子一个盖，甚至 20 个瓶子一个盖，杂技的技术难度越来越高，而失手的风险就会越来越大。

不要小看回购市场的几万亿抵押品，它们的作用类似于传统银行体系的基础货币，为美国几十万亿的影子银行体系提供着关键的流动性。尽管影子银行体系极其庞大，却高度依赖市场信心，处于严重拉伸状态下的抵押链条，对交易对手的任何风吹草动都极度敏感。另外，影子银行无法吸纳传统的储蓄，只能依赖金融机构的超短期融资，期限甚至短到隔夜。储蓄汇集了成千上万小储户们的分散资金，而回购融资却是金融机构高度集中的巨额资金，当市场动荡时，机构的消息更灵通，做出撤资决定的时间更短，资金逃跑的速度更快。

在风平浪静的回购市场中，隔夜回购融资并无大碍，为节省交易成本，借贷双方总是会在第二天继续滚动合约。不过，这是建立在彼此继续信任的基础上，如果融资方突然听到市场上对借钱方的流言四起，第二天就可能会拒绝继续滚动回购合约，借钱的人将立刻陷入资金链断裂的风险。当然借钱方可以马上去找新的融资方，但华尔街的坏消息永远比好消息传播得更快，一家机构拒绝回购融资，往往意味着所有人都会像躲避瘟神一样关闭融资的大门。1980 年以来的历次金融危机，出事的金融机构莫不是始于回购融资的资金链突然断裂。虽然贝尔斯登、雷曼兄弟、MF Global 的问题根源在于持有大量的资产毒垃圾，但危机爆发时最致命的一击都是源于回购市场。

在 2007 年正常的回购市场状态下，ABS 和优质公司债券的打折率仅为 3%~5%，而在 2008 年的金融危机中，ABS 和垃圾债券的打折率曾高达 40%，优质的公司债券的打折率为 30%，如此猛烈的打折率跳升，将迫使回购融资方不得不追加巨额的资产，而此时它们的扩张已达极限，要么被迫跳楼甩卖资产，要么资金链断裂导致违约，回购市场的流动性将在顷刻之间完全冻结。

QE 持续下去的最终后果，将是回购市场逐步萎缩直至突然冻结，接着发生的就是数十万亿美元的影子银行体系轰然倒塌！

那股票市场呢？股票繁荣依赖股票回购，股票回购的资金源于债券市场的低利率，债券的低利率靠的是做市商的流动性支持，做市商的运营资金仰仗回购市场，回购市场撞上冰山，股市的资金链也将断裂。

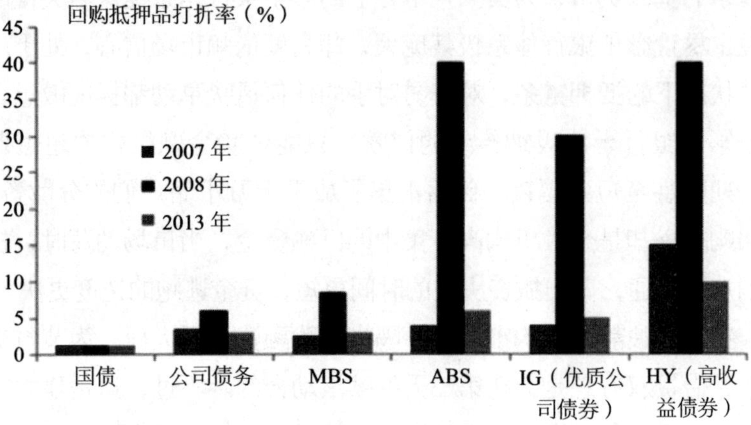

2007年、2008年、2013年回购抵押品打折率的比较图

如果说，2012年9月伯南克和美联储兴致勃勃地搞QE3时，还没有意识到问题的严重性的话，那么最迟到2013年5月，所有行家都已经看到了在QE这艘“泰坦尼克”号的正前方，耸立着一座巨大的回购冰山！

5月，伯南克船长准备紧急减速，无奈乘客们玩得正high，丝毫没有觉察到风险，愤怒的玩家们摔锅砸碗，大吵大闹，长期利率突然飙升，回购市场危机骤起，伯南克吓得赶紧改了口。9月，QE号保持原速，方向不变，继续撞向冰山。

伯南克陷入了进退两难的困境：继续QE，前面会撞上回购冰山；退出QE，又会引发利率飙升。就在犹疑不定之间，时间在悄悄地流逝，距离冰山的距离也越来越近。

回购市场是几乎所有欧美金融机构短期资金的命脉，而该市场却完全没有国际统一的法律规范和会计准则，由于回购抵押链条横跨大西洋两岸，远达亚太和世界各地，因此，回购市场的健康问题不仅令美联储寝食难安，就连英国、欧盟、IMF和BIS都对此忧心忡忡。

监管寒流袭来，抵押品短缺恶化

就在《华尔街日报》开始报道回购市场抵押品不足的同时，早就对此展开调查的BIS也于5月发表了高度关注“优质抵押品”（HQA，High-Quality Collateral）短缺的报告[3]。

BIS一直对欧美日的货币宽松政策表示出颇不以为然的态度，并早已着手制定新的游戏规则，即《巴塞尔协议Ⅲ》。

这个BIS是什么来头？凭什么它制定的协议全世界的金融机构都必须遵守？这种世界“银监会”的地位到底是怎么得来的？

BIS的来历可不简单，美国前总统克林顿的恩师、乔治城大学著名历史学家卡洛·奎格雷对BIS曾有这样的评价：

“金融资本势力有一个极为长远的计划，它旨在建立一个金融系统来控制世界，一个被少数人控制的，能够主宰世界政治体制和世界经济体制的机制。这个系统是以封建专制的模式被中央银行家们所控制，他们通过频繁的会议所达成的秘密协议来进行协调。这个系统的核心就是瑞士巴塞尔的国际清算银行，这是一家私有的银行，而控制它的中央银行也同样是私有公司。每个中央银行都致力于通过控制财政贷款、操纵外汇交易、影响国家经济活动水平、在商界领域对保持合作的政治家提供回报等方式来控制各自的政府。”[4]

BIS的最终目标当然是为了保护国际银行家的整体利益，并跨越主权国家将全世界的银行体系直接纳入自己的管理轨道，以金融力量钳制政府，以货币手段管理世界。为实现这一“立志高远”的目标，就必须坚决杜绝那些短视、贪婪、欺诈和不负责任的金融冒险。严格自律是国际银行家成就其“伟大功业”的前提条件，《巴塞尔协议Ⅲ》正是实现严格自律的具体要求。

一个协议如果没有强制执行力，那就是废纸一张。假如某银行拒绝接受BIS的领导，不执行《巴塞尔协议Ⅲ》的要求，那将产生什么后果呢？很简单，全世界的其他银行将拒绝和“捣蛋鬼”进行金融业务往来。想汇款到其他银行，没有银行敢接收；想在金融市场上回购融资，没有交易对手敢放贷；想给客户发放贷款，你的支票没人要！谁还敢把钱存在这样的银行？被排除在金融体系之外的“捣蛋鬼”只有死路一条。

如果一个国家拒绝执行《巴塞尔协议Ⅲ》呢？那后果就是该国所有的银行都将被排除在国际金融市场之外，这相当于金融制裁：该国的进出口贸易将被迫中断，因为无法进行资金的国际支付和接受；该国的海外投资也将中断，因为海外资金无法进入。没有国际贸易和海外投资，一个现代国家能支撑几天？对于小国而言，这如同蹲监狱；对于大国来说，这好比是金融流放。

这就是《巴塞尔协议Ⅲ》真正厉害的地方！一个国家的主权政府必须臣服于它。奎格雷教授在半个世纪之前就已洞察到这一切，控制BIS的极少数人就是全世界真正的主人，他们未经民主选举，也不接受任何监督；既不对选民负责，也不对各国政府负责。这是一种国际社会极为罕见的特殊而绝对的权力！在可预料的将来，这一趋势还会不断增强，这也正是金融全球化的终极目标。

绝对的权力并不意味着它不负责任，而是它只对自己负责。如果掌握这一权力的少数人拥有高度的智慧和能力，他们的管理甚至会产生更高的效率和更好的结果，至少BIS的主人们自认为如此。

在流动性方面，《巴塞尔协议Ⅲ》对银行提出了更高的要求。所有银行必须保持足够的优质抵押品，如美国国债，以确保在极端恶劣的情况下，能够靠变卖资产来维持30天的现金流不致枯竭。仅此一项，就将造成2.3万亿美元的优质抵押品短缺。同时，美国《多德-弗兰克法案》对金融衍生品交易的保证金提出了更高的要求，这又将造成1.6万亿~3.2万亿美元的优质抵押品短缺。另外，由于各国外汇管理和货币政策所掌握的外汇，已从2007年底的6.7万亿美元，增加到2012年的10.5万亿美元，官方对优质抵押品的需求也将大幅增长。这样算下来，在未来的几年里，如果金融市场运行平稳，那么优质抵押品的短缺规模将扩大到5.7万亿美元。

这是在正常的市场状态下，那么如果市场面临压力呢？美国财政部估计：优质抵押品的短缺上限将激增到 11.2 万亿美元！[5]

真是“屋漏偏逢连夜雨”，QE 就已经导致优质抵押品面临短缺，高杠杆化的影子银行系统的压力越来越大，《巴塞尔协议Ⅲ》和《多德–弗兰克法案》又跳出来争抢优质资产，这将导致回购市场承受更大的压力。

冰山没有消融，反而越来越大！

影子银行如何杀出重围

BIS、美联储和美国财政部，都已经看清了影子银行体系中日益尖锐的优质抵押品短缺的困境，但它们的结论又相对乐观，因为它们相信短缺可以靠增加供应来缓解。

所谓优质抵押品，就是在久期、流动性和信用的三维风险中，最靠近核心的那些资产。久期风险很容易理解，某人给你打白条借钱，如果他明天就还，风险就较小，而他说要等 30 年之后才还，你晚上就会失眠；流动性风险是指如果你不想继续持有这张借条，你在市场中是否能够非常容易地转手，而且打折率越小越好；信用风险当然是看借钱的人未来出现资金麻烦的可能性有多高。

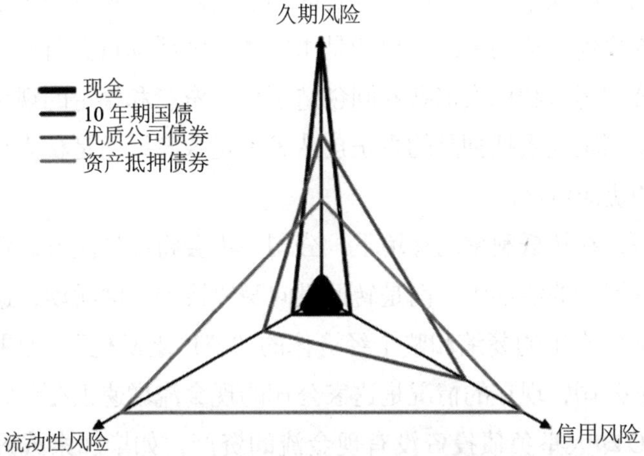

优质抵押品就是在久期、流动性和信用三维风险中最靠近核心的资产

在三维风险中，最靠近核心的部分就是现金本身，只要国家还存在，政府没垮台，现金持有多久都不怕，拿出来谁都抢，也没有违约的问题；10年期国债在流动性和信用风险上仅比现金稍差一点，但持有时间太长的风险要比现金高；IG（优质公司债券）又比国债风险高，资产抵押债券比公司债券更差一些。

在美国财政部的定义中，优质抵押品包括：现金、国债、政府机构债、两房MBS债券。有人会问，现金也算抵押品吗？当然算，现金买东西可以理解为“以现金为抵押，借回某件物品，回购期限是无限长，回购利率为零，打折率也为零”的回购协议。从这个意义上看，QE不过是将现金这种优质抵押品与另一种优质抵押品国债进行了互换。现金可以在传统银行中创造货币，而国债能够在影子银行中创造货币。因此，QE的本质是用传统货币创造“置换”了影子货币创造，但效果并不理想。

从理论上说，优质抵押品能够大量增加，不过就是大搞财政赤字，增发更多国债而已，还可以推高房地产价格，增加MBS供应，只要主权信用可以无限透支，优质抵押品就能无限增长。因此，BIS认为优质抵押品不存在绝对短缺，只有区域或局部紧张的问题。

问题在于，金融上的优质资产，并不等于经济真实上的优质资产。国债之所以是优质资产，那是因为它是以全民税收的现金流做抵押，而税收现金流的来源，只能是由实体经济活动自身所产生，归根结底是公司运营和私人消费共同创造了优良资产和稳定的现金流。因此，一个国家优质抵押品的真正创造者不是政府，而是私人经济部门所形成的优质资产。

但是，在超低利率的环境下，公司并不会将廉价获得的资金投入创造优良资产的活动中，而是转而投向赚快钱的金融活动，这体现为公司资本性支出的萎缩和整个经济体的“资产老龄化”。如果将国家看作一家公司，现在的情况是这家公司的现金流增速正在萎缩，而公司的CEO却大举负债投资没有现金流的资产，如毕加索或凡·高的油画，然后在会计做账时不断调高油画的估值，从100万美元调高到

1 000 万美元，再估价到 1 个亿美元。虽然从账面上看，总资产在快速增值，并始终超过总负债，但日益萎缩的现金流，却被越来越沉重的负债大山压得透不过气来，公司必须不断调高油画估值并将其打包成债券，向其他公司抵押融资来维持正常的运营资金。这样的公司资产总值再高，能说明它的信用越来越好吗？

主权信用就像一张信用卡，它自有其内在的信用额度，没有实体经济的有效支撑，信用卡总有刷爆的那一天，“欧猪债券”就是最新的例证。

美国财政部和BIS的优质抵押品无限供应论，其实是假设美国国债拥有无限的透支额度，这个前提本身就是市场逻辑的断裂点。

按照这样的逻辑，美国政府必须赤字，而且还要不断扩大赤字，因为没有赤字哪来的国债？没有国债，哪来的优质抵押品？没有优质抵押品，如何承受得起影子银行体系数十万亿美元的沉重身躯？

影子银行在QE和监管高压的两面夹击之下，如何突出重围呢？

最简单的办法就是“循环使用”优质抵押品，但“环保绿色”的转抵押却被《巴塞尔协议Ⅲ》卡得很死，美国的法律框架也不容易突破，这条路荆棘丛生。

还有一条路就是美联储退出QE，缓解优质抵押品的供应压力，但伯南克还在犹豫这样干的后果，抵押品是多了，但长期债券却没人要了，美联储必须慎之又慎，虽然最终必须放弃QE，但这并不是由于经济或就业的原因，而且时机选择至关重要，最好能够实现既退出了QE，长期利率又没有失控。市场“预期管理”、经济数据、货币政策、地缘政治、军事危机等手段必须综合使用，这样的机会需要耐心等待。

关键是别人能等，被架在火炉上烤的影子银行等不起。

《巴塞尔协议Ⅲ》要是把影子银行给逼急了，它们就只有冒更大的风险，大规模进行“垃圾债的奇幻漂流”，将养老基金、退休基金、保险公司、主权基金账上“闲置”的美国国债给“置换”出来，再把垃圾债券和其他资产毒垃圾“填充”回去，既满足了《巴塞尔协议

Ⅲ》的要求，又获得了优质抵押品，关键是从账面上看不出有什么不妥的变化。与市场上金融玩家强烈的创新欲望相比，监管永远都会反应迟钝。

在市场和监管的双重挤压之下，影子银行将会发生裂变！

更加冒险又更加隐蔽的“资产置换”，很可能会大行其道，迅猛扩张。这是影子银行的一条生路，却是世界金融稳定的一条绝路！

扭曲利率，美联储既当裁判员又当守门员

2013 年 5 月突然发作的利率飙升，让美联储心惊肉跳，一向牢牢在握的利率市场怎么会濒临失控呢？

美联储对短期利率具有直接的控制力，如通过联邦基金（Fed Fund）的利率设定和公开市场操作，就能将短期利率“固定”在政策目标附近。什么是联邦基金呢？其实就是传统银行创造货币的准备金，它们或者放在自家的金库里，或者存在美联储的账户上。许多地区性银行吸纳了储户的存款后，却找不到足够多和足够靠谱的贷款人，因而货币创造的潜力没有完全释放，而多余的准备金只能闲置在账户上。但是，另外一些大银行的渠道多，放贷的机会更多，然而准备金不足却制约了他们创造货币的能力。以有余补不足，在美联储的协调下，各个银行可以在货币市场中“买卖”多余的准备金，当钱多时，利息就低；钱少时，利息就高。美联储设定了短期利率目标之后，就通过在货币市场中不断吞吐国债来释放或回收货币，影响市场中的资金供求关系，直到利率接近设定目标为止，这就是“公开市场”操作。

近年来，美联储越来越强烈地爱上了回购工具。如果市场资金紧张，美联储就与一级交易商们做交易，美联储让交易商以债券为抵押借钱，即“压券放贷”来释放货币，缓解市场资金短缺的压力；当资金过剩时，美联储就反过来“出券收钱”，将自己的债券抵押出去，把交易商手中的货币“借回来”，从而实现收缩市场资金的目的。

回购最大的优点是超灵活和超短期，钱券互换可以短到只有隔夜，一天之后，钱券各归原主，一切恢复原状。如果预期效果不理想，第二天可以逐渐加码，直到满意为止。回购操作为美联储提供了强大、精准、高效、副作用少的新式武器，对货币市场的管理更加灵活。

短期利率好办，控制长期利率就麻烦多了。在回购市场中，最长的回购也不会超过一年，现在的世界变化如此之快，谁会将债券抵押30年来融资呢？况且大多数债券的寿命也不可能有这么长。

那么美联储能不能直接买进长期债券呢？这就是QE的操作了，属于典型的价格控制，明显违反了利率市场化的基本精神，既然资金的长期供求应由市场决定，中央银行怎能强行介入？更何况强行介入长期利率市场，等于把央行置于风险承担者的地位，而不再是风险的管理者。甚至可以更明确地说，QE和“扭曲操作”更本质的目的不是简单地印钞，而是直接控制长期利率的趋势。

什么又是“扭曲操作”呢？当然是为了“扭曲”利率的市场价格，在这里就是收益率曲线。

在债券市场交易中，每时每刻都在形成债券价格，同时也在形成对应的收益率。想象一下，如果有人拿着照相机在某一特定时刻，将各种期限的国债品种的收益率拍一张快照，得到的就是该时点国债从1个月到30年的所有品种的收益率曲线。

在美国进行QE和“扭曲操作”的过程中，重点是购买中长期债券，其主要目的在于压低长期利率的趋势。所谓的“扭曲操作”，就是美联储将持有的短期国债抛出，再换回长期国债的操作，体现在收益率曲线上就是长期利率被向下“扭曲”了。

2007年1月，金融市场对即将来到的危机仍然毫无察觉，一个月的超短期国债的收益率竟然与30年国债相近，人们似乎并不担心通胀；从6个月到10年期国债的收益率一路缓步下滑，好像大家对未来流动性即将出现枯竭的危险毫无防范。

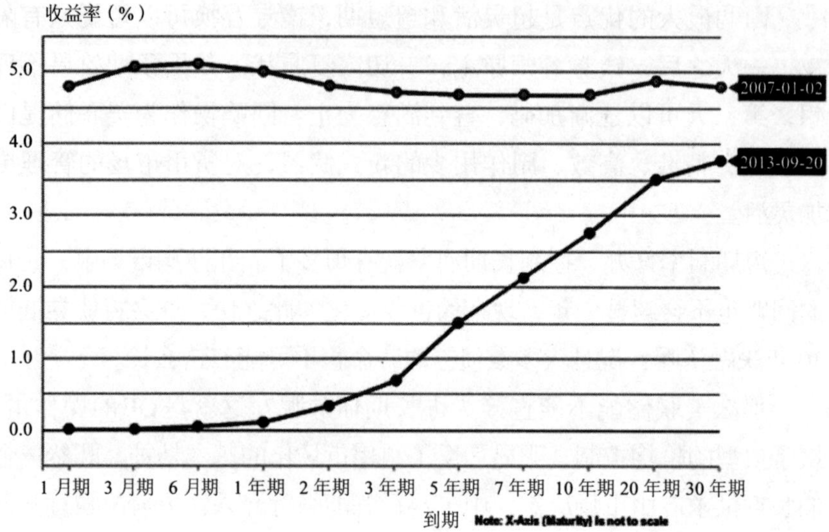

2013 年 9 月与 2007 年 1 月美国国债收益率曲线比较

2013 年 9 月的收益率曲线与 2007 年最大的不同，就在于短期收益率从半空被直接按在了地面，这说明了美联储对短期利率强大而直接的控制力，而期限越长的收益率控制起来越费劲。10 年期国债被压低了 2 个百分点，而 30 年期收益率则仅下降了 1 个百分点。QE 与扭曲操作对长期利率的压制还是明显的，但这是以央行 3 万亿美元资产负债的膨胀为代价换来的，副作用还包括资产价格再度泡沫化，负债规模持续攀升，赤字问题难以缓解，全球经济资源错配，金融市场严重失衡，实体经济复苏疲软，就业市场萎靡不振。

美联储挽起袖子亲自上阵，不管不顾地一头扎进了长期风险之中，凡是不容易买卖的长期债券一概通吃，只要将长期利率控制在超低的水平，按揭抵押贷款就会便宜得令人难以置信，这样房地产就能起死回生，资产再通胀的美梦就能实现。20 世纪 90 年代末，美国正常的 30 年按揭贷款利率为 8%~9%，而 2013 年竟然是 3%~4%！

美联储现在既当裁判员，又当守门员，只要球跑到后半场，它就挺身而出，手脚并用，连抓带踢地将球弄回前半场。这样一来，“大而不倒”的球员们来了精神，人人奋勇，个个争先，风险不冒白不冒，快钱不捞白不捞。犯规动作已成常规惯例，欺诈行为更是家常便饭，无非是罚点钱了事。

于是，Libor丑闻、回购欺诈、欧债作假、石油舞弊、金银操纵、外汇捣鬼、“伦敦鲸”违规、利率掉期坑人，在所有能够被称之为市场的领域，莫不见操纵的黑手，在所有黑手后面，莫不是“大而不倒”的身影。

利率火山，资产泡沫的终极杀手

如果说QE继续向前将撞上回购冰山的话，那么QE向后退就会触发利率火山。

回购市场正面临着QE的致命挤压，如果2014年QE再不退出的话，市场上的国债将被美联储收走45%，MBS被挤压的状况更甚于国债，回购市场的抵押品将面临枯竭，因此美联储不得不在短期内终止QE。

如果在2014年完全退出QE，伯南克声称基准利率暂时不动，2015年可能才开始加息，2016年年底预期的基准利率仅为温和的2%~2.5%。这样低的基准利率似乎不会对经济产生太大的负面作用。

这不过是问题的表面。

美联储的购债行动虽然主要目标是压制长期利率，但对短期利率的影响力也不容低估。尽管市场的计算方法不同，但普遍接受的看法是，美联储每年8 000亿美元的购债规模，对GDP的影响力，相当于基准利率降低1个百分点；量化宽松至2013年的总购债规模，相当于基准利率降低了3.7个百分点。换句话说，尽管短期利率为0~0.25%，而实际的经济效果却相当于美联储将基准利率降到了–3.7%。

设想一下，当美国的实体经济和金融市场在未来几年中，面临从–3.7%到2%~2.5%的短期利率“重设”过程，这将是高达600个基点（100个基点＝1个百分点）的飙升！

关于购债对利率的影响，存在着两种观点。一种认为当美联储宣布购债规模时，利率就已经相应完成了变化，未来减少购债规模并不会影响利率，美联储持有的“静态资产规模”决定了利率水平，即“存量”决定利率；另一种观点则认为，每月购债的“流量”对利率的影响更重要，即“流量”决定利率。其实，如果观察5月以来利率剧烈的变化情况就会发现，美联储的“存量”和“流量”都没变，变的是人心！更准确地说，“流量预期”发生变化同样可以严重影响利率水平。

在中长期利率趋势上，美联储的退出将造成每月850亿美元的中长期债券购买资金的短缺，美联储本来就是国债和两房MBS债券的最大买家，它要是撤了，市场中的其他买家又怎会继续“抬轿子”？美联储对长期利率的影响力本来就较弱，市场对美联储退出后的“预期”会更加惊恐，长期利率的飙升幅度很可能会远超过短期利率。

国会每年一度的债务上限争吵就像是马戏团表演一样滑稽而有趣，债务上限敢不提高吗？预算能不赤字吗？美国的债务规模已远非20世纪90年代所能比，60万亿美元的传统负债加上影子负债，已经高达GDP的370%，利率每上升1个百分点，经济体的现金流压力就会增加至少6 000亿美元，如果遭遇的是600个基点的利率“重设”，现金流将承受至少3万亿~4万亿美元的压力，接近GDP的20%，远超财政总收入！经济复苏的事就不要想了，还是准备拯救另一场金融危机吧。

超低利率的政策，不仅符合美国的利益，而且是致命的核心利益！

为什么美国痛恨黄金价格上涨？因为金价代表着全世界对未来通胀的预期，金价飙升将改变市场对资金成本的评估，放贷人会要求更高的利息来弥补通胀的损失，因此金价直接影响了对利率趋势的预期。反过来也一样，利率飙升也会改变市场对通胀的预期，从而改变对金价的估值。

美国当然希望有一个永远超低利率的环境，这样资产泡沫就可以无限膨胀下去，正如2008年人们渴望房价永远上涨一样，心情可以理解，但最终总得面对现实。无论如何，美联储必须尽快退出QE，代价将是利率飙升。

如果控制不好，利率飙升将变成利率火山，这又将引爆一个更大的危机。

利率掉期，纽约人伤不起

当你开车从新泽西州来到曼哈顿的入口时，前面就是长达1.5英里的林肯隧道了，在交费时你会被吓一跳：2012年底，过路费突然涨到了13美元，比过去增加了50%；当你来到曼哈顿，满腹抱怨地跳上地铁，你发现单程票价变成了2.5美元，比金融危机前涨了60%；当你终于住进了宾馆，拧开水龙头想洗把脸，却发现上午居然停水，打电话到前台询问，得到的回复是供水管道在检修，而他们人手不够。

欢迎来到美国最大的城市——纽约！

纽约市政服务出现的资金困窘，并不是由于大规模新建基础设施或大范围提高工资待遇所造成的，而是纽约市政当局掉进了鲜为人知的利率掉期（interest rate swap）的陷阱。

在正常情况下，州和地方政府借债的主要目的就是为了维护道路、桥梁、隧道、学校、公共建筑等基础设施，然后通过地方税收来还本付息。由于这些项目时间跨度长、费用高，地方政府在发行债券时往往选择20~30年的期限。在发行长期债券时，政府可以选择固定利息，也可以选择浮动利息。固定利息债券的好处是利率波动的风险可控，费用的预算可知；缺点是发行的利率比市场利率略高，因此总成本较大。而浮动利息债券发行时的成本较低，但利率市场的波动可能造成政府未来利息支付意外地猛涨。

这时，银行敏感地发现了客户的需求，它向政府兜售一种“两全其美”的选择，既让政府在发行长期债券时享受较低的浮动利率，又能保证未来的利率波动被“锁定”。银行推销的选择听起来就像是免费的午餐，当然世界上并没有免费的午餐，但政府却信以为真。

地方政府发行的长期债券的利率仍然是浮动的，但银行愿意与政府另签一个协议，政府承诺向银行支付债券融资总额的一个固定利息，而银行承诺向政府支付浮动的利息。用行话说，就是政府以固定的现金流，交换银行的浮动现金流，这就是所谓的利率掉期。

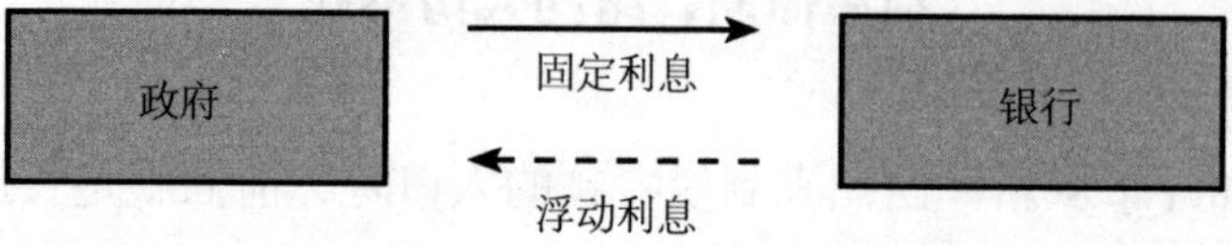

政府与银行间的利率掉期

利率掉期的本质其实就是一种利率保险，政府的市政债券期限长达 20~30 年，而利率每天都在波动，有时甚至是剧烈波动，在这样漫长的时间里，将给市政债的利息支付造成很大的困扰和风险，为了避免这一风险，银行向政府推销一种利率保险，如果利率在某个水平之内，例如 6.07%，这是政府愿意承受的利息风险；低于这个值，政府向银行支付 6.07%减去市场利率的差额，作为利率的保险费；而超出 6.07%以上的部分，则收取银行的赔偿金。于是，2007 年 12 月，MTA（纽约市交通局）买下了 6.07%的利率保险。

政府觉得可以从此睡上安稳觉，在正常情况下，市政债的市场利率应当浮动在 5%上下，政府大约每年支付 1%左右的保险费，换来的却是 20 年的踏实，如果利率涨到了 8%，那还可以每年净赚近 2%的银行赔偿金。换句话说，就是政府赌利率会上涨，而银行赌利率会下跌。

如果纽约市政府真正了解美联储的思路，就绝不应该赌利率上涨，因为利率是美国金融资产最重要的定价基础，如果大幅上涨，就意味着金融市场的大熊市，这绝非美联储想看到的。长期的利率飙升只有在一种情况下会出现，那就是美联储失去了控制利率的能力。大银行们对此早已心知肚明，过去的 30 年里，在美联储的纵容之下，利率水平不断走低，资产泡沫越来越大。

银行不仅首先赚了一大笔债券承销费，而且很快就天天吃上了免费的午餐，而纽约市政府的噩梦却夜夜不断。

2008 年，华尔街的大银行们制造了金融危机，联邦政府为拯救它们将利率降到了接近于零，结果纽约市政府被迫持续向银行支付固定的 6.07%，而银行向政府支付的却越来越少。2007 年银行支付 3.36%，2008 年降到了 0.7%，2009 年更减少到 0.09%，结果银行净赚了 6.06%。这仅仅是MTA数十个利率掉期合约中的一个。自 2000—2011 年，纽约交通局已经累计向银行支付了 6.58 亿美元，损失还在继续。

日期	MTA固定利率	银行变革	MTA向银行支付金额（美元）	银行付给MTA金额（美元）	每月净成本（美元）
2007 年 12 月	6.070%	3.36%	1 017.130	563.024	454.106
2008 年 12 月	6.070%	0.70%	954.002	110.017	843.985
2009 年 12 月	6.070%	0.09%	633.809	9.398	624.411

MTA 2 000CD每月掉期交易利率及净成本

对于所有希望锁定利率成本的债券发行人而言，利率保险不仅导致了巨额亏损，而且浮动的债券利息还得照常支付。发债人希望与银行一起获得双赢，结果却是自己遭到了“双输”。

不要忘记，利率掉期只是债券发行之外的另一份协议，原来正常的债券浮动利息的支付条款仍然有效。非常不幸，当发债方看错利率趋势时，发债方必须支付两项费用：一项是正常的债券浮动利息，这是付给债权人的；另一项才是付给银行昂贵的利率保险费用。

利率掉期的浮动利率标准，依据的是Libor（伦敦同业拆借利率）利率，而长期债券的浮动利率可能与其他利率挂钩，如 30 年美国国债收益率。当Libor利率掉到 0.1%时，长期债券的浮动利率虽然也下滑了，但仍然远比Libor高，如 3.5%。如果发债方与银行的利率掉期当初锁定在 6.07%，那么现在发债方必须要支付两笔费用：首先是付给银行的利率保险费 5.97%（6.07%–0.1%），然后再向债券投资人支付利息3.5%，发债方的融资成本变成了9.4%！在一个长期债券利息仅为3.5%的环境中，却不得不承受9.4%的巨额融资成本，想起来就让人吐血。

金融危机的肇事者不仅获得了联邦政府上万亿美元的救助，而且还在持续不断地获得纽约市每年2.36亿美元的利息补贴，而纽约市要想摆脱利率掉期的“金手铐”，赎身价竟然高达14亿美元！纽约市想还价，银行回答，没办法，合约中未来若干年的现金流就值这么多。

注意，纽约市为承销债券已经向银行支付了数千万美元的费用，现在每年还要被迫倒贴给银行巨额“赔款”，这些钱都是纽约市居民的税收，他们在2008年拯救华尔街时已经被剪过一次羊毛了，而现在居然又被剪第二次羊毛，而且还要持续被剪很多年。现在理解为什么纽约人要占领华尔街了吧！

更气人的是，如果华尔街的银行倒闭了，纽约市政府居然还要为终止利率掉期合约出“殡葬费”。因为利率掉期需要第三方担保，即便纽约市没有违约，但假如第三方出事，导致合约终止，纽约市仍欠银行的钱。例如，2008年雷曼兄弟倒闭时，纽约市交通局被迫缴纳940万美元以结束两个利率掉期合约。

纽约州和纽约市与华尔街签订了86个利率掉期合约，涉及金额高达106亿美元，除了交通部门，还有公共图书馆、水务管理局、工业发展局等机构，合约有效期平均长达17年，有的甚至到2036年。

纽约市政府本该花在基础设施维护上的资金，正在源源不断地流进华尔街的口袋，羊毛最终还是要出在羊身上。于是，1 800多人被解雇，林肯隧道涨价了，地铁涨价了，公共汽车减少了，市政预算缩水了，宾馆停水了，整个纽约市的服务质量恶化了。

如果说利率掉期给纽约造成的财政困难已属十分不幸，那底特律的命运简直就是糟透了。

底特律破产案背后的利率掉期黑手

2013年7月18日，素有“汽车之城”美誉的底特律市负债超过180亿美元，正式申请破产保护，成为美国迄今为止申请破产的最大城市。

城市也能破产？是的，当城市财政恶化而无力回天时，破产也是一种选择。

底特律并非毫无财政收入，或现金流完全中断，而是无法按时支付所欠债务的本息，同时在可预见的将来，丧失了偿还债务的可能性。如果一个城市仍然能够准时支付它的账单，那么破产法院的法官将会根据该城市当前财务状况的可持续性，来判断是否同意破产申请。

美国“汽车之城”底特律

底特律要是破产了，那180亿美元的债务由谁来还呢？答案很简单：没人还。债权人将变卖市政资产，瓜分所剩余的价值。谁又是债权人呢？凡是底特律市政府曾答应付钱而没给的人都算，其总数多达10万人，其中包括2万名退休人员，他们的退休金被严重削减。另外，银行、债券持有者、债券担保人等也是债权人。

虽然人生而平等，但债权人却不然。凡是有资产抵押（如建筑、收入担保）的债权人，不仅可以继续享受底特律的债务支付，而且还能直接拥有或变卖被抵押的资产。其他债权人，除非特殊情况，大家只能捺着性子等待破产法院的决定，在此期间，一分钱也拿不到。虽然底特律的市政设施未必值钱，艺术博物馆里却藏有价值30亿美元的油画、艺术品和各类奇珍异宝，要是把债权人逼急了，这些恐怕都要拍卖。

一个曾经傲视全球的汽车之都，一个曾是美国工业象征的伟大城市，如何破落到今天这样的惨状呢？

其根源还是美国1971年废除金本位以来，劣币驱逐实业的趋势。随着工业空心化的潮流横扫美国东西海岸，优质的、能够创造稳定现金流的实业资产不断向海外转移，而新增的优良资产无法补偿流失所造成的经济伤害，结果就是负债的不断累积和恶化。底特律正是美国铁锈经济衰落带的突出代表。

最后也是最致命的负债，就是2005年底特律借的14亿美元新债，政府试图用这笔钱拯救两个严重缩水的退休金账户，市政退休人员的工资已被严重削减，再不解决将引发严重后果。

借新债还旧债本是一条错误之路，结果错上加错的是这14亿美元居然也与银行签下了一系列致命的利率掉期合约，这些银行包括美林和UBS。金融危机后，这些合约不仅造成底特律每年惊人的负现金流，而且变成了巨额的负资产！2009年，底特律的信用被降级，自动触发了利率掉期的合约终止，底特律将被迫向银行缴纳数亿美元的强制性“赎身费”。

早已山穷水尽的底特律，根本拿不出这笔巨额资金，它只能向美林和UBS苦苦哀求。此时，银行赚钱都赚红了眼，如此一条大鱼岂能让它轻易脱钩，于是提出它们可以借钱给底特律“赎身”，但条件是底特律必须抵押财政税收。走投无路的底特律只能乖乖地答应下来，这下就更惨了，底特律是从一个火坑跳进了一个更大的火坑。经过这一交易，美林和UBS从本来无抵押的普通债主，一跃升级为有财政收入抵押的高级债主，不仅享有破产期间持续的债务支付，而且还可以优先瓜分优良资产。

美林和UBS这一手玩得太狠了，底特律原先的债务一分钱没减少，反而丢了财政税收的抵押权。

到2013年6月一算账，吓了所有人一大跳，原先的14亿美元债务，居然剧烈膨胀到27亿美元，几乎翻了一倍！其中，7.7亿美元直接源于终止利率掉期合约的“赎身费”，远超过5亿美元的利息总支出！而要偿还这笔新债，加上退休金等必要支出，这些开支已吃掉了底特律直到2017年收入的65%！

底特律终于被逼上了绝路。

美林和UBS恐怕也觉得自己干得不太地道，参与破产谈判的银行代表承认：“不错，这是我们的钱，但没有人想当那家银行，因为是它逼迫一个美国的伟大城市陷入了破产。”[6]

从利率掉期到利率“掉阱”

利率掉期的受害者除了地方政府，还有学校和医院。

UMMS（马里兰大学医疗系统）的运营资金中有58%源于当地居民的税收，却欠下了1.8亿美元的债务，而且不幸的是，这些债务同样与银行签下了利率掉期合约。与纽约市政府一样，马里兰大学赌错了利率变化的方向，陷入了利率掉期的陷阱。

由于对赌利率错得太离谱，利率掉期合约成了马大医疗系统的一项巨大的负债，这就暴露出另一个大问题，利率掉期的对赌合约需要抵押资产，当利率持续下跌时，马大医疗系统的对赌合约的价值迅速缩水，抵押资产不够了。作为对赌方的银行要求立刻追加抵押资产，结果马大医疗系统被迫冻结了9 300万美元的资产，这对于年收入仅7 000万美元的机构而言，可谓是致命的打击。每年倒赔几百万的利息已是倒霉透顶，再冻结9 300万美元的资产就更是雪上加霜，马大医疗系统的现金流面临灭顶之灾。此时，评级机构开始严重关注马大医疗系统的资产负债表，一旦信用被降级，马大医疗系统的融资成本将更高，资产被冻结得会更多，而这又将造成更严重的现金流恶化。

马大医疗系统在马里兰州运营着11家医院，雇员5 000多人，在资产冻结和现金流短缺的压力之下，被迫大量裁减医护人员，削减正常的医疗费用支出。在一个大部分资金依靠居民税收的医疗系统中，当病人需要医生、护士、药品和医疗器械时，这些救命的资金却流进了银行的腰包。马大医疗系统想终止利率掉期也可以，只要赔偿银行1.83亿美元的现金就行，这几乎相当于该系统的全部负债，医疗系统除了宣布破产之外，别想逃出利率掉期的魔掌。

不仅马里兰大学的医疗系统中了招，掉进陷阱的还有约翰霍普金斯大学的医疗系统，以及500多家各类型的医院。

马里兰大学结结实实地摔在了利率掉期的坑里，霍普金斯大学财大气粗，虽然损失比马大更严重，但还能挺过去。最令人吃惊的是哈佛大学，2009年差点被利率掉期对赌的巨亏整得资金链断裂。

坐拥300亿美元的哈佛大学，堪称是全世界最富的大学之一，2009年却突然发现对赌的利率掉期合约输得一塌糊涂，如果不是壮士断腕，以认赔5亿美元果断地结束利率掉期，后果将更加严重。其实，在特定的情况下，总资产的规模并不重要，关键是现金流，一旦现金流断裂，债权人可以立刻把你送到破产法庭上。当时哈佛大学的CFO（首席财务官）想起利率掉期就后怕："当进入秋季，我们面临一些严峻的流动性管理问题，掉期交易对抵押资产的冻结就是其中之一。"

原来在2005年，哈佛大学雄心勃勃地准备扩建校园，为此发行了数十亿美元的浮动利息债券，为了锁定利率风险，在2005年6月30日与银行签订了高达37亿美元的利率掉期合约。而时任哈佛大学的校长，正是美联储主席伯南克的继任者中，一度呼声最高的萨默斯。更有意思的是，萨默斯在20世纪90年代执掌美国财政部时，正是极力主张废除《格拉斯–斯蒂格尔法案》的主力干将，他认为商业银行与投资银行之间的界限早已过时，金融衍生品也用不着政府监管，相信市场自律就万事大吉了。

就在萨默斯眼皮底下签署的利率掉期合约，也正是差点导致哈佛大学资金链断裂的元凶。如果萨默斯在其离任的2006年年底终止这项利率掉期合约，也就不会有2009年5亿美元的利率掉期巨亏。

萨默斯对金融市场的判断力由此可见一斑。

Libor的由来

由于利率掉期合约中的浮动利率通常与Libor挂钩，而银行获得的净利润，是它所获得固定利息与它支付的浮动利息之差，因此对于银行而言，Libor利率越低，它们净赚得越多，这就是大银行联手操纵Libor的利益动机。

这个Libor究竟是何方神圣？为什么美国和全世界的金融机构都要参照它的利率来做生意？Libor利率难道比美联储的基准利率的影响力还要大？要搞清楚这些问题，必须探究明白Libor的来历。

Libor就是伦敦同业拆借利率，它最早的起源要追溯到20世纪60年代，那时正是风起云涌的欧洲美元崛起的时代。“二战”以后，欧洲逐步从一片废墟上重新崛起，在对美贸易中顺差越来越大，而美国却由于朝鲜战争、越南战争、苏美军备与航天竞赛、维护全球军事霸权，以及国内的大社会计划等原因，导致了财政开支过大，最后只有靠印钞机来解决问题。

到20世纪60年代，欧洲各国的美元巨额顺差，美国跨国公司的海外美元投资，苏联、东欧和中东石油出口国的美元储蓄，美军在海外基地的美元军费支出，都汇集在欧洲的金融市场。海外美元的总规模第一次超过了美国的黄金储备，美元已从稀缺到过剩，这些“闲置”的所谓欧洲美元，亟待找到新的投资机会。

20世纪60年代的欧洲，处于一种尖锐的困境之中，一方面是过剩的美元，另一方面却是割裂的金融市场。跨国贷款和投资相当稀有，外汇和资金流动阻碍重重，公司的一切金融业务通常都由本国的银行一手打理。为什么欧洲美元不回流美国呢？因为美国的金融管制更严格，而伦敦正在致力于重新成为金融中心，对欧洲美元持放任自流的态度。当西格蒙德·沃伯格在伦敦首创了欧洲美元债券的概念后，大量的欧洲美元开始从四面八方涌向金融高度自由的伦敦城，各种美元计价的债券如雨后春笋般“野蛮生长”起来。

不过，这些美元计价的债券有个缺点，就是融资规模不大，通常不过 2 000 万美元，而投资银行收取的承销费却往往高达 2.5%，原因就是欧洲大陆的美元要翻山跨海来到伦敦并不容易，标准化的债券需要非常低廉的资金调动成本才能将规模做大，显然割裂的金融市场和外汇管制限制了大规模的美元跨境。

这一困境引发了另一个金融高手的关注，他就是号称“Libor之父”的米诺斯 · 隆班纳科斯（Minos Zombanakis）。

20 世纪 60 年代米诺斯在汉诺威制造（Manufacturers Hanover）的罗马分号工作，汉诺威制造可不是一家工厂，而是纽约银行业的一家百年老店，1913 年成为纽约联邦储备银行的创始股东之一，曾持有高达 7%的股份。在 70 年代美国最主要的 130 家公司的董事席位中，汉诺威制造控制了 89 个。后来，汉诺威制造并入了摩根大通。米诺斯对欧洲美元债券的巨大成功印象深刻，但也发现了其中的要害，如何才能突破债券融资规模偏小的制约呢？

米诺斯的计划是通过建立大型银团，来创造一个类似“欧洲美元债券”的“欧洲美元贷款”的全新概念！他坚信，大规模的美元贷款，可以更好地满足大公司和主权政府的融资需求。他的主要竞争对手正是大胆创新的投资银行，米诺斯说服了几家银行和保险公司，其中包括罗斯柴尔德银行，并获得了英格兰银行的首肯，在 1969 年开始了划时代的探索。

首先面临的问题就是贷款期限，大额资金需求者更偏向 5 年或更长时间的贷款，而当时的商业银行既没有如此长期的储蓄者，更没有意愿考虑这样长期的贷款。

第二个困难就是贷款规模，当时没有一家银行愿意单独承受大额贷款的风险。因此，米诺斯的计划是成立银团，由一家银行领头负责管理，另一家银行负责执行，对内统一贷款条件，对外统一宣传推广。

为了解决贷款期限过长的难题，米诺斯创造性地让银团成员承诺一种连续滚动的短期贷款，如3个月或6个月，这些短期贷款可以由同期限的短期储蓄来匹配，每到期末进行利率调整。于是，米诺斯制定了一个操作流程，他让银团的成员银行在短期贷款到期之前的两天，向执行银行报告它当前的融资成本，然后加权平均精确到1/8个百分点，这个利率再加上银行的利润点数，就形成了下一个短期贷款的利率。

这就是Libor利率的由来。

米诺斯的创新获得了巨大的成功，几个月之内就推出了数亿美元的“欧洲美元贷款”，其他银行纷纷效仿，到20世纪70年代初，“欧洲美元贷款”的市场规模已高达每年数十亿美元，数百家银行成为这个新市场的积极参与者。

米诺斯的短期利率定价理念被广为传播，在东京变成了Tibor，在欧洲演化为Euribor，在新加坡是Sibor，到上海叫Shibor。伦敦的英国银行家协会（British Bankers' Association）在20世纪80年代将其定名为Libor，从此成为全世界海外美元的利率定价标准。

由于美元发行量中2/3都流向了海外，因此，Libor对美元利率的影响力甚至超过了美联储，更加真实地反映了美元的供求关系。Libor的利率水平一般要略高于美联储的基准利率，成为观察全球美元动向的关键窗口。当Libor严重高于美国基准利率时，说明银行之间的不信任程度正变得越来越大，这往往就是危机的先兆。

Libor有10种主要货币的15种期限的利率报价，其中最重要的是三个月期限的美元Libor报价。18家银行每天上午11点公布它们愿意进行拆借的利率，除掉最高和最低的4个报价，剩余的10家报价的平均值就是当天的Libor定价。

米诺斯做梦也想不到，他为解决银团内部管理问题所提出的利率标准，现在早已超出了银行之间的拆借范畴，全球数十万亿美元的按揭抵押贷款、各类债券、商业票据、信用卡，甚至石油、黄金、粮食等大宗商品交易都与Libor挂钩，而数百万亿的利率掉期市场更与

Libor息息相关。

在米诺斯的时代，并不存在操纵Libor利率的事情，不是当年的诚信比现代更靠谱，而是缺少操纵的动机。那时的Libor仅仅用来估算提供“欧洲美元贷款”的银团内部的利率成本，并不涉及其他金融领域参照其指标的问题。而现在的Libor利率，据英国《经济学家》估算，关系到总价值高达800万亿美元的全球金融资产定价。

谁要在这个市场做手脚，0.1个基点的波动都会制造出数百万美元的可观盈利。

Libor本身就天然存在着明显的漏洞。首先，18家银行的报价是基于自身的“估算”，而非彼此之间的真实交易，这就失去了任何可以追究的“凭据”。就连伦敦的黄金定价体系也比Libor要靠谱，金价毕竟是五大金商的客户彼此交易出来的。准确地说，Libor不是一个真实的市场价格，而是18个银行坐在一起“想象”出来的价格。既然是比赛想象力，每一家参与银行都有说谎的强烈动机，因为当天的利率计算结果将直接影响它们自己的盈亏，甚至是引发对它们相当致命的信用猜疑。Libor机制给予参与银行作假的动机，也创造了它们作假的条件。

剩下的问题只是它们将疯狂到什么程度。

谁在操纵利率？

有关Libor被操纵的流言在金融圈里并不稀奇，稀奇的是操纵者居然被抓住了无法抵赖的证据。

最早披露Libor操纵问题的是《华尔街日报》，在2008年4月和5月的几篇报道里，作者质疑了某些银行故意低估它们的借款成本，结果引发了一场壁垒分明的舆论战。英国银行家协会坚信Libor是可信赖的市场指标，即便是在金融危机中也是如此；国际清算银行声称，“现有数据并不支持那种银行操纵利率并从中获利的假设”；国际货币基金组织发现，“尽管有些市场参与者和金融媒体怀疑美元Libor

定价过程的诚信，但事实表明美元的Libor定价，仍然是一个值得信赖的银行拆借无抵押资金的准确尺度”。

一场官方对官方、媒体对媒体、学术界对学术界的利率操纵论战由此拉开了序幕。

学术界的参战，让利率操纵问题被置于更为严谨，也更为强烈的聚光灯下灼烤。研究表明，银行拥有庞大的与Libor挂钩的资产组合，操纵利率的目的是为了获得巨额利润。例如，2009年花旗的利率掉期合约的名义价值高达14.2万亿美元，美国银行49.7万亿美元，摩根大通49.3万亿美元。如此巨额的利率掉期合约，只要风险敞口稍微放大一点，就能在Libor操纵中获得巨额利润。花旗银行在2009年第一季度报告中承认，如果利率水平每季度下滑0.25个百分点，净利息收入将创造9.36亿美元的惊人利润；如果降低1个百分点，利润将高达19亿美元。

降息怎么会让银行创造如此惊人的收益呢？不要忘记美国成千上万的州、郡县、城市的地方政府、学校、医院、图书馆、自来水公司、交通管理局与银行签订的利率掉期合约，利息下降将迫使他们向银行支付巨额的利率保险金。

其实，官方对Libor被操纵也是心知肚明，这并不是什么秘密。2008年年底，英格兰银行的行长马文·金（Mervyn King）在向英国国会描述Libor时曾明言：“它（Libor）在许多方面是银行拒绝彼此拆借的利率，而不是任何人愿意实际借贷的利率。”

纽约联邦储备银行对Libor操纵的问题也是采取了睁只眼闭只眼的态度，2008年巴克莱银行的雇员向纽约联邦储备银行提交的文件中提到，“我们知道我们没有提供诚实的Libor报价，但是我们却正在做，因为如果我们不干，我们反而会招来不必要的关注。”时任纽约联邦储备银行行长盖特纳，在2008年曾给英格兰银行写过一个备忘录，提醒马文·金关注Libor操纵的问题，但盖特纳并没有采取任何行动去迫使英格兰银行进行实质性调查。在盖特纳发出备忘录几个月之后，一名巴克莱银行的雇员告诉纽约联邦储备银行，Libor仍然是

"绝对的垃圾"。

《华尔街日报》对Libor操纵案穷追不舍，2011年3月和2012年2月又放出风来说，美国的金融监管部门和美国司法部开始进行Libor操纵的刑事犯罪调查。

这里出现了一个问题，Libor操纵是发生在伦敦，美国的司法管辖权仅限于美国国内，那美国司法部凭什么能够调查和起诉英国的涉案人员呢？因为Libor利率也是美国的按揭抵押贷款、信用卡、学生贷款等金融产品的定价基准，操纵Libor利率违反了美国的国内法律，因此美国司法部有权进行国际调查和取证。

同样的道理对其他国家也适用，例如，中国国内媒体曾报道，云南昆明市曾有人状告美国的QE政策使美元贬值，损害了他的美元存款价值，因此将美联储告上了中国的法庭。这项指控显然超出了中国的司法管辖权。但是，如果原告律师能够找到美元贬值的确损害了原告的合法利益，而且明显违反了中国法律的证据，那么这样的指控也能使中国的司法部门有权进行国际调查。中国显然缺乏国际经验，而中国的经济早已与世界紧密相连，当国外的行为侵害中国国内利益的时候，中国也应该行动起来保护自己的利益，至少应该从美国对Libor的国际调查中激发出强烈的自我保护意识。

尽管中国的金融市场并未开放，但不少国内的投资人已经通过QDII（合格境内投资者）基金走向了世界，无论这些基金的资产配置如何，但几乎必然会涉及Libor利率，这些投资人实际上有权向进行Libor操纵的银行进行索赔。

随着Libor调查的深入，越来越多的直接证据被发现了。苏格兰皇家银行的一名交易员承认，他们银行的高级职员经常要求本银行的Libor利率报价人员，提交对本银行有利的利率报价，而且也时常满足一些老关系户所提出的Libor利率的要求，这一切在内部早已司空见惯。更有爆炸力的证据是交易员之间的电子邮件、手机短信和其他通信方式所提供的对话内容，操纵利率的行为终于大白于天下。

全世界已有至少10个国家的金融监管部门开始调查Libor利率操

纵的问题，20家全球主要的大银行被点名调查。

Libor操纵案的最终结果很可能是少数交易员受到刑事诉讼，而大银行不过罚钱了事。难道大银行的高管们不知道交易员在玩弄利率吗？难道他们没有参与其中吗？这是无法想象的，但是很难抓到这些人的证据。他们可不像那些愚蠢和鲁莽的交易员，会把操纵的字眼露骨地写在短信里，或记录在自己的日历上，他们更有法律意识，更懂得保护自己，也更不容易暴露。

俗话说："上梁不正下梁歪。"交易员敢肆意操纵Libor，表明银行高层的默许态度；大银行敢为所欲为，因为美联储等央行每天都在公开地操纵利率。各国宽松货币政策的目的，就是为了人为压制利率，既然当家的老大们都这么干，它们怎么好意思去约束手下的小弟呢？整个事件的败露，都不是由各国央行自行清理门户所引发，而是政府的其他部门介入才获得了突破。

如果说谁是最大的利率操纵者，答案显然不是交易员，他们不过是替罪羊；也不是各大银行，它们最多算是同谋；导演了人类历史上前所未有的利率操纵的主谋，正是各国央行，而最大的同谋则是各国政府。

美国政府就是超低利率政策的一个重要获益者，巨额赤字迫切需要降低国债的融资成本。2008年，美国国债不过10万亿美元，联邦政府为这些国债支付的平均成本为4.5%，每年的国债利息费用为4 510亿美元。2012年，美国国债总额已高达16万亿美元，联邦政府的国债利息支出却降为3 600亿美元，国债的平均利率降到了2.3%，而标志性的10年期国债的平均收益率仅为1.75%，甚至比通胀还低。这就要感谢美联储的利率操纵了。

假如10年期国债收益率保持在2013年9月的2.75%的水平，国债的平均利息将会达到3.6%，总利息支出将超过6 000亿美元，这大约相当于美国国防与军事的总预算。如果国债的平均利息成本回归到2008年4.5%的正常水平，国债利息支出将飞涨到7 650亿美元，要知道2012年美国的总税收才2.45万亿美元，如果仅国债利息支出就占到税收总额的近 1/3，那美国的债权人会怎么想？这样的债务还有希望偿还吗？即便美国可以印钞还债，人们对美元的“含金量”，还会剩下多少信心？

毫无疑问，美国政府是超低利率的坚定支持者。

当然，积极拥护超低利率的不仅仅是美国政府，还有所有被高负债压得气喘吁吁的发达国家的共同利益所在。各国政府最初是金融危机的受害者，但随后执行的巨额赤字国策仅仅便宜了银行体系，而无功于实体经济的复苏，最后政府终于沦为银行体系的“人质”，深陷债务陷阱而无法自拔。

美国政府对降低赤字成本的迫切需求，美联储对资产再通胀的迷信，银行体系对巨额利润的强烈欲望，完美地形成了超低利率牢不可破的利益死锁，它们相互利用，联手行动，彼此照应。在这样的大背景之下，利率操纵已上升为共同纲领，央行负责对利率走势进行“预期干预”和“政策压制”，银行负责“市场干预”和“交易压制”，美国政府则不断制造地缘政治的紧张、战争危机的烘托和恐怖袭击的渲染，目的只有一个：在一个极度“不安全”的世界里，美国国债是唯一的避风港。

Libor 操纵不过是大背景下的小插曲，更低的 Libor 有利于降低国债融资成本，推高国债价格，也有利于资产再通胀的大局。只是玩得太露骨，到了“不查不足以平民愤”的地步。

超低利率吹起了历史上最大的金融泡沫

人们普遍认为，银行本能地憎恶通货膨胀，偏好较高的利率水平，因为银行是贷款人，它们的根本利益在于保护利息收入。其实，结论正相反，低利率、超级低利率、永久性的超级低利率是银行体系最大的福音。

因为低利率推升了所有金融资产的价格，而银行是其中最大的受益者。

货币宽松政策的根本目的，就是为了制造资产再通胀，逐步回升的资产价格就像海水涨潮一样，将银行表内和表外所隐藏的烂账暗礁一举淹没，呈现在人们眼前的是一片平静和碧蓝的海水。普通游人既看不见海面之下嶙峋陡峭的怪石，也感觉不到激烈涌动的暗潮，更发现不了凶猛嗜血的食人鲨。这样的生态环境最适合掠食动物的繁衍。

在低利率的环境里，什么怪事都可能发生。比如10年期美国国债的收益率，在很长的时间内都低于通货膨胀，也就是说，一个头脑正常的投资人，如果投资10年期国债，他的本钱会被通货膨胀慢慢吃光。同时，国债占GDP的比重逐年提高，这意味着偿还债务的风险正在变大。但是他仍然毫不犹豫地投资美国国债，因为他知道美联储在不断地收购国债，尽管收益率越来越低，但国债的价格却越来越高，他此时追求的已不再是利息收益，而是价格收益。

投资人不是追求现金流，而是企盼价格不断上涨？这听起来有点像房地产泡沫的感觉。那时候，租金收入可以忽略不计，但房价是永远上涨的，总会有人愿意出更高的价格抢走房子。股票泡沫也非常类似，投资人对分红毫无感觉，但绝对相信股价会不断上涨，另一群傻子会争着出高价买走他手中的股票，直到他发现自己才是最后的那个傻子。

增量，而不是存量，决定这价格走势。

利率必须不断地震荡下行，才能既创造波动的行情，又保持资产价格持续上涨的动力。美联储不断地放风喊话制造了起伏的市场，而利率掉期合约则完美地确保了利率下行的趋势。

银行对赌利率走低所签订的利率掉期合约，相当于在市场上做空利率，这与在黄金市场上卖空纸黄金的原理完全一致，卖空黄金的规模越大，金价下行的压力也就越大。

从2007~2012年，利率掉期的名义总值从200万亿美元，翻了一倍达到了近400万亿美元的惊人规模，这相当于在美联储压制利率的QE杠杆上，又增加了一块沉重的砝码。不仅美国在进行QE，而且世界主要国家都在执行类似QE的政策，危机之后的5年里，美联储、欧洲央行、英国央行、日本央行和中国央行总共购买了10万亿美元的国债资产。10万亿美元的央行购债与400万亿美元的利率衍生品的效果相叠加，营造出一个前所未有的超低利率生态，创造出人类历史上最严重的资产泡沫。

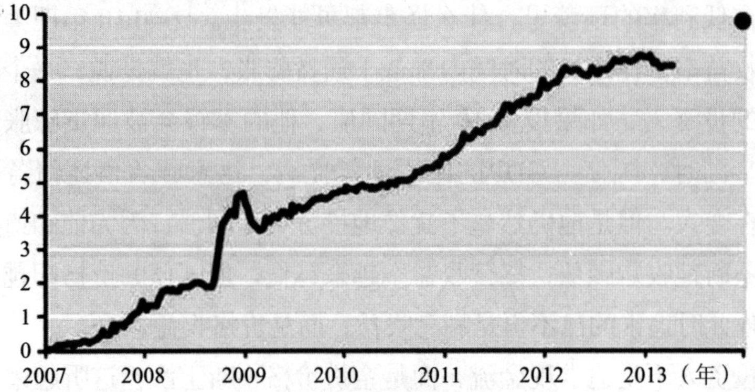

从2007—2013年年底，美联储、欧洲央行、日本央行和中国央行的购债总规模将达到10万亿美元

资料来源：美联储、日本银行、英国银行、欧洲央行、中国人民银行

在央行购债和利率掉期两种压制利率的方式中，可以形象地表述为：央行搭台，掉期唱戏。

美国货币监理署（Office of the Comptroller of the Currency）2013年公布的报告显示，美国的金融衍生品交易主要集中在极少数大银行手中，四家最大的银行垄断了93%的金融衍生品的名义总价值，它们是：摩根大通、花旗银行、美国银行和高盛。利率掉期又在金融衍生品中占据绝对比重，名义价值高达188万亿美元，占全部衍生品的81%。[7]

可以说，极少数大银行在与全世界对赌利率走势，他们以自己上百万亿美元的风险敞口，押注利率不会上涨，这是何等的自信！仔细想一想，他们的自信也在情理之中。这些大银行对美联储的政策具有至关重要的影响力，他们中的很多人也正是美联储公开市场操作的决策者和执行者，他们既是裁判员，又是运动员。美联储内部的政策讨论他们有权参与，执行计划的实施更少不了他们的落实，他们拥有着无可比拟的市场先知权，甚至是决策权。所以他们敢于下注豪赌，因为他们就是赌场的老板，他们有权修改赌场的规则。

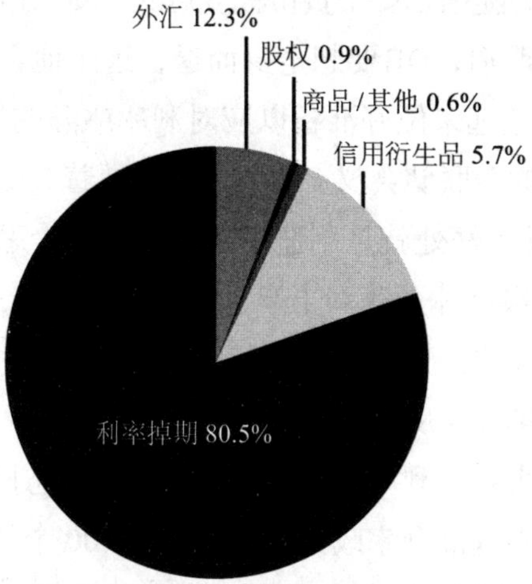

2013 年利率掉期占银行衍生品名义价值总额的 80.5%

除了绝对的市场先知权，大银行还有另外一个优势，那就是“大而不倒”的绝对保险系数。它们无论怎样冒险，最终美联储都会兜底，因为它们的生死将关系到整个美国金融市场的存亡，直接影响美国经济，乃至世界经济的安全。无论是谁在执掌白宫和美联储，都不得不拯救，也不敢不拯救“大而不倒”们。

绝对的市场先知权+绝对的保险系数=绝对的贪婪

这些银行还有什么不敢放胆豪赌的理由呢？

但是，该发生的总会发生，赌局也有结束的时刻。在一个超低利率所吹起的全球金融巨型泡沫破裂时，灾难的降临将剧烈而残酷。

当人们听到国债收益率的导火索开始咝咝地燃烧时，利率，这座沉睡的火山即将喷发了。

退出QE是找死，继续QE是等死

2013年5月，伯南克做了一次危险的实验，他试图通过喊话来测试和评估全球市场对美联储退出QE的反应，结果是灾难性的利率飙升！国债收益率几近失控，债券价值急剧缩水，股票指数大幅下挫，回购市场压力陡增，影子货币极度短缺，新兴市场血流成河。

伯南克终于明白，QE要想全身而退，远比他之前想象的要危险得多，而美联储还远未做好准备以应对利率飙升的严重后果。因此，他不得不在9月的美联储会议上收回成命，硬着头皮继续QE。

QE带来的最大好处就是制造出超低利率的金融环境，长达5年的资产再通胀使银行体系获利丰厚。然而，凡事有一利则必有一弊，人为压制利率的后果，就是必须面对放开压制之后利率的报复性反弹，压制的力道越大，反弹的破坏力就越强。

从经济效果来看，利率的总体水平比正常状态扭曲了至少800个基点，其中包括零基准利率政策扭曲了至少400个基点，而3万亿美元的购债规模“贡献”了另外400个基点。5~9月之间，10年期国债收益率仅反弹了100个基点，全球金融市场就已经风声鹤唳，8倍于此的利率飙升又将意味着什么呢？

伯南克知道，继续推进QE的后果是最终撞上回购冰山，所以他别无选择，迟早必须退出QE，而且宜早不宜迟。

如果做一个模拟退出QE的沙盘演习，那么美联储将不得不经受住三轮利率爆炸的冲击波。

第一轮冲击波，将始自美联储减少长期国债和MBS的购买量，所引发的长期利率的率先飙升。

在国债实质收益率为负或微不足道的情况下，国债之所以被认为是安全的避风港，主要原因在于投资人赌的是国债价格将无限上涨，而美联储作为市场中的最大买家，实际上为国债价格铸造了一个“钻石底”。美联储减少购债规模，将意味着“钻石底”的保证没有了，那么投资人将必然要求更高的收益率来弥补其所承受的风险，长期利率水平会出现明显上扬。

这种市场反应，又将被更多的投资者解读为利率上涨已是大势所趋，因此更多的投资人不得不提前应对未来的变局，他们要么开始抛售债券资产，要么动手卖空债券来投机获利。此时，即便美联储仍保持基准利率为零不变，但长债收益率的上涨也会逐步失去控制，进而刺激更多投资者加入抛售和卖空的大军。

长债利率失控，中短期债券的收益率也会受到市场心理的传染，尽管程度较轻，但债券市场无法避免整体的利率恐慌。这样一来，持有债券资产的对冲基金、货币基金、养老基金、保险公司，将面临债券价格下跌所造成的资产损失的沉重压力。在高倍杠杆运作状态之下的对冲基金将陷入极度焦虑的状态，因为它们的资金几乎全部仰仗回购抵押融资，然而突然之间，这些抵押品的价值大幅缩水，做市商或交易商们开始给对冲基金的经理暴打电话，催促追加保证金或更多的抵押资产，走投无路的对冲基金被迫出售所持有的高风险资产以套现减压。当市场上普遍出现这类情况时，金融市场就闹起了“钱荒”。

当若干家杠杆玩得最狠的对冲基金宣布资金链断裂时，市场将爆发风险对冲恐惧症，已经被拉伸得过长的回购抵押链条上，处处都是陷阱，环环可能断裂，伦敦成为风声鹤唳的中心，德国、美国、中国香港、新加坡、南美，凡是被回购抵押链条串在一起的地方都会变得人心惶惶。

这不过是第一轮冲击波，肇始于长期利率的失控。

第二轮冲击波将从短期利率飙升引爆。

美联储、英格兰银行、欧洲央行和日本央行，并没有也不敢很快提高短期利率，但Libor利率将不受央行控制地发生“膝跳反应”。2008年危机后，英美央行的基准利率很快降到了零，但Libor一度高达4%以上，与央行基准利率分道扬镳。Libor毕竟是纯市场利率，参与报价的大银行本身也惨遭资产缩水和资金不足的困扰，金融市场的钱荒自然会影响Libor的报价。特别是刚刚经历了“严打”的Libor市场，银行再度“顶风作案”的可能性大减，Libor利率将不可避免地出现上扬。

这下麻烦就升级了！

在高达400万亿美元的利率掉期合约中，浮动利率基本锁定的都是Libor利率，风险高度集中于几家最大的银行，前些年赚得盆满钵满的大银行现在傻了眼。金融危机之后，利率掉期合约翻了一倍，200万亿美元新合约自然是以超低利率状态与银行对赌，银行一查账，不由得倒抽一口冷气，老合约的固定现金流正在急剧萎缩，而新合约干脆赔得肝儿疼。风水轮流转，倒霉到自家，更糟糕的是，合约价值变成了“负数”，这将迫使银行“冻结”更多的资产，也就“冻结”了本已短缺的现金流。从前银行欺压成千上万的地方政府、学校、医院的条款，现在反过来成了套在自己脖子上的绞索。当然，大银行如果足够“狡诈”的话，这样的条件可能是“不平等条约”，仅针对别人，不限制自己，即条款不对等。

如果利率继续飙升，银行脖子上的绞索将越勒越紧。

且慢，不是说银行在美联储超额准备金账户上还有2万亿美元的现金吗？这些闲钱一直趴在那里默默地吃着美联储供应的0.25%的利息。不错，2万亿美元的确“存在”于银行的资产负债表上，但如果人们认为银行会闲置这样一笔巨款，仅仅为了吃那点类似于施舍的利息的话，那就错得没谱了。这些钱的“身体”还在，但“魂儿”早就飞出了银行的资产负债表。

这还要感谢回购的会计记账准则，现金与债券同属优质抵押资产，既然债券存在着转抵押链条，现金同样可以。摩根大通在2012年的“伦敦鲸”事件中惨败的60多亿美元，其实就是将“过剩储蓄”转移到伦敦进行赌博的最佳例证，储蓄还在账上，但实际上却输光了。

利率掉期市场出现的崩溃状态，将产生另外一个可怕的效果。利率掉期合约的本质相当于大银行在卖空利率，这一市场如果瓦解，那么压在利率之上的最大的冰川将迅速消融，利率将出现报复性飞涨，从而演变成利率火山的爆发。

不要再看债券的价格了，它们只会让债券投资人脑溢血突发。

第二轮冲击波将引爆利率掉期这颗“氢弹”！2008年金融危机的震中是信用违约掉期市场，那不过是颗60万亿美元的“原子弹”，而利率掉期的规模是信用违约掉期市场的近7倍，如果利率掉期崩盘，2008年的金融危机就如同正餐之前的一道凉菜，还不够塞牙缝的。

央行们想再次出手拯救“大而不倒”们时却发现，它们既没有武器，又没有弹药了。央行再印钞票不行吗？不要忘记，正是印钞票导致的这次“氢弹”爆炸，还会有人相信再印能够拯救危机吗？

央行最重要的武器并不是印钞票的权力，而是人们对钞票还有信心。丧失了这一信心，也就失去了权力的意义。1923年德国央行和1949年的“中华民国”央行，都曾用实际行动证明了失去货币信心的后果。

第三轮冲击波恐怕也将从岌岌可危的货币信心上拉开序幕。

既然退出QE存在着如此恐怖的风险，那么继续QE的后果呢？

那就是回购市场中的优质抵押品，被央行一步步地吸干。回购抵押链条上，将出现越来越惊险的“杂技表演”，一个盖子需要盖住5个、10个或20个瓶子。过度拉伸的回购橡皮筋，将蓄积起更加强烈的回缩张力，如果不是突然断裂，就是反弹伤人。当风险对家的恐慌导致回购市场的突然冻结，流动性也将快速干涸。

投资人大量购买国债的主要目的，就是为了进行回购融资，以扩大资产规模，博取更高收益。如果回购市场风险太高，那么国债的需求量也会快速下降，这相当于美联储退出QE所产生的效果，即国债的供过于求，结果同样是利率上扬。同时，做市商无法借助回购融资来保持巨大的债券库存，这将导致债券市场的流动性下降，正如公司债券市场已经出现的日益恶化的现象。债券好买不好卖，沮丧的投资人必然要求更高的收益率来补偿损失，如果翻译过来，依然是利率上扬。

接下去呢？

请跳转回到第一轮冲击波。

货币量化宽松即将走到历史的尽头，而QE却不存在任何安全退出的可能性！

世界面临的要么是另一轮更加严重的金融危机，要么是局部战争和社会动荡，更糟的可能是两者皆有。

叙利亚战争的阴云，不过是一场全球危机的序幕而已，未来中东、南亚、东亚和东南亚都将是地缘冲突的高危地带。从历史上看，当经济危机和金融危机到了无法缓解之时，战争往往是解决问题的最终手段。

申　论

在一个治安良好的城市，家家户户根本没有必要去安装厚重的防盗门窗。城市的管理者如果将重点放在防盗，而不是从根本上消除贫困，铲除犯罪的温床，那么再昂贵的防盗系统也对付不了偷盗的猖狂。

市场的利率波动，至少存在了五千年，自美索不达米亚文明开始，利率风险始终伴随着文明的进化。对冲利率风险并非是当代特有的问题，工业革命时代、电气革命时代、宇航革命时代都有利率风险，但直到“欧洲美元”出现之前，人们无须过度担心利率波动。当货币的价值之锚高度稳定，利率波动就掀不起大浪。

当美国废除金本位之后，货币之锚荡然无存，过度的美元超发严重干扰了全世界的货币稳定。利率剧烈波动，汇率大起大伏，金融世界突然失去了良好的治安，结果闹得人人自危，家家户户都搞起了风险对冲，这正是利率掉期、货币互换、信用违约掉期、资产证券化等衍生产品得以生存和扩张的根本原因。金融衍生市场的畸形膨胀，并非经济繁荣的原因，而是货币混乱的结果！

所谓风险对冲，无非就是买保险，世界越是危险，才越需要保险。这哪里是太平盛世的景象，倒像是末日将临的征兆。

风险对冲是需要成本的，如果社会中每一个人都需要对冲，这意味整个社会的成本将呈几何级数提高。家家户户都安防盗门，不会增加社会繁荣，只会让防盗门商人乐得合不拢嘴。防盗门商人巴不得社会越乱越好，而城市居民当然渴望安居乐业。

对于一个以实体经济为根基的大国，金融衍生品的规模越大，意味着实业支出的保险成本越高，这不是在帮助实业经济，而是在剥削安分守己的人。在这样凶险和恶劣的生存环境中，良民也会变成刁民，勤劳也将异化为奸诈。

讽刺的是，风险对冲非但没有减少金融风险，反而制造出更具破坏力的金融灾难。

— 注释 —

[1] Ambrose Evans-Pritchard, *BIS veteran says global credit excess worse than pre-Leh-man*, The Telegraph, 2013-09-15.

[2] Andy Kessler, *The Fed Squeezes the Shadow-Banking System*, Wall Street Journal, 2013-05-22.

[3] BIS Report, *Asset encumbrance, financial reform and the demand for collateral assets*, 2013-05.

[4]《货币战争》，第 6 章。

[5] Office of Debt Management, Fiscal year 2013 Q2 Report-US Treasury Department.

[6] Henny Sender and Stephen Foley, *Details of Detroit's troubles come to light*, Financial Times, 2013-07-25.

[7] Quarterly Report on Bank Derivatives Activities, Office of the Comptroller of the Currency, 2013.

第五章

风云再起，华尔街炒房团在行动

CURRENCY WARS

本章导读

房价反弹被认为是美国经济复苏的又一“铁证”，真相再次被幻觉和狂热所掩盖。价格之所以能够迷惑绝大多数人，就是因为人们往往只看价格本身，而不去分析形成价格的深层原因。

2012年3月是美国房地产价格反转的拐点，长达6年的房地产熊市终于出现了转机。实现房价逆转的关键因素，就是改变了银行止赎房的供求关系：一方面银行积压了大量止赎案件，减缓了止赎房拍卖对房价的沉重压力；另一方面，在美国政府的支持下，华尔街炒房团开始大举入市，横扫了美国东西海岸五大房地产重灾区的止赎房库存，在数月之内一举扭转了房地产的颓势。

华尔街炒房团以区区数百亿美元的资金，调动了数千亿投机大军，撬动了数十万亿的房地产市场，其动用资金之少，时间之短，成效之大，堪称是以金融手段改变房地产走势的经典战例。

问题在于，金融操纵可以短期改变市场价格，却无力维持长期趋势。决定房地产未来的是年青一代的潜在购房者，而他们却正在失去梦想的边缘苦苦挣扎。

在利率火山的威胁之下，华尔街炒房团已经开始准备“胜利大逃亡”，在它们的两条撤退路线中，一条已经失败，另一条则刚刚开始尝试。

记住，“租金抵押证券”的概念是否成功，决定了华尔街炒房团能否成功突围！

房价失血的伤口：止赎房

2012年1月，正当中国为压不住房价的上涨而一筹莫展之时，美国却在为挡不住房价的下跌而焦虑万分。中国人根本不相信房价可能会下跌，正如2006年的美国人和1989年的日本人一样。

其实，房价下跌的关键是按揭贷款的崩溃，大面积的严重违约迫使银行收回房产进行拍卖，低廉的拍卖价砸垮了房产价格。到目前为止，中国极少发生房产被银行没收拍卖的情况，所以对银行止赎的概念比较淡漠。

无论在中国还是在美国，当人们通过银行按揭贷款买房时，由于购房者没有其他资产可供抵押，所购买的房产便作为银行的抵押品，直到房贷全部还清，银行才将房产所有权归还给房主。对购房者来说，每月按时偿还房贷，就是一个连续不断的“赎回”自己房产所有权的过程。如果不能及时还款，那么银行就有权中止房主“赎回”产权，并将抵押品进行拍卖，这就是“止赎房”的由来。

在正常情况下，银行并不愿意持有大量的止赎房产，这将耗费大量的人力财力，效益上得不偿失，最佳选择是尽快拍卖这些房产，迅速收回资金。止赎房的拍卖价格往往非常低廉，它们大量而集中地涌现在市场中，相当于“四一二”黄金市场上出现的大规模的猛烈抛售，流量最终决定存量价格。止赎房的砸盘恶化了房产价格的预期，而房价的下跌又加剧了止赎房的涌现，从2007—2012年，美国房价的恶性循环已持续了5年之久。

2012年1月6日，纽约联邦储备银行的总裁兼CEO威廉·杜德利（William C. Dudley），在新泽西银行家协会的经济论坛上忧心忡忡地指出：自2006年房价见顶之后，美国房地产遭受了34%的空前惨跌，房产所有人损失了7.3万亿美元，超过了他们房产净值的一半。新房开工数量从高峰期的每年175万幢，剧减为2009年年初的36万幢，到2012年也仅仅停留在42万幢的水平上。[1]

到2012年初，尽管按揭贷款违约的洪峰期已过，但仍有150万个家庭的房贷出现了90天以上的严重违约，200万个家庭已经处于银行止赎的状态之中。当银行没收房产之后，这些止赎房产被称为REO（real estate owned）。如果情况没有根本改善，那么在2012年和2013年还将有360万幢住宅变成止赎房。

更糟糕的是，美国共有1 100万个家庭的房贷总额超过了他们房产的价值，这些“溺水房产”的负债人有强烈的动机“抛弃”他们的房产，随时加入违约大军，这就使银行潜在的止赎房的总量达到了上千万套的规模！

设想一下，银行持有的上千万套的止赎房产，成批量地不断砸向脆弱的房地产市场，美国的房价将难逃再次出现大崩溃的局面，10年之内难以复原。

在经济繁荣时，美国的家庭基本不储蓄，需要消费时，不断升值的房子就是取款机。当经济萧条时，人们连工作都难以保住，实际收入负增长，想放开手脚消费就更难。房子是美国人最主要的家庭财富，如果房价不断下跌，财富效应萎缩，消费拉动经济就是空谈。消费不振则经济萎靡，缺乏经济活动，哪里会有现金流和税收？又如何支撑得住股票市场和金融市场的泡沫？

房价持续下跌正是美国最致命也是最头疼的经济难题，美联储的QE政策实施了两轮，而房价却迟迟不见好转。

压制利率可以轻易带来债券和股票市场的繁荣，但多数美国人并不直接拥有股票和债券。金融泡沫对于大量拥有金融资产的富人所带来的财富效应，要远大于正在拼命保住饭碗、奋力维持收支平衡的普通中产阶级，因此股市创新高并不足以刺激持续的消费增长，而美联储的宽松货币又主要流进了金融系统，刺激出更大的影子泡沫，普通的美国人沾不上QE的好处。如此一来，房地产的价格复苏根本指不上早已负债累累、“压力山大”的中产阶级。

到2012年年初，美联储已经清楚地看到，单纯依靠QE印钞和超低利率，并不能从根本上扭转房价下跌的趋势，最有效的办法还是要用在金融市场上屡试不爽的价格操纵手段。

需要再次强调，房地产和金融市场一样，都有一个共同的规律，那就是流量价格决定存量价格，或者更进一步说，是流量价格的预期发挥着决定性的作用。

美国房地产市场的总存量为1.33亿套，总价值约23万亿美元，每年新房和现房的销售规模为800万套，即流量仅占存量的6%。

在一个房价下滑的市场中，准备开工新建住房的开发商，首先关注的是现房的成交价格，并以此来评判新房在市场中的竞争力和利润率，新房定价其实是被现房交易所左右。而在现房市场中，每年近百万套的止赎房抛售，严重压制了700多万套现房交易的成交价。

如果一个社区的房产均价为25万美元，只要挂出几个拍卖价仅12万美元的银行止赎房，所有的卖房人都会处于巨大的心理压力之下。关键是这种价格落差会左右市场预期，导致买家更有耐心，而卖家更迫不及待。

如果说流量决定存量，那止赎房就是流量中的增量，是决定整个房价最关键的“穴位”。

在纽约联邦储备银行和美国财政部中，到处都是在金融市场上摸爬滚打出来的行家，他们对于市场的各种玩法了然于胸，既然股票、债券、利率、贵金属市场可以人为控制，房地产市场当然也可以从中借鉴。所谓“人为控制”，往好里说叫“管理预期”，往坏里讲就是“操纵预期”。不管是“管理”，还是“操纵”，其基本共同点就是“人为”二字。

想扭转房价预期，关键就在控制止赎房的供需关系，迫使止赎房的价格上涨！

要达到这一目的，首先就要减少止赎房的供应量。

止赎阻塞，房价企稳

保住房主不被银行扫地出门，这是减少止赎房供应的第一招。

2009年，美国启动了HAMP（Home Affordable Modification Program）计划，其目的就是让纳税人出钱，让银行得利，让房主继续“套牢”在已成为“溺水资产”的房子里，以延缓房产止赎的发生。HAMP计划完全由银行主导，如果银行评估从政府那里获得的好处更多，它就会通知房主重新修改房贷条款，例如以提高贷款总额为代价，略减月供的金额。如果银行觉得政府贴补得不够，它就会决定直接进行止赎和拍卖。

HAMP计划原指望“拯救”400万户深陷“溺水房”沼泽，而已经发生房贷违约的家庭，由于工作效率和标准设定问题，仅处理了120万个家庭重新修改贷款的申请。可悲的是，30.6万个家庭再次陷入违约，还有8.8万个家庭即将违约，总数高达全部参与家庭的33%！而且加入该计划时间越长的家庭越容易违约。从2009年该计划开始执行时就参加的家庭，其违约率高达46%！当这些家庭再度违约时，他们不仅面对更高的负债总额，而且遭到更严重的信用伤害。

到2013年4月底，HAMP计划得到了191亿美元的额度，却仅仅使用了44亿美元，由于再度违约造成了8.15亿美元的损失，该计划将延长到2015年。

从效果上看，HAMP计划不像是拯救行动，而更像是一个陷阱。陷入止赎困境的家庭，基本都是由于失去工作而丧失了还款能力，就业市场的极度萎靡导致这些家庭难以获得足够的收入来源，而房贷的总额却大幅增加了，随着时间的推移，他们的违约率大幅上升几乎没有任何悬念。

无论HAMP或其他“拯救”行动的最终效果如何，这些政策的执行还是有效地缓解了止赎房迫在眉睫的供应压力，上百万套止赎房的定时炸弹被延迟了爆炸时间。

除了政府干预，银行也延迟了止赎房的进程。

2010年11月，骤然曝光的“机器人代签”事件，使时运多舛的银行丑闻再度升级。银行虽然发放按揭抵押贷款，却没有人力物力去处理成千上万的收款、催款或向违约人发出止赎通知之类的“杂事”，这些业务通常外包给“服务商”。当欠款人发生违约后，“服务商”的工作量骤然增加，它们仅有的微薄利润很快就被后续止赎流程的巨大工作量所吞噬。服务商的工作人员每天要处理成千上万的法律文件，包括签字和公证等手续。为图方便和节约成本，他们几乎没有看过这些文件的具体内容，仅仅像“机器人”一样地签字，有时甚至在没有证人和公证员的情况下草率完成公证手续，致使有些文件出现了大量错误。

“机器人代签”事件，掀起了美国社会的轩然大波，毕竟房产是“美国梦”的重要基础，当一个家庭即将失去这个梦想的心碎时刻，如此草率的处理方式，让公众对银行的反感情绪更加强烈。银行引发危机在前，“草菅人命”在后，止赎程序遭到了社会的普遍质疑。

要进行止赎，就必须首先确认止赎权，而银行通常是在并未完成止赎权确认的情况下，就急急忙忙地发出了止赎通知，着手驱赶房主，并完成拍卖。律师联合受害人集体控告银行的“程序不合法”，导致席卷整个美国的旷日持久的法律诉讼。

这场巨大的混乱，使银行的止赎工作陷入了瘫痪，要从上百万个止赎案件中，清理出哪些是手续完备的申请，绝非易事。银行在无法弄清现状的情况下，只得大面积暂停止赎进程，结果导致高达250万个止赎案件的积压。

此时，美联储和大银行们都还没有想出扭转房价的妙计，所以它们的心态当然是止赎过程越快越好，以减少银行的损失。

到2012年年初，美国政府和银行达成“机器人代签”案件的妥协后，银行突然发现止赎案件大规模积压所带来的好处，这就是房价下滑趋缓了。

银行终于意识到，止赎就是逆转房价的关键！

因此，即便是法律诉讼已经解决，止赎积压的因素都被消除，银行反而对止赎房继续积压着不办，致使止赎拍卖在2012年屡创危机之后的新低。在纽约，止赎过程竟然被拉长到1 072天，时间长达3年，是2007年的4.3倍；佛罗里达是858天；加州为接近一年的时间；其他各州情况也大致类似。银行刻意减少止赎房拍卖，导致房地产投资人只能在更少的供应中去拼抢，从而大幅减轻了止赎房拍卖对房价的剧烈冲击。

当然，银行刻意拉长止赎时间，也会遭受一定的损失。当严重违约后，原房主知道自己将被扫地出门，索性不再向银行继续还贷，而在止赎完成之前，银行也无权驱赶房主。在双方僵持的过程中，银行相当于免费向房主提供住房。

不过，减少止赎房的供应，仅仅能起到减缓房价下跌的作用，还不足以产生房价上涨的动力。要完成房价的逆转，需要强大买盘的介入。

这就是美国房地产最新崛起的买家主力——华尔街炒房团！

华尔街炒房团，房价逆转的节奏

集中优势兵力打歼灭战的思路，在金融市场中同样是真理。金融市场多空双方的博弈与战场上敌我之间的厮杀，都是为了夺取主动权，即改变对战争结局的预期，胜利者摧枯拉朽的气势和失败者兵败如山倒的绝望，都是预期形成了一边倒的后果。

2013年4月12日，华尔街以雷霆万钧之势的抛盘，彻底摧毁了黄金市场多头的抵抗意志就是鲜活的战例。2012年年初，华尔街准备在房地产市场上展开凌厉的大反攻，以图一举改变市场对房价走势的预期，主攻方向就是止赎房这一战略突破口，而主要突击力量正是华尔街战力彪悍的PE、REIT（房地产投资信托基金）和对冲基金。其中，黑石集团堪称是主力中的主力、王牌里的王牌。

房地产大反攻的战略布局早在2011年8月就开始筹划，止赎房审理的积压造成了房价下滑减缓的有利局面。从市场心理的角度看，看空房地产的预期已得到一定程度的控制，但如果不利用这一有利时机进行反攻，那么将来止赎房的供应还会源源不断地涌向市场，而且规模越来越大，空头力量将不断加强。只有集中力量突然反击，而且强度必须大到足以震撼市场的效果，才有可能摧毁空头的意志，使房价大举反弹。房价走高又会削弱止赎房的供应源头，从根本上逆转房地产的趋势。

2012年2月1日，FHFA（美国联邦住房金融局）在与美联储、美国财政部、美国联邦储蓄保险公司（FDIC）、美国住房与城市发展部、房利美、房地美等机构密切协调之后，向4 000多个投资机构发布了房地产大反攻的"总动员令"。

自2011年8月以来，FHFA就一直在筹划吸引私人投资者帮助解决银行止赎房库存的行动计划，并于2012年2月1日公布了实施细节，总体方针就是：（1）消化房利美、房地美和FHA（联邦住房管理局）的止赎房库存；（2）突破口是房地产重灾区；（3）欢迎投资机构大批量购买，价格可以极度优惠；（4）条件是低价买进后必须持有并出租一定时间。

凡是净资产超过100万美元的基金、公司、投资信托、银行、个人都可以参与这场房地产的"世纪盛宴"，投资者甚至有可能获得两房的贷款来扩大持有规模。资产包的规模大致在500~1 000幢独立房，两房和FHA的止赎房总规模大约为21万幢，如果每个资产包为1 000幢住房，大约需要200个超级投资人认购。

价格优惠到什么程度呢？1美元的资产，资产包的优惠价格不超过30~40美分。也就是一幢20万美元的独立别墅，优惠价不过6万~8万美元，如果每幢房子平均投入1万~2万美元进行整修翻新，转手就可以投入1 000~1 500美元的租房市场，即便是考虑到租房的空置期等因素，投资回报率至少也可以达到14%~20%。在收益率大饥荒的华尔街，这样的好事简直就是天上掉馅饼。

在超高收益的刺激之下，以黑石为代表的华尔街投资机构开始大举杀入止赎房市场。

2月1日，美国联邦住房金融局发布的房地产大反攻的“总动员令”，产生了立竿见影的效果。3月，熊气弥漫长达5年之久的美国房地产行业，迎来了奇迹般的大转折。以金融手法操作房地产市场，其效果之显著、反弹之剧烈，远远超出了政策设计者事先的预期。

华尔街究竟是如何逆转乾坤的呢？

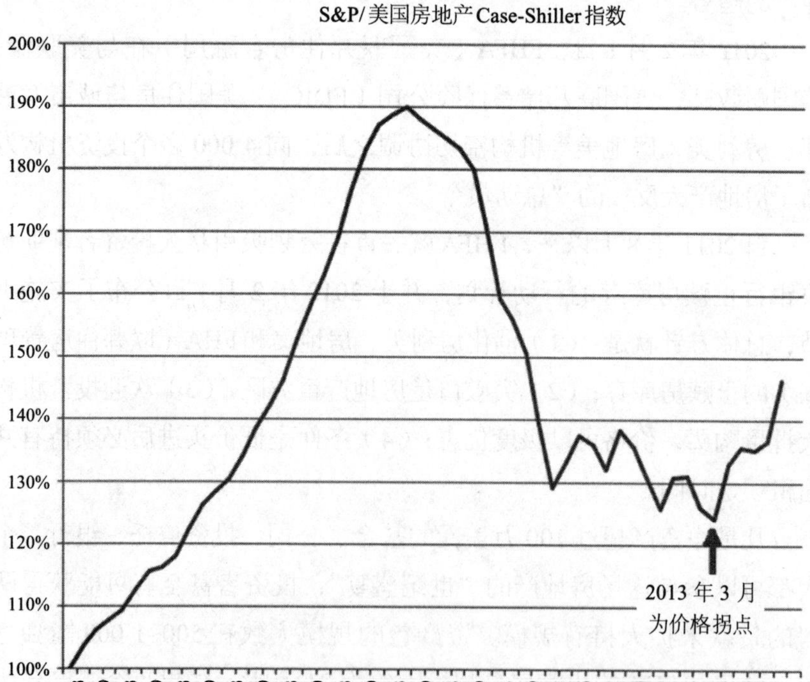

美国房地产Case-Shiller指数，2012年3月房价出现拐点

凤凰城，炒房团牛刀初试

美国的房地产泡沫在2006年的夏天开始爆裂，房价起先是高空俯冲，继而是震荡下挫，直至2012年年初，房地产都是一个令所有人沮丧的领域。它就像一个缺乏主力大户的股市，在人心涣散、悲观弥漫的恍惚之中蹉跎了近6年之久。

当华尔街雄厚的资金突然而猛烈地杀进房地产市场时，激发出了神奇的“鳗鱼效应”，悲观、疲惫、灰心、慵懒的气氛顿时消失，大大小小的房地产投机者们像触电一般活跃起来。华尔街的“鳗鱼”游到哪里，哪里的市场就开始沸腾。

在美国房地产受伤最重的凤凰城（亚利桑那州）、南加州、拉斯维加斯（内华达州）、佛罗里达州和亚特兰大（佐治亚州）这五大地区中，华尔街资金首先选择了凤凰城。

亚利桑那州首府凤凰城

凤凰城是亚利桑那州的首府，也是重要的工业中心之一，大城区的人口有430万，甚至超过了首都华盛顿地区。凤凰城还是州政府所在地，另外，英特尔的研发中心和芯片生产基地、众多的高新技术和通信公司、阿波罗集团总部、霍尼韦尔的军工引擎生产厂、Luke空军基地，都雇用了大量高薪收入人群，凤凰城还有很多大学和科研机构也吸引了众多的人才居住。由于冬季的气候温暖，旅游观光和高尔夫产业十分发达。只要有高收入人群，就不愁稳定的租金市场。

凤凰城在金融危机中伤得不轻，银行止赎房的拍卖价比房地产高峰期的价格跌了 57%。凤凰城的房地产市场一片哀鸿，惨不忍睹。

罗斯柴尔德家族曾有一句名言：当大街上血流成河时，一定要去买资产！

危机，就是危险之中的机会。

在凤凰城最早发现机会的人就是史蒂夫 · 斯密兹（Steve Schmitz）和他的合伙人。他们在 2008 年就成立了一家投资公司“美国住宅地产公司”（American Residential Properties），开始用自有资金在凤凰城买进了十几幢银行的止赎房。由于这些房子大都是几年前房地产泡沫时代的产物，房子很新，基本不用维修，并且很快就能租出去。史蒂夫初次得手之后，对“止赎一出租”的商业模式产生了浓厚的兴趣。为了搞清楚租户的情况，他挨家挨户地登门拜访，发现这些租户都是典型的美国中产阶级家庭，夫妻二人加上两个孩子和一条狗，由于种种原因失去了住房，但对房子的热爱和尽心与其他房主并没有区别。

2010 年史蒂夫决定成立REIT基金，他从资本市场募集资金，将“止赎一出租”的商业模式进行大规模复制。所谓的REIT基金，主要是为了规避公司和个人需要双重征税的问题而设立的信托机构，它的利润几乎全部分给投资人，即利润仅仅是“借道”（pass-through）公司，而直接流入投资人的账户，这样投资人只需交纳个人税，而公司则无须纳税。REIT基金发行的是类似股票的股份，投资人可以方便地进行投资和转让，如果是公开上市的REIT基金，交易就更简单。

传统的房地产市场中，“止赎一出租”模式主要是散户行为，而REIT基金将资本市场的大规模资金导入了这一市场，游击队遭遇了正规军，散户很难对抗机构的资金实力，市场的生态环境发生了巨变。

史蒂夫和他的“美国住宅地产公司”被业内公认是“止赎一出

租”模式的先驱。从2010年到2012年夏，凤凰城的机构资金占房产销售的比例从15%扩大到26%。[2]

由于凤凰城的经济复苏缓慢，失去房屋的家庭越来越多，导致独栋房市场中用于出租的比例大幅上升，从危机前的8%猛涨到2013年的22%。可供出租的房源大幅增加了，但是竞争却变得更加激烈。

从2012年夏天开始，凤凰城本地的机构投资者，开始面对黑石这样的PE巨无霸，以及华尔街更凶猛的对冲基金的严峻挑战，强龙与地头蛇在凤凰城展开了对抗。到2013年夏，在凤凰城23万幢出租的独栋房中，华尔街资金抢下了11 440幢，虽然数量上并不算大，但华尔街带来的“鳗鱼效应”却激活了整个凤凰城的房产市场。

资金的大规模涌入，导致了激烈的抢房大战，房价随之暴涨，投资回报率迅速下滑，到2013年，凤凰城房产投资的出租回报率降到了仅剩5%~6%。止赎房库存已经枯竭，超低价格的房屋不见踪影。

华尔街炒房团不再留恋凤凰城，它们就像蝗虫一般扑向了西北方向的赌城拉斯维加斯（内华达州）和南北加州，然后掉头直扑东南沿海的佛罗里达、佐治亚和南北卡罗莱纳，再转进芝加哥、底特律、丹佛、俄亥俄等中西部房地产的重灾区。

赌城的豪赌

2012年年初，华尔街炒房团越过了赌城拉斯维加斯，直接扑向了凤凰城。这是因为尽管赌城的房价跌幅更深，房价也更便宜，但赌城的经济模式过于单一，失业率高达10%。在经济不景气的时期，来赌城消费的人数远不如从前，其租金的可持续性比凤凰城更差。

当凤凰城的止赎房供应枯竭，而房价大幅上涨之后，赌城的房价很快就显得低廉得多了。华尔街炒房团从2012年下半年开始大举进入赌城，到11月黑石也加入了赌城的炒房大军，华尔街在赌城的房地产市场中砸入了80亿美元进行豪赌。

赌城拉斯维加斯

在赌城的房地产市场上，由于内华达州的立法（Assembly Bill 284）过度保护房主的利益，导致房屋止赎几乎成为不可能，再严重违约的房屋也很难出现在市场上，人为制造了市场供应短缺的假象。当地电力公司的数据显示，至少有 6.4 万幢住宅处于空置状态，另外，高达 4.5 万个家庭的按揭贷款已陷入 90 天以上的严重违约状态，但在整个赌城房产市场中，仅有 8 000 幢住房挂牌销售。

拉斯维加斯出现了大量房屋空置而无法出售的情况，而现有房产库存却在经历机构投资者疯狂的抢房大战。一位赌城的房产经纪人准备以 8.6 万美元出售一幢止赎房产，他维修翻新大约用了 2 万美元，结果广告刚一挂出，就立刻引来了 41 个竞价者，其中 39 个是全现金付款。这位经纪人从来没有见过这样疯狂的抢房阵仗，即便是在房地产泡沫的顶峰时期，也不曾出现过如此之高的现金竞价比例，最终他的房子以 13.5 万美元成交，比他的预期价格高出一半多。

一边是数万幢空置的止赎房被憋住不让进入市场，另一边是数十亿美元抢夺 8 000 幢稀缺的现房库存，其结果自然是不仅推高了现房价格，还将购买力导向了新房市场。2013 年，拉斯维加斯的新房销售飙升了 87%，开工许可数量暴涨了 52%。

在进入赌城市场的2012年下半年里，华尔街炒房团总共吃进了拉斯维加斯全年房产销售的19%，如果换算下来，在最后几个月里，接近一半的房产被华尔街炒房团一扫而光。在赌城的房产销售总额中，现金支付比例高达60%，在海量资金和集中火力的双重作用之下，2012年赌城的房价同比暴涨了30%。

不过，即便是涨价之后，赌城的房价仍然比危机之前的高峰期低了56%。

转战南加州

位于南加州洛杉矶大都会区的内陆帝国（Inland Empire），人口430万，是南加州第二大的都会区。南加州的气候舒适，四季阳光明媚，冬季气温宜人，并且有丰富独特的自然景色。在这里，人们可以早上到海滩冲浪，然后到迪士尼乐园游玩，最后到圣贝纳迪诺市雪山滑雪，享受宁静。它与洛杉矶、圣地亚哥、拉斯维加斯毗邻，迪士尼乐园、好莱坞、环球影城、棕榈泉、海滩、沙漠、雪山等各种休闲场所，齐聚此地。如此诱人的地理位置和自然风光，吸引了美国以及世界各地的移民者。

南加州内陆帝国滨河县

然而，2008年金融危机爆发，内陆帝国不幸成为南加州地区房地产崩盘的中心。

2012年4月，当华尔街炒房团开进南加州时，它们的操作已经逐渐形成了流水线作业。它们组织起模块化的处理方式，每天早上6点30分就开始准备当天止赎房拍卖的抢房行动计划，它们拿出华尔街分析股票的干劲，平均每周分析1 000幢止赎房的各项条件，几十个液晶显示屏依次排开，浩浩荡荡地展示出华尔街交易室的气派。

首先需要确定的是选房的标准，既然是投资，就不是追求住房的舒适，而是控制成本，确保租金稳定。如果房屋带游泳池，这本是正常房子的优势，在炒房团看来却是致命的缺点，因为游泳池需要更高的维护成本，而提高房租却不能覆盖相应的开支，更容易导致房子难以出租。治安好、学区好、交通便利、靠近商场，这四大标准是招徕租户的“不二法门”。

根据这些标准，炒房团迅速从拍卖房中筛选出抢购清单，接着流水线就开始隆隆转动起来。实地考察团队立刻动身奔赴房屋现场，面试房主，评估维修翻新的成本；房屋评估团队开始计算各种税费，查询房屋所有权是否干净。例如，房主是否还有其他债主有权要求该房屋作为抵押，如果房屋所有权存在其他债主染指的可能，那买房之后还必须偿还其他债主的相关费用；房屋过户后，维修团队立刻跟进，他们需要联系当地的承包商，以最短的时间完成重新粉刷墙壁、更换窗帘、清洗地毯、修剪草坪、厨房翻新等具体事宜；最后，营销团队启动，利用各种渠道发布租房信息，接待租户看房，调查租户背景，并签署合同。

在内陆帝国地区，从2012年年中到2013年年初，52%的止赎房产被华尔街炒房团所席卷，这些房产甚至都没有在市场上公开打广告。华尔街狂抢止赎房的消息不胫而走，造成当地投资人的恐慌心理，他们原先担心出手买房后，房价会继续下跌，现在则害怕出手晚了就抢不到房子。更恐怖的是，当地报纸报道买房者连续递交了200次购房竞价，结果无一成功的故事，这造成了更多贷款买房者的惊恐和绝望，他们不顾一切地到处看房，见房就递竞价书。铺天盖地地抢房风潮将内陆帝国的房价推高了18%~25%。

在南加州的橙县（Orange County），华尔街炒房团在2012年占据了房屋销售总量的22%，2011年挂牌流通的房子总数为10 600幢，而2013年年初只剩下3 300幢，激烈的抢房心态将房价推高了10%。在橙县的止赎房拍卖市场上，2008年机构投资人占有的比例不超过10%，而2012年华尔街炒房团竟占到了近半壁江山。

以内陆帝国为代表的南加州房价的飙升，并非是因为经济的大幅好转，而是华尔街炒房团营造出的市场“鳗鱼效应”，南加州的实际经济状况却远非乐观。

2012年第3季度，投资者占橙县房屋总销售的21.7%

资料来源：华尔街房产分析师约翰·博斯

在美国人口普查局对6.5万以上人口的城市调查数据中，加州多个城市的失业率在2011年之后虽有所降低，但仍在15%左右徘徊，几乎是2008年之前失业率的2倍。虽然2011年和2012年失业率有所下降，但一些工作仅仅是低工资或兼职岗位。虽然经济衰退在2009年就已结束，但南加州很多城市在2012年变得更穷。加州的贫困比率自2008年至2012年，上升了3.6个百分点。洛杉矶县的贫困人口从2008年的15.5%增加到19.1%，而家庭平均年收入从2008年的59 196美元降为53 001美元。

美国西南部的凤凰城、拉斯维加斯和南加州地区，曾是次贷危机的发源地，2012年3月以来，却成为华尔街炒房团最青睐的“投资圣地”。华尔街炒房团席卷了上述三地分别38.6%、48.5%和27.3%的住房销售总量。其中，拉斯维加斯一度最受追捧，在2012年10月的房产销售中，50.2%的买主根本没露面，他们对购买的房子连看都懒得看，直接付钱了事。在全部成交中，高达52.5%是全现金一次性支付。

正如同温州炒房团在中国各省掀起的房价狂涨浪潮一样，华尔街炒房团从2012年年初开始横扫了美国东西海岸和中部地区，所过之处，止赎房库存大幅减少，各地游资闻风而动，抢房大战愈演愈烈，当地房价应声暴涨。

美国以金融市场的手段来操纵房地产市场，的确起到了立竿见影的成效。

黑石，美国最大的地主

在华尔街炒房团的阵营之中，黑石集团当仁不让地坐在了头把交椅上。

对于很多PE基金、对冲基金或资产管理公司而言，炒房就是买进并持有大量便宜的房屋，先持有并出租一段时间，等房价上涨到合适的价位就卖出套现走人。但黑石集团的雄心显然要大得多，它抄底房地产的目的是为了打造一个“租客帝国”，将分散在全美国、甚至世界各地的租房市场整合起来，以工业化的思路批量供应租房的标准化产品。黑石并不打算在房价高涨时卖掉单个的房产，而是试图最终从资本市场上全身而退。

2012年2月，美国联邦住房金融局发布了房价反攻的总动员令，黑石集团在4月成立了自己的“租客帝国”（Invitation Homes），并展开了房地产业史无前例的房屋兼并行动。

黑石原先也曾涉及房地产行业，但没有直接管理大规模和分散的出租房产的经验，为了获得第一手的信息，黑石一开始就准备由公司内部来打理一切事务。“租客帝国”雇用了上千名全职员工，这对于一家基金而言简直就是庞然大物，除此之外，还锁定了 5 000 多个外包服务商。在进入一个市场时，“帝国”都雇用当地的市场分析人员，组建并购团队负责购买房产的行动，另外还有专门监督当地施工队的维修翻新团队，物业管理团队负责日常运营，租房团队与当地经纪人密切合作负责招揽租户。

“帝国”主要购买银行的止赎房，或小投资人的套现房，个别情况下也从其他公司手中批量买入转手房。拿到房子后，维修翻新工作大约需要 2~3 个星期，费用约占购房价的 10%。最符合标准的模板就是三卧两浴、双车库带草坪的房子，这种房型通常会吸引那些最具租房“黏性”的家庭。一般公寓楼的租户平均居住时间仅有一年半，而这种独栋房的租户平均居住时间却长达四年半，“黏性”租户不仅工作稳定，而且对房屋有责任心，他们还对邻居和社区的看法更为关注。

在一个社区里，“帝国”管理的房产往往非常扎眼，房屋外表通常经过重新粉刷而焕然一新，绿油油的草坪被修剪得十分平整。在房屋内部，主卧室的浴缸比正常尺寸大出一号，厨房的台面全是崭新的大理石，全新的地毯和墙壁都是浅褐色：这是黑石的定制标准。这样的房屋租金大约是每月 1 750 美元，在“帝国”持有的全部独栋房中，出租率超过 80%，净收益率平均约 6%。

“帝国”以这样的高标准，掀起了席卷全美的抢房风暴。

2012 年 7 月，“帝国”宣布已经斥资 3 亿美元收购了 2 000 幢独栋房，它们主要集中于美国房地产受到重创的五大地区。

9 月，“帝国”在佛罗里达州的坦帕湾（Tampa Bay）登陆，并投下 10 亿美元的“重磅炸弹”，雇用了大批当地房地产经纪人，目标锁定在 10 万~17.5 万美元之间的住宅。“帝国”的“雇佣军”成群结队地对整个湾区进行逐区“扫荡”，他们印制了大量的传单，“全现金”、

“无须评估”、“立刻付款”、“快速成交”等震撼性字眼摄人心魄，市区沿街随处可见这些“小广告”。“帝国”以每月数百幢房屋的速度疯狂吃进止赎房，它在坦帕湾的目标是三年之内拿下15 000幢独栋房。

佛罗里达的房价自2006的高峰跌落了45%，大批房主被扫地出门后被迫开始租房，全州的租房市场已迅速膨胀到1 000亿美元，由于房价低而租金高，佛罗里达成为租房市场的一片待开发的沃土。由于租户原来大部分都是房主，他们懂得打理房屋的一切事宜，并且社区意识强烈，是投资人非常喜爱的标准租户，“帝国”在佛罗里达进行重点扫荡堪称极具眼光的战略布局。

佛罗里达坦帕湾地区

10月，黑石宣称，它们正在以每周斥资1亿美元的速度横扫美国的止赎房市场。

11月，黑石转战赌城拉斯维加斯，与更早抵达的华尔街炒房团一起以80亿美元的巨资拼抢止赎房。

2013年4月，黑石斥巨资从另一家机构手中一次性收购了亚特兰大的1 400幢住宅，创下了“止赎—出租”模式中单笔成交规模的最高纪录。

至2013年9月，黑石已大手笔投入了55亿美元的重金，在美国12个主要房地产市场上斩将夺旗，囊括了3.2万幢独栋房。

除了购进用于出租的独栋房，黑石也希望将“租客帝国”的产品链做得更完备，其中出租公寓是一个不可或缺的组成部分。《华尔街日报》8 月 13 日宣称：“黑石接手 GE（美国通用电气公司）的公寓资产。”报道说，“PE 公司黑石集团，正在豪赌金融危机后的公寓出租市场。”黑石集团看中了 GE 金融公司手中的 80 个公寓资产包，准备投入 27 亿美元重金收购其主要股权。GE 旗下的公寓资产横跨了亚特兰大、得克萨斯和东南各州，总量高达 3 万个住宅单位。在 27 亿美元收购资金中，黑石准备自掏腰包 10 亿美元，其余靠资本市场融资。这项颇具争议的交易在房地产行业堪称最大手笔，黑石看中的是危机后无力和无意愿买房的人数创下新高，而他们又必须有地方居住，公寓显然是满足无力买房的年轻人的最佳选择。公寓房租的上涨和空置率的下降，都表明公寓租房市场正成为美国房地产行业中最火爆的领域。[3]

穆迪追踪全美出租公寓的指数显示，出租公寓从 2009 年的最低点已经上涨了 59%，而整体房地产上涨幅度是 35%。公寓租金上涨幅度在 2010 年是 2.3%，2011 年是 2.4%，2012 年达到了 3.8%。同时，公寓空置率则由 2009 年的 8% 下降到 2013 年的 4.3%，达到了 12 年来的新低。

黑石的“租客帝国”不仅持有高达 3.2 万幢独立房，如果再加上 3 万个公寓单元，已堪称是美国最大的地主！

除了黑石之外，华尔街炒房团的成员也颇有斩获，到 2013 年 9 月：

“America Home 4Rent”：拿下了 1.9 万栋独立房；

“Colony American Homes”：1.4 万栋；

“Silver Bay Realty Trust”：5 370 栋；

“Waypoint Homes”：4 620 栋；

……

除了这些炒房团的主力大户，还有无数中小金融公司、海外热钱、个体投机者，甚至主权财富基金也纷纷跳上了华尔街炒房团的战车，它们试图在房地产泡沫 2.0 的狂潮中狠捞一笔。

2013年8月，美国房地产销售量约560万幢，其中，全现金购房的比例高达45%，远高于2012年8月的30%，而在正常的房地产市场中，全现金购房的比例则为10%~20%。在人口100万以上的大城市地区，全现金购房的比例最高的有：迈阿密69%，底特律68%，拉斯维加斯66%，佛罗里达的杰克森威尔65%，坦帕64%。

毫无疑问，炒房团已成为美国房价上涨的主要驱动力量。

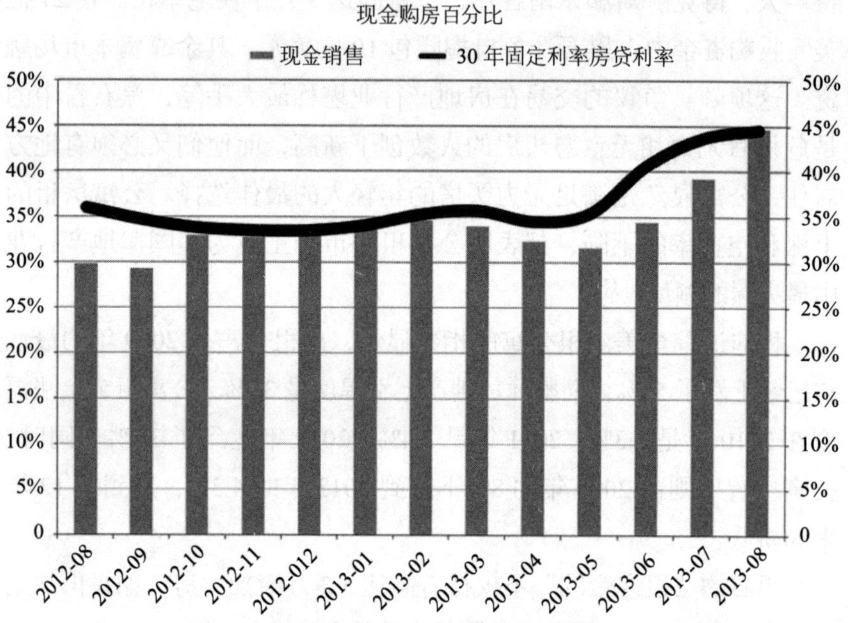

柱状图显示的是现金购房的百分比（右坐标竖轴）

资料来源：房地美公司

谁是华尔街炒房团的牺牲品？

在美国房地产市场上，可以清楚地看到股票市场发生的情况：价格的反弹不是由于基本面的改善，而是直接源于资金的推动。在股票市场上，大公司近两万亿美元的巨额股票回购，吹起了新一轮的股市泡沫；在房地产市场上，华尔街炒房团扮演着泡沫2.0的始作俑者。

让人吃惊的是，区区数百亿美元的华尔街资金，竟然能在如此之短的时间里，撬动23万亿美元的房地产市场，而且幅度如此之大，这在美国房地产历史上堪称空前。

仅仅在2012年年初，纽约联邦储备银行的CEO还在对房地产市场忧心忡忡，当时几乎所有人都认为房地产会像1989年开始的上轮萧条一样，经历8~9年的衰退期，考虑到2008年的危机程度远比1990年的经济衰退要严重得多，房地产的不景气甚至会持续10年以上。如果在正常的经济周期里，情况的确如此，但这一次不正常的情况太多，特别是货币政策的不正常更是史无前例。泛滥的货币究竟会缓解危机的程度，还是将缩短危机爆发的周期，人们正拭目以待。

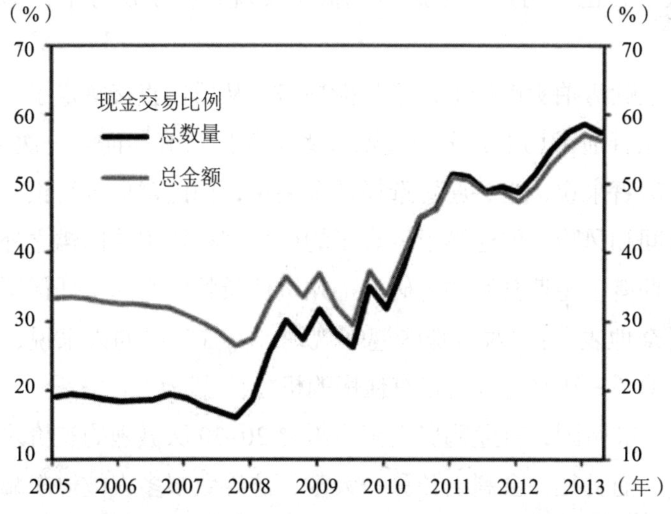

高盛认为现金买房占到了近60%的比例，是金融危机前的3倍

资料来源：高盛全球投资研究

很明显，全现金购房的畸高比例，说明了房地产市场的极度不正常，按照高盛的估计，现金购房的比例已经高达近60%，是金融危机之前的3倍！如果这一数据靠谱，这表明房地产市场中的大多数参与者都是炒房团，因为美国普通中产阶级能够全现金购房的情况极端罕见。如果房地产市场以投资为驱动力，以倒卖获利为特点，那么这就

是房产泡沫的典型案例。

这是一个严重缺乏自住房主参与的市场，不是他们不想参与，而是华尔街炒房团剥夺了他们参与的机会。

2013年2月16日，《洛杉矶时报》报道了一位典型的普通购房者如何被挤出房地产市场的故事。主人公是一位28岁的购房者，有一份稳定的技术工作，完全满足贷款条件，而且已经从银行拿到了预先批准的购房贷款。他从2012年8月开始在南加州的内陆帝国地区看房，先后递交了200次竞价，最终无一成功[4]。内陆帝国的房价大跌之后，原本昂贵的住房变得相对便宜起来，许多潜在的购房人成了合格的买家，他们利用这一机会准备实现自己的"美国梦"，拥有一处属于自己的房产，但是他们很快发现，房子便宜了，却不属于他们。

在止赎房拍卖市场上，华尔街炒房团从后门直接拿走了一大半的房源。在普通市场上，全现金购买者不仅出价高，而且一次性支付，对于卖房者来说，当然愿意选择现金买家，由此避免等待银行审批贷款的时间和风险。但这等于将真正的房主挡在购房的门槛之外，而投机者却拥有了短期套利的筹码。加州责任贷款中心的主任保罗·列奥纳多无奈地表示："对于那些遵守规则，安分守己的人来说，他们确实是丢掉了一次努力获得自有住房的机会。"[5]

在内陆帝国，普通购房人至少需要20~30次激烈的竞价才有成功的希望，而且往往会高出预算一大截，这导致很多人被迫削减其他消费开支，而幸运者却总是少数人。多数人只有眼睁睁地看着房价涨到他们无法承受的高度，然后被迫放弃拥有自有房产的梦想，回到租房的现实，等待他们的正是华尔街炒房团的租房广告。

这并非是南加州一地的现象，类似的故事每天都发生在美国的各个角落。

难怪有人戏称，年青一代的"美国梦"是：从父母家的地下室搬出来，然后住进黑石的"租客帝国"。

房地产究竟是苏醒了，还是在梦游？

要搞清楚这个问题，必须先看清楚美国房地产的全貌。

美国房地产的总存量为1.33亿个住宅单元，里面居住着3.1亿人口，到2013年，美国房地产的总价值为23.7万亿美元。房主自有房屋的总量为7 890万个住宅单位，其中有4 840万个住宅单位仍有房贷没有还清。

在这些按揭贷款中，共有330万个贷款处于90天以上的严重拖欠状态，它们本该被银行拍卖，却被缓慢的止赎过程积压着，直接导致2012年全美房产市场供应严重短缺。另外，还有200万个贷款发生了30~90天之间的违约，它们是止赎房的后备大军。很明显，在4 840万个按揭贷款中，已经发生违约的贷款为550万个，违约率高达11.4%！这已经是一个令人窒息的数字。

除此之外，还有580万“溺水房”，即按揭贷款的总额超过了房价，通常在这种情况下，房主一走了之的可能性极高，它们是止赎房的潜在来源。如果将违约房和溺水房加在一起，止赎房的“影子库存”高达1 110万幢！

华尔街炒房团在2012—2013年之间，穿梭于美国12个主要房地产市场，忙活了一年半，总共拿下的房产不过10万幢，而“影子库存”比华尔街吃进的总量高出111倍！

只有让房价进一步大幅上涨，才能减弱“影子库存”那令人绝望的压力。

虽然2012年之后出现的房价反弹，有助于削弱“溺水房”转化为止赎房的规模，尽管银行刻意拖延止赎房上市的速度，能够制造供应短缺和房屋竞价，但问题只是被延迟暴露却无法被彻底消除。

止赎房本来就是资产毒垃圾，而影子库存更是定时炸弹，银行将其暂时掩盖在资产负债表上，但内心的惶恐和焦虑不言而喻。《巴塞尔协议Ⅲ》即将推行，利率上涨势不可当，回购市场外松内紧，流动性短缺的危险如影随形，止赎房一天不处理掉，银行就始终处于倒悬的煎熬之中。

BOA（美国银行）承认，必须在未来几年里解决的止赎房库存的规模大得惊人，据按揭贷款策略师预测，未来 5 年里必须处理掉 660 万幢止赎房。到 2016 年以后，止赎房规模才会逐渐回到正常状态。如前所述，550 万违约房已基本注定将被止赎，另外 580 万“溺水房”要获得拯救，房价至少还需要上涨 30%，即便如此，仍有约 60 万“溺水房”将被止赎。如果 2013 年的房价已经将大部分真实的购房者赶出了市场，继续上涨 30% 意味着房产交易中恐怕 80% 以上的人都是投机者了。

在房地产正常状态之下，平均每月被银行止赎的房屋是 2.1 万幢，一年总量约 25 万幢。即便按照美国银行最乐观的估计，到 2016 年之前，银行每年必须处理掉 132 万幢止赎房，是正常状态的 5 倍以上！

难怪美联储在 2016 年之前都不会动基准利率，因为利率一涨，资产价格就会下跌，流动性也会减少，不仅会推高买房的成本，削弱房产的购买力，也会同时使银行尚未处理掉的毒资产的价格降低，导致银行的资本金不足。

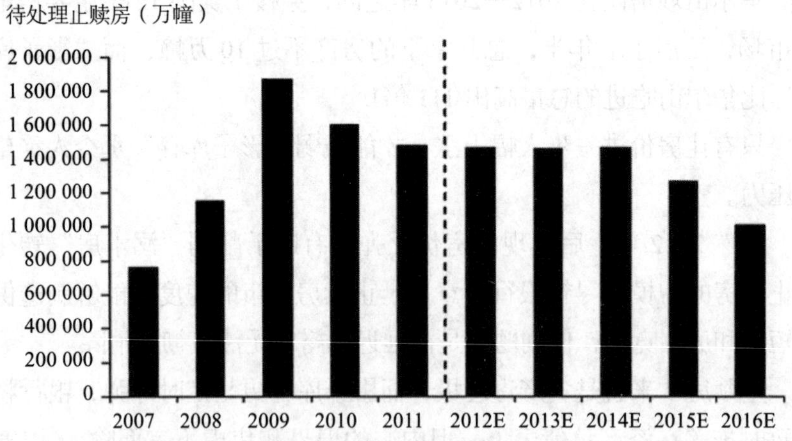

到 2016 年之前，银行必须处理掉 660 万幢止赎房的资产毒垃圾

资料来源：美银美林全球研究

这不过是美联储和银行的美好愿望，利率火山的爆发不一定会按他们的时间表。

房地产梦游的脚步借助着炒房团的拐棍，还能够持续一段时间，但炒房终究不是办法，必须有新增的购买力来支撑房地产价格，否则炒房团也会被高空套牢。

后续新增的买房者在哪里呢？当然要靠的年青一代。

但是，美国年青一代的处境却相当不妙。

年轻人的新潮流：搬回家“啃老”去

在过去的30年里，美国首次购房者的中位年龄段在30~32岁，而决定未来5~10年房价的基本趋势的则是20~30岁年青一代的经济承受力。

而目前这一代人最显著的趋势就是——搬回家去“啃老”！

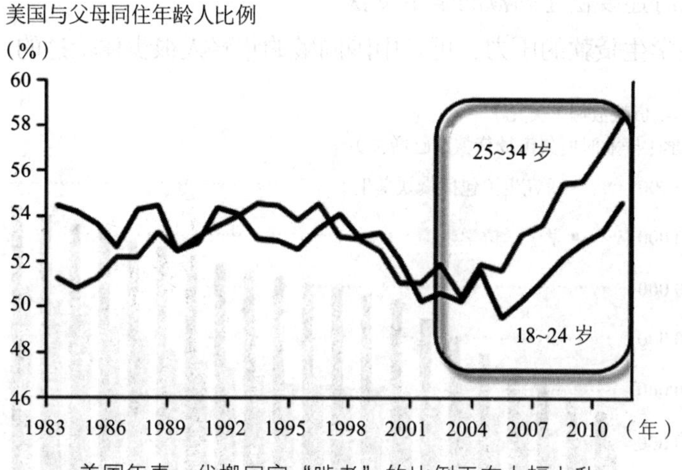

美国年青一代搬回家“啃老”的比例正在大幅上升

资料来源：美银美林全球研究，人口普查局

传统的“美国梦”就是在30岁左右能够拥有自己的房屋，但是这个梦已被金融危机摧毁了。更现实的梦想就是搬进黑石的“租客帝国”，不过看起来要实现这个梦想也需要较强的经济实力。现实是，自经济衰退以来，越来越多的年轻人搬回父母家“啃老”去了。金融危机之后的5年里，在25~34岁的“大龄青年”中，有14.2%的人回到了父母家，而危机之前，这一比例是10.5%；而在18~24岁的“小青年”中，回家住的比例高达54.6%。

对年青一代而言，新增的工作机会大多是商场收银员、麦当劳、酒吧招待、宾馆服务员之类的岗位，这些大小青年们的年薪不过2.5万美元，税后月工资不过1 700美元左右，还没有医保社保福利，黑石的“租客帝国”动辄开价每月1 750~2 000美元，年青一代恐怕只有继续在家“啃老”了。

美国人从小强调生活独立，而且从前年轻人的确很少依赖父母，大学毕业还要和父母住在一起，这在同龄人中是一件相当没有面子的事。可是，不住在家里，就得支付高昂的房租，金融危机5年过去了，大学毕业的年轻人不仅找工作相当困难，而且工资水平普遍偏低，同时还要偿还高额的学生贷款。

还学生贷款的压力，可是中国同龄的年轻人很少体验过的。

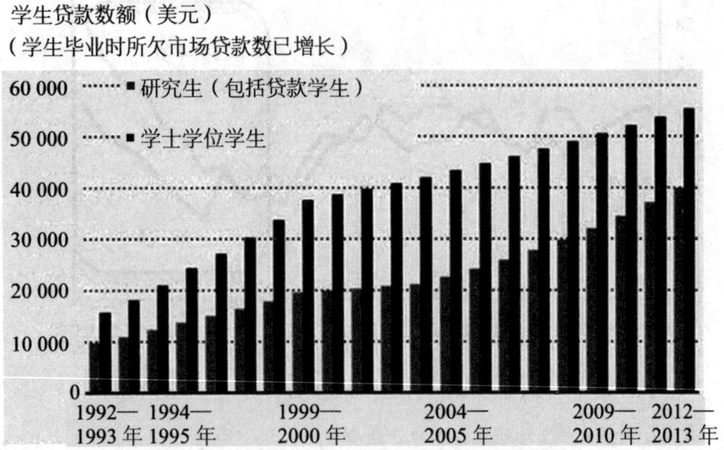

由于学费的持续快速上涨，学生毕业时的还贷压力不断升高

金融闹危机，经济不景气，但美国大学的学费没有放慢涨价的速度。大学本科毕业生一出校门的平均负债就高达4万美元（包括父母

背负的学生贷款），研究生则为5.5万美元。

还想大学毕业就去创业？对不起，现在已经不是比尔·盖茨和乔布斯那个时代了，那时公立大学的学费超级低廉，私立大学的学费与现在相比简直不值一提，学生们还有联邦和各州提供的种类繁多的奖学金，学生贷款构不成太大的压力。21世纪美国年青一代的创业动力，已被沉重的负债压得奄奄一息。《华尔街日报》2013年8月13日曾经搞过一个调查，结果发现，“学生贷款的压力是压抑企业家精神的唯一和最大的因素”[6]。

学生贷款的总额已超过1万亿美元的大关，超过了信用卡和汽车贷款的总和，借贷的总人数接近4 000万人，近半的学生负债都集中在25岁左右的年龄段上，也就是最主要的潜在买房群体。

在经济萧条的情况下，他们能够按时偿还学生贷款吗？很不幸，学生贷款的违约率已经处于30年以来前所未有的糟糕境地。

在4 000万欠下学生贷款的年轻人中，有一部分学生是从商业银行获得的贷款，大部分人则是通过联邦政府直接获得的贷款，接受政府贷款的总人数为2 780万。其中，790万人还在学校读书，他们暂时不需要偿还贷款。能够准时还贷的只有1 080万人，剩下的900万人不是已经违约（拖欠超过1年），就是处于延迟和宽限状态。换句话说，就是不能准时还债的人与准时还债的人数几乎同样多！而790万在校生一出校门就会像学长们一样，半数难以还债。

如果加上商业银行贷款的拖欠情况，学生贷款的整体违约率简直就是惨不忍睹，在30岁以下有学生贷款的人口中，90天以上的严重拖欠比例高达35%。在4 000万未来的购房主力军之中，1 400万人的信用可能崩溃，他们将被淘汰出局，因为银行在审批按揭抵押贷款时，这一严重违约的信用记录必然导致贷款申请遭到拒绝。

在美国，不仅买房申请按揭贷款时要查信用记录，就是租房一般也要查信用情况，1 400万30岁以下的潜在购房人，不仅很难得到贷款买房，而且也不容易找到租房公寓，要想搬进黑石的“租客帝国”，还真是一场新的“美国梦”。

2 780 万助学贷款人的还款情况

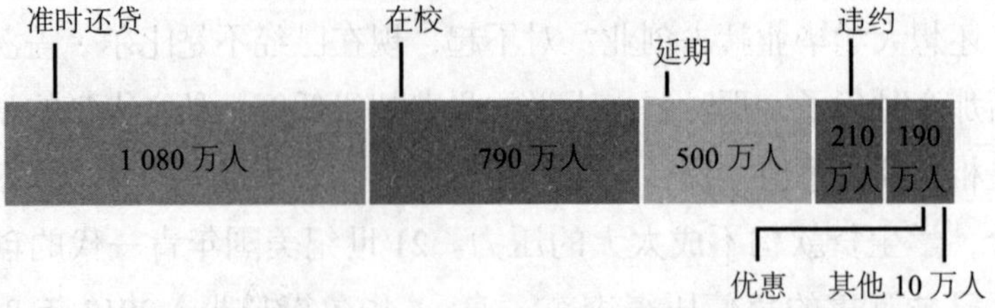

2 780 万学生（政府）贷款人中，只有 1 080 万人在准时还贷，790 万人在校，另外 900 万人没有准时还贷

资料来源：美国消费者金融保护署

新房销售的数量远低于正常的市场水平

资料来源：Case-Shiller 指数

这就难怪美国的年轻人只有回家继续“啃老”了。

2012 年，在 25~30 岁年龄段的人口中，如果有学生贷款在身，银行愿意给按揭贷款的比例仅为 4%。

年青一代的购房能力受到重创，这是导致新房销售持续不振的根本原因。2013 年，美国新房销售仅 40 万套上下，不仅远低于泡沫时代的 130 万套，也大大低于 2000 年前后的 90 万套。十几年来，美国人口增长了不下 4 000 万人，而新房销售竟不及 2000 年的一半。

展望美国房地产的未来，一方面止赎房的供应在 2016 年之前会持续猛增 660 万幢，由于房屋空置却无法拍卖所导致的供应短缺，又刺激了更多的新房开工，总的房产供应量将大幅增长；而需求呢？在真实的购房者中，有条件能贷款的人，大部分被华尔街炒房团挤出了市场，而在潜在的 4 000 万年轻购房者中，1/3 已被淘汰出局，最终被房地产抛弃的人只会更多。

这就是房地产真实供求关系的未来趋势，缺乏真实需求，炒房团又能支撑房价多久？

利率火山将烧着房地产

2013 年 7 月 12 日，星期五，按揭贷款利率出现了房地产业有史以来最大的单日飙升！如果一个贷款人在星期四看到的银行 30 年固定房贷利率是 4.2%，那么星期五这一利率就涨到了 4.575%。

仅仅在 5 月份，30 年固定房贷利率才 3.25%，7 月却一路冲向 5%！

这当然都是伯南克惹的祸，他 5 月放风退出QE，6 月再次强调决心，结果就是 6 月全球金融市场爆发了激烈动荡。新兴市场几乎崩盘，华尔街惊魂未定，中国大闹“钱荒”，体现在房地产贷款上，就是史上最剧烈的按揭利率飙升。

这仅仅是一场口头演习，美联储的购债行动并没有丝毫放慢脚步，市场心理的突变对金融市场的灾难性影响可见一斑。

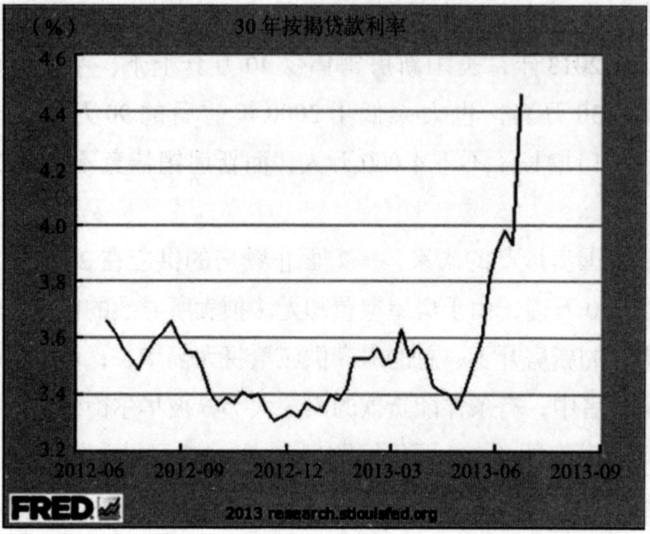

30 年按揭贷款利率出现飙升

资料来源：美联储圣路易斯银行

房贷利率上涨，自然意味着每月还款数额的上涨，如果出现持续剧烈的利率飙升，就必然会导致让房主们猝不及防的“月供惊魂”，不仅违约的可能性大幅上升，而且房价也会超出人们的负担能力。按照房地产业的经验评估，房贷利率每上涨 1 个百分点，意味着房价的承受力下降 10%，5~7 月之间的利率飙升，导致房价承受力出现了 17%的陡降。

如果一个普通家庭每月用于房贷的支出固定为 2 000 美元，那么这个家庭所能够承受的房价将随着利率上升而下降。假如 30 年固定利息房贷的利率是 2.5%，这家人能够负担 50 万美元的房子，而当利率升到 6.5%时，就只能负担 30 万美元。

当 30 年房贷利率从 5 月的 3.25%，暴涨到 7 月的 4.75%，两者之间的利率之差折算成房价就是 5 万美元左右的落差。

利率飙升不仅对房价构成了巨大的压力，也影响到再贷款的生意。美国人之所以能够把房子当提款机，就是每当利率下降时，锁定利率的贷款人可以向银行申请重新调整贷款条件，一方面降低利息水平，另一方面可以用提高贷款余额的方式取出现金来消费，这也是美联储不遗余力地推高房价刺激经济的动机之一。如果利率上扬，那么再贷款就无法套出现金，在储蓄有限的情况下，人们只能减少消费。

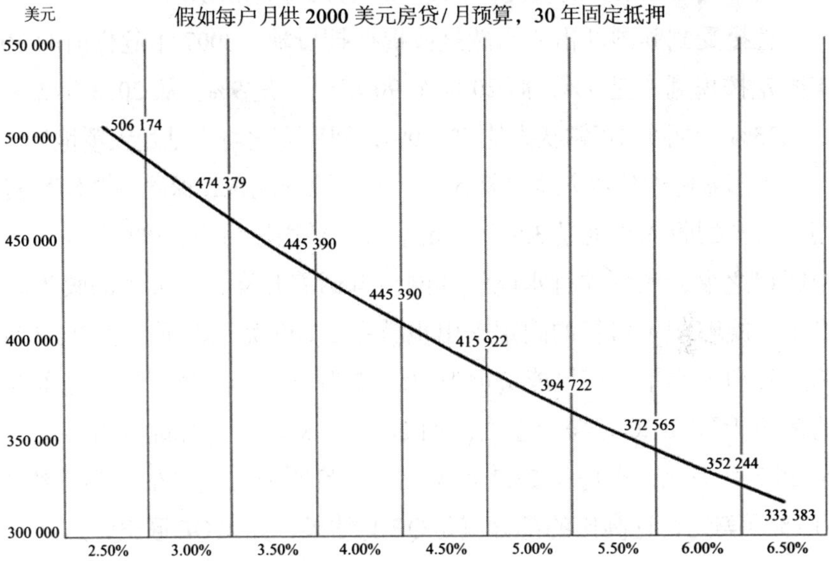

随着利率的上涨，固定月支出所能够负担的房价将下降

利率上扬已是难以避免的趋势，2013 年下半年以来，美国各大银行纷纷开始大幅裁减按揭抵押贷款的人员。7 月，美国银行宣布完成裁员 2 万人，这些人员负责处理遗留的按揭贷款坏账；8 月，美国最大的按揭贷款银行富国银行宣布裁员 2 300 人；摩根大通计划裁员 15 000 人，其中 3 000 人属于按揭贷款人员；9 月，美国银行宣布按揭贷款部门再裁员 2 100 人；同时，花旗银行宣布裁员 2 200 人。

因为新房销售跟不上，首次购房人的按揭贷款能力受到很大压制，而旧房交易中多数人属于炒房团，他们是全现金支付，并不需要申请房贷，前两年银行房贷部门之所以生意红火，利润滚滚，靠的是美联储的超低利率政策刺激出来的大规模再贷款风潮。2012 年，美国再贷款的规模高达 1.25 万亿美元，而 2014 年预估仅剩 3 880 亿美元的生意。

利率潮流悄然转向，新房现房的贷款仍未见起色，而再贷款也已成明日黄花，银行留着这么多按揭贷款的人还有什么用？

银行已经看到利率上扬的趋势，大裁员不过是未雨绸缪罢了。

利率火山如果真的喷发，房地产的前景将非常暗淡。

直接受到强烈冲击的当然是按揭抵押贷款。2007 年危机前的 30 年固定按揭利率是 7%，而 20 世纪 90 年代末是 9%。从 2013 年 5 月的 3.25%，到回归正常状态的 7%~9%，利率变化岂止是翻天覆地！

美国家庭中位收入水平是 5 万美元，除掉纳税、保险等强制性费用，可支配收入也就是 3.5 万美元左右，平均每月为 2 900 美元。一个四口之家，衣食住行水电气油网络电话等开支，一大半的收入就没了，能够用于房贷的固定支出也就在 1 200 美元上下。在 7%~9% 的房贷利率水平上，只能负担 16 万~17 万美元的房贷，他们能承受的房价大致在 20 万美元左右。而 2013 年 8 月，美国新房的中位价是 25.7 万美元，现房是 23.7 万美元，房价明显已被高估，高出约 3 万~5 万美元，这高出的部分就是 QE 的结果，如果 QE 退出，这部分上涨的房价将被迫回吐。

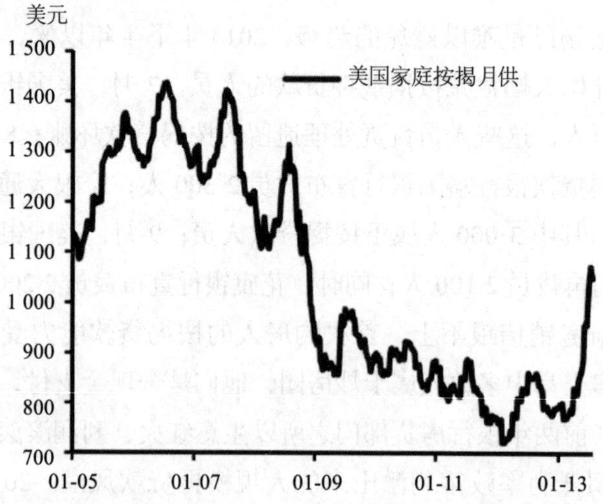

随着房价上涨和利率飙升，美国家庭的按揭月供也在飙升

资料来源：瑞信

利率火山将严重压制房价上涨的真实需求。

如果房地产市场上60%的购买者都是现金支付，特别是财大气粗的华尔街炒房团，是不是利率火山爆发对它们就没有影响呢？

答案是否定的。

以黑石为代表的“租客帝国”，存在着危险的模式缺陷。

“租客帝国”的致命陷阱

从表面上看，美国住房自有率的下降，意味着更多的人必须租房居住。2013年美国住房自有率已经跌到了1980年的水平，对于“租客帝国”的模式而言，应该是天大的喜讯，但是问题并没有这么简单。

“租客帝国”的模式貌似合理，但实际上存在着致命的缺陷。

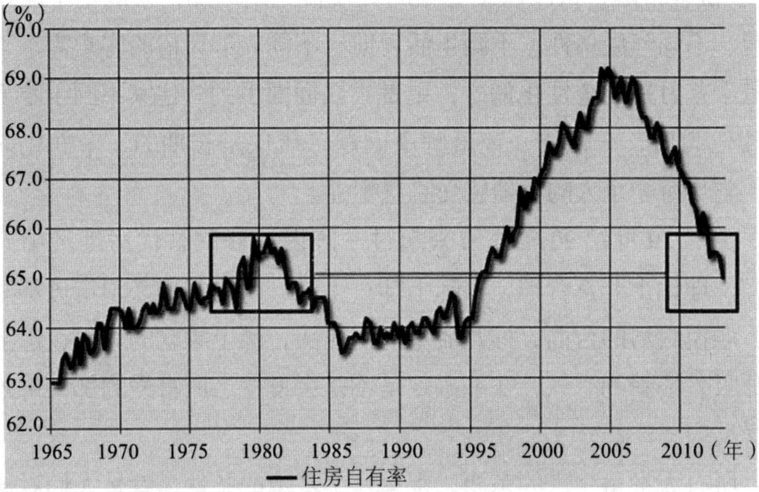

美国的住房自有率已经降到1980年的水平

被迫租房的家庭，主要都是经济条件一般或者较差的家庭，他们要么是从前的房主，被银行扫地出门；要么是刚组建的新家庭，正被学生贷款和其他负债压得喘不过气来。如果租户以美国的中位家庭为代表，假如他们承受不起按揭月供，那么他们能够承受的房租同样是有限的，而且增长空间不大。

由于华尔街炒房团的带动，超级廉价的出租房资源已被迅速瓜分完毕，而房价的快速攀升，使炒房团的投入产出比不断下降。2012年年初，炒房团投资的租金回报率高达14%~27%，而到2013年下半年，租房的收益率迅速降至3%~4%。与此同时，华尔街炒房团的平均出租率仅50%，远不如当初预计的那样高。黑石算是表现比较好的，出手早，买价低，资金大，形成了规模效应，出租率超过了80%，但整体独栋房出租的收益率也只有6%，其他炒房团很难超过黑石。

管理数万幢分散在全国各地的房产，是一件砸石头的苦力活，属于劳动密集型产业，这与管理住客高度集中的连锁酒店完全不同。“租客帝国”的每一幢房子都相当于一个迷你酒店，日常维护和经营管理的成本很难大幅降低。

“租客帝国”试图以工业化的大规模定制产品，来满足不同地理位置、不同气候条件、不同生活习惯、不同族群风俗的客户需求，特别是千差万别的个性化偏好，更是难以面面俱到。住家不同于吃麦当劳和住酒店，一顿或一夜就解决问题，居住是长期的、个性化的过程，它与每一个人的心理感受息息相关。

美国20世纪90年代曾兴起过一阵以互联网替代房地产中介的风潮，理论上非常合理，实际上却行不通。因为人们必须走进那幢房子，触摸厨房的台面，拧开浴室的水龙头，踏上柔软的地毯，走上阳台呼吸着清新的空气，才能确定是不是会发生名叫喜爱的那种奇妙的化学反应。

所有大批量生产的东西，都有一个基本的条件，就是人们对该产品没有、也不需要发生任何特殊的感情联系，住房显然不属于此类。

这些只是经营模式的缺陷，而更致命的是融资模式的潜在危险。

的确，利率飙升对黑石和其他的华尔街炒房团已经拿下的房产并不构成直接威胁，因为它们基本采用的是全现金购买。但是，6%这样的收益率是不足以支撑起一个有潜力的商业模式的，特别是在模式形成的初期。要想成功实现“租客帝国”的理想，华尔街炒房团必须不断扩大规模，以规模效应降低的成本，来抵偿人员不断膨胀的支出，它不仅要面对购房成本的不断上升和租户支付能力增长有限所造成的瓶颈，而且还要遭受融资成本飙升的严峻考验。

华尔街炒房团的资金源于资本市场和大银行，德意志银行就是“租客帝国”模式最大的资金供应者。当利率火山爆发时，回购市场、利率掉期、债券股票都会遭受灭顶之灾，资本市场流动性陷入枯竭。各大银行自身难保，对冲基金哭天喊地，哪里还有资金去扩大“租客帝国”的疆域？

更可能发生的是，炒房团内部的众多机构爆发资金链断裂，被迫大规模抛售房产套现。此时，房主们被“月供惊魂”逼得大规模违约，炒房的散户们吓得四散奔逃，谁有能力接住动辄成千上万幢房屋的抛盘？

“租客帝国”恐怕在下一轮利率危机到来之前还没来得及达到规模效应，就已经命丧黄泉了。

胜利大逃亡的路线图

当初，炒房团为了抢占止赎房市场的有利位置，出手大气，胃口生猛，不惜重金整修。随着房价的快速攀升，炒房团的初期投入大幅增加，而出租率却差强人意，风险的阴云开始聚集。2013 年 5 月以来的利率飙升，把炒房团的大佬们吓得不轻。融资成本大幅上涨，抢房竞争日趋激烈，而空置率却居高不下，租金收入潜力有限，“租客帝国”的理想越来越像是“鸡肋”，“食之无味，弃之可惜”。

华尔街炒房团的大佬们不得不开始考虑退路了。

最早尝试“止赎—出租”模式的对冲基金Carrington Holdings，一看风向不对，于 2013 年 5 月底开始撤退，基金的CEO坦率地承认：“我们看不到足够的回报来刺激进一步的投资。”那些仍在扑进该市场的炒房团，被他称为是“傻钱”。

但是，炒房团要想全身而退却绝不是简单的事情，最笨的办法就是直接卖房。

对冲基金和PE们从一开始就没打算长期成为房产管理者，既没这样的理想，更无这样的兴趣，它们的思路就是低买高卖，从中赚取价差，而且时间越短越好。但是在房地产市场上直接抛售数万幢房屋，几乎完全不现实，房产市场上没有人能够接得住这种规模的卖盘。

另外，直接卖房的交易成本将高得惊人，设想一下卖房之前要再次翻新数万幢住房，要在全国媒体和网络上发布卖房广告，还要雇无数人接待无数拨的看房者，才能找到潜在的合格买主；然后审查每个家庭的信用记录、工作情况、犯罪案底、银行流水，才能确定他们是否能够得到贷款以及贷款利率，这需要协调大量银行的工作；接着就是签订数万份购房协议，最后还要到地方政府登记、过户、交税，这中间涉及的人力和工作量将会非常惊人。从全身而退的路径考虑，只有金融市场才能吞吐炒房团的抛售规模。

对于炒房团而言，最理想的撤退路线就是将房地产信托基金搞上市，既能套现规避自己的风险，还能在“租客帝国”的游戏中继续玩下去，以股民的钱来冒险赌一把：赢了，好处是自己的；输了，自有一大帮替死鬼扛着。大佬们进退有据，坐看云卷云舒。

第一个吃螃蟹的炒房团玩家就是“银湾”（Silver Bay）地产信托，它于2012年12月挂牌上市，公开募集资金。旗下有出租房产2 548幢，共投入资本3亿美元，购房均价约12万美元，每幢平均租金为1 126美元，出租率为46%。其中，有900幢购入的时间在2012年6月之前，出租率达到了91%。2012年第四季度收入400万美元，全年运营成本2 460万美元，2012年处于净亏损状态。在出租率饱和的情况下，年收入可达4 200万美元，预计2013年实现盈利。

银湾公司计划上市融资2.45亿美元，用35%的股权收回了3亿美元的购房成本的82%。发行价18.5美元，炒房团的身价立刻涨到4.55亿美元。此时，82%的原始投资的风险其实已经转嫁给了投资人，自己仍然是大股东。如果搞得好，股票升值，炒房团是大赢家；要是商业模式行不通，炒房团从股市上抽身走人，远比在房地产市场上挨家挨户地推销房子要容易得多，那些卖不掉的房子就留给股民做纪念好了。

上市真是一步妙棋，炒房团处于可战、可守、可走的有利位置。

然而，投资人和股民的警惕性比危机前提高了不少，“银湾”的首次亮相并没有受到预期的热烈追捧，上市半年就跌破了发行价，此后竟一直没有缓过劲来。

眼看着银湾上市，其他炒房团也急不可耐起来。

美国殖民房产（Colony American Homes）紧锣密鼓地准备在2013年5月上市，它的资产规模远比银湾更大，到4月底持有9 931幢止赎房产，主要集中在凤凰城、加州、佛罗里达和得克萨斯。它计划融资2.45亿美元。正当美国殖民房产兴奋地期待上市钟声敲响之际，伯南克出来放话准备退出QE。噩耗传来，华尔街一片狼藉，利率上涨的预期使投资人对房地产项目立刻失去了胃口，银湾和其他房地产类的股票跌得一塌糊涂。眼看大势已去，美国殖民房产不得不宣布推迟上市的计划。

炒房团中也有不信邪的，美国出租房产（American Homes 4 Rent）就是其中之一，它坚持要在6月上市。美国出租房产公司的规模比美国殖民房产更大，它已经投入了25亿美元的巨额资金，持有14 210幢房产，购房均价为17.6万美元，比银湾的买入成本高出了5.6万美元。为什么非要赶在6月上市呢？因为它在2012年11月曾大手笔砸进了7亿美元抢房子，那时的买入价格已经不低，根据业内的经验，从大批量买入、翻修到出租的最佳时点是6个月，因为租户已经大量签约入住，还没有出现租户搬家或退租的现象，此时的租户最稳定，租房率也最高，现金流最好看。要是错过这一时点，财务报表就很难说了。

顶风作案是要付出代价的，在6月钱荒的时刻上市，注定会以悲剧收场。美国出租房产原计划募集12.5亿美元，结果只搞到了7亿美元，相当于股票价格打了44%的折扣。

本来上市是炒房团最理想的退路，而且也是它们在2012年年初就考虑好的方案，谁知道计划赶不上变化快，利率飙升来得太突然，超出了它们的预期。

眼看上市的路走不通，炒房团的老大黑石有点沉不住气了，它进入止赎房市场就是抄底之后快速退出的思路，搞PE的超级大佬要是长期陷入婆婆妈妈的租房事务，成何体统？

上市，应该说也是黑石的最佳选择，但前车之鉴历历在目，利率飙升大势所趋，如果这条路暂时走不通，那就需要立刻开始寻找其他的退出线路。

逃亡的第二战场：租金抵押证券

就在“美国出租房产”的IPO（首次公开募股）亮相跌得鼻青脸肿之时，黑石已经着手开辟逃亡的第二战场了，这就是租金抵押证券。

2013年7月31日，《华尔街日报》报道，“黑石、德意志银行共商发行租金抵押债券”，即RBS债券，消息传出后，立刻引发了房地产和金融行业的热烈讨论。

这将是世界上第一种以房屋租金为抵押的债券，堪称华尔街资产证券化的最新玩法。华尔街信奉的理念是，只要有未来的现金流，现在就做成证券，明天就把它卖掉。

理论上说，房屋租金是一种相对稳定的现金流，而成千上万的房屋租金，可以汇集成一个资产池，经过复杂的分离技术处理，将大小不一、信用不齐、时限不等、风险不同的租金收入，提炼成标准化的债券产品，这与MBS性质上类似，来源上有所不同。MBS靠的是每月还贷的现金流，而RBS则是租金的现金流。

金融危机之后，MBS的名声已经臭大街，华尔街除了有政府间接担保的房利美和房地美还能发行MBS之外，其他投资银行制造的MBS产品基本上断了销路。美国有句谚语：“第一次被骗是别人的错，第二次被骗是自己的错。”无论MBS的发行商如何洗心革面、痛改前非，10年之内很难有太大的起色了，正所谓“一朝被蛇咬，十年怕井绳”。只有这一代惨遭伤害的投资者退出历史舞台，而新一代完全没有切肤之痛的投资人进入市场，MBS所带来的心理创伤才能真正愈合。

在目前的市场状态之下，RBS最多只能成为一个迷你版的MBS，无论是规模还是重要性方面都无法与2007年之前的MBS相提并论。

MBS以房屋为抵押，RBS也是如此。黑石第一次RBS债券发行的规模不大，大约2.4亿~2.75亿美元，抵押的房屋资产总值约3亿~3.5亿美元，所对应的出租房为1500~1700幢，平均每幢出租房需要产生17.2万美元的现金流，如果每幢房屋的平均月租金为1 500美元，大约为10年的租金总收入。这意味着债券一旦销售成功，黑石就相当于变相卖掉了这些房子，其余风险全部转移给了投资债券的买家。如果债券违约，那被抵押的房子就是黑石留给投资人的纪念品，反正钱已经装进黑石的口袋了。

黑石发行RBS债券的承销商就是欧洲大陆最像华尔街打法的德意志银行，仅仅在2013年上半年，德意志银行就为黑石组织了36亿美元的融资，成为大银行中首屈一指的止赎房收购的融资提供者。

为了确保RBS的首发成功，黑石和德意志银行必然会搞“开业大酬宾”，不仅债券发行的规模小，抵押资产的质量与数量也会颇为优良和充裕。同时，在价格上也会有较大让利，10年的租金现金流，如果卖成7年，投资人还不抢疯了。

RBS债券靠谱吗？

至少这次评级机构吸取了从前的教训，穆迪们非常小心谨慎。黑石倒认为评不评级对第一单生意并不重要，这次的RBS即便是没有评级，也不会影响销售，只要给的回报有足够的吸引力。毕竟市场中对收益率饥不择食的基金们，正捏着鼻子在资产的“垃圾堆”里四下翻捡，寻找着可聊以充饥的残渣剩饭。它们的心态普遍是：宁可以后毒发身亡，也比现在活活饿死强些。黑石的首单RBS肯定会让它们的眼中冒出绿光来。

从表面上看，RBS的风险在于它缺乏历史数据，很难给违约风险定价。但从逻辑上分析，RBS甚至不如次贷生成的MBS的质量。租户和房主的心理是有本质差别的，就算是危机前的次级贷款人买房，他们缺少的是稳定的收入来源，但并不缺少房主对自己财产的热爱和尽心。租户就不一样了，房子并不属于他们，精心护理房屋绝不是他们考虑的重点，因此房屋维护成本会更高。PE和对冲基金的经理们搞投资是内行，做Excel表格计算容易，但管理数万幢止赎房产就复杂多了。

基金经理们当然不会自己管理如此规模的物业，具体事务必须外包给当地的管理公司。不过，许多问题是外包公司难以解决的。租户的信用参差不齐，经济能力各不相同，在收入增长受到严重挤压的“新常态”时代，找到并留住合格的租户是一项复杂和细致的工程，基金经理鞭长莫及，外包公司事不关已。

止赎房产密集的地方，通常都是贫困人口集中的社区，普遍存在着经济能力薄弱的问题。租金与月供的金额差距并不大，甚至月供的压力要小于租金，如果租户是还不上月供被银行踢出来的家庭，他们准时支付租金的能力又会强多少？

租户可以签一年的租房协议，也可能宁愿损失一些定金而提前搬家，由于涉及金额和责任远比买房少得多，租房的违约率必然远大于按揭贷款的违约率，结果房屋将被空置，直到找到下一个租户为止，这中间的间隔期有多长，租金损失有多大，同样缺乏数据统计。

由于租户并不像房主那样精心维护房屋，如果由于下水道堵塞、房顶漏雨、空调不冷、暖气不热、蟑螂肆虐、地下室进水等常见问题，租户要求的维修工作没有立刻到位，他们有可能愤怒地停止支付租金。如果租户遭遇裁员、重病或任何意外而导致丧失工作能力，没有人能立刻将他们赶出房子。各州法律都保护租户的权益，短则几个月，长则一年以上，这些意外的损失究竟有多少，谁也不清楚。

黑石的第一单RBS债券生意，将拉开新一轮房地产冒险的竞赛。

租房市场的总规模高达1.5万亿美元，一旦RBS成功，大量新的RBS将会批量上市，在收回本钱之后，继续滚动下去就是无风险的净赚了。RBS发得越多，房地产价格涨得越快。不过，房价迅速上涨也将导致租金收益率的快速下降，为了维持足够的收益率，炒房团有可能开始联手推高租金水平，毕竟更高的房价、更高的利率和更严的按揭贷款，将迫使更多的人进入租房市场，而在这里，炒房团已经为他们准备下高租金的盛宴。不断加大的压榨力度，最终将导致租户的大面积流失和RBS债券的崩溃。

在“胜利大逃亡”的心态之下，RBS债券最终必然高估其价值，而低估其风险，再次蒙骗世界各国的投资者，这才是华尔街的看家本领！

申　论

始于2012年3月的美国房价大反弹，并不能说明房地产行业出现了真正的复苏，这个市场主要是炒家的市场，而不是买家的市场。普通人在价格反弹中难受其益而易遭其害。

在房价上涨中，最大的获利者还是华尔街。

2008年危机中，中产阶级用自己的血汗钱拯救了华尔街，而华尔街转头就用他们的钱来夺走本属于他们的房产，进而迫使他们成为“租客帝国”的租户，继续用血汗钱来供养华尔街，这无异于将中产阶级抢劫了三次！

美国政府号称是民选的政府，它本该代表选民的利益，但是在处理房地产的政策上，却明显偏向华尔街，任由选民的财富遭受华尔街的反复洗劫。

难道除了纵容华尔街炒房团四处打劫，就没有其他办法解决房地产的止赎危机吗？

当然不是！

合乎逻辑也合乎正义的救助方法其实很简单，既然华尔街接受了政府和纳税人的拯救，它就理所当然地应该放弃止赎房产的所有权，因为这些房产已经被纳税人出资赎回了，它们不再属于华尔街，而应该属于纳税人，纳税人可以委托政府代管止赎房资产。

拖欠就是拖欠，违约还是违约，止赎房主必须受到惩罚，他们的代价就是丧失房产所有权，地方政府只需在房产登记中标注这些房产属于代管资产即可。

然后，地方政府可以和止赎房主们制定出一份重新赎回房产所有权的租金协议，将房产重新租给原房主，价格可以非常低廉，只要这些房主连续若干时间不出现租金违约，就可以重新赎回产权。这时候，租金将替代原来的房产税，继续为地方政府提供收入，改善学校、治安、医院等公共服务的水准。

这样一来，止赎房主不必被扫地出门，市场上也不会有大量止赎房抛售，房价暴跌的一大根源就被消除了。止赎房主仍然在照料自己的房子，社区中也不会杂草丛生，出现盗贼肆虐的安全隐患，社区整体房产价值自然得以稳定。

在大幅降低租金的情况下，止赎房主们的经济压力大为减轻，他们将努力工作，重新恢复元气，争取早日赎回自己的房产，这将大幅减少众多的家庭悲剧，降低社会的综合成本。

随着经济的逐步好转，真正的购房者将获得参与房地产复苏的机会，只有他们的广泛参与，才能将房地产逐步拉出衰退的泥沼。

在合理的政策之下，根本不需要华尔街炒房团来人为推高房价。现在的麻烦是，房地产再度出现了大规模的投机现象，与上一次广泛的散户炒房不同，这一次机构成了主力玩家，他们入市快，一旦风向不对，跑得会更快。房价不是更趋平稳，而是潜伏着更剧烈的震荡，房地产不是在走向复苏，而是加速奔向下一次的崩溃。

— 注释 —

[1] William C. Dudley, *Housing and the Economic Recovery*, Remarks at the New Jersey Bankers Association Economic Forum, Iselin, New Jersey, 2012-01-06.

[2] Morgan Brennan, *Wall Street Buying Adds to Housing Booming*, Forbes, 2013-06-24.

[3] Craig Karmin, *Blackstone to Buy Stakes in Apartment Complexes From GE Unit*, Wall Street Journal, 2013-08-12.

[4] Ale Jandro Lazo, *Inland Empire housing is more affordable but still out of reach*, Los Angeles Times, 2013-02-16.

[5] Ibid.

[6] Ruth Simon, *Student-Loan Load Kills Startup Dreams*, Wall Street Journal, 2013-08-13.

第六章

财富分裂，折断了梦想的翅膀

CURRENCY
WARS

本章导读

所谓的“美国梦”，就是一种相信只要通过个人努力和不懈奋斗，便能在美国获得更好生活的信仰，它不依赖于任何特殊的社会阶级出身，也不凭借父母、亲友或其他社会关系的非正常援助，而是靠着自己的勤奋、勇气、创意和决心迈向富裕的梦想。

形象地说，“美国梦”就像一个停车场，只有1 000个车位，却有2 000辆车，只有勤快早起的人才能抢到车位，实现自己的“美国梦”，而懒惰的人就只能停在很远的路边，他们没有梦想或只有噩梦。

在2007年的美国就业市场上，高薪岗位7 180万个，而全部工作岗位1.38亿，两者比例大约也是1∶2。到2013年，高薪岗位下降到6 760万，全部就业机会净减少250万，而人口净增加了1 500万。就业之难，难于上青天。

从收入上看，占就业人口90%的绝大多数美国人，他们的实际收入比1970年还少1%，真实消费能力倒退了40多年，而10%的富人集团席卷了国民收入的50%，比1970年高出17个百分点！

对于美国人而言，等待停车的人更多了，但停车场的车位却更少了，而且10%的极少数人的车子占了一半的车位。从统计上看，无论人们怎样努力，更多的人已经注定被排除在停车场之外，这就是“美国梦”幻灭的必然。

一个生机勃勃和充满梦想的社会，其就业的“停车场”应该越来越大，车位越来越多，更多的人将有更大的机会成功“泊车”，这是人们坚信通过自己的努力能够获得更好生活的前提。

究竟是什么因素导致了“美国梦”的幻灭？今天的中国能够从中吸取什么样的教训？这将是本章探讨的主题。

在华尔街，总统吃了闭门羹

2009年9月14日，美国总统奥巴马信心满满地来到了华尔街，他此行的目的有两个：一是敲打华尔街的大佬们，二是敦促他们支持金融改革。

此时，总统的自我感觉相当良好，他的竞选口号“我们必须改变”早已家喻户晓，深得人心。美国人正在金融危机中挣扎，失业的打击，负债的煎熬，都赶不上失去家园的痛苦，而危机的元凶祸首华尔街，居然拿着纳税人的救助，领到了比危机前还要夸张的巨额奖金，这怎么能让普通的美国人心平气和？美国社会对华尔街的情绪已经从不满升级到愤怒，甚至是仇恨。美国人迫切需要一个能够改变这个国家的英雄总统，而奥巴马自以为就是他们心目中的那个英雄。

奥巴马还有一个更自信的理由，因为他是华尔街的大救星。在拯救华尔街的行动中，以他为首的美国政府是花了血本的。救助银行的措施一项接着一项，国库中纳税人的银子，源源不断地填进华尔街那巨大无比的资产黑洞。有形的救助规模已然前所未有，无形的输血就更为惊人，在华尔街危在旦夕的时刻，仅美联储的临时流动性救援就高达16万亿美元，远远高出财政救助的数量级。还有大规模的QE政策，以贬值货币和巨额赤字为代价，无异于向纳税人强行抽血，以补贴华尔街的贪婪。在奥巴马看来，华尔街欠他的人情比天高、比海深。

这一天正好又是雷曼兄弟破产一周年的“祭日”，也是总统向华尔街推销金融改革的黄道吉日，他可以尽情地忆往思今，痛陈时弊，凝聚共识，共创改革大业，而华尔街的大佬们定然是羞愧交加，谦卑恭谨，洗心革面，准备重新做人。携强烈的民意和大救星的心态，奥巴马斗志昂扬地踏上了华尔街的演讲台，他的中心话题就是要让华尔街的贪婪“付出代价”。

结果却让奥巴马大吃一惊，华尔街的大佬们居然一个都没来！按照《华尔街日报》的说法就是：“没有一个美国大银行的CEO出席(总统的演讲)。”[1]

这是怎么回事？

难道大佬们不知道总统要来华尔街？当然不是，总统演讲的通知早就送到了大佬们的手中，新闻报道满天飞，纽约的大街小巷都知道。大佬们不来，却派了一群小喽啰来充场面，微笑、鼓掌、闪光灯一样不少，就是缺了最主要的听众，金融改革的大计大佬们不来捧场，和小喽啰们说了也白说。

奥巴马的脸面有点挂不住了，这时他才明白，什么民意，什么总统，什么监管，什么改革，在华尔街大佬们看来，这些算个鸟！总统大老远跑来华尔街想教训大佬们很“贪婪”？那就别怪大佬们不给总统面子！

既然来了，奥巴马只有硬着头皮开讲，只是原先想敲打大佬们，结果却反被大佬们敲打。

“听清楚我的话，我们将不会回到那个鲁莽和没有节制的时代，它们正是造成危机的核心，太多的人仅仅被赚快钱和高额奖金的欲望所驱使。”

奥巴马心里很清楚，这样的话在华尔街听起来相当刺耳，大佬们正是讨厌这些说法才缺席。但是，华尔街的贪婪几乎葬送了美国经济，要不是政府拿着纳税人的钱来补贴华尔街，哪里会有金融市场的反弹？知恩不图报也就算了，就连出席总统演讲这点起码的礼貌都没有，华尔街的傲慢让奥巴马一肚子火。

“(金融市场)回归正常，不能让人产生自满……不幸的是，金融行业中的某些人误读了现状。雷曼兄弟的破产和我们仍在其中挣扎的金融危机，并没有让他们获得应有的教训，他们选择忽视这些教训。”

大佬们对总统的救星心态非常反感，没有华尔街的竞选经费，奥巴马不过是一个名不见经传的议员而已，是大佬们把奥巴马送进了白宫，现在居然还端起救星的架子！谁是谁的救星都搞不清，还想来教训大佬们，真是岂有此理！

“总而言之，我们将提出大萧条时代以来最具雄心的金融监管改革方案。但是我想强调，这些改革都是基于一个简单的原则：我们应该制定透明和问责的明确规则。只有这样，我们才能确保市场将鼓励负责任，而不是鲁莽的行为；也只有这样，我们才能确保奖励完全诚实和严格守法的人们，而不是那些试图钻监管漏洞的家伙。”[2]

奥巴马声嘶力竭地推销着他的金融改革，这是他准备留在青史上的两大政绩之一。无奈，华尔街对他的金融改革显然没有兴趣，对限制大佬们贪婪的监管就更加反感。

奥巴马在华尔街没见上大佬们，改革大计毕竟需要他们的参与和支持。于是，2009年12月14日，总统再度邀请大佬们到白宫面议。结果，几个主要的大佬再次缺席，借口是华盛顿当天大雾，他们的飞机从纽约过来有问题。其实，他们也可以坐90分钟的火车赶到华盛顿，只比飞机多30分钟而已。

或者是大佬们的时间真的很宝贵，也许是他们压根儿就懒得听总统絮叨，反正该来的还是没来，总统继续演着独角戏。

总统奈何不了华尔街，那国会能够通过立法来遏制华尔街的贪婪吗？

立法倒是搞出了一个，这就是总统和国会一直忙活的金融改革法案——《多德-弗兰克法案》，该法案号称是“大萧条”以来最全面、最严厉的金融改革法案，必将成为与《格拉斯-斯蒂格尔法案》(《1933年银行法案》)齐名的金融监管的里程碑。

“沃克尔规则”

在《多德-弗兰克法案》的诸多条款里面，最接近《格拉斯-斯蒂格尔法案》精神实质的就是所谓的“沃克尔规则”了。它们都坚持一个极简单的原则：银行不能只顾冒险赚钱，而将储户的存款置于风险之下。

银行的本质就是为社会托管资产，并提供货币服务，它的正当利润应该源于这种服务所收取的服务费，如贷款利息就是借款人向银行支付的货币服务费。在历史上和现实中，由于货币的特殊性质，银行逐渐借助货币服务的垄断地位，谋取了在其他领域中越来越大的利益，并最终使之合法化。

在20世纪30年代大萧条之前，银行可以参与股票市场的投机，而将储户的存款暴露在高度风险之下，如果投机赚钱，都是银行的利润；如果赔钱倒闭，储户的存款也将化为乌有，银行的冒险行为实际上违背了储户的意志，强行绑架了他们的存款。《格拉斯-斯蒂格尔法案》将商业银行与投资银行进行彻底分离，就是为了杜绝储户存款不应该遭受的风险。存款保险制度的建立，目的在于促使由纳税人担保的商业银行，必须放弃高风险投机的诱惑。投资银行可以继续冒风险，但别指望纳税人来拯救。

在大英帝国时代，银行冒险的代价极高，银行如果破产，银行家的私人财产将被储户无限索赔，直到19世纪中后期，有限责任的银行才开始流行。但在金本位的严格制约之下，银行一般都不敢过度冒险。相对于从前英国银行的保守传统，美国银行的做法更像西部牛仔。

20世纪60年代美元开始大规模超发以来，钱越来越多，钱生钱的欲望越来越强烈，贪婪开始毫无顾忌地冲撞一切阻碍。20世纪70年代废除金本位，80年代金融自由化，终于导致了90年代末《格拉斯-斯蒂格尔法案》的终结。

21世纪更是一个金钱突破各种监管，冲击所有国界，追逐一切利润的疯狂时代，18世纪的欧洲，19世纪的英国，20世纪的美国，都不曾见识过金钱拥有如此巨大的全球能量。

肆无忌惮的贪婪，不仅导致2008年席卷全球的金融海啸，而且也是下一场更大危机的策源地。如何将疯狂的金钱魔兽关进笼子里，这绝对是一项世界级的难题。

奥巴马的金融改革方案中，原本没有驯服金钱魔兽的条款，所谓保护消费者、系统风险监测、破产有序清偿、衍生品清算和交易等内容，都是在控制金钱魔兽最终所造成的损失，而不是在遏制疯狂贪婪的源头。真正有可能对金钱魔兽产生约束力的就是“沃克尔规则”。

沃克尔是20世纪80年代初美联储叱咤风云的铁腕主席，对付高通胀敢用高利率的撒手锏，宁可承受经济衰退，也要捍卫美元地位，算是相当有胆色的一个人物。他的主张是，银行必须切断自己与对冲基金，或私募股权基金的直接联系，并且它们自营交易的规模也必须受到限制。

作为奥巴马的金融高参，沃克尔在其他问题上不得不迁就萨默斯或盖特纳，他毕竟是早已被边缘化的人物，但在涉及金融改革最重大的原则问题上，沃克尔却是惊人的“难缠”，奥巴马最终同意将“沃克尔规则”增补进金融改革法案。

银行参与对冲基金或私募股权，这当然就像20世纪30年代银行参与股票市场投机一样，赚了归自己，而现在即便赔了也有纳税人当冤大头，风险不冒白不冒，好处不占白不占。自营交易（Proprietary Trading）的问题比较复杂，这也是华尔街与新法反复拉锯的最主要的条款。自营交易是否合乎“沃克尔规则”的关键在于，交易是为了盈利，还是为了对冲风险。如果自营交易的目的是追求盈利，那同样是将储户的存款置于了风险之下，有赚就有赔，赚了是银行的，赔不起又怎么办？储户损失，纳税人埋单，政府收拾烂摊子？

华尔街申辩说，如果我的自营交易就是为了对冲所持有资产的风险，那只能算是买保险，而不是为了赚钱，难道我连规避风险的权力都没有吗？那这个生意就没法做了！

如何区分自营交易的目的，确实很难梳理出泾渭分明的规则。

国会和监管部门对这一规则究竟应该如何在实际中应用，搞出来的方案复杂到令人头痛的地步。事实上，“沃克尔规则”的贯彻，已经变成了和全球变暖、减少贫困、治疗癌症或解决中东冲突同样复杂的问题。

其实，复杂的不是问题本身，而是解决问题的态度。

当沃克尔被一位议员问起如何界定什么是自营交易时，他借用了已故大法官斯图尔特（Potter Stewart）的名言：“这就像是‘色情文学’，我看到它就能够辨认出来。”

话糙理不糙，原则很简单，常识即可。

就拿2012年震惊金融市场的“伦敦鲸”事件来说，常识就足以判断它是否违反了“沃克尔规则”。

“伦敦鲸”的覆灭

“伦敦鲸”是摩根大通的交易员布鲁诺·伊科希尔（Bruno Iksil）的绰号，此人在摩根大通的伦敦CIO（首席投资办公室，Chief Investment Office）负责债券衍生品的交易，这位神秘的交易员近年来每年都为摩根大通创造上亿美元的惊人利润。

摩根大通的CIO也是个有意思的地方，它位于当今世界金融最自由、玩法最疯狂的伦敦城。摩根大通号称是银行中的“资产负债表的堡垒”，在华尔街的金融丛林里堪称是“狮子王”。它吸纳了1.1万亿美元的储蓄存款，贷款规模约7 000亿美元，存款远高于贷款，它本可以继续贷款给美国的实体经济，促进经济复苏，但是摩根大通却不愿这样做，因为合格的贷款人实在不多，而且贷款这种老旧业务利润不高，风险却不小。于是，摩根大通在存贷款之差中，拿出了3 000多亿美元，交给了位于伦敦的CIO办公室进行投资。这个CIO就相当于摩根大通内部的一个超级对冲基金，管理着3 230亿美元的庞大资产。

注意，这3 230亿美元的投资基金来自储户存款，如果用于贷款就可以创造就业，如果投资国债和优质债券，也算是安全靠谱，这都算符合“沃克尔规则”。

但是，CIO的“伦敦鲸”们却在摩根大通高风险、高回报、高奖金的文化之中，变成了嗜血的鲨鱼。

“伦敦鲸”并没有老老实实地投资安全稳定的债券，而是大举投入了债券衍生品CDS（信用违约互换）市场。CDS的名头曾在2008年金融危机中红极一时，AIG（美国国际集团）、雷曼兄弟、贝尔斯登的破产都与之关系密切。所谓信用违约掉期，就是一种信用违约的保险，其本质就是双方对赌某家公司的债券是否会违约，卖保险的一方承诺如果某公司债券违约，它愿意赔偿损失；而买保险的一方则需要定期向卖保险的一方支付保险金。由于AIG在市场中卖的保险太多，而危机导致债券违约大增，AIG赔得吐血，同时合约价值暴跌，导致AIG巨亏2 000多亿美元，除了美国政府，没人能挽救AIG的破产。

好日子没过几年，CDS又卷土重来。贪婪不是病，贪婪是人性，无药可治！

当然，“伦敦鲸”没有傻到再去犯AIG同样的错误，他没有单独去买卖某一家公司的债券违约保险，而是找到了一个更廉价也更可靠的途径，这就是投资CDS的指数，只要趋势对了，不必担心某一家公司出问题。

“伦敦鲸”杀入的就是市场中最火爆的一种CDS指数：CDX.NA.IG.9！

这个看起来更像车牌数字的CDS指数究竟是啥意思呢？IG9就是金融数据服务商Markit集团提供的CDS指数CDX系列9的报价，它追踪121家北美投资级（IG，Investment Grade）公司的CDS价格，并形成指数CDX系列9。这121家公司包括麦当劳、美国运通、HP（惠普）、迪士尼等大品牌。以前这个系列共有125家公司，包括房利美、房地美等“堕落天使”，金融危机之后，4家公司从系列中被除名。

CDS已经是债券的衍生品了，而IG9又是CDS的衍生品，“伦敦鲸”玩的是衍生品的平方！

为什么要投资IG9而不是其他的CDS指数系列呢？因为这一系列交易最活跃，资金进出量大，市场流动性好，合约的名义总值高达8 860亿美元，实际净值1 480亿美元，即全部合约如果真的执行所涉及的资金总量。

“伦敦鲸”大量买入10年期的IG9指数，同时放空短期指数，但多仓远高于空仓，空仓只是为了对冲风险。总的说来，“伦敦鲸”相当于卖保险的一方，担保这121家公司的债券不会违约，可以说“伦敦鲸”对美国经济向好是充满信心的。他的交易对手，即买保险的一方需要定期向“伦敦鲸”支付保险金。如果IG9的指数越来越低，说明违约概率减少，“伦敦鲸”的保险合约就更值钱，因为交易对手支付的保险金高于市场水平，如果此时卖掉合约，“伦敦鲸”就实现了盈利；要是不出手，就是账面盈利。风险在于，如果IG9指数开始走高，那“伦敦鲸”就会盈利减少；要是大幅攀升，“伦敦鲸”就会亏损惨重。

至少在2012年3月底之前，“伦敦鲸”是幸运的，美国经济似乎的确在好转，公司违约的风险自然就降低了，IG9指数的趋势向下，“伦敦鲸”账面盈利可观。

人的本性都是贪婪的，而在摩根大通超级贪婪的文化之中，只会刺激贪婪变成极度贪婪，盈利与巨额奖金挂钩，谁能抗拒这种诱惑？

“伦敦鲸”为了赚更多的钱，开始不断加仓，再加仓，就像当年的AIG，在市场中狂卖保险。他代表的是摩根大通，背后是3 000多亿美元的超级对冲基金CIO，随着投入资金的不断放大，他在市场中的价格影响力也随之放大，他卖的保险越多，对IG9指数所形成的压力越大，这就如同大银行卖利率掉期保险可以压制利率水平一样。

最后，“伦敦鲸”终于成为整个市场中最具影响力的超级玩家，他一动，价格随之而动，所有市场中的对冲基金都看着他的动作来判断市场走向。他已演变成一条小河中的大鲸鱼，扑腾一下就能掀起层层波澜，“伦敦鲸”的绰号由此在CDS市场中声名远扬。

但是，这时出现了一个问题，“伦敦鲸”的行为扭曲了市场价格。在正常的CDS市场中，买入IG9指数的价格，应该与单独买入121家公司债券的CDS的综合价格相当，否则将会出现套利的机会。2011年8月之前，两者的价格曲线几乎完全重合，这表明市场行为基本正常。但2011年底却出现了IG9的价格与单独购买CDS价格的日益明显的偏差，买IG9指数更便宜！

到2012年1月初，如果买IG9指数来为10年期1 000万美元的债券进行违约保险的话，成本为每年11万美元左右，而单独买IG9的121家公司的CDS保险则需要支付近13.9万美元，IG9指数竟然便宜了2.9万美元！[3]

这一发现，导致大量的对冲基金蜂拥入市，无论是为了降低对冲其他资产风险的成本，还是大胆和“伦敦鲸”进行对赌，大家都纷纷抢购“伦敦鲸”卖出的便宜保险。结果，“伦敦鲸”突然发现，他竟成了市场中的“孤家寡人”，几乎所有人都成了他的对手。虽然在2012年的头3个月中，他还有账面盈利，但形势越来越不妙，由于自己在市场中已是一家独大，导致了他难以转换仓位的窘境。他如果逃跑，就必然导致手中的合约价格暴跌。

如果市场一旦反转，后果更是不堪设想，他将被市场中其他对冲基金生吞活剥掉，虽然他是大鲸鱼，但也架不住成千上万小鲨鱼的疯狂撕咬。

2012年3月下旬到4月初，欧债危机突然出现了死灰复燃的趋势，而美国经济的数据也远非理想，不利消息迅速转化为CDS市场的剧烈震荡。对于持有巨大仓位的CIO而言，这真是天大的噩耗。摩根大通的风险控制部门立刻绷紧了神经，CIO的凶险处境开始震惊摩根大通的高层。4月10日，“伦敦鲸”从市场上消失了，庄家的撤退引发了自身的灾难，当天，CIO内部报告承认损失达到了每天600万美元的程度，随着合约价格的暴跌，90分钟之后，损失变成了4亿美元！

2012年，摩根大通的CIO部门以巨亏62亿美元惨淡收场。

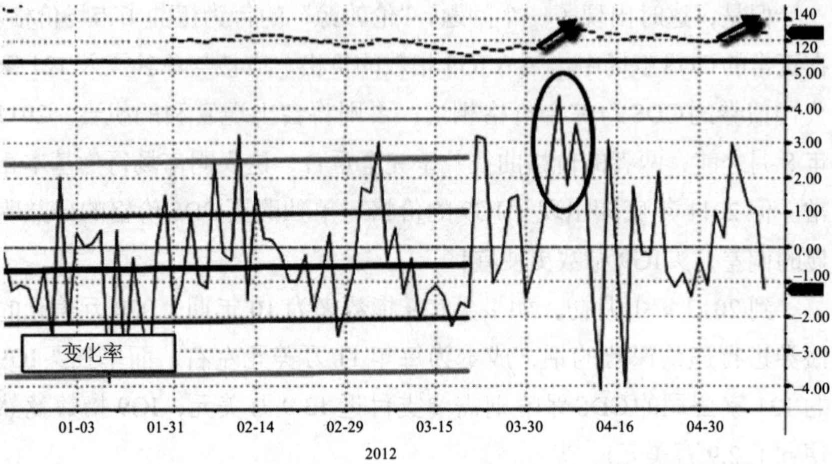

2012年3月下旬到4月初，IG9指数开始剧烈震荡，
“伦敦鲸”的覆灭已无可避免

在IG9接近1 500亿美元的总违约风险敞口中，摩根大通一家就独占了上千亿美元，完全具有操纵市场价格的能力。只是豪赌的规模越大，风险也就越高，除非摩根大通将所有CDS的指数系列，以及每一家公司债券的CDS价格全部控制住，否则操纵必难以持久。

需要明确指出的是，摩根大通以如此之高的风险敞口比例介入IG9市场，已经完全不是在对冲所谓的风险，而是目标明确地追逐利润！摩根大通上千亿美元的风险，既是它自己的风险，也是储户存款的风险。在摩根大通的过剩储蓄中，高达3 000多亿美元已经悄然转移到了伦敦的CIO部门。

摩根大通的储户存款不是在美国吗？这些钱如何能够“飞到”伦敦呢？

一条可能的道路就是通过回购转抵押来“搬运”资金。

摩根大通在美联储的账户上趴着数千亿超额准备金，这些资金并没有被放贷出去，它们吃着美联储微薄的0.25%的利息被“闲置”在那里，这当然不符合银行追逐高额利润的本性。一个巧妙的办法，就是通过回购市场进行资金的“乾坤大挪移”。

摩根大通可以在回购市场中借出超额准备金账户上的“闲置资

金”，收取国债作为抵押品，即所谓的“逆回购操作”。根据会计准则，“闲置资金”仍然停留在摩根大通的资产负债表上。由于摩根大通是三方回购市场上的两大清算行之一，它可以将回购抵押品进行“转抵押”，比如将国债转抵押到伦敦的CIO部门，而伦敦市场对转抵押的次数并没有上限，CIO完全可以利用这些国债，在伦敦的回购市场中再次抵押以获得现金，然后投资到CDS的IG9市场中以博取高风险收益，这正是CIO为什么要设在伦敦的原因。

如此一来，摩根大通在美联储的超额准备金账户上的“闲置资金”并没有减少，从法律的角度看，它们依然趴在那里吃着政府补贴的0.25%。但是，那仅仅是货币的“躯壳”，而其“灵魂”却早已通过回购抵押链条，飞到伦敦赚大钱去了。

摩根大通不过是大银行中的一个例子而已，其他华尔街大佬们完全可以依葫芦画瓢来转移它们的超额准备金。

由于不理解回购市场的精髓，很多学者误以为美国的银行系统在美联储的账户上还拥有2万亿美元的“闲置”储蓄，财务状况应该相当充裕，殊不知这些钱不知有多少早已漂洋过海参与高风险的赌博去了。

用这些资金进行冒险，当然就是拿储户的存款冒险，赚了属于摩根大通们，赔到破产就活该纳税人倒霉。

摩根大通在“伦敦鲸”事发之后，仍然信誓旦旦地声称，这不算自营交易，而是风险管理，CIO在IG9上的投资，完全是为了对冲摩根大通的其他风险，绝不是为了赚取利润。

有一种谎言叫瞪着眼说瞎话！

还是大法官斯图尔特说得透彻：“这就像是‘色情文学’，我看到它就能够辨认出来。”

无法无天与有法无天

世界上有两种腐败：一种是无法无天，违法侵吞他人资产；另一种是有法无天，合法掠夺公共财富。天，就是天理、良心和正义！

法律本身并不必然保护正义，关键是谁在制定和执行法律。还记得罗斯柴尔德家族的名言吗？“只要我能控制一个国家的货币发行，我不在乎谁制定法律！”

旨在遏制华尔街贪婪的《多德-弗兰克法案》，为这一论断提供了鲜活的例证。

当初奥巴马签署的法案版本，已经由多德议员提议之初的56页，和弗兰克议员提议的77页，扩容至848页，涵盖了近400项条款，这项法案被称为美国金融史上最冗长的法案。

在此之前，美国金融法案基本没有超过50页的。1864年颁布的建立美国银行体系的法案只有29页，1913年的《美联储法案》也只有32页，作为《多德-弗兰克法案》精神楷模的《格拉斯-斯蒂格尔法案》也不过37页，难怪美国的法学界将《多德-弗兰克法案》称为“一个九头鸟的怪物”。

在奥巴马2010年7月21日正式签署《多德-弗兰克法案》之后的两年里，法案并没有随着争论而简化，却因为华尔街利益集团的不断搅局变得更为复杂。848页的法案，从2010年7月—2012年7月已经膨胀到令人窒息的8 843页！

而法案的执行细节才仅仅完成了1/3！

人们最终将会看到一个上万页，甚至几万页的庞然大物。

难怪耶鲁法学院教授乔纳森·梅西（Jonathan Macey）尖刻地讽刺道：“法律本该是为普通人提供的行为规则，很显然，《多德-弗兰克法案》并不是提供给普通人看的，它是一部针对官僚主义者的纲领，用来指导这些人如何制造更多的法规，从而产生更多的官僚主义。”[4]

这就是华尔街麾下律师们惯用的“文山会海”的战术伎俩，利用无限复杂的技术细节来干扰核心问题，制造铺天盖地的文件大海来淹没相关人员，掀起层出不穷的争议浪潮来左右立法初衷。

法律界戏称，当全部法案细则出齐之后，全美国恐怕只有两三个最牛的律师事务所能真正搞明白这个法案究竟说的是什么。金融监管部门、各级政府执法单位、金融机构的合规人员以及金融从业者，要想清楚地知道什么能做什么不能做，还需要极其漫长的学习和培训，没有个十年八年，法案根本无法执行。

“沃克尔规则”更是如此。

沃克尔单独提交议案时，规则只有区区4页纸。沃克尔的初衷是想通过一个简单的法律，最大限度地阻止大型金融机构在自营交易中从事高风险的活动。在沃克尔的定义中，自营交易十分容易界定：“自营交易是你为自己挣钱，不是为客户来服务。”沃克尔认为：“这通过跟踪和计算银行的交易头寸就可以看出来。”

沃克尔认为很简单的办法，却遭到了华尔街的强烈抵制。利益攸关，华尔街寸步不让。如果严格按照“沃尔克规则”执行，仅限制自营交易一项，就将使高盛的年收入减少逾37亿美元。而且，如果监管机构制定的相关细则格外严厉，高盛还可能面临额外的数十亿美元损失。除了高盛，“沃克尔规则”也将对摩根大通、摩根士丹利、美国银行以及花旗集团等华尔街大佬造成严重冲击，如果2010年7月新法中的“沃克尔规则”很快到位，并于2011年开始实施的话，将对华尔街大佬们2011年的总收入造成高达500亿美元的巨额损失。

正因如此，反对、阻碍、拖延“沃克尔规则”的实施，就成了华尔街的当务之急。

为此，高盛组织了美国政坛的“全明星”游说大军，与政府相关监管机构进行交涉，其中不乏重量级前政府要员。高盛希望可以说服这些机构修改“沃尔克规则”中的相关条款，放松规则的严厉程度。

高盛的“游说军团”，由美国众议院金融服务委员会前副主席迈克尔·皮斯挂帅，成员包括参议院银行委员会、白宫以及各主要监管机构前要员。这些要人通过政府与华尔街之间的“旋转门”，摇身一变都成了在高盛领高薪的“食客”，他们拼命活动以证明他们在高盛享用的“丰盛饭菜”不是白吃的。此外，高盛还额外聘请数位颇具影响力的国会退休议员常驻在华盛顿，加强与政府的联系。其中，包括参议院共和党前领袖洛特、共和党前参议员约翰·布鲁，以及众议院民主党前领导人盖帕特等重量级人物。

华尔街和华盛顿早已是荣辱与共，不分彼此了。在它们的密切合作之下，法律最终巩固的是“华尔街—华盛顿轴心”的金权天下！

面对华尔街的巨大压力，奥巴马不得不妥协，结果各种利益集团通过游说，在“沃克尔规则”中插进了五花八门的“例外”和“细则”。当加入了“代客交易”“对冲交易”“止损交易”等赦免范围之后，规则已变得极其复杂。原本只有4页纸的“沃克尔法则”快速膨胀到298页，就连沃克尔本人都看得直叹气。

100个豁免，乘以1 000个例外，等于10万个不明白！

在诸多的“例外”和“豁免”之中，值得一提的还有“沃克尔规则”对美国国债和两房MBS债券的自营交易网开一面。原因很简单，美国乃至全世界的回购市场中，美国国债和两房MBS乃是最重要的回购抵押品。如果取缔了围绕着它们进行的回购融资，整个影子银行系统就会塌方，金融危机将立刻爆发。

回购交易属于银行的“自营交易”吗？当然毫无疑问。银行在这个市场的许多交易显然是以营利为目的，但这种交易却不可能禁止。由此还会衍生出更广泛的困境，“沃克尔规则”不禁止美国国债，却严禁银行交易其他国家的主权债券来牟利，这将造成其他国家国债发行和交易上的难度、成本和风险，减少它们的市场流动性。英国、日本和欧盟国家对“沃克尔规则”的偏袒不可能心平气和，这就必然影响世界金融市场规则的协调性。

内有抗拒，外有猜疑，“沃克尔规则”已是举步维艰。

不仅华尔街捣乱，美联储对大银行更是“偏心”。就在围绕“沃克尔规则”的细则争论愈演愈烈之时，一位美联储官员放出风来，“沃克尔规则”的自营交易定义或许还将根据金融机构的不同而发生变化。这一消息让已经面目全非的“沃克尔规则”变得更加不知所云。

不仅如此，原本规定2012年7月21日是“沃克尔法则”生效的日子，但是美联储却突然跳出来通知各大银行，不必立即停止自营交易，并给出两年时间进行“相关业务的合规审核”。按照最乐观的预测，“沃克尔规则”也要到2014年7月才能出细则，真正产生约束力就更晚，而且美联储还拥有继续推迟生效时间的权力。即便是到了那个时候，“沃克尔规则”中还是会包含许多对银行的豁免或延期规则，允许银行继续在十多年的时间内，拥有现在的私募股权和对冲基金投资业务，而自营交易规定只能是一大串的例外、豁免的灰色地带。

沃克尔的“色情书”理论，大概只能由他自己慢慢享用了。

其实，沃克尔知道华尔街的巨大能量，他在规则中提到，要防止2024年及以后的时间中发生金融危机，言下之意就是此前犯规将从轻发落，这一竿子就将落实的问题支到了10年以后。

奥巴马在竞选时声称要让华尔街为自己的贪婪付出代价，这一承诺在其第一个总统任期内就成了一句空话，从最终结果看，奥巴马无非也是在“为穷人说话，替富人办事”罢了。

如果说华尔街的大银行是“大而不能倒”，那么《多德–弗兰克法案》则是“复杂到无法执行”，而严厉的“沃克尔规则”看起来更像是滑稽的“沃克尔游戏”！

也正因如此，华尔街根本没有把法案和规则放在眼里，摩根大通照样进行着“伦敦鲸”式的大冒险，而高盛对新法也是视若无睹。自《多德–弗兰克法案》通过以来，高盛募集了多个新基金，包括一个能源基金、一个人民币基金和一个房地产夹层基金。高盛相信这些新的基金能够符合沃克尔规则的要求，就算不行，高盛也可以申请延期或者用其他手段让这些基金继续存在。

围绕着《多德–弗兰克法案》和“沃克尔规则”所爆发的一系列尖锐矛盾，以及最终的结果，揭示出更多深层次的问题。

美国人民痛恨华尔街的贪婪，美国总统和美国国会也厌恶华尔街的贪婪，为什么选民、总统和国会一起联手都制定不出一部真正能够保护公众财富的法案？

为什么2008年金融危机的祸首元凶造成了数十万亿美元的损失，上千万人失业，数百万家庭房产被剥夺，却没有一个华尔街大佬因此被定罪坐牢？为什么他们不仅拿着更高的奖金，而且更加贪婪？

最可怕的腐败，不是无法无天，而是有法无天！最可恶的贪婪，不是某个人的贪婪，而是利益集团整体的贪婪，是在法律保护之下的贪婪，是制度性的贪婪！

在法律保护之下的压迫，导致财富公平分配的原则遭到了根本性的瓦解，社会出现了前所未有的贫富分化。

沉沦的中下阶层

2013 年 8 月 29 日，美国 60 多个城市爆发了快餐业和零售业雇员的大罢工，麦当劳、肯德基、汉堡王等连锁餐馆和商场的雇员们纷纷走上街头，抗议联邦政府的最低工资水平太低，强烈要求提高快餐业的工资待遇。他们大声疾呼："七块二毛五，我们无法生存！"他们抗议联邦政府的 7.25 美元的最低工资，使他们陷入了永久性贫困的恶性循环，罢工的目标是：每小时 15 美元是最起码的"生活工资"。

从传统上看，快餐、零售、餐饮、娱乐等行业基本没有工会组织，要组织全国性的罢工几乎是不可能的事情，这些行业流动性太大，临时性太强，8 月底席卷全国的大罢工着实令人震惊。特别是美国的南部，从来就不是罢工的活跃地区，而这次南方诸州的快餐、零售业也积极参与了全国罢工，这就反映出整个中下阶层充满着强烈的情绪和决心。

与挣扎在贫困线附近的雇员工资相比，动辄数百上千万美元奖金的快餐业高管的收入就显得格外扎眼，当集体性的极端不满转化为强烈愤怒的时候，就连松散和毫无组织性的快餐业也能爆发出惊人的能量。

人们普遍感觉到快餐业的工资水平不高，但美国劳工部公布的数字看起来还是令人非常吃惊。2013 年 7 月，美国最低的小时工资是 7.25 美元，非农就业部门的平均工资为每小时 23.98 美元，制造业工人是 20.14 美元，而快餐业仅为 9 美元。

更糟糕的是，危机结束以来，他们真实的平均小时工资下跌了6%。就是如此微薄的收入，还不能保证足够的工作时长。非农工作岗位的平均周工作时长为34.4小时，而美联储圣路易银行的数据显示，餐饮娱乐服务业（包括快餐业）的周工作时长不超过26.4小时，快餐业人员的税前年收入仅有12 355美元，美国的贫困线为年收入11 490美元，这意味着快餐业的350万就业人口，仅仅略高于贫困线。

快餐业显然不是什么诱人的工作，但其就业岗位的竞争居然已接近白热化。危机之后，麦当劳的工作已成为就业市场的香饽饽，2011年麦当劳在美国的连锁店雇用了6.2万人，而收到的工作申请竟然超过了100万份，录取率仅为6.2%！[5]与同年哈佛大学的录取率相当，而比所有其他的美国常青藤名校的录取率都要低！100万人争抢的麦当劳的6.2万个工作机会，而其平均工资仅为每小时9美元。

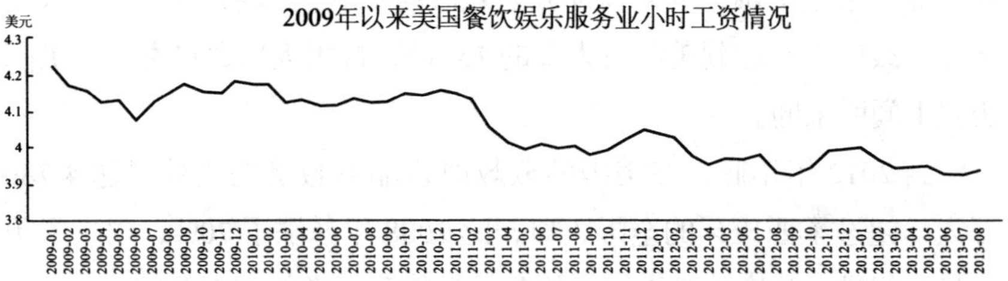

2009年以来，美国餐饮娱乐服务业的小时工资不断下降

资料来源：美国劳工部

快餐业已经不是从前学生打工挣点零花钱的时代了，2013年快餐业雇员的平均年龄是28岁，其中，30%的人拥有大学学历，25%的雇员至少有一个孩子，他们是在养家糊口！

12 355美元的年薪，即便夫妻双方都工作，一家四口的总收入不过2.47万美元，月收入才2 000美元出头，这还是税前。想想黑石“租客帝国”每月1 500美元的房租吧，即便再便宜的租金也需要1 000美元，上下班的交通费至少也要200~300美元，开车就更贵，如果全家四口人每天吃快餐，那日子就别过了，在快餐店工作的人连快餐都吃不起。无论怎么省，四口之家每月吃饭就得500美元以上，水电气电话等基本开销至少300美元，工资就已经透支了。孩子上学公费也会有开销，不能买衣服、不能上网、不能用手机、不能看电影、不能去旅游、不能下馆子……这是"美国梦"吗?

快餐业的工资绝对不是"生活工资"，连"生存工资"都够不上，在北京做保姆的日子恐怕都比这要好过些。在美国，就连这样的工作还只有6.2%的竞争者才能有幸得到。

快餐业所代表的是一个数量庞大的美国中下阶层的生活状况，在金融危机之后，他们的境遇不是在逐步好转，反而更趋恶化。

美国CBS新闻在2013年7月28日，打出了一个震撼人心的大标题："调查显示：80%的美国成年人口面临接近贫困、失业的状态。"文章指出，美国经济的加速全球化，日益扩大的贫富分化，高薪制造业工作机会的外流，导致了当今美国社会5个成年人中就有4个挣扎在失业、接近贫困，或至少部分依赖政府福利的状态。4 620万人处于贫困线以下，达到美国总人口的15%[6]，贫困人口数量之多在美国历史上闻所未闻。

到2012年年底，在美国领取政府食品券救济的人数已达4 780万人，超过了西班牙的全国人口，比2008年暴涨了70%，创下了历史最高纪录。政府给每人每月的食品券救济金额约133美元，食品券可以在商场中购买粮食、肉类、水果和牛奶等。1975年，美国人申请食品券救济的比例仅为8%，37年之后，这一比例几乎翻了一倍。贫困人口数量和比例的大幅增加，与美国GDP增长、失业率不断下降、房价大幅上扬、股票屡创新高形成了鲜明的对比。

经济好转和贫困大增同时存在，到底哪一个才是美国经济的真实写照?

陷入贫困和领取食品救济人口的大幅增加，其根本原因都是就业状况极为糟糕，使他们无法找到超过贫困线水平的工作机会。

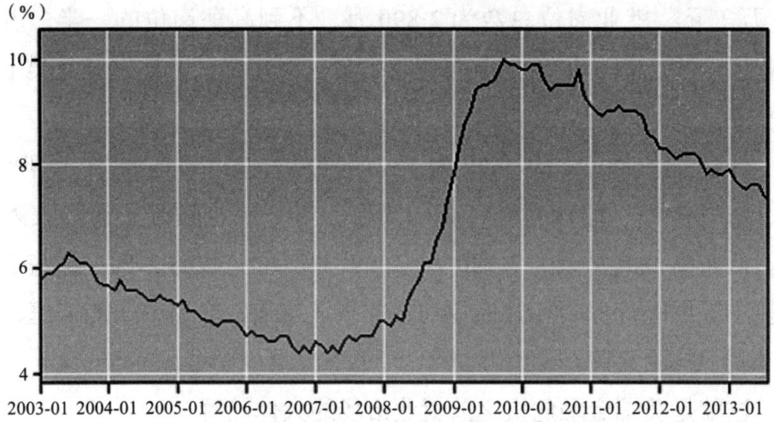

失业率从 2009 年的 10% 降至 2013 年 8 月的 7.3%

2009 年 10 月，美国失业率曾高达 10%，2013 年 8 月失业率已经降至 7.3%，如果失业率在不断下降，就业市场自然就该逐步好转，贫困人口怎么可能大幅上升呢？

就业市场的真相

2007 年 12 月，当美国经济达到了危机前顶峰的时刻，在美国的就业市场上，总共有 1.38 亿个工作岗位，按照工作性质和收入水平可以大致分为三大类：高薪工作、中薪工作和低薪工作。

高薪工作是美国经济的主干部分，构成了美国经济活力和国际竞争力的核心，是美国中产阶级的主流岗位，也是美国消费能力的基础，其就业岗位总量为 7 180 万，占全部就业岗位的 52%，全部收入的 65%，平均年薪为 5 万美元，恰好是美国家庭的中位收入水平，能够负担四口之家的生活开销，尽管经济压力不小。高薪工作一般为全职工作，每周工作时长为 40 小时，均有良好的医疗保险、退休金或 401（k）计划。这种高质量的工作岗位包括金融业、白领专业人士、信息技术、商业管理、制造业、采矿业、建筑业、房地产、政府雇员、交通仓存等领域。

中薪工作包括医疗健康、教育培训、社会服务等行业，平均年薪

3.5 万美元，就业岗位总数为 2 890 万，不到高薪岗位的一半，占总就业岗位的 21%。中薪工作的就业机会一直在增长，不过，此类工作几乎完全依赖政府支出和税收补贴。

低薪工作的平均年薪仅为 1.9 万美元，包括餐饮娱乐、酒吧招待、汽车旅馆、瑜伽教练、花园园丁、零售业、临时工等低收入岗位。低薪岗位的总量为 3 720 万，占就业岗位总数的 27%。这些工作一般不提供医疗保险和其他福利，如果还拖着一个有孩子的家庭，就基本属于贫困人口。

这就是美国金融危机之前就业市场的大体轮廓。

2009 年之后，美国失业率下降的奥秘就隐藏在低薪岗位的增长之中。被华尔街媒体啦啦队所大肆吹嘘的 580 万个就业机会的复苏，60% 都属于这一类别。

2013 年 7 月，这些低薪工作的总规模达到了 3 750 万，比经济衰退结束时的 3 470 万“新增”了 280 万个就业机会。其实，这一规模与 2007 年的 3 720 万的数字几乎相当。换句话说，280 万个低薪工作不是“创造”出来的，而是“再生”出来的。

年薪 1.9 万美元只是略高于贫困线，快餐行业就属于低薪工作，这些就业岗位的收入仅能维持生存而已，4 年以来 280 万低薪岗位的总量增长，几乎不能产生有意义的消费能力增长。如果扣除通货膨胀，低薪岗位的收入实际上下降了 6%，指望他们来推动美国经济的复苏是非常不靠谱的想法。

高薪工作是中产阶级的核心，也是市场消费的主力军，该领域的就业状况要严峻得多。

金融危机导致了 580 万高薪岗位的损失，随后的 4 年多，仅仅恢复了 140 万。平均每年增长仅 31 万多，就连美国的人口自然增长规模都是其 10 倍以上。

2013 年，高薪岗位的总数为 6 760 万，竟然比 2000 年的 7 190 万还差出一大截！如果以这样的速度“复苏”，美国的高薪工作到 2025 年才能恢复至 2000 年的水平，这是 1/4 个世纪！

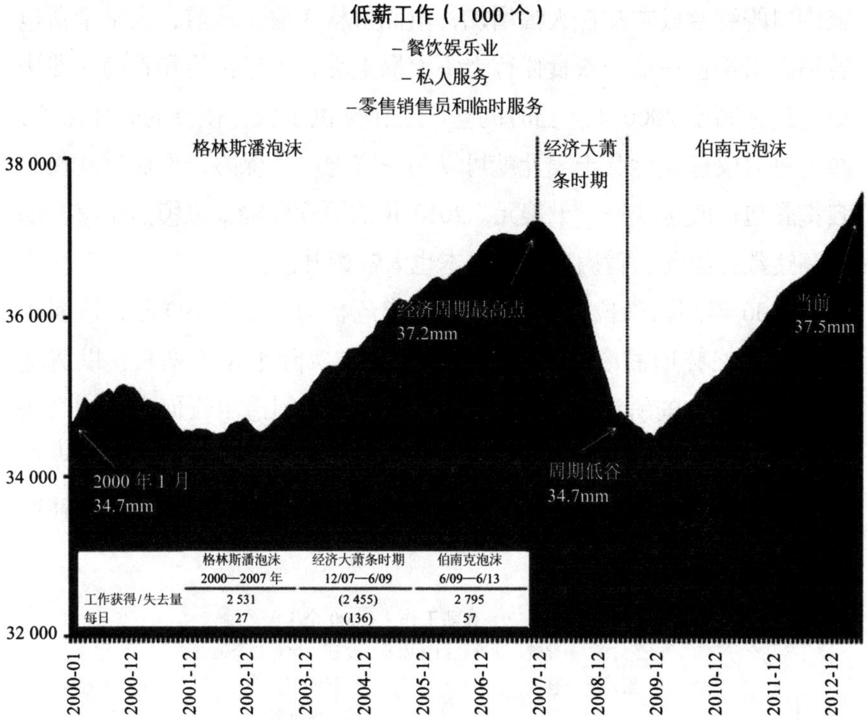

2009年之后，低薪工作恢复到了危机前的水平，
280万新增就业岗位其实是“再生”出来的

而每年区区30多万美元的高薪就业增长的背后，却是高达1万亿美元的财政赤字（政府消费），和每年8 000亿美元的美联储印钞在共同推动。如果将8 000亿美元印钞规模平摊到每个就业岗位，这意味着美联储花掉了250万美元，才创造出一个年薪5万的就业机会！其效果之差，简直是闻所未闻！

这只能说明一个问题，美联储的印钞根本不是为了解决就业！每年8 000亿美元的QE规模，如果直接发到个人手中，相当于每年创造了1 600万个5万美元的高薪工作。无论是伯南克开着直升机撒钱，还是分钱到户，或者直接还掉止赎房的欠债，其经济效果都远比把钱给银行要好得多！从行为的结果看，美联储的性质昭然若揭，它不是服务于政府，更不是服务于人民，而是服务于华尔街！

如果从2000年年初算起，美国高薪岗位负增长了430万，而养家糊口的综合成本却在大幅增加，汽油价格 3 倍于从前，大学学费也普遍高出不止一倍，衣食住行无不大幅上涨，医疗保险和看病的费用更是远远高于 2000 年。当时的全职工作提供了极为便宜的医疗保险，员工每月仅仅支付几十美元就可以为一家老小上保险，看病吃药员工自掏腰包一般也就一二十美元。2013 年的医疗保险如果覆盖全家，动辄高达数百美元，看病吃药的成本也大幅飙升。

2000 年高薪岗位的数量与 2007 年危机前都是 7 190 万，这表明在整个“格林斯潘泡沫”期间，高薪工作实际上是零增长！以房地产泡沫为标志的所谓“财富效应”，完全没有创造出任何真实的经济增长，反而制造了一个 80 年未有的金融灾难。而之后的“伯南克泡沫”，试图再次用房地产泡沫带来经济繁荣，其结果只会比“格林斯潘泡沫”更糟。

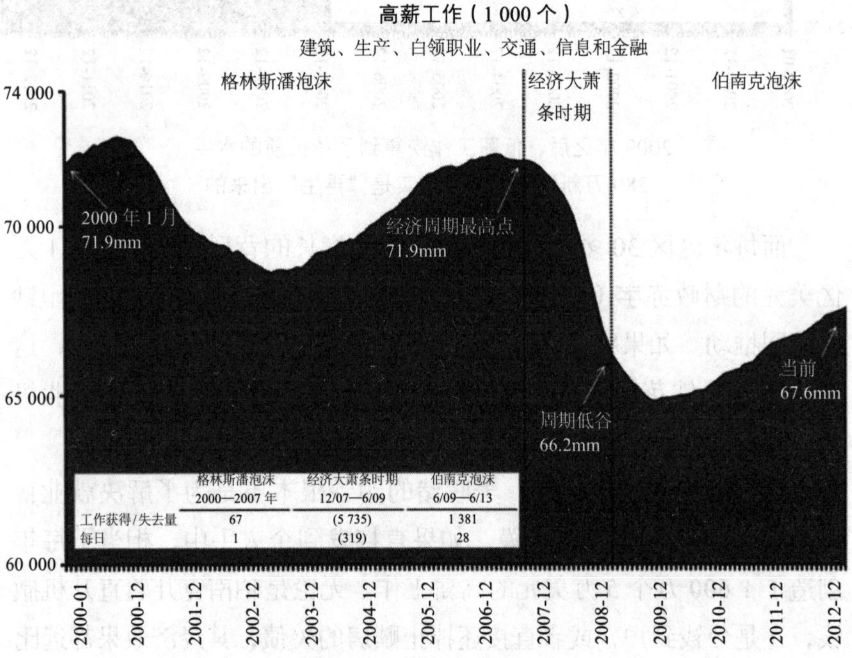

美国高薪工作复苏极为缓慢，远低于 2000 年和 2007 年的高点

最后来看中薪工作的增长情况。在危机后的 4 年多里，医疗、教育和社会服务的就业机会共增加了 110 万，每年平均约 25 万。如果

从2000年算起，美国的医疗、教育和社会服务行业的就业一直保持着增长状态，即便是金融危机，也没有改变这一领域就业机会的增加。“教科文卫”被奥巴马看作是保卫美国就业增长的“堡垒地带”。

从2000年1月—2013年7月，中薪岗位增加了660万个工作机会，到2013年总量达到3 080万。其中，仅流动医疗健康服务（Ambulatory Health Care）部分就占了640万，所谓流动医疗健康服务，就是在医院之外的医疗健康体系，例如医生的诊所、病人的院外护理、家庭健康机构等。流动医疗健康的就业岗位竟然超过了美国建筑业的550万岗位，更远超消费品工业的450万。医院系统雇用了800万护士、专业人员和管理人员。

总体来看，美国的医疗健康系统的总就业岗位高达1 460万；在教育系统，从幼儿园到大学，总共雇用了1 400万人；社会服务领域雇用了220万人。

为什么医疗健康系统的就业会持续增加呢？因为政府在医疗健康领域的开支暴涨！2000年，美国政府在老年医保（medicare）和医疗补助（medicaid）的开支总额为3000亿美元，而到2012年，开支膨胀到8 000亿美元，几乎是GDP增速的两倍。

2000年克林顿总统任期结束时，美国政府的财政处于盈余状态，而2009年奥巴马执政以来，财政赤字连续4年超过了1万亿美元，这等于是政府对医疗健康领域进行了大规模的转移支付。医疗开支远高于GDP增速，意味着美国实体经济的利润被医疗制药等行业大举侵蚀，制造业的基础不断遭到削弱，美国制造业不愿回流本土是有原因的。

医疗健康领域就业的异常增加，必然导致经济资源被更多挤占，从而压制高薪就业机会的增长。社会服务领域的情况与医疗健康类似，政府通过转移支付，将实体经济的就业机会转移给了社会服务。

教育领域的就业增长主要来自私立学校系统的快速膨胀。2000年以来，美国非公立学校的就业增长了45%，而学生贷款的余额从1 500亿美元暴涨到1万亿美元，并正在出现大面积违约。教育本该强化国家的未来，但高昂的学费，巨额的债务，正在透支学生的未来，摧毁国家的希望。

中薪岗位的增加，特别是医疗健康和社会服务，严重依赖政府的财政赤字，在未来利率火山开始活跃之后，国债融资的成本将会显著上升，政府偿债的能力将面临严峻挑战，医疗健康的就业增长也会遭遇瓶颈。教育的就业增长，特别是私立学校系统，主要依赖学生贷款来支付高昂的学费以维持扩张，而学生贷款已高达 1 万亿美元的规模，超过了汽车贷款和信用卡贷款的总和。在就业市场不景气的现状下，已经发生了严重的拖欠危机，如果利率再出现大幅上扬的情况，学生贷款发生内爆将指日可待，教育就业的增长已面临逆转。

中薪工作（1 000 个）

健康、教育、社会服务类

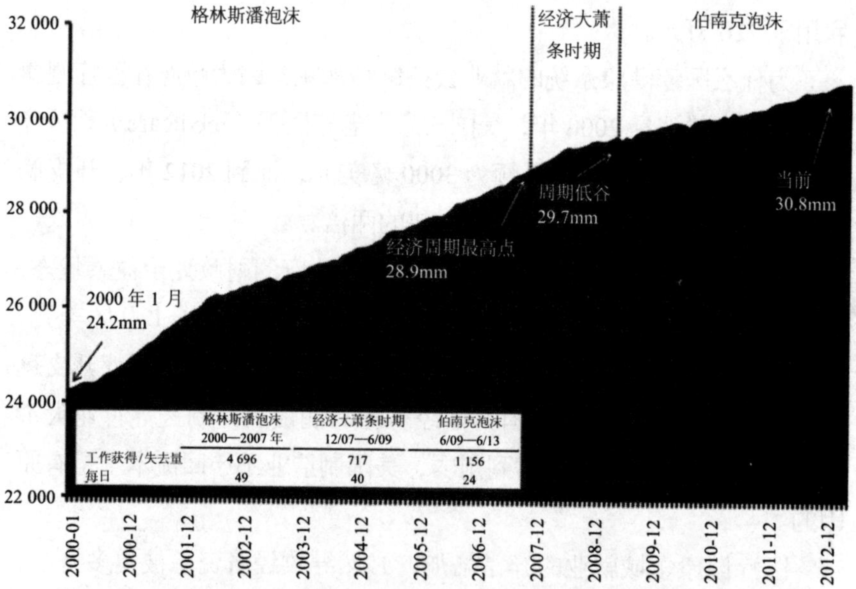

中薪岗位在一直增加，政府的转移支付是其主因

低薪工作的增加，无法带来消费的增长，它们仅仅能够维持生存。中薪岗位不仅未来增长将面临瓶颈，而且消费能力依然有限。占就业半壁江山的消费主力军高薪岗位则深受重创，远远没有恢复

元气。

与2007年的零售总额相比，经济复苏了5年之后，如果扣除通货膨胀，2013年仍比2007年低了2%，而在20世纪80年代、90年代和2000年三次危机之后的5年，零售总额分别比危机前高出20%、17%、13%。如果再仔细看零售业中的家用日常品和食物类别，真实消费水平竟然比2007年下降了6%，这是战后历次经济危机之后，在复苏过程中从来没有发生过的[7]。就业市场所受的内伤之重，由此可见一斑。

消费不振的根源在于就业市场的萎靡，这正是美国经济难以复苏的关键原因。

总体来看，金融危机造成的低薪工作损失已经基本恢复，高薪岗位损失的580万，仅仅恢复了140万，即便加上中薪工作新增的190万，仍比危机前净损失了250万个就业。同期，美国人口增加了1 500万以上，而工作机会反而减少了250万，年轻人的就业压力可想而知。

以就业参与率来看，美国的就业市场可谓惨不忍睹。2013年8月，美国16岁以上的人口中，就业比例仅为63.2%，大幅倒退了35年，仅相当于1978年8月的水平。美国中位家庭收入，在扣除通货膨胀之后，比2000年还低7%！

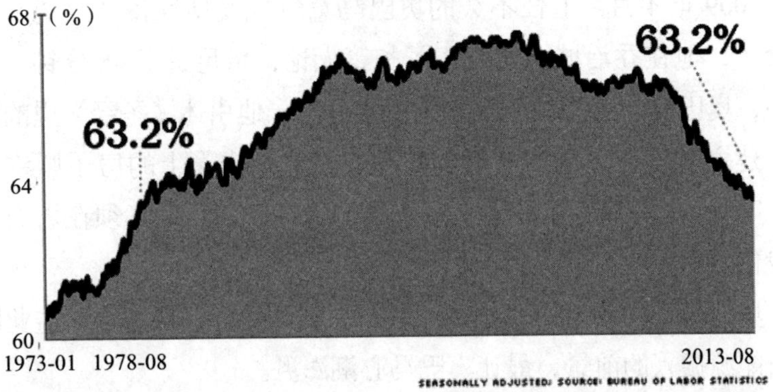

2013年8月，美国就业参与率倒退了35年，回到了1978年8月的水平

华尔街媒体啦啦队吹嘘的失业率正在不断下降，消费者信心已经恢复，经济基本面一片大好，完全扭曲了就业市场的惨淡景象，虚构出一个经济复苏的海市蜃楼。在如此糟糕的就业和收入条件下，股票市场的暴涨，房地产的虚火，经济增长的乐观预测，最终都会撞上就业这堵冰冷的石墙！

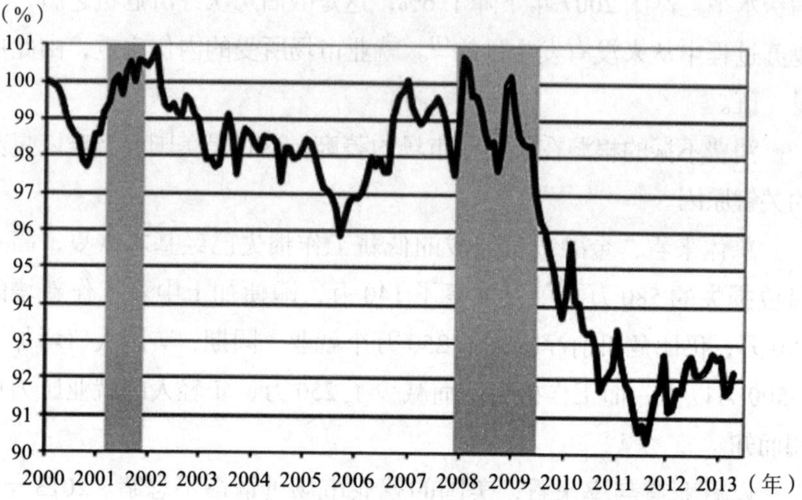

2013 年的美国中位家庭真实收入（扣除通胀）比 2000 年还低 7%！

岩上之屋，还是沙上之梦？

2009 年 4 月，上任不久的奥巴马意气风发地准备“改变”美国社会了，他在乔治城大学发表了长篇大论，足足讲了 45 分钟。在演讲中，奥巴马将美国经济描述为一座危房，他引述《圣经》里的比喻说，建立在沙子上的房子容易倒塌，建立在岩石上的房子则屹立不倒，“因此我们不能在沙子上重建我们的经济，我们必须在岩石上重建我们的房屋”。

奥巴马心中的岩石，是坚如磐石的实体经济，特别是制造业回流和新能源振兴的前景，最让奥巴马心潮澎湃。

奥巴马呼吁美国海外制造业应该回国发展，从他刚上任一直喊话到2013年，四年多过去了，制造业却成了奥巴马心中的难言隐痛。

2011年2月，在与苹果公司的CEO乔布斯共进晚餐时，奥巴马就曾劝说，让苹果集团将iPhone的生产基地搬回美国，乔布斯当时直截了当地回答："这些工作不会回来。"

美国制造业回流不过是一厢情愿罢了

其实，道理很简单，如果连留在美国本土的制造业，在QE泛滥的货币大潮中，都不愿意花钱进行资本性支出，CEO们在忙着发债融资，然后回购自己公司的股票大捞快钱去了，即便海外的制造业回流美国，他们就能免俗吗？

廉价货币的政策，不是在鼓励实业资本的形成，恰恰相反，它是在摧毁真正的资本！

2013年2月13日，奥巴马对制造业回流泡汤的事情耿耿于怀，他在国会进行连任之后的首个国情咨文演讲时，将制造业放在核心地位，指出首要任务是使美国成为新就业和制造业的中心。在促进制造业回流趋势方面，奥巴马以扬斯敦设立的制造业创新研究所——3D打印业务为例，并宣布要成立三个类似的制造业集群，其商业合作对象是美国国防部和能源局，并要求国会帮助成立15个制造业中心，以保障美国制造业的新一代革命。

规划不可谓不宏大，志向不可谓不高远，其成效却让人感觉到总统有点"志大才疏"的毛病。在2013年就业增长的成绩单上，奥巴马怕是鼻子都会气歪。大半年下来，酒吧招待们倒是比较争气，增长了 24.7 万人，而属于高薪工作的制造业呢？回流也好，集群也罢，总共才增加了 2.4 万人，不及酒吧招待的 1/10。

美国政府在经济领域几乎是毫无执行力，在长期自由市场的经济思想熏陶之下，奥巴马想逆货币逐利的本性而动，既没有政策方针的大脑，也缺乏执行政策的手脚。

总统也就这么一说，大家也就这么一听。

高薪制造业的外流，不是以国家政策的意志为转移，而是以资本逐利的本能为驱动，奥巴马影响不了货币政策，也就左右不了资金流动的方向，更谈不上什么产业集群的宏伟蓝图了。

美国总统是世界上名气最大的领袖，同时又是实权最小的国家元首之一，它仅仅是权力的象征，而不是权力本身。

奥巴马“岩上之屋”的另一根重要支柱就是新能源，其中特别火爆的就是“页岩革命”。

2013 年制造业与酒吧从业人数情况（1 000 人）

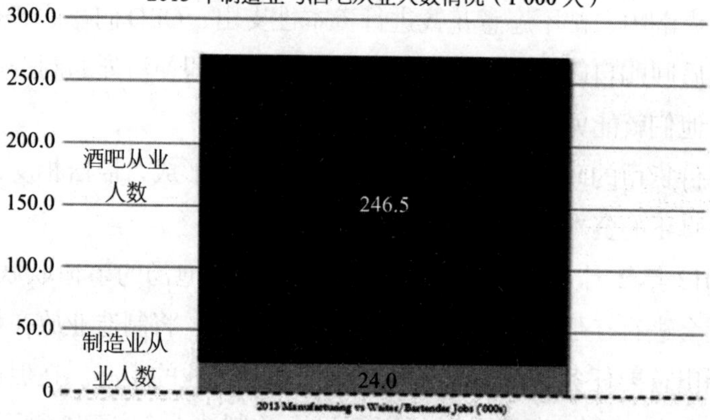

2013 年，制造业就业岗位增加仅 2.4 万人，不及酒吧招待的 1/10

据IEA（国际能源机构）2012 年的《世界能源展望》预测，在页岩革命的影响下，到 2017 年，美国将超过沙特阿拉伯，成为世界上最大的石油生产国，就能源产量的“净值”而言，几乎将实现“自给自足”。埃克森美孚公司的《2013 年能源展望》指出，到 2040 年，天然气的需求将增长65%，全球产量的20%将来自北美，大部分来自非传统能源，特别是页岩气。报告得出的结论是：到2025年，页岩革命将使美国成为能源的净出口国。美国国家情报委员会也预测，到2030年，美国将实现能源独立。

对于页岩革命，奥巴马显然深信不疑。2012年他声称，由于页岩革命，“我们的天然气供应将能保证美国100年的需求”。能源专家们预测，页岩革命将至少创造170万个就业岗位，毫无疑问，这些岗位显然属于高薪工作，到2020年，乐观地估计将创造300万个就业岗位。

美国天然气价格近年来的暴跌，似乎也在证实页岩革命正在发生。华尔街媒体啦啦队的调门也越来越高，它们声称，美国正在变成一个“新沙特”。不仅如此，如果页岩气和页岩油能够最终取代石油的地位，能源成本的大幅下降，将直接推动制造业回流，创造更多的高薪工作，带来更多的消费增长，经济繁荣已经指日可待了。

页岩革命到底是什么时候突然火起来的？大数据时代，还是用大数据说话。

如果用Google的趋势工具来分析，关于页岩气的报道是在2005年开始升温，2011年之后出现了媒体“沸腾”的局面，同时，“页岩革命”这一爆炸性词汇开始大量涌现。

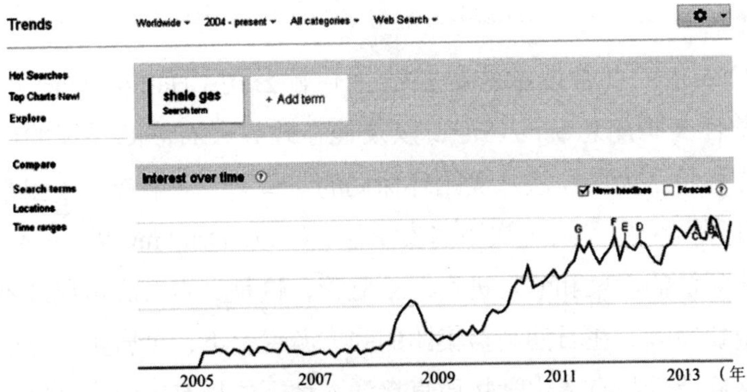

谷歌趋势分析显示，页岩气在2005年开始被媒体关注，2011年报道越来越频繁，“页岩革命”一词同时出现

2005年究竟发生了什么？是页岩技术的重大突破，还是另有原因？

页岩技术的核心就是将水平钻井法和水力压裂相结合，将“压裂液体”，即化学物质夹杂着大量水、泥沙，用高压注入地下井，压裂邻近的岩石构造，扩张裂口，使游离或吸附在页岩中的天然气能流入井中得以收集。压裂液体中的化学成分往往有毒，如果渗透到地下水，将严重危害饮用水的安全。

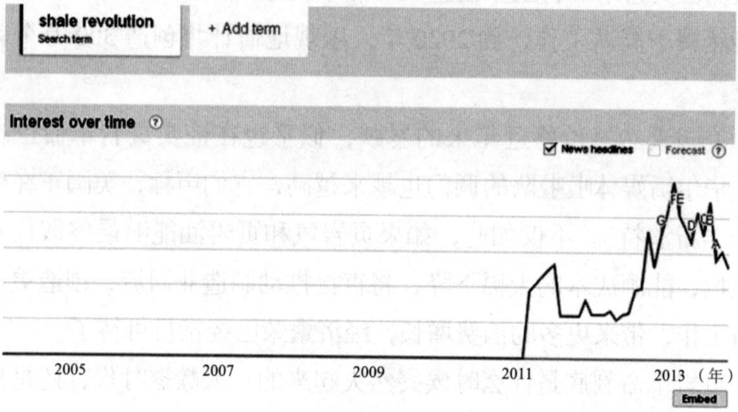

“页岩革命”一词突然出现在2011年

页岩技术其实早已存在，20世纪80年代就曾进行过尝试，到2005年之前仅仅占美国天然气产量的3%，可谓微不足道，主要问题就是开采成本过高。这种成本既包括经济成本，也包括环境成本和法律成本。

2005年，页岩技术的鼻祖哈里伯顿公司（Halliburton）的前总裁，曾任美国副总统的切尼，以及他在政界和石油圈子里的盟友联手运作，将水力压裂法从美国环保局的监管之下“解放”了出来。过去，环保局依据美国《饮用水安全法》（Safe Drinking Water Act）对水力压裂法的污染和危害进行严格监管，这是页岩气成本居高不下的一个重要原因。在石油利益集团的强力游说之下，页岩生产打破了美国环保局严禁将有毒化学物质直接注入地下的规定，成为高度重视地下水环保的美国法律的“唯一例外”[8]。

2005年，美国《饮用水安全法》对水力压裂网开一面，成为法律界著名的“哈里伯顿漏洞”。可以说，没有“哈里伯顿漏洞”，就没有所谓的页岩革命。

看来，只要将人命进行贬值，资产升值并不困难！

法网洞开，贪婪涌入，短短6年间，页岩气占美国天然气总产量比例从3%暴涨到40%，2005年堪称是页岩革命的“元年”。

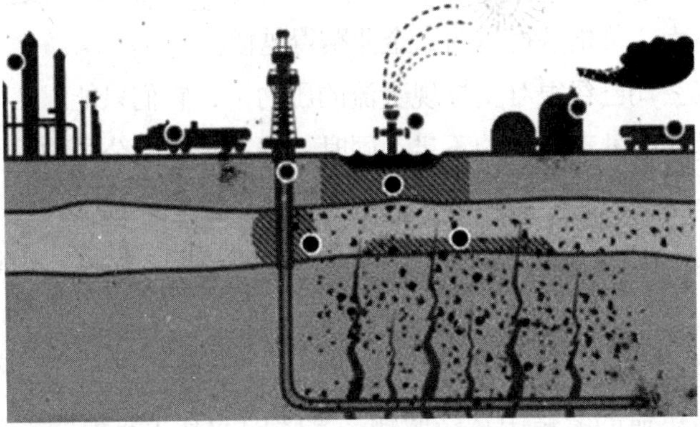

页岩气水力压裂法的化学有毒物质可能污染地下水资源

不过，页岩技术除了有毒害水资源的副作用之外，还存在着另一个致命缺陷，那就是页岩井的衰竭周期太快，往往第二年产量就锐减75%~80%，5年后就基本报废。生产商为了维持产量增长，保住股票价格，就必须持续投入重金去开采新的页岩气井，再加上大量热钱闻风跟进，市场上出现了供应量急剧增加，而价格暴跌的景象。

当2005年切尼搞到环保局通行证时，天然气价格为每千立方英尺14美元；到2011年2月，价格已暴跌至3.88美元；2013年年初，天然气进一步跌到3.5美元。而页岩气的平均成本约8~9美元，这意味着绝大部分的页岩气井都处于严重亏损状态。

页岩气行业财务上的负循环，导致了资金的困境。到2013年，页岩气生产商为了维持现有产量，每年不得不继续开采7 000口新井，耗资420亿美元，而2012年页岩气的产出价值仅为325亿美元。如果价格不涨，全行业每年亏损近100亿美元[9]。

“赔本赚吆喝”谁都吃不消，为什么页岩气生产商不减产抬价呢？

这与页岩气的产权有关。美国的页岩气井大都是在私有土地上开采，土地所有人与页岩商的合同期为3~5年，如果这段时间内不开工，那开采权将被收回，定金和其他投入就全打了水漂。而生产商们也是从华尔街借的钱，早一天开采就早一天见到现金流，只有这样才能缓解还债的压力，同时还能提升股价。在这种恶性循环之下，页岩气产量越大，价格跌得越凶，企业赔得越惨。

众多公司已经很难支撑现金流的压力了，它们只能靠变卖含页岩气的土地来弥补现金流的不足，同时，越来越多的公司被迫大规模减记资产，以反映实际的财务状况。在这场豪赌中，资本欠佳的公司将是率先被淘汰出局的殉葬品，即便是资本雄厚的大玩家，也感到力不从心了。

2013年10月6日，世界重量级的石油大佬壳牌公司，不得不宣布在页岩革命的豪赌中认赌服输。壳牌CEO在下台前的感言中，痛悔看错了美国的“页岩革命”，在北美投入了高达240亿美元用于页岩资源收购和开采，8月被迫进行了21亿美元的巨额资产减记。壳牌在北美的页岩大冒险中扭亏无望，CEO坦言“所以你得承认高达30亿美元的资产贬值，而这些资产却没有收入”。[10]

如果以壳牌在世界石油行业的地位和资本，尚且不能在页岩革命中盈利，奥巴马所指望的170万~300万个页岩行业的高薪就业机会，恐怕又是一场春梦。

其实，所有的技术革命和社会革命都有一个共同的特点，那就是真正的革命在发生初期，没有人意识到它们是革命，而一开始就号称是革命的事情，最后往往是泡沫。20世纪90年代以来，“革命”一词早已被华尔街用滥了，什么“电动汽车革命”、“风能革命”、“太阳能—光伏革命”、“乙醇燃料革命”，到今天的“页岩革命”，无非是金融市场圈钱的题材，这并不是说这些技术方向是错误的，而是被资本市场的极度贪婪所严重夸大了。

夸大的目的当然是为了让少数人偷走多数人的财富。华尔街主要图财，而石油和军工复合体，不仅图财还要害命。当利益集团肆意绑架政策和法律，集团贪婪就异化成了制度性贪婪。

财富分裂折断了美国梦的翅膀

最能说明制度性贪婪的指标莫过于国民收入的分配，即少数富人与多数穷人分别占有一国收入的比例。

如果把美国1%最高收入的人群称为超级富人的话，那么也只有他们才能算是美国真正的统治集团。在他们之中，年收入（包括资本收益）最少也要在44.3万美元以上，而0.1%的顶级富豪的年收入至少为560万美元。超级富人集团的总人数约152万人，如果以一家4口计算，那么超级富人的总人口约610万人，在美国3.1亿人口中仅占2%。

美国的统治集团不仅占据着社会各领域的领导地位，而且享有巨大的话语权和决策权，国家的财富分配大权就掌握在这一集团手中。如果说金融危机之后，谁是美国社会中最大的获益者，那么正是它们分享了货币宽松、资产升值、财政刺激、转移支付、美元铸币税等红利的绝大部分，在整个国民收入的增加值中，他们独占了高达95%的份额!

注意，1%的统治集团席卷了全社会收入增量的95%，如果不是政策和法律的刻意设计，那就只能是上帝特殊眷顾这批人了。换句话说，没有任何合理的经济逻辑能解释这种极端的不平等现象。

正如一位英国学者所说：人们早该想到，有权有势者和富人们是按照自己的利益需求来做事的，这就叫资本主义。

除了吃肉的，还有喝汤的。

在1%以下和10%以上，就是美国的高收入阶层了，他们算是富人或精英集团，但并不属于统治集团，他们对社会的财富分配，有一定的话语权和影响力，但并没有决策权。虽然以金钱作为划分美国社会各阶层的依据稍显武断，但些许误差并不影响结论。跟着统治集团喝汤的富人集团的年收入大致在12.7万~44.3万美元之间，他们有1 360万之众，准确地说，富人集团的生活品质才算得上是人们向往的“美国梦”。

除了1%的统治集团和9%的富人阶层，剩下的90%都算美国的中下阶级。他们的人数高达1.37亿，他们之中很多都是双职工，算上家庭成员，总人口至少2.5亿。中下阶级的平均年收入仅3.1万美元，双职工的家庭总收入约6.2万美元，中位家庭收入约5万美元。中位收入是中下阶级家庭收入的中间值，而非平均值，因而更具代表性。

一个4口之家收入为5万美元的典型中下阶级家庭，在缴税和扣除社保、医保等强制性费用后，每月实际收入不到3 000美元，房贷或租金去掉1 200美元，两部汽车油费加保养至少500美元，4口之家的吃喝再去掉1 000美元，上网、手机、有线电视、水电气、房屋维护等生活必须开支至少也要300美元，这些都属于强制性生活成本，基本没有节省的空间。5万美元的收入，仅仅能够保证4口之家最基本的生活开支，而几乎没有任何剩余。

很多家庭还有车贷、学生贷款、信用卡的还债压力，看电影、下馆子、买衣服、添置电器、旅游度假、过年过节的开销要是算上的话，家庭非但不可能有储蓄，而且很大可能是需要负债。这就是绝大多数美国家庭的银行储蓄很少，极度依赖工资支票的原因。

收入水平	人数	平均收入（美元）	1970~2008年变化趋势	
前0.1%	152 000	5 600 000	+385%	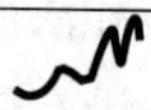
前0.1%~0.5%	610 000	878 139	+141%	
前0.5%~1%	762 000	443 102	+90%	
前1%~5%	6 000 000	211 476	+59%	
前5%~10%	7 600 000	127 184	+38%	
中下层的90%	137 200 000	31 244	–1%	

1970年以来的40多年里，中下阶级的实际收入非但没有增长，反而下降了1%

占总人口90%的美国中下阶级的实际收入，在1970年之后的40多年里，非但没有增长，反而下降了1%。这是美国立国200多年以来，从来没有出现过的情况。

1%的人吃肉，9%的人喝汤，90%的人被吃，这就是金融危机以来，甚至是1971年美国废除金本位之后的长期趋势。2013年，美国400个最富有的人所拥有的财富，超过了1.5亿中下阶级的财富总和，后者是美国人口的一半！

什么叫“美国梦”？就业机会是梦的基础，收入增加是梦的翅膀，而对于90%的美国人来说，“美国梦”的基础严重动摇，翅膀早已折断，财富分裂使“美国梦”在过去的40年中逐步演变成一场噩梦。

2011年9月，美国爆发了20世纪60年代民权运动以来，半个世纪里最严重的阶级对立冲突，这就是持续时间之长，波及城市之多，参与人数之众都令人震惊的“占领华尔街”运动。美国民众明确提出了“99%的穷人要挑战1%富人”的政治口号，这在美国历史上极为罕见！美国人的抗议行动，在全世界所有发达国家中引起了强烈共鸣，从伦敦到巴黎，从法兰克福到罗马，从中国香港到悉尼，全球几乎没有一个发达国家和地区的主要城市没有被波及。贫富分化和阶级对立的情绪之强烈，在冷战之后的世界里堪称是绝无仅有，这已经不再是美国的问题，而是遍及世界各国的普遍问题。

贪婪与盗梦

从历史上看，美国的财富分裂曾在1927年达到了第一个顶峰，10%的富人集团席卷了国民收入的50%，紧接着发生的就是美国历史上最严重的经济大萧条。1929年危机爆发的原理与2008年并没有本质的不同。货币的过度宽松，刺激了资产价格猛涨，社会财富随之出现了大洗牌，富人们获益最大，穷人们则被缘边化。

1914年，第一次世界大战爆发，欧洲陷入长达4年的战火硝烟之中，而美国则变成了欧洲最大的军火供应商。战争的残酷与激烈远超欧洲人的预想，金钱的消耗达到了令各国财政破产的程度。英、法、俄等16个协约国被迫向美国大举借债以维持战争，结果，美国赊账搞生产，工业产能一飞冲天。战后，德国的天价赔款压垮了经济，俄国革命赖掉了欠债，法国拿不到德国赔款就拒绝偿还美国和英国，而英国收不回法、俄的欠款就还不了美国。1918年，军事上胜利的协约国，却变成了财政上失败的“次级贷款人”。

放贷的欠钱的纠缠不清，债务困境、赔款争议久拖不决，欧洲经济难以复苏，美国出口无法扩大，局面僵持到1922年，英国人想出了一个“货币宽松”的法子来，以英镑和美元的纸币为各国央行的货币储备，以外汇替代黄金进行货币创造，这就是“金汇兑本位制”的由来。美元、英镑与黄金等同，信用创造的基础大为扩张，货币泛滥，特别是美元泛滥，催生出一个“喧嚣的20年代”。

占总人口90%的美国中下阶级，在资产膨胀的20世纪20年代却没有分享到繁荣的红利，他们在国民收入中的比例从1917年的60%，下降到1927年的50%，而10%的富人占有了国民收入的比例从1917年的40%，上升到1927年的50%[11]。美国巨大的工业生产能力遭遇到“内需不振”的严重困扰，而不得不依赖面向欧洲市场的“出口导向”。

美国不仅向欧洲推销过剩的工业品，而且大量提供廉价的美元信贷，鼓励欧洲人购买美国货，以便继续扩张美国国内的生产能力。另一方面，美国却用高关税保护国内工业资本家的利益，阻挡欧洲产品的竞争，结果导致欧洲的美元负债越来越高，而却无法获得足够的美元来偿还债务的本息。同时，廉价美元在欧洲不是促进了经济复兴，而是压制了工业生产，刺激了资产泡沫。20世纪20年代德国获得的美元贷款，被大量用于地产项目，如到处兴建游泳池、电影院、体育馆，甚至是歌剧院，原因很简单，资产升值更快，赚钱更容易。

最终，廉价美元四处泛滥，美国与欧洲的资产泡沫齐飞，美元负债已高到无法偿还。1928年美联储大幅加息1.5个百分点，利率剧烈反转，债务违约一触即发，股市繁荣苟延残喘，1929年金融危机的爆发绝非偶然。

20 世纪 30 年代初，美元债务违约了，英国的金本位崩溃了，欧洲市场塌方了。美国严重过剩的工业生产能力，既没有外需拉动，又缺乏内需支撑，只能发生大规模的内爆。成千上万的资本家破产了，数千家银行倒闭了，1 300 万人失业了。

一个让 90%的人口丧失消费力的经济体，最终也将自我崩溃。贪婪导致财富分裂，财富分裂最终也将葬送贪婪！

美国在应对 20 世纪 30 年代经济危机时，也是从货币宽松入手。从 1929 年 11 月—1930 年 6 月，纽约联邦储备银行进行了第一轮 QE，将利率从 6%陡降到 2.5%，向银行体系注入了 5 亿美元来挽救倒闭风潮，股票市场在 1930 年上半年强劲反弹了 50%。

1932 年 2 月，美联储游说国会，允许美国国债作为货币储备，第一次将国债与美元进行了彻底捆绑。在历史上，美国国会对美联储的货币大权深怀戒惧，担心有朝一日美联储可能将国债货币化，对财政赤字提供融资，用货币权力进行寻租，腐蚀和绑架政府，颠覆美元的价值。因此美国法律对美元发行有严格的规定，100 美元纸币背后，必须有 40 美元的黄金抵押，剩下的 60 美元的抵押资产主要是短期商业票据。在法律上，国债被禁止作为美元的抵押资产，因此在 1932 年之前，国债在美元发行中的地位甚至比不上商业票据。

美联储利用危机倒逼国会放权，国债货币化的大门洞开，美联储终于能够合法地进行大规模吃进国债的公开市场操作，将美元与国债进行死锁。从此，美联储以及它代表的金融资本势力，利用货币权力进行政治权力的寻租，已成为不可逆转的趋势。1932 年，美联储启动了 QE2，狂买 10 亿美元的国债，向银行体系大举注入流动性，相对于 1932 年 587 亿美元的 GDP 总量而言，规模相当于当今 2 700 亿美元的 QE 规模，在 20 世纪 30 年代堪称是史无前例的大手笔，美国股市应声暴涨了 101%。

1933 年罗斯福总统上台，随即开始了 QE3，将美元的法定黄金含量，从 20.67 美元对应 1 盎司黄金，大幅贬值到 35 美元，相当于一夜之间将基础货币扩大了近70%，与伯南克的QE3将美联储资产负债表实现“倍增”的规模相近。

货币宽松没能挽救美国经济，凯恩斯的赤字政策同样不能挽救经济。1937年，美国再度陷入严重衰退。1933年罗斯福上台时，美国失业人口1 300万，到1941年美国参加“二战”时，失业人口仍高达1 000万。30年代历经8年而无法解决就业的困境，与当今危机5年后就业难以复苏何其相似。

真正使美国经济彻底摆脱困境的原因，是第二次世界大战的爆发。由于战争的力量，使上千万美国劳动力转向战争机器，从根本上解决了失业问题。

战争永远是一种强制性的财富重新分配的机制，它迫使政府进行大规模的转移支付，将富人集团的收入向参加战争的穷人子弟进行平移。无论是战时军人的工资，还是战后复员军人上大学的学费和军人医疗福利，都为90%的穷人子弟提供了财富补贴，以及更加平等的发展机会。

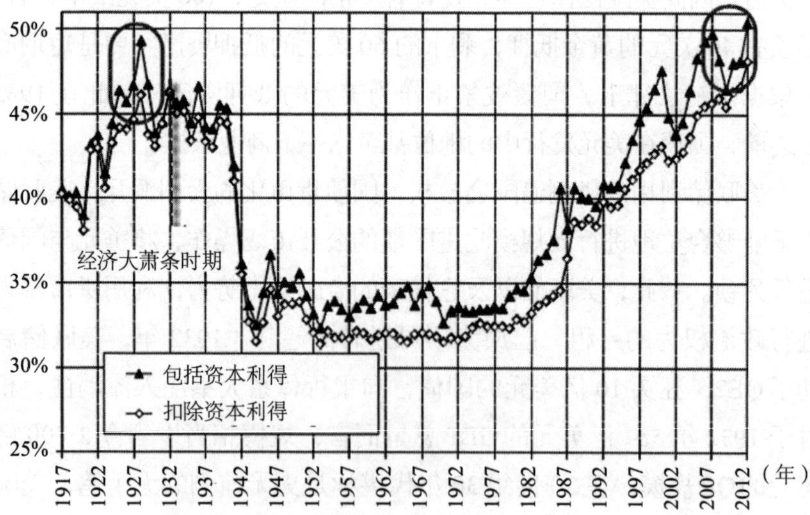

1917年，10%的富人集团占有国民收入的40%，1927年50%，2012年超过50%

资料来源：皮凯蒂和塞亚斯

从20世纪40年代初开始，10%的富人集团占国民收入的比例大幅下降，从1927年的50%，跌到了1942年的35%，在1942年到1982年的40年中，美国90%的中下阶级分享到了大约67%的国民收入，而10%富人的收入被压制在33%左右。这正是美国战后经济繁荣和稳定的40年黄金岁月！

不过，富人集团并不满意这样的财富分配格局，特别是0.1%的超级富豪们的怨气越来越大，1975年他们只拿到了2.6%的国民收入，而在1927年他们曾独享10%的惊人份额。富人们怨声载道，而超级富豪们更是怒不可遏。

20世纪70年代，以洛克菲勒家族为核心的统治集团，决定彻底改变社会财富分配的规则，准备从根本上颠覆大萧条以来逐步建立的福利国家制度，废除国家对富人财富扩张的种种限制，让财富分配的天平重新向他们倾斜。

1973年，约翰·洛克菲勒出版了《第二次美国革命》(*The Second American Revolution*)一书，吹响了财富分配大革命的进军号角。洛克菲勒明确指出，必须对政府进行激烈的改革，削减政府权力，"将政府的职能和责任，尽最大可能地转到私人部门手中"。在书中，他刻意选择了一些经济案例，凸显政府对金融、商业的管理毫无必要，对社会福利的支持是浪费钱财，只有不受任何限制地追逐利润，以及与之相配套的金融体系，才是美国发展的动力源泉。

洛克菲勒"第二次革命"的一声炮响，点燃了富人们压抑已久的重新瓜分社会财富的欲望烈焰，在美国掀起了新自由主义的狂澜。富人们指引方向，文人们猛烈炮轰，思想界、学术界、新闻界展开了一场声势浩大的批判政府运动，低效、无能、浪费、赤字、通胀的帽子铺天盖地，10%的富人集团巧借90%的穷人阶级对20世纪70年代高通胀的不满，借力打力，准备砸碎政府对金融和跨国公司的监管枷锁。

说白了，政府对社会财富的再分配，对公共福利的支持，妨碍了富人自由攫取财富的权力，他们要的是一片弱肉强食的原始森林，在这样的世界里，政府不能约束富人对穷人的财富压榨，但有义务防止穷人们起来反抗。

1976年，富人集团的“第二次革命”开始实施，在洛克菲勒资助下的精英组织“三边委员会”，选中了毫不起眼的佐治亚州州长卡特作为总统的候选人，26名“三边委员会”的骨干被安插在卡特身边，这些人中的大部分，卡特连面都没见过。金融管制正是在卡特任内开始放松，后来的里根总统更是将去管制和私有化作为执政重心，老布什继承里根的衣钵再接再厉，克林顿的《金融现代化法案》一脚定乾坤，彻底将政府管制踢出了金融业的核心地带。后来的小布什则是“青出于蓝而胜于蓝”，放言要把政府关进笼子，而奥巴马同样没有辜负富人集团的厚望，贫富分化创下美国立国以来的历史最高纪录！

制度性贪婪开始突破一切限制，它们将政府从经济各个领域中全面击退了，公营部门私有化，金融监管自由化，跨国公司垄断化，银行规模巨型化，各行各业“去管制”的呼声一浪高过一浪。

富人革了谁的命呢？显然是政府和穷人的命。从1978年开始到2008年的40年间，富人占国民收入的份额逐步攀升，并再度达到1927年的水平，10%的富人席卷了国民收入的50%，而0.1%的超级富豪又一次独享了10.4%的惊人份额！与此同时，国家财政赤字越来越大，国债规模直线飙升，地方政府濒临破产，而90%的穷人实际收入却倒退到1970年。

历史竟是惊人的相似，当10%的富人占有国民收入的50%之时，财富分裂的临界点一旦突破，一场与20世纪30年代大萧条同等规模的经济危机再次降临！就业复苏同样举步维艰，货币宽松同样效果极差，而2013年的贫富分化程度甚至比2007年更高，富人们拿走的国民收入份额不减反增！

奥巴马竞选时对贫富不公的猛烈抨击，曾经打动了无数美国选民之心，他反击贫富分化的决心是如此坚定和果敢，誓言是如此洪亮和清晰，闻者无不为之动容，“贫富分化同样扭曲了我们的民主，它给极少数富人通过代价高昂的游说和无限制的政治献金，提供了超乎寻常的话语权，它把我们的民主制度卖给了出价最高的竞价者，它让绝大多数美国人怀疑华盛顿的政治机器被（富人）操纵来对付穷人，我们选举出来的政治人物并没有代表美国人民的利益”。[12]

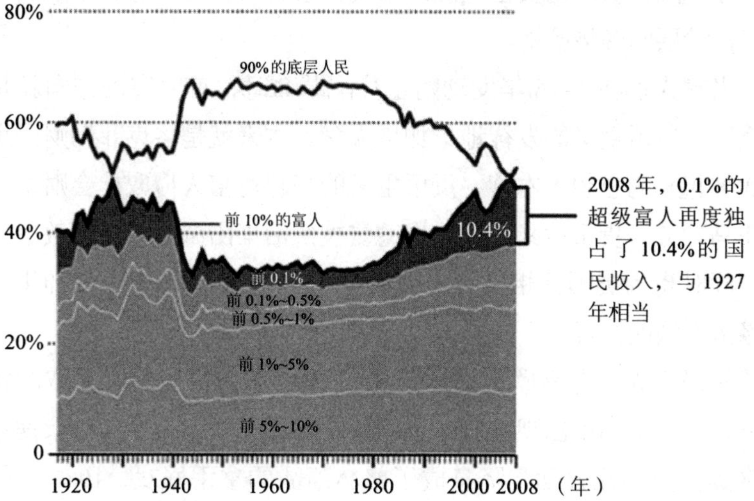

这是怎样的一种制度？台上说的都是真话，而且是掏心掏肺的实话，干出来的事情竟是如此背道而驰！所谓“口惠而实不至”，奥巴马真是树立了鲜活的榜样。

古人说：“听其言，观其行。”善哉斯言！

一个政府，无论它贴上什么样的制度标签，采取何种改革措施，最终，贫富分化是逐渐好转，还是日益恶化，这是判断其性质的终极标准！

资产分化远比收入分化更严重

贫富分化不仅体现在收入分配的严重不均，更体现在资产拥有的巨大鸿沟。

一个年收入10万元的80后中产阶级生活在北京，如果在2008年之前买房，他就能晋身为有房一族；如果到2013年还没有买房，尽管他的收入在不断提高，他也将丧失负担房产的能力。房产就像一道财富的阶级门槛，迈过去你会看到另一片世界，迈不过去你将永远纠结。

在中国，房产是贫富差距的重要标志之一；在美国，金融资产则是财富阶层的等级壁垒。

当富人们在1976年发动财富分配革命时，首要突击方向就是货币政策。货币主义的发祥地芝加哥大学，本来就是洛克菲勒财团用货币武装起来的思想大本营，货币主义的兴起对富人攫取社会财富立下了汗马功劳。货币主义大师弗里德曼被统治集团派去亲自调教里根总统，同时也为英国首相撒切尔夫人“开小灶”，货币魔法被神化为包治经济百病的万灵药。

超级富人们非常欣赏格林斯潘在1987年应付股灾所采取的货币铁腕，只要华尔街出现灾难，美联储总是最先扑上去用印钞票摆平一切麻烦。流动性救助和降息成了格林斯潘的拿手好戏，1987年股灾只是牛刀小试。20世纪80年代末的储贷危机时，美联储开始大规模救助银行系统；90年代的长期资本管理公司（LTCM）危机中，中央银行甚至出手拯救对冲基金，次贷危机之后就更是包揽了金融系统的所有风险。

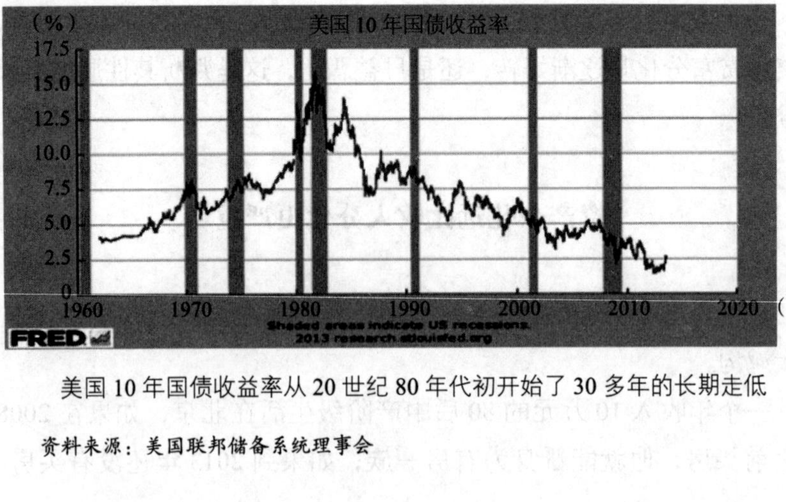

美国10年国债收益率从20世纪80年代初开始了30多年的长期走低

资料来源：美国联邦储备系统理事会

伯南克比格林斯潘走得更远，在印钱救银行的规模上达到了前无古人的高度。他是靠研究大萧条起家，最令他扼腕长叹的就是美联储在1929年到1933年没有印出足够的钞票去挽救银行，如此贴心的思路怎不让超级富人们颔首赞许。

在美联储的精心呵护之下，华尔街大佬们全然没了风险，赚了归自己，赔了算国家。同时，通货膨胀被中国的廉价劳动力压制了30年，长期利率走低成为世界共识，而资产价格暴涨则是理所当然。

在20世纪80年代仅有数百亿美元资产的华尔街投资银行，开始玩起了超短期回购和商业票据融资，然后反复扩大长期资产规模的“养券”生意，到2008年金融危机之前，投行们竟坐拥上万亿美元的庞大资产，规模膨胀了上百倍。对冲基金、货币基金、保险公司也纷纷参与30年来最丰盛的资产盛宴。

吃大餐，就需要有大菜，这就是美国如吹气球一般膨胀起来的债务规模。别人的债务就是金融体系的资产，国家债务、地方债务、公司债务、消费债务、按揭债务、学生债务、汽车债务、信用卡债务，都成了富人们的美味佳肴，利率不断降低，债券就不断升值，大菜变得更加开胃。有美联储守护着零利率，外加QE购债效果等同于负利率，资产升值更是令富人们眉开眼笑。

在1976年财富分配的转折点上，美国所有负债不过5万亿美元，这是自17世纪殖民地时期开始，直到1976年为止的350年间积累起来的总债务。而1976年之后不过35年，美国的总负债就膨胀了10倍以上！以1/10的时间，欠下10倍的负债，这真是百倍的速度！

金融危机之后，负债不是爬升，而是在飞涨！在2008年到2009年区区两年间，美国新增的债务总额就达到了5万亿美元，赶上了350年所积累的全部负债！

负债是对现金流的压迫，而国家和民众的超高负债，是对国民收入的巨大压迫，它改变了社会财富的流向。在美联储的强力保护之下，富人们肆无忌惮地掠夺了穷人的财富。

在债务迅猛膨胀的一片繁荣之下，股票市场的资金高度充裕，公司摆脱了政府和工会的掣肘，大力削减了员工福利，在全球化的浪潮中，进一步压缩了人力成本，同时获得了巨大的税差红利，公司利润获得了惊人增长，30 年股市的暴涨和源源不断的股息分红，使富人们的荷包更加膨胀。

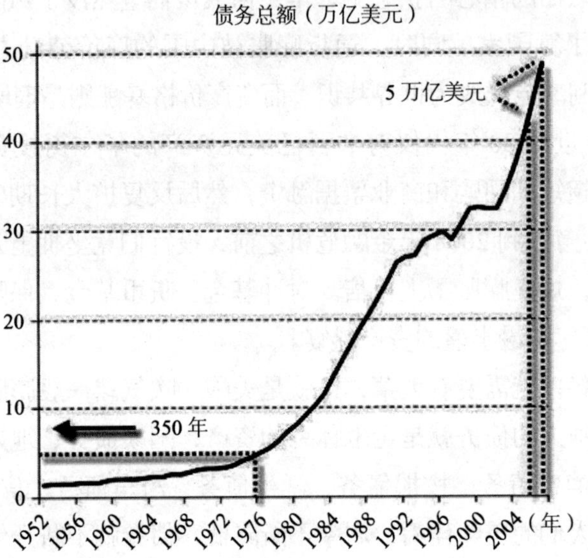

在 1976 年之前的 350 年中，美国总共积累了 5 万亿美元的债务，
而 2008—2009 年仅两年内债务就增长了 5 万亿美元

在历史上有一个千古不变的真理，那就是豪强大户很少纳税，当今世界也不例外。富人们不仅拥有压倒性优势的资产与收入，更重要的是这些资产与收入只承担很低的税负，这使富人们的财富膨胀得更快，制定分配规则的权力更具支配性。

征税权是所有政府最重要的权力之一，也是一个社会进行自我平衡的关键手段。税负不公平，财富分配就会失衡，贫富分化就是必然结果。一个社会出现制度性贪婪的重要标志，就是税收制度的均衡性被打破，从而造成不可逆转的两极分化，这是古往今来一切帝国与王朝盛衰兴亡的转折点。

统治集团的贪婪堕落，不是会与不会的问题，而是快与慢的问题。社会制度如同一座建筑，历经风吹日晒，雨雪冰霜，它必然走向老化，根基稳固并不断维护的建筑会持续更长的时间，而年久失修甚至自挖墙脚的建筑则会加速坍塌。

当统治集团和富人们放纵自己的贪婪欲望，将绝大多数人的利益肆意践踏之时，国家税收制度必然首先遭到破坏。在当今世界，富人们掌握着税收制度的制定权和避税奥秘。例如，资本利得税明显偏低，1978 年，在超级富人发动“第二次革命”之前，资本利得税为 35%，1981 年里根时代降到了 20%[13]，到 2012 年仅为 15%。另外，遗产税对超级富人形同虚设，房地产有各种税收优惠，连按揭利息也在抵税之列。除此之外，还有各种避税天堂，当然只有富人才有资格进入“天堂”。

在五花八门的避税手段中，超级富人们广泛采用的就是基金会的“天堂”模式，他们频频“裸捐”全部身家或大部分资产，降低应税收入。在基金会的章程里，只需把家族后代列为具有一票否决的关键投票权，就可以高枕无忧地规避几乎全部税负，如遗产税、赠与税、资本利得税。当然，基金会每年要拿出一部分钱资助科研、医疗、扶贫等慈善事业，但这些捐助比起累进收入所得税简直不值一提，而且这些资助，还能有效地替超级富人增加话语权。难怪美国人常说所谓的“非营利”（non-profit）的本质，就是“非纳税”（non-taxation）。

在基金会的玩法中，最早的拓荒者就是洛克菲勒家族（简称洛家）。《华盛顿邮报》曾披露洛家经过两代人经营，绝大部分家族资产已经转入了不同层次和级别的基金会，以及由此衍生出了下属、分支、直接或间接控制的公司，从而形成了一个规模庞大的基金会网络体系。每个基金会的财务报告既无须审计，更不用公告，在社会舆论和政府监管的雷达中完全失去了踪迹。

当尼尔森 · 洛克菲勒于 20 世纪六七十年代参加总统竞选时，他不得不披露财务状况，他个人申报了 3 300 万美元，众人当然不信，后来他承认身家 2.18 亿美元，比原先高出 6 倍。这是金本位时代的 2.18 亿美元，比 21 世纪的美元值钱太多倍。这一数字已经非常惊人，但不过是洛家“裸捐”了绝大部分资产之后的“零花钱”。拥有如此惊人的财富，参议院却发现在整个20世纪70年代，尼尔森竟然没有缴纳过一分钱的个人收入所得税。

在世界的富豪榜上，人们肯定看不到洛克菲勒这样扎眼的大家族。但在1975年洛家发动财富革命时，洛家财团打理自家基金会财富的专业团队就有全职人员154人，顶级财务专家15名，他们管理着700亿美元的资产，注意，这是20世纪70年代的700亿！《洛克菲勒报告》一书披露：20世纪70年代时，洛家名下的基金会多达200多个，间接或衍生出来的不下千家，洛家实际控制着大通曼哈顿银行（摩根大通）、纽约国家城市银行（花旗银行）和汉华银行，老本行标准系的石油公司更不必说。除此之外，还控制着美国100家最大工业公司中的37家，20家最大交通公司中的9家，最大供水、电力、燃气公司的全部，4家最大保险公司中的3家，美国50家最大商业银行之中25%的资产和最大50家保险公司中30%的资产[14]。

这一切还是在超级富人们发动财富革命之前！

如今，他们在国民收入中攫取的份额是当年的5倍，而资产升值带来的财富差距就更为悬殊，债券市场膨胀了10倍，股票资产膨胀了20倍，而当年完全不存在的金融衍生市场，现在已是数百万亿的庞然大物。超级富人们的特权更是达到玩弄法律、政要于股掌之间的程度。

豪强大户富可敌国，却很少纳税，而美利坚帝国又必须维持庞大的开支。惊人的赤字、如山的国债、萎缩的福利、难以为继的社保医保，透支了90%的中下阶级未来几代的财富，他们承受着极度不合理的税负压力，而遭遇的却是日渐减少的发展机会。在“美国梦”淡去的同时，失掉的是希望，滋生的是不满，经济痛苦正在向社会危机悄悄蔓延。

美国出现的财富分化的问题，也是世界主要国家所面临的共同问题，这既是上一次金融海啸的根源，也是下一轮经济危机的导火索，问题没有得到任何改善，反而正在加剧恶化。人们不知道下一轮危机何时爆发，但可以肯定，它将不仅是一场规模更大的金融危机，还将是货币危机和社会危机。

以史为镜，可知现在的畸形。

世界经济是在复苏吗？眼睛看见的只是海市蜃楼。金融市场更安全了吗？内心感受到的却是大断裂之前的寂静。

空气在颤抖，仿佛天空在燃烧，是啊，暴风雨就要来了！

申 论

关于权力，小布什总统曾有一段精彩的演讲，他说："人类千万年的历史，最为珍贵的不是令人炫目的科技，不是大师们浩瀚的经典著作，不是政客们天花乱坠的演讲，而是实现了对统治者的驯服，实现了用民主的方式把他们关在笼子里的梦想。我现在就是站在笼子里向你们讲话。"

小布什总统说得没错，美国的确将权力关进了笼子，但那不是代表选民利益的笼子，而是金钱和资本的笼子！

正确的问题应该是，到底是国家控制资本，还是资本控制国家？

民主的形式是重要的，但民主的实质更重要，人民当家作主的全部意义，就在于获得合理的财富分配！失去了最终的结果，一切过程的意义也就荡然无存。

克林顿和奥巴马都算得上是平民子弟，他们通过个人努力最后实现了总统的梦想，这被许多人看成是"美国梦"的象征。他们的故事的确很励志，但是出身于平民的总统，能够改变90%平民的命运吗？克林顿废除了保持60年金融稳定的《格拉斯–斯蒂尔法案》，结果酿成巨大的金融灾难，他所出身的阶层受到了最严重的损害。奥巴马誓言要遏制华尔街的贪婪，但他提议的《多德–弗兰克法案》却被华尔街篡改得面目全非，他决心与财富不公的现象斗争到底，结果在他的两届任内，贫富差距却空前恶化。

平民总统必须服务于统治集团的利益，这与他们的出身和个人理想相矛盾，而他们最终只能服从超级富人们的意志。克林顿伤害了平民阶层的利益，奥巴马也没有改变黑人的处境，假如未来美国选出了一位华裔总统，他对中国会更友好吗？恐怕只会更糟，因为他要保持政治正确，而超级富人定义着什么叫政治正确。将政府关进金钱与资本的笼子，就是美国的政治正确，也是美国向全世界推销的政治正确，谁支持这一理念，谁就能在国际上赢得喝彩。

当今世界的意识形态之争，似乎已经超出了主义之争的范畴，走向财富分配制度之争，全世界的超级富人们正在联合起来，决心共同主宰99%的人类的命运。1%的贪婪欲望日益膨胀，99%的反抗也必然升级，2011年波及全球的“占领华尔街”运动，拉开的仅仅是一个序幕。

从历史上看，制度性贪婪一旦固化，将自发形成不可逆的财富兼并趋势，以及随之而来的税负不均的日益恶化，进而导致财政税收出现结构性的赤字，政府被迫大幅增税，这将刺激民众不满情绪的爆发。如果增税已达社会稳定的极限，而仍然不能满足财政开支的需求，这时超发货币将不可避免。货币贬值点燃的通货膨胀之火，又反过来加剧富人进行财富兼并的冲动，致使税负不合理和财政赤字更加严重，诱发新一轮的货币贬值，直到民众无法忍受恶性通胀和严酷税收的压榨，起而反抗至改朝换代为止。

形象地说，制度性贪婪就像癌细胞，当扩张到临界点，它将突破一切束缚和制约，无限地自我膨胀，疯狂掠夺其他细胞的资源，直至重要器官衰竭和生命停止。

有人认为，货币贬值是财政赤字的结果，其实，财政赤字的根本诱因是富人占有财富的半壁江山而鲜有纳税。因此，货币贬值的根源在于富人贪婪的制度化和财富兼并趋势的不可逆。

美国今天所发生的一切，在历史上早已反复出现，阳光之下并无新鲜之事。帝国盛衰，王朝沉浮，古今中外，概莫能外。

未来，其实就在历史之中！

— 注释 —

[1] Elizabeth Williamson and Damian Paletta, *Obama Urges Bankers to Back Financial Overhaul*, Wall Street Journal, 2013-09-14.

[2] Ibid.

[3] Katy Burne, *Making Waves Against "Whale"*, Wall Street Journal, 2012-04-10.

[4] *The Dodd-Frank act Too big not to fail*, Economist, 2012-02-18.

[5] *McDonald's Hires* 62 000 *in U. S. Event*, Bloomberg, 2011-04-28.

[6] 80 percent of U.S. adults face near-poverty, unemployment, survey finds, CBS News, 2013-07-28.

[7] David Stockman, *The Great Deformation,* Public Affair, 2013, Chapter 32.

[8] William Engdahl, *The Fracked-up USA Shale Gas Bubble,* Global Research 13 March 2013.

[9] Ibid.

[10] *Guy Chazan, Peter Voser says he regrets Shell's huge bet on US shale,* Financial Times, 2013-10-06.

[11] Anthony Atkinson, Thomas Piketty and Emmanuel Saez, *Top Incomes in the Long Run of History*, Journal of Economic Literature 2011.

[12] Obama's Income Inequality Speech, 2011-12-06.

[13] Robert Lenzner, The Top 0.1% Of The Nation Earn Half Of All Capital Gains, Forbes, 2011-11-20.

[14] Gary Allen, *The Rockefeller File*, Buccaneer Books.

第七章

罗马盛衰，浴血的贪婪之路

CURRENCY
WARS

本章导读

前六章的内容是用显微镜来观察美国的现状，从黄金市场透视货币，从股票市场分析经济，从债券市场了解资本，从回购市场探索金融，从利率市场窥测危机，从房产市场洞察泡沫，从就业市场甄别复苏，归根到底，是从财富分配来解读贪婪。

为什么要深入解剖美国？因为它是当今世界的霸主，也是帝国盛衰的活化石。如果说18世纪的美国是少年，19世纪的美国是青年，20世纪的美国是壮年，那么21世纪的美国就是老年。

人体的老化始自新陈代谢减慢，帝国的衰落在于阶层流动固化。机会，就是未来的财富，就是晋升社会等级的梦想；机会枯竭，说明财富不再向中下阶层扩散，意味着帝国已达到盛衰的拐点。越过这一拐点之后，机会将变成负数，也就是所谓的厄运，财富创造在减少，而瓜分财富在强化，少数人的贪婪将践踏多数人的福祉，进而加剧多数人的反抗、暴力、流血和战争，直到帝国崩溃。

美国正处在帝国盛衰的拐点附近，它未来的命运，可以从过去类似的案例中看到清晰的脉络，也将为当今的“中国梦”提供历史的参照系。

本章将选择人类第一次货币经济大爆发时期的古罗马作为对照样本，以财富分配的主线为手术刀，把罗马统治集团的极度贪婪作为解剖对象，将其所导致的土地兼并、税负失衡、财政枯竭、货币贬值、经济凋敝、资产通胀、阶级冲突、军队变质、内乱外患、帝国灭亡的历史事件一片一片切开、曝光、通风、散味，然后做成文明的标本，时刻提醒今天的人们，我们将准备选择什么样的道路。

护民官格拉古之死

公元前133年，提比留·格拉古（Tiberius Gracchus）在当选罗马护民官的一年中，他与元老院之间的激烈对抗在罗马早已尽人皆知，他的主张受到罗马人民的热烈拥护。同时，元老院的贵族们对格拉古的仇恨则是有增无减，针对他的攻击，甚至人身威胁正在逐步升级。

罗马的气氛越来越紧张，格拉古已经不止一次受到恐吓，他的一位好友刚被谋杀，下一个会不会就是自己呢？

一种强烈的不祥之感笼罩在格拉古的心头。

为了保护格拉古的安全，罗马群众自发组织起来，在他家附近昼夜守护。这一天，元老院召集会议，再度讨论格拉古的改革法案，数百名支持者护送着格拉古来到会场。

元老院的贵族们也召集了大批奴隶，他们手持棍棒吵吵嚷嚷，堵住了格拉古进入会场的通道。现场越来越混乱，格拉古高声呼救，但愤怒的咒骂和激烈的争吵淹没了他的声音。他意识到危险已经迫在眉睫，立刻用手指着自己的头，发出了求救信号。

现场立刻有人恶毒地叫喊："格拉古要戴王冠，他是独裁者！"

有人立刻冲进会场向元老院报告："格拉古要求给自己戴王冠，他是独裁者！"元老们立刻炸了窝，愤怒的咒骂声响彻会场。大批元老带着早已枕戈待旦的家奴们，抄起棍棒冲出会场，向格拉古和他的支持者们劈头盖脸地砸了过去。在会场之外，元老们的奴隶们见势立刻从四面合围，抡起棍棒痛下杀手，现场立刻鲜血四溅，惨叫呼救之声撕心裂肺。

提比留·格拉古

格拉古当场死于非命！

最后，暴徒们拖着格拉古的尸体游街示众，这位罗马著名政治家的尸体在没有举行葬礼的情况下，被直接丢进了台伯河。[1]

这一天，格拉古和300多名支持者被乱棍活活打死，这是罗马放弃君主政体400年来，第一次出现大规模流血暴乱，其恐怖和惨烈震惊了整个罗马。

格拉古并不是普通的罗马平民，他与元老院谋杀他的人一样，是罗马显赫的贵族。他的祖父乃是罗马名将大西庇阿，在第二次布匿战争中打败了不可一世的迦太基统帅汉尼拔，被罗马人称为“非洲的征服者”；祖母家则出了另一位罗马的著名将领保卢斯，这位伊利里亚战争的英雄，正是罗马人崇拜的“马其顿的征服者”；他的父亲曾任罗马共和国的执政官，相当于今天的总统。在父亲去世后，他的母亲甚至拒绝了埃及国王托勒密的求婚，抚养他们兄妹三人长大成人，格拉古父母的这段忠贞不渝的爱情故事，在罗马历史上广为流传。他的弟弟后来也是著名的罗马政治家，姐姐则嫁给了最终征服迦太基的小西庇阿。

如此一位出身名门、家世显赫、深受人民爱戴，自己又身居罗马共和国要职的重量级贵族，怎么会落得被同属一个阵营的罗马贵族集团公开屠杀，而且死无葬身之地的悲惨下场呢？

更加令人难以置信的是，领头屠杀格拉古的元老竟然是他的表兄弟——前罗马执政官、现任大祭司纳西卡（Scipio Nasica）。

格拉古的下场很像美国总统肯尼迪，他们同属统治精英阶级，出身名门望族，立志为人民做实事，最终却都不得善终，原因就是他们挑战了权贵阶层的底线！

格拉古的成长经历

在家族传统的熏陶下，格拉古自幼就胸怀大志，立志要像祖先和前辈一样，凭着自己的军功和政绩，一步一步登上罗马的政治舞台。罗马的传统崇尚武功，格拉古的从政之路也是从军事生涯开始的。在第三次布匿战争期间，他跟随姐夫小西庇阿出征非洲，与罗马的百年劲敌迦太基人做最后的决战。

迦太基（统治疆域在今突尼斯境内）曾是希腊在地中海上的主要竞争对手，以其强大的海军闻名天下，称霸西地中海。迦太基的农业发达，航海技术精湛，贸易高度繁荣，迦太基货币曾是地中海地区的强势货币。

随着罗马势力的崛起，双方在地中海地区的争夺日趋白热化。第一次布匿战争（公元前264—公元前241年）打了23年，罗马终于夺得了西西里岛，但双方损失空前惨重，战争伤亡甚至超过了亚历山大大帝横扫欧亚大陆的全部损失。第二次布匿战争（公元前218—公元前201年）持续了17年，迦太基统帅汉尼拔率领大军横扫意大利半岛，连续重创罗马军队，甚至直接威胁到罗马城的安全。在著名的坎尼战役中，汉尼拔歼灭罗马军团 7 万多人，成为人类战争史上单日伤亡最大的战役之一。整个战争使罗马伤亡了成年男性公民的 1/5，罗马虽然最终取胜，但损失极其惨重。

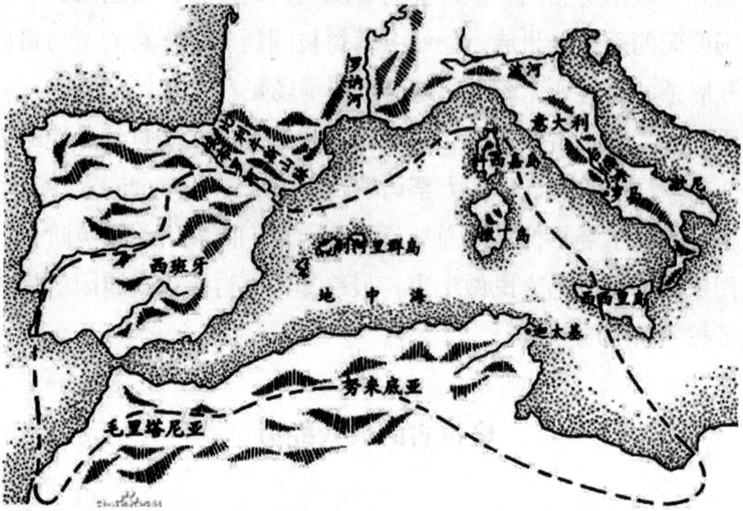

迦太基势力范围示意图

迦太基的威胁让罗马人寝食不安，趁着迦太基国力虚弱，罗马发动了第三次布匿战争（公元前 149—公元前 146 年），以图最终消灭迦太基。罗马大军将迦太基城围困三年而未攻破，格拉古跟随小西庇阿统帅的罗马大军参加了最后的攻城决战。在战斗中，他冲锋陷阵、英勇无畏，第一个登上了迦太基的城墙，赢得了罗马军队的高度爱戴。

为永绝后患，小西庇阿将迦太基城夷为平地，20 万迦太基人遭到杀害，仅存的 5 万人沦为奴隶，迦太基最终亡国灭种。目睹战争的惨烈结局，小西庇阿不禁落泪，他担心罗马城有朝一日也会遭到如此的下场。历史竟是惊人的相似，455 年，在迦太基立国的汪达尔人，正是从这片废墟上出发，攻陷并洗劫了罗马城。

正是在攻打迦太基的战役中，格拉古声名鹊起，后来被破格任命为祭司团的占卜官。这是一个非常崇高的荣誉，后来的恺撒和屋大维年轻时也是从这个职位起步，最终成为罗马的最高统治者。前执政官和监察官、罗马元老院的首席元老阿庇斯·克劳狄乌斯参加了格拉古的就职庆典，一眼就相中了年轻有为的格拉古。首席元老激动之下当场表示愿将女儿许配给他，格拉古愉快地接受下来，并当场敲定了婚约。

名门之后，赫赫军功，再加上岳丈大人的鼎力相助，格拉古春风得意，青云直上，年纪轻轻就被任命为财务官，跟随罗马执政官远征西班牙。正是这次长途跋涉，让格拉古看到了罗马共和国潜藏的重大危机。

在经过意大利中部地区的伊特鲁里亚时，格拉古看到的是大片荒芜的土地和凋敝破败的农庄，在沉重债务和奇低粮价的双重打击之下，农民们纷纷破产。来自罗马的贵族和豪商则趁机大肆兼并土地，大批丧失土地的农民无依无靠，四处流浪。

格拉古对农村的衰败感到震惊。他知道，罗马军队的士兵必须是家有财产的罗马公民，主要来自有地产的农民。他们平常打理自家土地，国家有难时自备武器参加战斗。他们有国家去热爱，有财产要保护，分享着法律赋予的权利，保卫自身利益和崇尚荣誉的传统，共同激发出罗马军队强大的战斗力，这是罗马能够屡克强敌的制胜法宝。商人立国的迦太基，之所以最终败给了以农民为主的罗马共和国，军队的精神力量是关键因素，在军事技术相当的情况下，商人对损失的承受力远远不如农民。

对罗马农民而言，失去土地也就失去了作为自由罗马公民的尊严；对国家而言，则意味着合格兵源的减少，战斗力的减弱。摧毁迦太基之后不过短短几年时间，所向披靡的罗马军团竟然在西班牙屡遭惨败。

军事的失利直接源于士气的低落。当士兵们听到家乡妻儿负债累累，被迫变卖土地的消息，当他们眼睁睁地看着罗马的富人们乘人之危夺走自己的家园，当想到自己九死一生从战场归来却无家可归时，哪个士兵还会有拼死战斗的意志？

罗马共和国的贫富差距迅速恶化，土地兼并日益严重，民众不满与日俱增。与此同时，随着罗马海外征服战争的扩大，越来越多的战俘和掠夺来的人口被贩卖为奴隶，他们充斥在罗马社会的各个角落，严酷的压榨和惩罚在奴隶中激起了强烈的反抗情绪。从军队退伍的老兵们，由于丧失了土地而无家可归，不得不流落在罗马城的大街小巷。不满、愤懑、仇恨的情绪正在迅速蔓延，严重的社会危机一触即发。

格拉古回到罗马后，目睹共和国面临的严重危机，决心竞选护民官，进行土地变法，遏制兼并，振兴农业，巩固国本。

格拉古兄弟的土地变法

格拉古具有演说家的天赋。他温和宁静的外表，展示出泰然自若的自信；他的演说内容，更是直击国政时弊的要害，强烈地触动着每一位听众的心弦。在竞选护民官时，格拉古壮怀激烈的演说，让民众心潮澎湃；成功当选后，他的变法演讲，更让人激动不已："山中的野兽，林中的飞鸟，尚且有栖身的巢穴，可是为国征战和阵亡的罗马公民，除了空气和阳光之外，一无所有：没有房屋，没有土地，带着妻儿四处流浪。当统帅们在战场上号召士兵们保卫神殿和祖先的坟墓不受敌人侵犯时，他们是在欺骗士兵。要知道许多罗马人并没有祭父的祭台，没有祖先的坟墓，而他们是为了使别人过上奢华的生活，为了别人发财致富而战斗到死。人们称他们为世界的统治者，但他们连一小块土地都没有。"[2]

在公众热情的欢呼声中，他提出了土地改革法案：规定罗马公民个人占有的公有土地上限为500罗马亩（约1 890亩），家庭土地以两子为限，上限不得超过1 000罗马亩（约3 780亩）；凡超此限的土地，国家一律收回，重新划分为每块30罗马亩（约113亩）的份地，分给无地农民；份地不可剥夺，不可转让，但可以继承；建立三人委员会制定法律，同时赋予其权力来恢复农民的土地。

消息传出，罗马元老院立刻炸了窝，上层社会的贵族和豪商们更是暴跳如雷，按照新法，他们的大量田产将被没收，身家财富更会严重缩水。

严重到什么程度呢？

仅在第二次布匿战争之后，罗马掠夺的土地就高达 400 万罗马亩（约 1 512 万亩），加上历次扩张所充公的土地就更为惊人。这些土地产权属于“国有土地”，但早已被贵族和豪商们所圈占。

罗马历史上曾有土地法案限制个人占有的公有土地不得超过 500 罗马亩，而格拉古的新法不过是旧法重申罢了。但是，贵族和豪商们从前根本不理睬土地限制法案。罗马历史学家阿庇安曾记载：“豪强大户占据了大部分未分配的土地，时间一长，他们的胆子更大了，认定他们的土地永远不会被剥夺。他们吞并临近的地段和贫穷邻居的份地，一部分是在说服之下购买的，一部分则是以暴力霸占的。因此，他们开始耕种广大的土地，而不是单一的田产，主要使用奴隶从事农业与放牧。”[3]

在格拉古的时代，贵族占有土地的规模已经非常惊人，如莫西阿努斯（Crassus Mucianus）就拥有 10 万罗马亩（约 37.8 万亩）土地，庞贝的盟友多米契乌斯至少拥有 6 万罗马亩（约 22.7 万亩），恺撒、克拉苏、西塞罗等贵族们，无一不是超级大地主，他们的田产很多都是从圈占公有土地而来。

格拉古的新法竟然敢到太岁头上动土，直接挑战贵族和豪商利益集团最敏感的神经，难怪贵族们必杀之而后快。格拉古身为贵族却背叛了贵族阶级的集体利益，因此元老院采取了暴力的极端手段，清除阶级异己分子。

但是，这种手段激怒了罗马公众，也激怒了格拉古的弟弟盖约·格拉古。极度的悲愤和强烈的正义感，使他继承了哥哥的变法大志。在罗马群众的热烈支持下，小格拉古在公元前 122 年当选为护民官，并在前 121 年连任成功，他继续推动土地变法，而且比哥哥变法的范围更大。

小格拉古继续推动土地变法

结果，小格拉古和大批支持者被元老院的贵族们派兵血腥镇压，小格拉古被砍头，3 000多名支持土地变法的罗马公民被屠杀，鲜血染红了整个台伯河。

格拉古兄弟改革失败后，罗马共和国的制度性贪婪更加猖獗，公有土地私有化的进程明显加速。“富有者又开始兼并穷者的份地，或寻找借口无理夺取，因此农户的情况变得比以前更为恶劣。”当人性中的贪婪汇聚为利益集团的群体性贪婪时，绝不是少数几个改革者和组织松散的民众所能对付的。

《全球通史》的作者斯塔夫里阿诺斯对此感慨道：“提比留·格拉古和他的兄弟盖约·格拉古，勇敢地进行了一场改革运动，他们试图利用自己由竞选获得的护民官的地位来实施温和的土地分配方案，可是寡头政治的执政者坚决反对，并不惜使用暴力来达到他们的目的……格拉古兄弟的命运表明，温和有序的改革是不可能成功的。”[4]罗马共和国错过了最后维护民主政治的机会。格拉古兄弟改革的失败，敲响了罗马共和国的丧钟，拉开了近百年的血腥暴力、残酷革命和大规模内战的序幕，并导致罗马共和国最终走向了帝制。

罗马共和国之所以瓦解，统治集团的贪婪是一个重要的催化剂。

勤劳缔造罗马，贪婪摧毁共和

罗马立国以来，以氏族为基础，以氏族联盟为民社，以民社成员为公民，以各民社土地为领土，罗马主权天然属于罗马民社和罗马公民。国家体制事无巨细，无不模仿氏族，国王就是罗马民社的大家长，元老院源自氏族长老，王位空缺即由元老院摄政，公民可以竞选国王，公民大会的权利自古以来就在国王之上。公民的主要义务就是服兵役，因为参军的权利只属于公民。

早期罗马实行共耕制，耕地公有，私人财产仅限于"奴隶和牲畜"。罗马法不承认土地的私有财产权，这样罗马就形成了一个以公民、公有土地、公民军队为基础的三位一体的坚强核心。罗马军队的战斗力之所以强悍，就是因为每个士兵都知道他们是为保卫自己的利益而战。曾担任罗马执政官的加图，在其传世名著《农业志》中这样论述罗马军队的本质："最骁勇的人和最强健的士兵均系农民出身，他们追求诚实不欺、稳定的收入，并很少招致嫉妒，而从事这种职业的人极少有坏主意。"

说早期的罗马是一个农民国家，此话毫不夸张。罗马人将土地视作生命，那时罗马的奴隶很少，地主们对土地悉心照料，事无巨细，亲力亲为，以至被其他民族戏称为"好庄稼汉"。他们每日勤勉劳作之后，带来的是喜悦而充实的休息。农夫们每月进城四次，从事买卖和其他事务。真正的休息仅限于节庆之日，此时依照神命锄犁停止，不但农夫歇下来，而且连奴隶和耕牛也同享闲暇乐趣。罗马的社会围绕农地而运转，甚至连罗马的文学也发端于论述农耕的理论。

历史上，很多民族都曾经战胜过敌人，掠夺了大片土地，但没有一个民族像罗马人那样，以锄犁和血汗保全了干戈所赢得的土地。罗马人打过许多败仗，但他们却从来不割让土地以求和。罗马人的坚韧不拔源于对土地的挚爱，这是罗马能够最终战胜商人立国的迦太基的精神根源。

随着四处征战，罗马的领土不断扩大，但公民数量却在战争中不断减少，而非公民的平民越来越多，他们既不受罗马法的限制可以自由分享公有土地，还不用服兵役，这导致了公民希望服兵役的义务能够由全体有土地的居民共同分摊。随着这一改革，罗马重新清查土地，地籍册即为征兵册，不同田产数量的农民，携带不同装备参加征战。公民对非公民并不友好，但公民之间的权利却完全平等，这两项基本原则罗马人严格执行，自己人与外人分得极为清楚。

经济稳步发展，罗马财富日增，人性的贪婪开始萌生。首先开始破坏规矩的就是已经成为终身制的国王和世袭的贵族，他们不仅公田私用，还迫使公民无偿劳动以获取更多收益，社会财富分配开始出现不公。公田扩大赶不上人口增长，可分之地出现短缺，罗马开始将公田分给私人，而贵族们获益甚丰。贵族集团羽翼丰满之后，利用公民对土地分配不公的愤怒情绪，于公元前509年废除了王政，改行共和。

共和体制最大的亮点，就是每年经选举产生的两位执政官，同时，元老院能够扩招平民，其他国家体制方面的变动不大。在评价一个政治体制时，不是看它贴着怎样的标签，而是看它如何运转，以及这种运转的最终结果对谁更有利。政治制度的本质，就是保证国家财富怎样分配。废除王权的原因在于财富分配严重不公，如果从这一标准看，共和制并没有丝毫改变社会现状。

执政官代表了贵族集团的利益，共和制确立的是一个典型的贵族政治，国家权力不再寄托于国王个人，而是由整个贵族集团负责管理。这比王权更加稳固，但是，如果贵族集团整体的贪婪程度超过了王权，那么国家财富分配不公的问题将会变得更加严重。

政治体制的改革，导致罗马财政和经济的巨变，资本的力量逐渐凌驾于国家之上。过去，罗马的国王并不愿意资本势力过于膨胀，甚至尽量增加农庄的数量以平衡资本利益集团的实力，但共和制的新贵族们却更加贪婪，其政策自始至终地贯彻了破坏农民中产阶级的目的，以大地主和豪商集团为核心的贵族统治，极力压榨濒临破产的农民阶层。

政府开始买卖谷物，食盐进行专营，国家将一切间接税的收付款以及交易活动，全部转让给了“承包商”，同时要求承包商必须具有实物担保的财力，这无疑有利于豪商贵族。于是，一大批包税商和承办人阶层迅速崛起。

包税法，即国家将财政税收以某一指定数额承包给豪商，在豪商缴纳此数之后，剩余税收全归豪商所有。至于这个指定数额则是豪商与贵族自家“勾兑”的事情，这里面的水可就深了。包税商阶层在短短几年之内就成为罗马的巨富，包税业务利润之丰厚，以至于“罗马的富人无一不以署名或匿名的股东资格，参与承租国税的事”。[5]很显然，他们的巨额利润正是源于盘剥全民税收，包税制对国家财政的破坏极为深远，为害极烈。

罗马的包税商阶层，堪称是罗马共和国的第一代金融大鳄，在大肆侵蚀国家税收的过程中，它们与贵族集团实现了利益捆绑，政治影响急剧膨胀，迅速崛起为可以左右国家政策的势力集团。它们在巧取了“第一桶金”之后，开始准备豪夺公有土地了。

在王政时代，公有土地开始实行有害的“占田制”，即将土地让给最先占田的豪强大户，并可世代继承，虽无正式产权，却享有特种使用权，占田者需交谷物收成的10%，或橄榄油、葡萄酒产出的5%，但实际上税收根本无法征集，等于豪强大户白占公有土地。

自共和以来，土地私有化政策将这些田地的“占田权”变成了“永久产权”，除了贵族和豪强大户，普通罗马公民根本无法分享这一巨大的利益，而这些永久“田赋”同样征收不到。由于公有土地大量减少，税收来源严重不足，而豪强大户霸占的公有田产却征不到税，那么国家税负就只能压在小农户的身上。越来越多的农户不堪税赋压力而被迫负债，而放高利贷的人，正是从小农户身上盘剥税金的包税商阶层。

罗马法素以冷酷无情的执行力著称，尽管法律禁止土地抵押贷款，却允许私人借债。私人借债实际上是以人身为抵押，一旦无法偿还，债权人甚至有权将债务人处死分尸，或将债务人及其子女一起卖到国外做奴隶，政府概不过问[6]。后来，由包税商演变出来的高利贷阶层，干脆动用军队，直接抓捕违约的债务人。

高利贷阶层作为债权人，对欠债农户拥有着巨大的威慑力，迫于绝望和恐惧，小农户们只有将土地转让给债主，忧愁和绝望蔓延在整个罗马农民阶层之中。中国有句古话：“杀人偿命，借债还钱。”还债的重要性，竟然和偿命相当。

共和制推行仅十余年，罗马社会的财富分裂就已经严重到激起民变的程度。公元前495年，战争逼近罗马，政府却严厉执行债务法，激起广大农民的公愤，罗马公民们拒绝应征打仗，这是罗马有史以来前所未有的公民公然拒绝履行义务的情况。

执政官被逼无奈，暂停债务法的实行，释放因债务入狱的农民，并禁止再度逮捕。罗马公民这才参加战斗，打败了强敌。可是等战争结束，债务法又开始严厉执行，大批农民再次陷入牢狱之灾。政府失信于民，罗马农民愤怒到了极点。次年，战争再度爆发，执政官的谎言已经被揭穿，没有人愿意再为这样的政府卖命。

最后是民众信赖的老氏族领袖担任了独裁官，并信誓旦旦地保证一定改革债务法，罗马公民才重上战场并再度获胜。结果，变法议案被元老院否决，怒不可遏的罗马公民在护民官的带领下，开进罗马并准备发动武装暴动，内战一触即发。

元老院的贵族们被逼到了战争的墙角，这才意识到问题的严重性。如果不做任何妥协，仅是内战的巨大消耗就将导致财政破产。再加上公民出现分裂，军队可能倒戈的严重局面，那么共和体制开张才十几年就会宣告破产，一切既得利益全部面临被清算的重大风险，元老院终于妥协了。

这一重大胜利振奋了罗马公民长达百年，平民护民官就是这场斗争的主要成果。

废除残酷的债务法只是缓解了农民最恐惧的结局，但并没有消除产生这一结局的原因。土地兼并和税负不公才是农民一切困境的根源。围绕财富分配的斗争仍在激烈地较量着。

斯普里乌斯·维希里纳斯（Spurius Vecellinus）是一位曾三度担任执政官、两次获得凯旋仪式的超重量级贵族，当朝的元老贵族中没有人比他资历更老，他还是罗马第一部《农业法》的起草者，对罗马共和国的贡献极为深远。他对财富分裂的根源洞若观火，包税商们对财政税收的垄断，才是国家困境的核心。

包税制导致国家税收严重流失，同时又将不公平的税负压给了农民，农民因此才会负债累累，丧失土地，而包税商阶层则既侵吞了税收，又兼并了土地，两头暴赚，岂能不富？

于是，他直击财政垄断的弊病根源，在公元前486年提出改革法案，清查全国公有土地，把一部分公有土地出租给农民，租金可以增加国库收入；另一部分公有土地则直接分给无地农民。这一改革的要害是，国家增收，百姓减税，从两头挤压包税商的利润。利国利民的好法，必然不利于祸国殃民的利益集团。结果，国家元勋级别的维希里纳斯，竟被罗织了觊觎王权和叛国罪罪名，公开斩首示众，府邸被夷为平地。

即便是国家的元勋显贵，只要触犯了利益集团的贪婪，同样死无葬身之地！罗马共和国的阶级斗争之残酷由此可见一斑。

财富让人疯狂，贪婪使人残暴！

共和制度推行了50余年，财富分裂已激化到了濒临内战的边缘，终于在公元前451年，达成了《十二铜表法》的妥协。土地兼并的问题没有根治，算是平民妥协；严酷的债务法变得缓和了一些，算是豪强让步。

在新法之下，在判定负债或承认负债之后，允许有30天的时间来偿还；如逾期未还债，债务人将被送交地方执政官。除非债务得以豁免，否则债权人可以拘押、囚禁债务人，但必须提供吃喝；几个债权人可以共同占有、瓜分一个债务人的财产。如果债权人索取的贷款利息超过了法律上限8.333%，将被处以4倍的罚金，对高利贷盘剥的惩罚重于盗窃罪[7]。

斯普里乌斯·维希里纳斯被斩首

从《十二铜表法》实现的豪强大户与罗马公民的财富分配妥协，到布匿战争爆发，由贫富分化导致的土地兼并和债务沉重这两大痼疾，得到了相当程度的缓解，使罗马共和制逐步稳定下来。罗马开始腾出手来巩固国本，并逐步实现了意大利的统一，罗马的稳定持续了近 200 年之久。

公元前 264 年，第一次布匿战争的爆发，再次打破了罗马财富分配的平衡，战争持续时间长达 23 年，随后的战争也同样旷日持久，罗马农民不得不长期在外作战，而无法照料家中的农田，只有依靠妇女和老人打理耕地。在第二次布匿战争中，高达 1/5 的男性公民伤亡，农业凋敝已成无法逆转的必然。到公元前 146 年，第三次布匿战争结束，罗马的农业已经濒临破产。

罗马农村的大规模破产和掠夺土地的激增，极大地刺激了罗马豪强大户压抑已久的贪婪欲望，土地兼并如火如荼，税负不公愈演愈烈，债务负担与日俱增。罗马共和国历史上的第二次财富大分裂，比第一次更为猛烈。

从布匿战争结束（公元前146年）到格拉古兄弟开始改革（公元前133年），不过短短的13年时间，罗马共和国陷入了极度恶性的财富瓜分狂潮，豪强大户的贪婪已彻底放纵，农民的愤怒和仇恨已无法遏制，共和制正在加速滑向深渊。

到公元前121年，格拉古兄弟的土地改革彻底失败，罗马陷入了长达百年的起义、暴乱、流血、混乱与内战。前三巨头争权夺势，攻伐连年；后三巨头角逐霸业，血流漂杵。

罗马共和国在刀光剑影之中，于公元前27年寿终正寝。

大转折：内向盘剥到外向扩张

罗马最终走出困境，不是源于内部实现了财富分配的均衡，而是来自于制度性贪婪转变了方向，由内向型盘剥演变为外向型扩张。

罗马在统一了意大利之后，历经百年的三场恶斗终于打败了劲敌迦太基，占领了阿非利加；兵锋东向，击灭马其顿，横扫希腊城邦诸国；进而征服小亚细亚，并吞叙利亚；最后剿灭高卢，攻入英国，征服西班牙，夺取埃及，建立起一个横跨欧、亚、非大陆的超级帝国。

在罗马大扩张的时代（公元前150—公元前50年），首先受益的就是罗马的贵族阶级，大量的战利品、钱币、朝贡、奴隶、牲畜、粮食、金银珠宝，从四面八方涌向罗马，大部分装进了贵族们的荷包里。征服还使罗马贵族阶级变成了国际大地主，大片被征服的土地并入了罗马的版图，数不尽的谷田、牧场、森林、湖泊、渔场、矿山和采石场任由他们主宰。

另一个获得巨大利益的就是豪商阶级，他们从经营、占用和侵吞罗马的国有资产中获取了巨额暴利。在战争中，他们以粮食、衣物、武器高价供应军队，再从政府、将军和士兵的手中廉价收购战利品，大发战争横财。扩张与征服，使罗马的豪商们第一次放眼世界，他们发现了新设行省这块超级肥美的大饼。元老院指派的行省总督们原本就是豪商们的老关系，而总督对行省的统治权力几乎毫无限制。

罗马著名政治家西塞罗（Marcus Tullius Cicero），曾对罗马的西西里总督进行控告："通过新的、无原则的管理，从农民钱袋中榨取无数的金钱；对待我们最忠实的盟友，就像对待民族的死敌一样……著名的古代艺术品，其中有些还是富有的国王们的礼品，全遭这位总督的劫掠。他不仅如此对待城市的雕像和艺术品，而且还掠夺最神圣、最受崇拜的圣殿；如果一个神像的制作工艺超过古代一般水平，具有一定的艺术价值，那他就绝不会留给西西里的人民。"[8]

总督们的无法无天与豪商们的恶性贪婪交织在一起，就如干柴遇上烈火，一发不可收拾。豪商与总督们共享着利润超级丰厚的行省包税业务，为经营田地的农户提供土地抵押贷款，向滞纳税款的城邦和个人提供高息放贷。例如，布鲁特斯（Marcus Junius Brutus）给城邦的贷款利率高达48%，西塞罗闻讯惊愕不已。

豪商们还垄断了政府的一切外包业务，罗马和各行省的公共建筑、道路桥梁、下水管道、驿站驿道、花园苗圃、大型广场等巨型建设工程一律外包给豪商们。同包税制一样，只要关系到位，金额就好说，罗马政府不差钱。巨额的利润滚滚而来，让豪商们做梦都能笑醒过来。豪商们最终形成了罗马帝国的骑士阶级。

贵族和骑士阶级拥有了前所未有的巨大财富之后，他们骨子里认定最安全的资产就是土地田产，更大规模的土地兼并如火如荼。随着公有土地的私有化，要求保护私有土地权的呼声越来越高，西塞罗就是保护私有产权的主要代表，他指出："行政官员必须首先关注的问题是所有人应是其财产的主人，公民的私有财产权不致由于国家的行动而遭到侵犯。""要知道，建立宪政国家和自治政府的主要目的，是使财产私有权获得保障。""那些负责照顾国家利益的官员，应当制止掠夺一个人而使另一人致富的形式……他们应尽其所能使嫉妒不能阻挡富人的道路。"

与早期共和时代不同，此时罗马拥有着数量巨大的各国奴隶，他们成为罗马帝国土地上的主要劳动力。伴随着帝国扩张的步伐，国内数十万土地无产者被安置到罗马新征服的亚洲和非洲行省进行殖民，剩下的农户也纷纷沦为佃农。仅仅在公元前的最后30年中，罗马在海外的殖民地就高达100个，集体移民了25万成年男性，几乎占罗马成年男性的1/5。帝国时代的诗歌与文学中常有对罗马农民阶级绝迹的感慨，罗马共和的基础已经消亡了。

环顾整个意大利，城市里住着一些相当富有的豪强大户，他们很多是大地主，在意大利和罗马的行省中拥有良田千顷，牧场无边无际，成千上万的奴隶们为他们辛劳工作，奴隶出身而富有专业知识的管家们为他们监管着庞大的产业。另一些豪强大户则是城市的大地产主，他们靠出租房屋、店铺、仓库等享受着奢侈的生活。

包税阶层和承包商们已经发展成罗马的金融家，他们穿梭于罗马和帝国的各个行省之间，建立起一张从皇帝、元老院到行省总督们的庞大人脉网，经营着包税、高利贷、银行、投资等金融业务，帝国巨大的资金流在他们的金融网络中日夜不息，川流不止，即便是在睡梦中金钱也在为他们不停地工作。

在罗马城卡斯托尔神庙附近的公共广场中，每天都挤满了各色投机者，他们在这里买进和卖出包税公司的股票和债券，交易各种现金与信用的货物，竞购帝国的农庄、地产、店铺、船只和货栈，以及来自各国被拍卖的奴隶和牲畜。

在广场附近的街道里，各类店铺鳞次栉比，拥挤着成千上万的手工业者、店铺伙计、有钱人的奴隶、来自各地的代理商，他们竞相向客户们推销着各种手工业制品和农产品。

就在繁荣背后，也有阴暗的角落，罗马出现了少数超级富人构成的骑士阶层，也诞生了一个规模巨大的流民集团。

在罗马偏僻街道的大杂院里，住着大批失去地产的农民、失业的无产者、退伍没有着落的士兵，他们生活在不满、沮丧和怨恨之中，只要有人愿意出钱，他们随时愿意出卖自己的选票和拳头。用西塞罗的话说，他们“是可怜的，饥饿难耐的乌合之众，是国库的剥削者”。

正是这些“乌合之众”，后来大量参加了罗马军团并改变了军队的性质，从流民集团演变为暴民集团，成为罗马帝国最危险的颠覆性力量。

货币经济的帝国时代

罗马军事上的大扩张，同时也刺激了货币经济的大爆发。

罗马共和时代以农业立国，传统上具有重农轻商的明显倾向，货币经济并不发达，罗马的货币演化正说明了这一点。

在罗马最早的300年中，除了希腊在意大利的殖民城市之外，罗马没有造币之事，商品交易的最早媒介是牛羊，10只羊的价值等于1头牛。随着金属的开采，铜取代了牛羊，成为罗马一切价值的基准，铜以罗马磅为计量单位，又叫阿斯（AS），1磅重约328.9克。比起高度重视商业文明的希腊，罗马早期货币显得十分粗糙，由各个地区自行铸造。既然贸易规模和市场交易远不如希腊，那么社会对货币的精确度和成色的要求就没有希腊那般迫切。

公元前5世纪罗马官方发行的青铜货币阿斯锭，重达5阿斯（约1.6千克）

早期罗马最通行的货币是青铜铸造的阿斯锭，它们常常重达 5 阿斯（约 1.6 千克），货币的不便反映出罗马商业的繁荣程度远不及希腊时代。随着商业的逐渐发展，货币的使用越来越频繁，沉重的货币开始变得更小、更轻、更精确，以适应日常生活的小额交易，青铜的重阿斯币成为主流通货，每枚重量在 272~341 克之间。直到第一次布匿战争之前，重阿斯币都是罗马共和国最流行的货币。

布匿战争的爆发，彻底改变了罗马的经济面貌，长期和大规模的战争，迫使罗马农民必须长时间地脱离土地生产，这就迫使正式而开支浩大的军饷制度必须建立起来。军饷发放一方面加速了货币铸造，另一方面又促进了国内货币的统一。实际上，战争对货币经济的推动作用甚至超过了商业，战争同时还创造出一个巨大的国内统一市场，统一的货币流通于统一的市场，罗马开始从实物经济向货币经济嬗变。

在货币制度上，最为显著的变化就是银本位取代了铜本位，白银第纳尔（Denarius）渐渐淘汰了笨重的铜阿斯币。罗马从前也有银币，但主要是由希腊人在意大利南部和西西里的殖民地铸造和流通的，这些地区虽然在地理上靠近罗马，但在心理上却更倾向于希腊，包括他们的铸币也是沿袭希腊精巧的银币德拉克马（Drachma），而完全不像罗马笨重的铜阿斯。

公元前 4 世纪—公元前 3 世纪青铜铸造的重阿斯币，每枚重约 1 阿斯

早期的罗马人不搞银币而铸铜阿斯，并非是他们不喜欢白银，而是由于意大利中北部缺乏银矿。但是，当罗马军团击败了迦太基，逐步控制了迦太基在西班牙的殖民地之后，西班牙的大银矿让罗马人发

了横财。

由于发放军饷的迫切需求，罗马人于公元前 211 年整顿货币，开始在全国统一发行白银第纳尔。第纳尔含银 4.5 克（相当于 1/72 罗马磅），其价值被规定为 1 白银第纳尔相当于 10 罗马磅的青铜货币，从此第纳尔成为罗马最主要的流通货币。[9]

到了恺撒时代（公元前 49—公元前 44 年），罗马开始发行金币奥里斯（Aureus），含金量为 8 克左右，其价值相当于 25 个银第纳尔，但黄金奥里斯的价值太大，较少作为流通货币，而更多地用于大额贸易和赏赐。

罗马的军团与罗马的白银第纳尔齐头并进，横扫地中海两岸。罗马军队每占领一个地区，第一件事就是关闭当地的造币厂，或仅仅允许铸造小额的辅币。罗马造币厂成为整个地中海地区最大的造币厂，其他造币厂由罗马授权才能生产银币，而且必须按照罗马的币制进行铸造。[10]

罗马共和国时代的白银第纳尔

恺撒时代的金币奥里斯

从公元前 150 年到公元前 50 年，在罗马大扩张的 100 年中，罗马的货币流通量猛增了 10 倍，其中大部分是银币第纳尔。在滚滚的货币洪流推动之下，罗马的商品流动和经济模式发生了深刻的变化。

来自埃及的小麦、亚麻、苇纸，迦太基和西西里的粮食，小亚细亚的羊毛、木材和地毯，高卢的谷物、肉类和羊毛，西班牙和不列颠的各种矿物，波罗的海地区的琥珀、毛皮和奴隶，撒哈拉沙漠以南非洲的象牙、黄金和奴隶，以及亚洲的香料、宝石、调味品和中国的丝绸，从四面八方涌向罗马。在巨大的商品交换刺激下，罗马的经济模式发生了深刻的转型，它不再是一个以农业立国的生产型社会，而是越来越明显地转向工商业为主的消费型经济模式。

高效率和低成本的海外粮食供应，使罗马的物价低得惊人，罗马城市人口曾高达 100 万，另外还要供养几十万的常备军和庞大的官僚体系，刻意压低粮价成了罗马帝国维持稳定的必要条件。对于意大利的农业生产而言，这种极低的粮价无异于从根本上摧毁了本国的粮食生产。小土地农户已经全然丧失了市场竞争力，而谷田价格也空前低迷，农民的大规模破产为豪商们的土地兼并提供了良机。大地主们采取了大规模的奴隶生产和耕种技术改良，降低了粮食的生产成本，即便如此，仍然无法同海外低价粮食进行竞争。

于是，在罗马的很多地方，种植谷物仅仅为了满足大庄园劳工所需的粮食，大地主们忽略了不赚钱的谷物，而转向高利润的经济作物和畜牧业。意大利的葡萄酒、橄榄油和羊毛生产，成了罗马帝国的畸形价格体系中最具竞争力的产品。普遍而言，罗马的农业经济中，畜牧业的利润高于种植业，而种植业中，葡萄园的利润高于菜园和橄榄园，谷田的收益最差。据估算，较大田庄每罗马亩的小麦产量价值仅为 38 第纳尔[11]（亩产值约 10 第纳尔）。

如果以银价每克 4 元人民币计算，帝国初期的 1 第纳尔大约相当于今天的 15 元人民币，粮食亩产价值仅为 150 元。

农业既然被海外粮食的竞争挤垮，罗马用来平衡贸易的只能是葡萄酒、橄榄油和颇具竞争力的羊毛制品，以及逐步占据优势的手工业制品。

意大利的红釉陶器垄断了所有的市场；新兴的玻璃器皿制造，特别是上色和雕花的漂亮制品，几乎打垮了玻璃的原产地叙利亚；意大利的西北地区成了冶金业的中心，青铜和银制品的竞争力卓尔不凡，农具生产和铁质兵器行销整个帝国。另外，意大利制造的五金用具、油灯、珠宝、香膏等也是市场的热门货。

尽管意大利的工业品占据了一定的优势，但仍远不足以抵偿行省和海外的商品流入。罗马越来越像一个超大型的消费都市，而意大利就是它的郊区。罗马的畸形消费不是源于自身强大的生产能力和合理的市场交易，而更多是依赖对行省的压榨和盘剥。

罗马的消费繁荣还刺激出很多高利润的新兴行业。罗马的富人们对奇珍异兽的需求量颇大。据记载，一位庄园主饲养了一大群鸡、鸭、鹅、孔雀、野猪等，每年的盈利高达 1 250 第纳尔，远超经营农庄的收入。瓦罗在《论农业》中提到，一个养鸟专业户饲养了 5 000 只鸟，每只售价 3 第纳尔，仅养鸟年盈利就高达 1 500 第纳尔，其利润相当于经营 200 罗马亩（约 756 亩）的较大农庄的两倍。饲养珍禽获利更厚，一只孔雀售价 50 第纳尔，用于孵化的孔雀蛋一颗售价高达 5 第纳尔，在 100 只孔雀中，仅小孔雀繁殖年进项就高达 1 5000 第纳尔。

通过包税、贡赋、高利贷、承建、贸易垄断所获取的巨额利润，从行省向罗马集中，再向土地进行转移，造就了罗马一大批超级富豪。如前三巨头的克拉苏，他所拥有的地产价值高达 4 亿第纳尔，堪称罗马的首富。他常说，一个无力用自己的财产维持一个军团的人，算不上是一个富人，而维持一个罗马军团一年的费用高达 150 万第纳尔。恺撒也是一位大地主，在出征阿非利加之前，他向士兵们许诺："当所有战争结束的时候，我一定分配土地给全体士兵们，不是和苏拉一样，从现有土地占有者手中夺来土地分配给士兵们……而是把公有土地和我自己的土地分给士兵们，同时，我也一定给他们购买必需的工具。"

4 亿第纳尔是个什么概念呢？大约相当于 400 万~500 万吨小麦！英国 17 世纪的首富，其身家大约为 2.1 万~4.2 万吨小麦，罗马的首富是 1 000 多年后英国首富的上百倍！

罗马的财富分裂之严重，已到令人震惊的程度！

在农业时代，粮食生产的重要性与工业时代的制造业地位相当，农业萎缩意味着国家的经济基础被瓦解。要维持帝国的生存，罗马就必须更加依赖亚洲和非洲的行省来供应粮食和其他生活物资，同时又无法提供等价的商品进行补偿，这只能造成行省的人民心怀不满。暴力和野蛮的征服，加剧了边境蛮族的激烈反抗，大规模军事冲突如家常便饭。极端的土地兼并，使大城市中充满了不满和愤怒的流民。残酷的奴隶制度，让整个帝国都充斥着压抑之中的暴动暗流。

畸形的经济和不稳定的政治，使表面繁荣的罗马就像坐在一个火山口上，不得不依靠一支超大规模的常备军才能带来些许安全感。但是，过分依赖军队势必导致财政的瘫痪和政权的危机。

脆弱的货币循环

罗马帝国初期，罗马普通士兵的军饷大约为每年 225 第纳尔，一个罗马军团的标准配置为 6 800 多人，养活一个军团一年就需要 150 万第纳尔，帝国初期的常备军总规模大约 20 多万人。要养活这样一支庞大的军队，政府每年的军费开支至少高达 5 亿第纳尔。安置退伍军人的费用同样惊人，后三巨头为了安置老兵，不得不对原来的土地拥有者推行剥夺政策，结果使整个意大利政局动荡，怨声载道。为避免重蹈覆辙，公元前 30 年，屋大维采用了国家出钱给老兵买地的办法，仅仅两年国库就花掉了 1.5 亿第纳尔，费用高得令人咋舌。

养活帝国的政府官僚体系又是一笔巨大的开支，罗马城的皇帝有一整套政府班子，几十个行省的总督就需要几十套行省级官吏相配套，而帝国数千个城市同样需要官吏治理。

养军队和政府官僚的财政压力就已经巨大无比，为了维持罗马城的稳定，政府还要向 20 万罗马公民提供免费的粮食，每年必须从埃及输入 15 万吨谷物来满足这一需求。逢年过节还要请这些闲人看大戏，仅此一项“娱乐费”就需耗费数千万第纳尔，“维稳费用”为政府的另外一项沉重的财政负担。假如停止供应免费粮食呢？那么罗马城第二天早上就会有几十万无产无业的流民起来暴动。没有一个皇帝敢于冒这样的风险，免费粮食制度一直持续到帝国灭亡。

形象地说，罗马帝国就像一部巨大的机器，通过军事扩张从地中海沿岸地区攫取黄金和白银，然后将它们铸造为货币，喂养着一支庞大的常备军和臃肿的罗马。货币集中于首都和军队驻防的边境地区，政府支出和军饷消费将货币注入帝国的经济循环。帝国法律则鼓励甚至强迫被统治的人民在日常生活中使用货币，然后通过税收使货币从帝国行省回流首都和军队，随之而来的当然就是滚滚的财富。

这一货币循环体系的最大缺陷，就在于它不能自然地无限循环。由于帝国内生性经济不平衡，其消耗大于产出，压榨大于创造，货币聚集于罗马而行省不堪其日甚一日的财富抽血，从而导致生产力的日趋困顿。在军事扩张的年代，货币可掠夺于外而补充于内，帝国的经济机能尚能大体维持平衡。但随着边境越来越深入到蛮荒之地，蛮族反抗的烈度大幅增加，导致了帝国的扩张成本急剧升高而掠夺的收益却日渐下降。最终，帝国的边境终于稳定下来，这就是罗马帝国财政所能够支撑的盈亏平衡点。

但是，扩张一旦停止，货币的循环就必然会出现问题。

罗马对外的主要扩张战争在共和时代已经基本完成，帝国的第一位皇帝奥古斯都（屋大维）就已经放弃了统治世界的雄心。久经战阵的奥古斯都在经过深思熟虑后认为，对于无法征服的蛮族只要稍作让步，仍能保持罗马的尊严和安全。

当时帝国的将军们仍热血沸腾地准备与帕提亚人争霸亚洲，打到阿拉伯半岛最南端的也门，南下吞并埃塞俄比亚。他们千里行军，远征沙漠地区，结果炎热和酷暑击败了不可一世的罗马军团。在欧洲北部茂密的森林里，居住着尚武善战的日耳曼蛮族，他们虽然难以对付罗马军队的正面打击，但其不屈不挠的抗争精神拖得罗马军团筋疲力尽。在大不列颠的"安东尼边墙"以北的极寒地区，是狂野无羁的土著人的天下，他们拖不垮打不烂，严寒和暴风雪是他们的盟友，险峻的崇山和原始的密林是他们的屏障，罗马军团师老兵疲，难竟寸功。

罗马帝国已经扩张到了国力的极限。最终，奥古斯都留下遗言：罗马帝国疆域西到大西洋，北至多瑙河与莱茵河，东以幼发拉底河为界，南到阿拉伯和阿非利加的沙漠，以大自然的地理限制作为帝国永久的疆界。[12]

在奥古斯都呈送给元老院的遗嘱中，列有详细的国家税收与支付的数据，可惜已经失传。吉本在《罗马帝国衰亡史》中指出，罗马帝国各行省的每年经常性收入不少于 1500 万~2000 万英镑（金本位的英镑），约合 3.43 亿~4.58 亿第纳尔，这些收入包括 1% 的财产税、人丁税以及谷物、酒、油和肉类的征用。以行省的收入单独支撑整个罗马帝国的军事开支尚感不足，更何况还有各级政府，以及所有城市的基础建设和日常开支。[13]

自奥古斯都称帝以来，他就深感财政支出的巨大压力，他不断暗示朝臣贡金不够，有必要对罗马和意大利人增加税负。面对罗马公民的不满，皇帝审慎地选择从开征关税入手，接着就是建立消费税，然后清查罗马公民的私人财产，完成财产征税的准备。此时，罗马的权贵与富人集团已经有 150 多年未缴纳各种税金。

奥古斯都不顾权贵们的强烈反对，坚持推进税法改革。商品输入税大约为 2.5%~12.5%，无论法律如何规定，最后埋单者从来就不是豪商们，而是最终的消费者。

另一项重大税收项目就是消费税，虽然全面征收，但还是比较节制，很少超过 1%。征税的范围包罗万象，无论是市场交易还是公开拍卖，从土地和房产的大宗买卖，到民生的日常用品，即使价值微不足道也需纳税。消费税分摊了军事开支的大部分。

尽管如此，奥古斯都发现财政依然是入不敷出，为弥补赤字，他决定最后从罗马的富人集团开刀，征收 5% 的遗产税。

罗马的富人集团对金钱看得比自由还要重要，听到遗产税的消息立刻就炸了窝，朝野反对之声铺天盖地，街谈巷议骂声一片。尽管奥古斯都皇帝手握兵权，身经百战，同时集帝国的各种大权于一身，实力远不是护民官格拉古兄弟所能比，但对富人集团动刀子，挑战制度性贪婪也需万分小心，稍不留神，刺杀、篡位，甚至流血、内战都有可能发生。

奥古斯都非常策略性地将遗产税方案提交元老院集体讨论，显而易见，元老院的贵族们绝不买账。奥古斯都只有强烈暗示元老们，如果再冥顽不化，他只好被迫提出土地税和人丁税，这对拥有巨大土地资产和众多奴隶仆人的贵族豪商而言，显然是致命的威胁。

元老院的贵族们作为富人集团的代表，虽然痛恨遗产税，但此时对深受军队爱戴、大权独掌的奥古斯都皇帝也无可奈何，毕竟遗产税并不算高，总比要命的土地税和人丁税温和多了。两害相权取其轻，贵族们只好默认了新税法。

除了进行税法改革，奥古斯都也从贬值货币入手，他将第纳尔的含银量从共和时代的 4.5 克降到了 3.9 克。

通过增税和货币贬值，帝国初期的收支方能大致持平。

蛰伏中的经济危机

罗马的全盛时期，就是公元前 50 年到公元 50 年，军事扩张的红利余温尚在，和平带来了经济的自然复苏。不过，罗马帝国的财政收入却越来越难以满足日益膨胀的支出。到尼禄统治期间，第纳尔的含银量降低到 90%；到图拉真时代，含银量降到了 85%；而马可 · 奥勒留继续贬值含银量到 75%；到 2 世纪末，第纳尔仅剩 50%的含银量。

很明显，帝国的货币循环出了大问题。货币问题的根子在经济，而经济的根子在农业。

帝国初期生机勃勃的动力是扩张，扩张停止之后靠复苏，复苏完成后就必须依靠提高生产率，但意大利的农业非但无法提高生产率，而且已经濒临破产。在一个以农业为经济基础的时代，如果农业遭到削弱，则一切基于其上的城市文明和商业繁荣都成了无水之源。

导致农业基础被瓦解的主要原因是粮价过于低廉，用中国的古话说，就是“谷贱伤农”。罗马帝国刻意压制粮食价格的主要原因在于供养庞大的城市人口，特别是人数众多的破产后流入城市的农民。

在奥古斯都皇帝及其继任者们的大力推动之下，罗马帝国境内出现了数量惊人的城市集群：意大利有 1 197 个城市，高卢地区约

1 200 个，西班牙有 700 个，阿非利加四省 650 个，东方地区包括希腊大约 900 个。罗马帝国的城市化率之高，在工业革命之前的人类历史上堪称绝无仅有。

在首都与各大城市之间，就是闻名世界的“条条大路通罗马”的道路网，起点是罗马广场，横越意大利，遍及各行省，以帝国的边疆为终点。从安东尼边墙到罗马，再抵达耶路撒冷，这个伟大的交通系统从帝国的西北角到东南边陲，全长达 4 080 罗马里。山岭可以凿通，激流架设桥梁，道路的制高点可以俯瞰四周景观，路面用砂石、水泥和大石块层层铺叠，到罗马附近的路段全是花岗岩，罗马的道路是如此坚固，历经 2 000 多年的岁月，部分路段至今还在发挥运输功能。[14]

如此规模的都市化运动，发生在 2 000 多年前，实在是一个奇迹，也实在是一个令人难以想象的经济重负。过度超前的都市化运动，使帝国背上了沉重的包袱，特别是农业经济遭受了惨重的损失。

奥古斯都皇帝为什么如此看重都市化运动，甚至不惜重创国本来戮力推行呢？

当奥古斯都君临天下之时，他所面对的最大困境与秦始皇非常类似，那就是尽管帝国的军事实力足以征服大片的土地，但政府的组织能力却无法有效地驾驭一个幅员辽阔、人口众多、文化复杂、经济各异、交通不便的庞大帝国。

罗马帝国和秦帝国在统一初期，其生产力、技术基础、经济水平、思想体系、政治架构，均不足以满足帝国直接统治领土上所有角落的高难度要求。秦始皇仓促和强行地推行郡县制，试图立刻在全国实现中央集权的垂直统治，实际上已远远超越了秦国自身的能力，走得越急，摔得越狠。从秦始皇到汉武帝，经过了近百年的反复尝试，才形成了中央集权的大模样，而中国封建帝国对农村的垂直管理，从来就没有真正实现过，皇帝的中央集权必须依靠广大的乡绅阶层，才能将统治的能量辐射到庞大的农民阶层。

奥古斯都同样不可能实现帝国对民众的垂直管理，他选择的道路就是搞都市化，以帝国控制众多的城市联邦，以城市联邦控制所辖居民，将尽可能多的人口塞进城市的办法，来实现间接统治的目的。

因此，罗马帝国的都市化，绝非经济自然发展的结果，而是为统治一个庞大帝国无奈的政治选择。都市化的既定国策，同时也完美地符合了权贵阶层对土地兼并的贪婪需求。罗马的农业经济正是帝国国策和权贵贪婪的双重牺牲品。

埃及、西西里、阿非利加、西班牙等行省，由于天然良好的土壤和气候条件，其粮食价格远低于意大利的谷物生产成本，罗马政府本应提高关税保护意大利农业以固国本，但却错误地放弃了本土的粮食生产。在权贵集团看来，土地是财富最终极和最可靠的体现，低廉的粮价使得意大利的农田价值大跌，中小农户难以为继，必然大量破产，这为权贵集团提供了大规模兼并土地的良机。

当农户失去土地之后，大量涌向城市，成为无业流民，而城市的手工业还相当原始和粗陋，分工远未达到精细化的程度，根本无法提供充足的就业机会。百万人口的罗马，并不代表着城市经济的繁荣，只能说明农业破产的现状。20 万成年男性公民有资格领取政府免费的救济粮，意味着 60 万人口的家庭处于饥饿的边缘。城市中的无业流民越多，政府越需要压低粮价来“维稳”，进而加剧了意大利的农业破产，刺激了土地更大规模的兼并，导致更多破产农民涌向城市。

罗马经济陷入了一个难以挣脱的恶性循环。

在共和时代，发生在意大利的农业危机，到帝国时期，却在所有行省一起出现。原来盛产谷物的高卢（法国）在都市化运动中，开始转向大面积种植葡萄。现代享誉世界的法国葡萄酒，就是在罗马帝国时代奠定的基础。西班牙则盛行种植橄榄树，随后阿非利加也成为橄榄王国，传统的谷物生产逐渐萎缩。与此同时，土地兼并之风在这些地区犹如烈火燎原，势不可挡。到尼禄时期，6 个大地主就占有了阿非利加领土的一半！[15]在帝国全境，随着都市化运动的推进，土地快速地集中于权贵集团之手。

这些超大型地产主的经营思路完全不同于中小地主，他们住在罗马或行省的各大城市，很少来到自己的土地查看农业生产，他们既不关心也不在乎土地的产出，对农业的关注程度甚至不如共和时代大规模使用奴隶劳动的大田主。帝国停止扩张以来，从外国掠夺的奴隶供不应求，奴隶价格水涨船高，大规模使用奴隶进行农业劳动的时代已经过去。

对于大地产主而言，最省心的赚钱方式就是把土地租给佃户，坐收田租。至于修建水利、改良土质、优选良种这些杂事最好没有，投资于土地就像投资于房产，保值是主要目的，省心为最大原则，花钱去精耕细作并非他们的特长，更不是他们的本意。而普通佃户们，既不会为别人的土地投入改良的资金，也缺乏投资的能力。帝国农业产出的下降已成为必然。

粮食供应逐渐成为帝国的心腹大患。希腊和小亚细亚的粮食由南俄罗斯供应，而那里的产量日见低落；意大利的谷物原本依赖埃及、西西里、西班牙和阿非利加，结果葡萄园和橄榄园占用了谷田，而谷田的生产率和产出量又在下降，意大利面临日益严峻的粮食危机。

尽管罗马城享有特供权而不致发生粮食短缺，但其他城市就没有这样幸运了。几乎所有的帝国城市都面临缺粮的困境，就是那些最肥沃地区的城市也不例外。每当饥荒来临，社会上通常会爆发严重的骚乱，人民痛斥政府和议会考虑不周，政府则指责大地主和大商人囤积居奇。于是，“筹粮官”成了罗马帝国官场道路上最为凶险的职位，他们不仅要保证搞到粮食，而且还必须负责粮价低廉。

当西班牙开始大规模种植橄榄树之后，很快就成为质量最好的橄榄油输出地，畅销高卢、不列颠和其他地区，意大利的橄榄油被抢去了高端市场，甚至连本地市场也被蚕食。阿非利加的橄榄油在质量上不如西班牙产品，但在价格上却很有优势，因而被广泛地用于灯油和化妆品，行销整个帝国，意大利的橄榄油因此又丧失了低端市场，就连小亚细亚和叙利亚的橄榄油也来瓜分意大利的市场。

高卢、希腊、小亚细亚都在大力种植葡萄，葡萄酒市场的竞争空前惨烈，供应出现严重过剩，以至于皇帝图密善下令限制葡萄酒和橄榄油的生产，无论意大利还是外省，都不得再开辟任何新的葡萄园，而且，现有的葡萄园有半数必须摧毁。

罗马帝国刻意压低粮价造成了一系列严重的资源错配，农业危机体现在土地兼并导致的谷物生产萎缩，经济作物严重过剩，基于农业的手工业消费品滞销，商业活力下降，国家税收陷入困境。

在共和时代，意大利最重要的拳头产品除了葡萄酒和橄榄油，还有许多工业制成品在市场中占据明显优势。随着帝国时代的来临，高卢（法国）的工业和商业迅猛发展，已经凌驾于意大利之上，它的南、西、北三面临海，均有良港，内陆河道纵横八达，交通极为便利。高卢的天然资源也异常丰富，在接受了意大利的工业技术扩散之后，迅速成为制造业的中心和商业中心，其产品覆盖了高卢、阿非利加、不列颠、西班牙、日耳曼尼亚的广阔市场，意大利的工业品被挤出了西欧市场。

与此同时，帝国的东方也同样摆脱罗马的产品和商人。在高端产品中，小亚细亚和叙利亚行省的染色亚麻布、高级羊毛织物、上等皮革制品、精致餐具、高档化妆品、香水、调味品和颜料打遍帝国无敌手，而意大利的产品则很难打入东方的市场。意大利的商人们不仅不再出现于东方，同时也消失于西方。

至此，意大利在农业、制造业、商业领域的优势业已丧失殆尽，金融业的垄断地位也岌岌可危。随着意大利经济的空心化，土地兼并愈演愈烈，在丧失土地之后，失业农民大举进城。帝国的城市中到处都是失去产业的流民，他们仇恨政府，更痛恨夺走他们产业的富人集团，他们对生活不满，对未来绝望，只有凶狠的报复之火在心中熊熊燃烧。

在共和时代，参加罗马军队的都是纯良有产的庄稼汉；在帝国时期，入伍的尽是仇恨权贵的无产流民。

军队的变质，引发了更为凶险的政权危机。

军事独裁的经济本质

吉本在《罗马帝国衰亡史》一书中，曾精辟地概括了罗马军队高度的组织性和战斗力。在他看来，100 名武装人员可能无法对付 1 万个暴乱的农夫，但 1 万人组成的训练精良的罗马军团，却能够使首都的百万人口闻风丧胆，而 45 万帝国的常备军可以牢牢地统治 5 000 万以上的帝国人口。

罗马的皇帝们被军队所废立的人数之多，发生之频繁，恐怕在世界史上都罕有其匹。这说明了一个简单的事实，不是皇帝在领导军队，而是军队在控制皇帝，帝国中后期的情况尤其如此。

中国有句俗话叫“官逼民反”，当财富分配不公的矛盾激化到无法调和之时，往往是农民起义推翻整个统治集团，然后改朝换代。罗马帝国的“农民起义”却发生在体制之内，军队频繁更替皇帝和爆发内战是其主要特色。

共和时代的军队是以有地公民为基础，他们奋勇作战保护的是自身的利益，但帝国时代的军队主要来源于意大利城市的无产流民，他们形成了一个高度组织化的流民集团，他们所代表的是绝大多数帝国的底层民众。在帝国的经济繁荣时期，他们并未分享到经济增长的好处，反而被权贵和富人集团剥夺了安身立命的土地。作为整体阶级，他们是臣服的寒门阶层，而权贵与富人集团是统治者，他们的全部职责就是用劳役赋税来支撑城市高级和复杂的文明生活。他们不论如何勤劳和努力，最终仍难逃土地被兼并和流离失所的下场，他们的愤怒和不满在帝国的军队中不断地滋生和蔓延。

当罗马的皇帝们与元老院所代表的权贵和富人集团产生权力之争时，军队就成为皇帝们所依靠的主要力量。尼禄皇帝死后爆发的 69~70 年的内战，使军队突然意识到自身是改变罗马的强大力量，他们对权贵和富人集团的长期不满和愤怒，在内战中以极其残暴和凶狠的方式发泄出来。内战双方的军队，无论谁胜谁负，全部都在意大利和罗马城大肆屠杀权贵和富人，许多共和时代的元勋贵戚家族被疯狂的士兵们杀光灭绝，整个帝国为之战栗！

这仅仅是军队向权贵和富人宣战的序幕。

苇斯巴芗皇帝从军队起家，更加了解罗马军队的状况，他对军队的政治倾向和野心深感忧虑。在结束内战之后，他开始清洗军队，不再从意大利本土的无产流民中招募士兵，而希望建立一支以行省有产阶级为中坚力量的新的罗马军队。这一策略曾维持了罗马帝国近百年的内部稳定。

但是，也正是在这一时期，曾经发生在意大利的土地兼并狂潮，开始在所有行省蔓延，而且程度更为严重，从前充斥意大利的无产流民现象，现在则遍布于整个帝国。罗马军队再次沦落为一个充满仇恨的暴力集团。

罗马皇帝的统治权力来自于两个基础：权贵和富人集团的经济力量和军队的武装力量。但是，当这两种力量陷入无可调和的尖锐冲突之时，皇帝只能倾向于依赖后者。

另一个军人出身的皇帝塞维鲁对此看得十分清楚，在他以武力平定内乱夺取帝位之后，他已经看到第二次内战远比尼禄死后的内战更为血腥和持久，而内战的本质乃是权贵和富人集团与军队所代表的底层民众，为争夺社会财富分配权而进行的激烈较量。他之所以能登上帝位，依靠的不是元老院，他的权力基础是士兵的支持，元老院是在军队的压力之下，才被迫承认了他登上皇位的既成事实。

他留给儿子们的遗嘱说得明白："你们要保持团结，只要让军队满意，其他的人不用放在眼里。"他大幅增加了军队的军饷，赐给退役士兵各种特权，用勒索富人集团的财富来收买军心。这当然激起了元老院和富人们的激烈对抗，而塞维鲁则以更残酷的军事镇压来对付权贵集团。

塞维鲁的儿子卡拉卡拉即位后，走得比他父亲更远，他甚至公开宣布，他的皇权基础不在帝国的上层阶级，而是建立在下层阶级及其代表——军队之上。他毫不掩饰地表示出对贵族阶级的蔑视和敌意，对富人集团的财富采取了系统性地榨取，而对下层阶级的赋税则保持不变。

为了从精神上打击贵族阶级，卡拉卡拉皇帝在212年，宣布了一项著名的敕令，将罗马公民的资格赐予所有帝国居民，这不仅从事实上剥夺了权贵阶层的政治特权，而且受到了军队和底层民众的广泛支持。所谓阶级矛盾，其本质就是社会财富的分配矛盾。卡拉卡拉利用甚至挑动这种矛盾来巩固皇权，说明罗马帝国已经不再进行有价值的财富创造，而陷入了有害无益的阶级对抗的内耗之中。

在贵族书写的罗马历史上，卡拉卡拉比杀人如麻的暴君更可恨，堪称是罗马史上最坏的皇帝。

自卡拉卡拉被谋害之后，军队更加放荡不羁。在随后短短40年的时间里，罗马居然走马灯般换了至少57个皇帝，除了极个别的皇帝属于正常死亡之外，其他皇帝一律死于非命。军队已经完全失去了耐性，他们对贵族统治秩序的破坏达到了无以复加的程度，战战兢兢的皇帝们稍有招致军队不满的政策，立即就有杀身之祸。

靠土地兼并发家致富的富人集团，终于引火烧身，遭到了残酷的清洗。不甘心失去特权的权贵和富人集团企图维护自身的利益，由此引发的就是连绵不断的内战。军事独裁体制的罗马，不仅使皇权严重依赖军队，而且使整个帝国的生存也必须依赖军队。

内乱不止，则外患必至。帝国周围的蛮族，原先被罗马的强大所震慑，有近百年不敢轻举妄动。但眼看罗马经济凋敝，内战不断，民心瓦解，于是从四面八方开始不断骚扰帝国边陲，进而发展到大举入侵。

皇帝为巩固皇权必须强化军队，帝国为击退入侵也同样需要增加军费。奥古斯都的帝国初期，罗马常备军不过20多万，军饷每人每年225第纳尔，这就已经吃掉了大半的财政收入；一百多年后的卡拉卡拉时期，帝国不得不维持45万的常备军，军饷则飙升到每人750第纳尔，财政负担高出6倍有余，而经济却在严重萎缩。到戴克里先执政时期，经过近50年内乱，帝国经济几近崩溃，而军队却扩张到60多万，苛捐杂税多如牛毛，货币贬值已是家常便饭，恶性通胀正在蓄势待发。

货币贬值与超级通胀

历史学家都说2世纪是罗马帝国的黄金时代，“五贤帝”政治清明，物价高度稳定，军队服从国家，蛮族不敢挑衅。其实，帝国3世纪的政治危机、经济危机、社会危机和军事危机，全部源于这一所谓的“盛世”时期。

帝国的军事扩张停止后，当时的农业生产力本不足以维持庞大而复杂的城市文明，帝国强行推进的都市化运动，不得不依靠对农业的过度压榨。“谷贱伤农”的结果，势必导致帝国农业经济的逐步破产；“不抑兼并”的放任政策，纵容了富人集团对农民的掠夺，迫使失地农民涌入城市，增加了政府“维稳”的成本，进一步压低了粮价，并加剧了土地兼并；遍及整个帝国的无产流民应征入伍，改变了罗马军队的成分，怨恨和不满的武装暴民集团，最终必然危及政权的稳定。

“五贤帝”所戮力推行的行省都市化运动，并非基于经济自然发展的规律，而是着眼于帝国统治的政治需求，并为富人集团所乐见，庞大的帝国公路网的建设，非但没有产生合理的经济效益，其建设和维护的巨大成本，反而成为拖累行省经济的沉重负担。当这种负现金流的货币循环难以维持之时，苛捐杂税与日俱增，经济活力逐步萎缩。

“五贤帝”之一的图拉真，成功地吞并了多瑙河流域的缓冲之国色雷斯，却陷入了北方日耳曼人和东方伊朗人两面夹击的战略困境，北部边境的形势骤然复杂起来。他在东方兼并美索不达米亚的军事冒险，并未带来和平的红利，反而激起了强烈的民族敌对。虽然图拉真赢得了军事上的胜利，但却遭遇了财政上的惨败，罗马帝国几乎倾家荡产。

农业凋敝，商业萧条，贫富分化，税源枯竭，帝国日常开支的缺口越来越大。

117年，图拉真不得不将第纳尔的含银量，从奥古斯都时代的95%，降到了85%，货币贬值幅度高达10.5%，这相当于对整个帝国持有现金的人口征收了10.5%的隐性货币税，以弥补巨大的财政亏空。

图拉真的继任者哈德良，是另一位举世公认的“五贤帝”，他不得不收拾图拉真留下的烂摊子。北部边境的蛮族再次大举犯境，不列颠爆发了新的战争，毛里塔尼亚战火不止，美索不达米亚、埃及和巴勒斯坦的犹太人发动了流血暴乱，一系列新的战争迫在眉睫。最终，哈德良被迫放弃了美索不达米亚，不是他的勇气和胆略不够，而是帝国的财力已不足以支撑征服战争。

到了马可·奥勒留即位时，帝国的情况继续恶化。他是罗马史上最受尊敬的“五贤帝”之首，在戎马倥偬的岁月里写下的名著《沉思录》，至今仍广为流传。他东征安息人的战争规模不亚于图拉真，在罗马精锐部队尽数东调之时，多瑙河流域的蛮族再次犯境，迫使皇帝回头西征。几场大战下来，罗马帝国的财政再度濒临破产。

皇帝曾立誓不再新增税种，他声称宁愿变卖自己的财产来维持帝国运转。财政危机将皇帝逼得走投无路，他还真的开始拍卖家产，而且持续了两个多月之久。但火车不是推的，牛皮不是吹的，帝国当然不可能靠皇帝卖家当来维持。最后，皇帝还是违背了自己的诺言，开始增税加赋。

当士兵们战胜了蛮族要求增加军饷时，马可·奥勒留心酸地回答：“除了你们的正规报酬以外，如果再想得到任何更多的东西，那就只有去榨取你们父母和亲属的血汗。至于皇位，只有上天才能做主。”很明显，皇帝深刻理解帝国财政的危机程度，宁愿面对士兵的恼怒，以及潜在兵变的凶险。

即便皇帝在军事上取得了胜利，但行省已经达到财力的极限，西班牙几次拒绝输送兵员，而高卢和其他西部行省则充斥着逃兵役的亡命之徒，他们打家劫舍，人数越来越多，甚至公然与罗马军队爆发了正规战争。在埃及，大批民众为躲避兵役、徭役和赋税从村庄中逃亡，他们躲进了尼罗河三角洲的沼泽地，后来竟组成军队发动了叛乱。

马可·奥勒留统治的罗马帝国已是危机四伏，险象环生。到180年，皇帝不得不将第纳尔的含银量贬值到75%，比图拉真的第纳尔贬值了11.8%。

马可·奥勒留之后不过35年，帝国的财政再次到了崩溃的边缘。军事独裁的皇帝塞维鲁依靠抄家、充公、强制捐献等手段，从贵族身上弄来的财富，已被他的儿子卡拉卡拉折腾得所剩无几。卡拉卡拉深得乃父真传，将皇权的基础牢牢地根植于军队之上，军费开支终于耗尽了财政税收。

为解决迫切的财政危机，只有进一步贬值货币，但卡拉卡拉不想像马可·奥勒留那样做得太明显，而是搞出了一个重大的“创新”，于215年开始发行新银币“安东尼币”。

安东尼银币的尺寸比第纳尔略大一些，含银量是第纳尔的1.5倍，但面值却相当于两个第纳尔，相当于变相一次性贬值了25%，比马可·奥勒留的贬值幅度高出一倍多！

这是罗马历史上首次出现的“主权信用货币”！安东尼币的本质是以25%的国家信用，来补偿新币中所缺失的含银量。这种以法律规定货币价值的办法，已经从根本上突破了含银量贬值的传统方式，它的重要意义不亚于“从猿进化到人”的“飞跃”。

“安东尼币”的出现，意味着帝国财政的恶化已到了质变的程度。

罗马的老百姓并不傻，大家纷纷开始囤积老的第纳尔银币和银锭，而商家们则根据新币的含银量来重新上调商品的价格，物价上涨开始加速。

215年，卡拉卡拉发行了“安东尼币”，罗马版的“折二钱”

更糟糕的是，罗马人对政府的信任遭到了极大破坏，人人都在抱怨新币，处处弥漫着对政府的怨恨。

罗马无力向外掠夺金银，原有的西班牙银矿已经枯竭，而白银和黄金却从市场中一下子消失得无影无踪，市场出现的恐慌情绪如同痉挛一般，刺激着商品价格的轮番上涨。用现代的话说，就是市场对价格的预期发生了突变。

“安东尼币”的含银量从 240 年的 40%，快速贬值到 270 年的 4%

到了加里恩努斯时期（253—268 年），帝国的财政不是濒临破产，而是已经破产了。在他的治下，罗马遭受到立国以来最严峻的危机，数十万日耳曼蛮族打到了罗马城下，这是 600 多年以来的第一次。同时，高卢分裂、东方独立、埃及脱离、阿非利加叛乱，罗马帝国面临土崩瓦解的重大危机。

出兵平叛，国库没钱，皇帝此时只剩下超发货币这一条路了。罗马银币出现了史上最严重的贬值，安东尼币的含银量，从 240 年的 40%，急速下跌至 270 年仅剩 4%！[16]

除此之外，皇帝还海量发行粗制滥造的铜币，这些所谓的铜币其实只是薄薄的铜片，重量仅 2.48 克，连银行都拒绝接受这样的劣币。

加里恩努斯使货币贬值达到了物理上的极限！

最后，加里恩努斯死于众叛亲离的乱军之手。

在加里恩努斯之后，真正引爆罗马帝国超级通胀的，非奥勒良皇帝莫属。奥勒良堪称是军事天才，在短短的 5 年统治期间，收复了罗马 2/3 的领土，荡平了欧、亚、非三大洲的蛮族入侵和内部分裂，被称为“世界的光复者”。然而，就货币贬值而论，他却是罗马帝国超级通货膨胀的“点炮者”，对最终罗马帝国的货币大崩溃起到了决定性的作用。

加里恩努斯的超薄铜币，仅重 2.48 克

274 年，被四面征战的巨额军费压得喘不上气来的奥勒良，拉开了罗马史上著名的货币改革大幕，皇帝隆重推出了“奥勒良币”，将新币的含银量确定在 5%，重量为 4.04 克。

为了取信于民，新币的背后铸有罗马数字“XXI”，这代表着“20：1”，即 20 个含银为 5% 的奥勒良新币，相当于 1 个奥古斯都时代的第纳尔。新币的含银量貌似有国家信用的承诺，未来还要恢复到奥古斯都时代的银币纯度。不过，这一切不过是忽悠罢了。

274 年，奥勒良新币背后刻有罗马字母“XXI”或希腊字母“KA”，
代表“20：1”

其实，新币与市场中大量泛滥的 4% 含银量的“安东尼币”价值近似，但皇帝却以法律规定，1 个奥勒良新币＝2 个安东尼旧币，这比卡拉卡拉玩得更狠，政府等于在已经贬得一塌糊涂的安东尼币的基础之上，将新币再度一次性贬值 100%！

这下罗马的老百姓真急了，这样的货币谁还敢要？

人们冲上大街小巷，开始疯狂抢购。准确地说，不是疯狂地购物，而是疯狂地扔掉货币！250 年来温和上涨的物价，立刻犹如脱

缰的野马，一路绝尘而去。粮食短缺、商业瘫痪、盗匪横行、人口锐减，罗马帝国的3世纪危机进入高潮！

埃及的小麦从1世纪到3世纪中期，价格上涨了2~3倍，基本反映了货币贬值的幅度。然而，从250年以后，小麦价格开始加速上涨，到280年前后，小麦价格已是30年前的10万倍！

这是人类有史以来第一次见识到超级通货膨胀。

货币崩溃敲响了帝国的丧钟

戴克里先皇帝，接手的是一个已经崩溃的货币体系和即将崩溃的帝国。

为了挽救已经彻底失去人民信任的货币体系，戴克里先首先着手发行了新的高纯度的金币、银币和其他辅币。他希望新的货币能够根治超级通胀，至少也要缓解物价飞涨的压力。

没有货币就没有经济，最终也就没有帝国。

让他极度痛苦的是，他的新币的成色与尼禄时代相当，但物价却是从前的数百倍。原因其实很简单，新币在整个帝国的货币流通总量中所占的比例太低，而且每当好坏两种货币同时流通时，良币总是被收藏，只有绝对必要时才会拿出来用于支付，如国家税收必须缴纳良币；而劣币则像烫手的山芋，人人拿到后都恨不得立刻用掉，这样劣币的流动速度将会更快，从而加剧物价上涨。

戴克里先的新币投放市场就如泥牛入海，在无声无息中被劣币瞬间吞没。

物价持续飙升的根本原因是罗马帝国的生产、运输、商业体系已经陷于瘫痪，纯粹的货币政策已经无力挽回经济的败局。

拯救货币的努力终告失败，通货膨胀仍在继续恶化。

戴克里先不得不依靠行政手段，直接控制物价，这就是著名的《301年物价敕令》。在敕令中，戴克里先将通货膨胀的根源归罪于商人的投机和囤积居奇，而不是经济崩溃和货币贬值。敕令中规定了数千种商品和服务的价格上限，违反者死罪。但是，官方所规定的价格，远远低于生产者的成本，如果强制执行，市场上将不再有商品存在。

这就注定了物价控制必然失败。

价格控制失败后，戴克里先只有依靠配给制，将军队和政府的供应与市场彻底隔绝，税赋征收实物，以确保军队和政府的供应，而任由普通百姓在超级通胀中自生自灭。

帝国的生产力已经崩溃，越来越多的土地荒废了，灌溉排水工程被遗弃，农业经济陷入破产，饥荒瘟疫开始蔓延，人口规模大幅减少，海上商路盗匪横行，国际贸易几乎断绝，城市商业坠入深渊，昔日的繁荣已荡然无存，雄伟的公共建筑无力维修，四通八达的道路上杂草丛生。

帝国残存的富人集团开始从城市中大举外迁，搬到了乡村的巨大庄园，同时还带走了大批手工业者，工业活动的中心已不在城市，产品需求仅限庄园或本地。帝国星罗棋布的城市集群，变成了毫无生气的经济废墟。

超级通货膨胀导致了帝国货币经济的死亡，留下的是一个自给自足的封建割据经济的断裂带。

292 年，戴克里先将罗马帝国一分为二，由四位皇帝分治。

在苟延残喘 100 余年后，西罗马帝国灭亡了。

申 论

人们常说，罗马不是一天建成的，同样，罗马也不是一天崩溃的。476 年罗马帝国寿终正寝，这不过是长达两个世纪的分崩离析的最终结果罢了。

关于罗马为什么会衰亡的问题，千百年来曾吸引了无数学者皓首穷经，苦苦思索，至今仍没有得出公认的结论。孟德斯鸠在《罗马盛衰原因论》中断定“丧失自由”是导致了罗马灭亡的关键；《罗马帝国衰亡史》的作者吉本认为，皇帝集权的政治体制是罗马帝国衰落的主因，即“罗马的敌人在其内部：暴君与军队”；《全球通史》的作者斯塔夫里阿诺斯指出，罗马帝国经济上的“器质性”疾病是其衰落的根源，而奴隶制就是病根。除了归因于政治体制、经济问题之外，还有宗教论、蛮族论、奴隶论、气候论、地理论、军事论等等观点。

本章的目的，并非是得出罗马帝国如何衰落的结论，而是提出一个新的问题，即帝国权贵与富人集团的过度贪婪所导致的社会财富大分裂，是否也是罗马兴衰的原因之一。

古往今来的人类活动，归根结底无非在做两件事——财富创造和财富分配，其他的一切均衍生于这两种基本活动。财富创造的前提是提高生产率，而财富分配的原则就是公平合理。经济学往往研究前者，而政治学常常关注后者，只有政治经济学才能兼顾两个方向。

只要涉及财富，就不可能绕开贪婪。对富人而言，贪婪是巧取豪夺；对穷人来说，贪婪是好逸恶劳。从根本上说，贪婪是不劳而获，是通过一切手段来获得本不属于自己的财富的一种欲望。

贪婪不是病，贪婪是人性！

佛家将人性中的贪、嗔、痴定义为三毒，认为它们是人间一切痛苦的根源。换句话说，无论人们是否喜欢，贪婪将永远伴随着人类社会，而无法根治。这也可以理解为历史上所有帝国之所以会衰亡的终极原因，罗马帝国的衰落无非是在重复人性而已。

良好的制度，绝非能够避免贪婪，而是要尽最大可能地克制贪婪。在任何一个社会里，必然存在着少数富人统治多数穷人的情况，我们在人类历史上还找不到相反的情况。克制贪婪的核心，就是约束富人集团巧取豪夺的强烈冲动，因为他们拥有改变社会财富分配规则的能力、实力、动机和决心。这种克制最好是由富人集团自我约束，当然历史上极少出现这种反常的状态，最差也要让穷人反抗的力量能够强制富人集团被迫约束。良好的政治制度，就是能够控制双方冲突的社会震荡，不至于突破流血和革命的下限。

罗马共和时代的《十二铜表法》，就是穷人大众与富人集团激烈冲突的妥协，它没有突破底线，内战得以避免，保证了罗马共和制度后来200年的稳定。这时的罗马共和，存在着制度上的自我纠错能力，归根结底，是罗马共和时代的公民、公有土地、公民军队三位一体的政治经济体制符合当时罗马的根本利益，因此具有旺盛的生命力。

布匿战争爆发后，罗马公民纷纷走上了战场，最终伤亡惨重，财富破产，在政治的力量天平上，丧失了对抗富人集团贪婪欲望的有效筹码，导致了富人集团进行疯狂的财富兼并而无须承担严重后果的局面。财富分裂由此骤然加速，富人集团的实力暴增，社会平衡被彻底颠覆。在这种状态之下，格拉古兄弟的改革已注定了失败的结局。随之而来的就是百年的流血和内战，罗马共和已无力回天。

继之而起的罗马帝国，实际上是罗马军事大扩张带来的巨大红利所催生出来的畸形儿，尽管它的军事实力足以征服地中海沿岸国家，但其组织能力却无法有效地驾驭一个庞大的帝国。因此，罗马帝国不得不大力推进都市化运动，以帝国控制众多的城市联邦，以城市联邦控制所辖居民，将尽可能多的人口纳入城市的办法，来实现间接统治的目的。帝国的都市化运动，绝非经济自然发展的结果，而是为统治一个庞大帝国而做出的无奈的政治选择。

高度畸形的城市化进程，带来了极其严重的经济后果，粮食价格受到刻意压制，谷田作物无利可图，经济作物畸形发展，农业资源配置错乱，工业制品虚火旺盛，商业贸易虚假繁荣，资产泡沫无处不在。更糟糕的后果就是，富人集团在既定的都市化国策之下，贪婪的欲望再度失控，土地兼并达到了史无前例的规模，社会财富分配的矛盾空前尖锐。

最终，财富分裂导致了流民四起，军队变质，富人集团与暴民集团兵戎相见，内战不断，血流不止，帝国衰亡的命运已无法挽回。

权贵与富人集团的过度贪婪导致帝国崩溃的现象并非西方社会所独有，中国历史上历代王朝的倾覆，同样可以发现几乎一模一样的问题。

— 注释 —

[1] Daron Acemoglu, James Robinson, *Why Nations Fail*, Crown Business, 2012, Chapter 6.

[2] Plutarch, *Life of Tiberius Gracchus*, Loeb Classical Library edition, 1921.

[3] Appian, *Roman History: The Civil Wars Book I—I* p.7~13.

[4] [美]斯塔夫里阿诺斯，《全球通史》，北京大学出版社，2006 年，第 126 页。

[5] Theodor Mommsen, The History of Rome, Vol 3, JM Dent and Sons Ltd, 1920, Chapter 12.

[6] Theodor Mommsen, The History of Rome, Vol 1, JM Dent and Sons Ltd, 1920, Chapter 11.

[7] Sidney Homer and Richard Sylla, A History of Interest Rate, John Wiley & Sons, 2005, Chapter 4.

[8] [美]斯塔夫里阿诺斯，《全球通史》，北京大学出版社，2006 年，第 125 页。

[9] The New Dealin Old Rome, HJ Haskell, Alfred K Knoff New York 1939.

[10] Theodor Mommsen, The History of Rome, Vol 3, JM Dentand Sons Ltd, 1920, Chapter 12.

[11] Ibid.

[12] Edward Gibbon, *The History of the Decline and Fall of the Roman Empire*, Northpointe Classics, 2009, Chapter 1.

[13] Ibid.

[14] Ibid.

[15] [美]罗斯托夫采夫，《罗马帝国社会经济史》，商务印书馆，2009 年，第 149 页。

[16] Glyn Davies, *History of Money*, University of Whales Press, 2002, p.97~98.

第八章

北宋兴亡，铅华洗尽的沧桑

CURRENCY WARS

本章导读

从军事角度讲，北宋是一个软弱和窝囊的朝代；但从经济上看，北宋却是高度富裕和极其繁荣的时期。北宋不仅是中国封建史上货币经济发展的顶峰，而且也是中世纪全球城市文明的灯塔。

北宋的经济规模4倍于盛唐，城市数量多达1 800多个，城市化率接近12%，货币化程度在封建时代空前绝后。更为重要的是，北宋高度的城市化和货币化，不像罗马帝国那样基于政治统治和军事戍边的需求，而是生产率提高和经济扩张的自然结果。

城市文明的兴起，带来了科学技术和文化艺术的勃兴，中国古代“四大发明”中的三个，“唐宋八大家”里的六位，都是诞生在这一伟大的时代。北宋的货币文明还创造出世界上第一种主权信用纸币，第一个金融票据交易市场，一千年前开封金融街的霸气，不亚于今天美国的华尔街。

尽管中国与西方的文明差异显著，历史、政治、文化、语言、宗教传统大相径庭，但有一点却是相通的，这就是人性。

罗马的鼎盛与北宋的巅峰相差近千年，但摧毁了罗马帝国的贫富悬殊，同样也是瓦解北宋王朝的致命根源。格拉古兄弟改革的失败，与王安石变法的夭折，都说明了政治制度的自我纠错能力已经失效。

结果，罗马与北宋都出现了类似的问题，土地兼并、税负不公、财政赤字、货币贬值、内乱外患，甚至连危机爆发的顺序都一模一样。

历史惊人地相似，源于历史背后的人性惊人地相似！

北宋，人类第二次货币文明的巅峰

罗马帝国崩溃后，欧洲的文明沉寂了千年之久，就在西方中世纪最黑暗的时代，在亚洲的地平线上，掀起了人类历史上第二次货币经济的浪潮。

960 年，北宋立国，一个伟大的时代拉开了序幕。

如果说罗马帝国的文明是建立在铁血与征服的武力之上，那么北宋王朝的繁荣则是生产率的进步与和平发展的结果。

北宋时期，最令人炫目的生产率革命，首先爆发于能源与冶铁工业。

虽然中国早在春秋战国时期（甚至更早），就已经能够炼铁，但直到北宋之前，冶铁的成本高，产量低，质量差，铁的价格贵到中国的农业经济难以承受其大规模的普及，其中最主要的问题就是能源瓶颈，冶铁需要使用木炭，而且消耗极大，热量却有限。到了北宋时期，煤炭发展到了规模化开采的阶段，并且开始大量用于工业能源，煤替代了木炭，能源革命催生了冶铁工业的爆炸性增长。

到 1078 年宋神宗年间，北宋的铁产量已高达 7.5 万~15 万吨，大约相当于 18 世纪欧洲（包括俄国）工业革命之前的全部铁产量[1]！如果与中国历史上以富强著称的盛唐相比，北宋的铁产量是唐朝的 3~4 倍。

北宋冶铁工业的高度发达不仅是总量惊人，而且分工也日益精细化。如信州的钢刀、兖州的农具、原州的衔凳、雷州的餐具、太原的剪刀、河间的蓖刀、耒阳的针、杭州的钉等。在各地的“拳头产品”中，更细密的分工催生了铁产品的种类繁多，产量巨大。如杭州就有专门卖铁针的品牌店，专业经营铁钉的“钉铰作”，仅每年向漕船制造业供应的铁钉就达60万斤。

冶铁工业的突飞猛进，也带动了炼钢业的空前发展，灌钢、百炼钢、淋铜钢等冶钢法获得了广泛应用。钢铁冶金业的生产技术革命，又导致了农业工具的巨大进步，广泛提高了农业生产率。

北宋农具开始大规模普及钢刃农具，如钢制的䥽刀、侧刀促进了荒地垦殖，直辕犁变成了曲辕犁方便了深耕细作。以粮食的亩产量计算，宋朝达到了460斤，是盛唐时期的二倍有余，超过战国时期4倍还多。

农业亩产量的增加和耕地总规模的扩大，直接反映在北宋人口的大幅增长之上。与前代相比，两汉人口最高时为5 000万人，唐代开元盛世时约6 000万，这些人口的增长创造了汉唐盛世。北宋自宋仁宗起，人口即超过了两汉，与盛唐相当，最高峰时人口超过了1亿，几乎是汉唐的两倍。北宋“生齿之繁”堪称前所未有。

曲辕犁的发明方便了深耕细作

巨大的粮食产量，不仅导致人口数量的大幅增长，还促进了中国历史上第一次城市化的大潮。

北宋全国人口中，城镇居民的比例达到了12%，总人数达到1 200多万人，远超历代前朝。宋朝镇市总数高达1 800多个，与当时的世界各国相比，南京、扬州、成都、武昌、长沙、福州、广州等城市，均是几十万人口的特大型城市，北宋首都开封和南宋首都杭州更是百万人口的超大型城市。

城市人口的激增，必须仰赖大规模的商品粮供应，这就导致了北宋货币经济的迅猛崛起。中世纪时期，世界上规模最大的城市化，奠定了北宋经济称雄全球的基础。

城镇人口的生活方式与农村人口迥然不同，在摆脱了日出而作、日落而息的封闭和狭隘之后，他们获得了前所未有的选择自由，专业化是他们在城镇生存的前提，市场交易是他们每日必须的工作。社会分工使得宋朝的城里人知识掌握得更深入，市场交换则加速了信息的流动，人口的聚集效应刺激了新的思维、新的发明和新的需求。

宋仁宗时期，毕昇发明的活字印刷术，堪称是中世纪的“信息革命”，极大降低了信息的成本，间接提高了整个社会各种经济活动的生产率。

更高的生产率，创造出更多可被交换的商品，刺激了更广范围的消费需求。

城镇人口对农产品已经不再满足吃饱，更重要的是吃好。在追求更高利润的冲动下，北宋农业的经济作物种植高速发展，如柑橘、荔枝率先脱离了传统农业，成为经济作物的独立分支，“橘一亩比田一亩利数倍”；荔枝种类多达32种，仅福州一地就有25种，“故商人贩益广，而乡人种益多，一岁之出，不知几千万亿”。[2]

蔬菜更是城里人的必需品，而菜园的经济效益比农田高得多，号称“一亩园，十亩田”。宋代诗人杨万里曾路过安徽铜陵的江心岛丁家洲，发现岛“阔三百里，只种萝卜，卖至金陵”，于是写下：“岛居莫笑三百里，菜把活他千万人。”可见宋朝的蔬菜种植已经高度集约化，而且往往是远程供应。

《清明上河图》反映了北宋城市化的生活方式与货币经济的高度繁荣

除了吃好，城里人还重视穿衣。棉花从宋朝开始逐渐普及，棉制品成为城里人的热门货，麻布继续在中低收入的人群中扩大市场，而丝绸则是高富帅的必备。从官府的角度看，丝绸是财政收入的重头戏，在政府征收赋税的10种布帛中，丝制品占8种。

1086年北宋的财政收入中，丝织品收入高达2 445万匹，为盛唐时期的三倍有余。生产如此规模的丝绸棉麻制品，需要更精细的分工。北宋出现了专门以纺织为主业的"机户"，在专业分工前，一名织工既要纺线，又要织布，每年的产量约为20匹。机户出现后，开始雇工来进行纺线与织布的分工，织布产量可达40匹，生产率实现了倍增。每家机户少的有三五张织机，多的高达六七百，全国机户总户数达到了10万户的规模，北宋全国人口每200人中就有一名纺织工。

生产率的提高，不仅反映在产品数量上的增加，更体现在质量上的改善。后人曾比较了唐、宋、元三代丝织品的质量，结论是"唐绢粗而厚，宋绢细而薄，元绢与宋绢相似而稍不匀净"。北宋的城里人穿的是当时世界上最好的布料。

吃饱穿暖后，北宋的城里人更讲究生活品位。

宋代《耕织图》中的花楼机

瓷器不仅是日常生活不可或缺的餐饮厨房用具，还是家居陈设的装饰鉴赏物品。宋瓷的实用与美观同时达到了极高的成就。就生产率而言，北宋更是突飞猛进，不仅改进了瓷器的生产流程，而且进行了更加细密的专业化分工。土工、坯工、釉工、匣工、烧窑工成为独立工种，制瓷工艺不断优化。过去烧瓷采用“匣钵法”，将一件瓷器放在一个匣钵内烧做，而北宋人发明了“覆烧法”，将大小不一、花样不同的碗盘组件，反置于由垫圈组合而成的匣钵内一次烧成，瓷器生产量呈爆炸性增长。

除了瓷器这种兼顾大众与富人集团的消费品之外，诸如雕漆、根雕、玉石牙骨、枪金枪银、螺钿等特种手工艺产品，则是专门满足奢侈品市场的需求。

北宋在消费品制造领域的一系列生产突破，导致了商品数量和种类的空前繁荣，与之相对应，社会分工也出现了前所未有的专业化。在隋唐时期，社会大致分为112行，到了宋朝已有414行，增长了近

3倍！中国有句俗话叫“三百六十行，行行出状元”，这话很可能就出自宋代。

商品的繁荣与货币经济的崛起，催生了全国四大区域市场的形成，即以汴京（开封）为中心的北方市场，以苏杭为中心涵盖两广地区的东南市场，以成都为中心的川蜀市场，以陕西为中心的关陇市场。这些区域市场又由一系列的城市、镇市和墟市组成了一张交叉重叠、上下贯穿、左右逢源的蛛网式商品和货币的流动体系。

从全国商品流动的方向看，农副产品呈“向心”运动，从墟市、镇市向城市集中，手工业消费品则呈“辐射”运动，从城市向农村扩散。全国的税收和商品从南向北、由西向东汇集于汴京，货币则从首都向其他市场反向回流。[3]

以汴京市场为中心的全国商品的大规模流动，主要依赖内河航运系统，因此，漕船制造的需求量极大。北宋初年，漕船总规模即达3 337艘之巨，由于经济的繁荣，海外贸易和海上运输也快速发展。远洋海运的海船吨位可达500吨以上，载人五六百。同时，北宋造船业的生产率非常惊人，仅温州一个官办造船厂，定员不过252人，年产量居然高达340艘，几乎每天一艘！

造船业的繁荣催生出很多世代造船的豪商巨富，北宋官府在造船业放开了充分的市场竞争，民间远洋巨船的生产规模远超官府的造船厂。

柴米油盐酱醋茶，绫罗绸缎丝帛纱，金银珠玉瓷漆宝，亭台楼阁诗酒画。

北宋的城市商品琳琅满目，物质供应极大丰富，精神追求空前高涨。北宋经济在冶铁工业生产率暴涨的火车头的带动下，农业工具领域也获得了重大突破，农业生产率倍增，从而引发农业人口向城市集中。在城市化、商品化、货币化三大潮流的交汇过程中，激发出更细密的社会分工、更广泛的生产率提高和更巨大的消费需求，进而拉动了经济作物、纺织印染、食品加工、建筑造船、采矿冶炼、瓷器漆器、造纸印刷，以及盐、茶、酒等各种行业的全面发展，创造了更多的城市就业机会，加速了农业人口的进一步向城市转移。

宋代的车船战舰

货币经济不仅使宋朝人更加富裕，也使他们的思想更加独立。唐宋八大家中的六位，中国的古代四大发明中的三个，都出现在北宋。在中国历史上思想空前活跃的春秋战国时期，也正是货币经济第一次大发展的时期；在古希腊孕育了苏格拉底、柏拉图、亚里士多德的伟大时代，也正是吕底亚的货币文明在爱琴海大爆发的时代。

货币经济离不开货币，推动着北宋巨大的经济机器不断运转的动力，就是川流不息的铜钱流通。

货币超发与通货膨胀

尽管北宋并没有GDP的统计体系，但如果对比北宋与盛唐的各种主要经济指标的话，可以清楚地看到，北宋有近两倍于唐朝的人口和倍增的生产率，其经济总规模大致是盛唐时期的4倍。考虑到北宋时期的城市化和商品化的程度都超过了唐代，因此，北宋的货币供应量应该不少于唐代的4倍。

然而事实更为惊人。

北宋每年新增的货币量，从995年的每年铸铜钱80万贯，逐步增加到1000年前后的125万贯，1007年的183万贯，1045年的300万贯，到宋神宗元丰三年（1080年）达到了506万贯的顶峰！[4]

这仅仅是铜钱，北宋当时每年还有100多万贯的铁钱铸币量[5]，以及四川地区的纸币（初期总流通量为125万贯）。

而唐玄宗天宝年间（742—756年）每年铸币大约为32万贯，唐宪宗元和年间（806—820年）为13.5万贯。如果宋神宗元丰年间已是北宋由盛转衰的拐点，那么唐玄宗的天宝年间也处于唐朝的同等位置，这意味着北宋极盛时期的新增货币量，是唐朝同一时期的至少19倍。

到1085年，北宋百余年来的累计铸币量，大约在1.4亿~1.5亿贯，加上私人盗铸和前朝仍在流通的铜钱，其货币总存量大约在2.5亿~2.6亿贯。如果以铜钱枚数计算（宋代1贯铜钱为770枚），大致在2 000亿枚左右。

在西汉时期，家产上千万铜钱的巨富屈指可数，而北宋首都的“千万富豪”则比比皆是。道理很简单，北宋铜钱的购买力与汉唐相比，出现了大幅贬值。

在鼎盛时期，北宋有4倍于唐朝的经济规模，却超发了19倍的货币，很明显，北宋的货币问题相当严重。

货币超发的第一个效果自然是通货膨胀。“宋初年到宋仁宗年间，物价是从低向高发展的，物价指数由宋初的100上升到1 150，即增至11.5倍。到宋神宗年间（王安石变法时期），物价有所下降，但此后到宋徽宗，又由低增高，麦和米的指数分别增至1 200和1 500，亦即增至12倍和15倍。”[6]

南宋著名文人叶适在比较两宋物价变动，特别是江浙一带的物价飞涨时感慨道：“吴越之地，人口为天下的一半，土地却不足一半，而米粟布帛的价格已是从前（北宋末）的3倍，鸡肉、猪肉、蔬菜、木材、焦炭涨了5倍，田宅土地暴涨了10倍，而黄金地段的宅院和肥沃的田地，更是众人争抢而极难获得，它们的价格则是过去的几十上百倍了。”

叶适对北宋末和南宋初江南物价的描述中有一个重要的细节，那就是房地产价格上涨得最快，黄金地段的房宅价格竟然飙升了几十上百倍！这说明了货币超发带来的第二个严重后果，资产通胀远比CPI（居民消费价格指数）上涨更为猛烈！

北宋的货币超发并非均匀地分摊给每一个人，而是通过资产膨胀向少数人快速集中，除了田土、房产，金融资产也是极其重要的组成部分。

《东京梦华录》记载了汴梁著名的“金融街”——南通街的豪华与壮观。在“金融街”上，各大金融机构比肩林立，当时的时髦名称叫“交引铺”，各种有价证券，如各种货币、“盐引”、“盐钞”、“茶引”在其中交易，盛况空前。“南通一巷，并是金银彩帛交易之所，屋宇雄壮，门面广阔，望之森然，每一交易，动即千万，骇人闻见。”

如果每笔交易是千万枚铜钱，即万贯级别的交易，这相当于北宋货币供应量（2 000亿枚铜钱）的5‰，如果2013年中国货币供应量M2是106万亿元，5‰即是530亿元，这意味着北宋银行家的单笔交易规模达到了530亿元，确实是相当骇人听闻！以如此级别的资金交易规模估算，汴京“金融街”的房价恐怕只能是天价了。

当年汴京的金融街，其规模和影响力不亚于今天美国的华尔街。

显然，北宋的银行家们不是一般的有钱人，而是超级富豪。北宋的银行业务如何能有如此惊人的利润呢？其实，他们赚钱的思路与今天华尔街的银行家非常类似，最赚钱的赢利模式是金融交易，传统的贷款业务（高利贷）还在其次。

北宋银行家们交易的并不是普通的商品，而是典型的金融票据，即官府垄断专营的盐和茶的金融衍生产品——交引（盐引、茶引）和盐钞。

银行家的崛起

北宋银行家们的业务是从钱币兑换逐步扩展开来的，早期又叫“兑换铺”。北宋既是中国货币经济高度发达的时期，又是货币制度最为复杂的时代。全国的货币流通呈现出一种四分五裂的割据局面，各区流通的货币各有不同。

在主要货币中，首先有金属货币与纸币的差别，金属货币又有铜钱、铁钱之分，而铜钱和铁钱本身又有大钱小钱之别，加之金银在流通中的地位与日俱增，尤其是白银的重要性在北宋已经远胜于唐代。当全国商品在四大市场之间进行大规模跨区流动时，区域货币需要折算，金、银、铜、铁、纸等通货形态需要兑换，这就构成了兑换铺最基本的银行业务。

兑换铺的老板们每天从事的就是通货之间的低买高卖，赚取利差，用今天的话说就是短期套利交易。随着北宋货币流通量的暴增，很快他们就演变为北宋金融市场中最重要的做市商，为通货兑换提供流动性。他们对市场波动超级敏感，甚至每个时辰的差价都逃不过他们的法眼，他们赚的就是微薄的价差。与美国债券市场的做市商们一样，他们也逐步形成了自己的客户群体，建立起强大的销售渠道，通货买卖的利润就源于批发与零售的价差。兑换铺的老板们已成为北宋时期对市场交易最为敏锐的群体，逐步演变为第一代银行家。

宋太宗雍熙二年（985 年），北宋的银行家们突然发现了一个新的套利交易机会，而且远比通货兑换的利润高得多，这就是“交引”套利。

宋太宗赵匡义从 985 年开始秘密筹划三路大军北伐辽国，试图一举收复燕云十六州，并于次年发动了崎沟关战役，最后以惨败告终。名垂青史的杨家将杨业即在此战失败后，为掩护民众南迁在陈家谷力战而死。

俗话说：“兵马未动，粮草先行。”为向北方调运粮草，官府发动商人参与军事后勤工作，这是中国封建史上前所未有的政府业务外包模式，也只有在货币经济高度发达的北宋才有实现的可能。政府职能的商业化与私有化，完全符合美国新自由主义的理念，更准确地说，北宋才是新自由主义的鼻祖。

商人们需要自己购买大批粮草，还要负责雇人将粮草千里转运到边防各地，官府当然是省心了，但商人们无利不起早，没有厚利诱惑，谁会为官府卖命。当边地收到粮草后，按照当地市价及商人运输路途的远近进行估价，在此基础上另有一定的优惠，即商人的利润。边地的官府在估价后，发给商人一种领款凭证，名为“交引”，然后商人们拿着交引回到京城找官府领钱。官府并没有足够的现金，就以盐茶票据来替代部分现金支付，而商人们正是冲着盐茶票据来的。

盐是生活的必需品，而茶是始于唐而兴于宋，宋朝富裕的城市中产阶级对茶叶的需求量极大，官府于是垄断了盐茶供应，成为国家税收的重要来源。盐和茶都属于超级暴利的官府专营商品，每斤盐价官府收购时不过 2.5 文钱，即两个半铜钱，转手在市场中就以 26 文的高价卖出，“官有 9 倍净利”！而茶的销售也有高达 100%~300% 的超级利润率。商人们只要拿到官府的盐茶票据，即“盐引”和“茶引”，就能合法买卖专营商品，这意味着巨额利润唾手可得。

茶文化始于唐而兴于宋

京城的官府并没有盐茶现货，商人们需要拿着盐茶票据找到主管部门进行“批引”，用现在的话说就是盖公章。主管部门在交引上批示领盐或茶的地点，以及指定销售的地区，盐一般是到山西解池去领取解盐，茶则在江南居多。商人们领到盐茶之后，必须运往官府指定的地区进行销售，而绝不能跨境贩卖，否则严惩不贷。官府的限地销售政策，当然是为了确保对盐茶高额利润的垄断。

对于聪明的商人来说，运输粮草的政府外包业务，存在着更大的油水。他们只要“搞定”边地的地方官员，就能够高估运送粮草的费用。高估到什么程度呢？比如一斗大麦在内地不过30文钱，边地官员将本价、运费、优惠加在一起，竟然可以估值到了1贯254文，这是高达30倍的价差！边地官员对此可以有很多种“合理”解释，如距离太远、路况很糟、盗匪横行、洪水暴发、桥梁坍塌、泥石流、地震、火灾，只要说得通都行。朝廷也没法较真，毕竟边地为战争做出了巨大牺牲，再不给些油水，谁愿意为朝廷卖命？

如此一来，盐茶票据的价值就大得惊人了。

于是，各路商人闻风而动，成群结队地奔赴边地运送粮草，响应官府号召，为朝廷出力，为自己赚钱。

当京城的银行家们看清盐茶票据的巨大价值后，他们开始游说朝廷的有关部门，说这些外地商人来路不明，信用很成问题，万一拿着盐茶票据倒买倒卖，或违法跨界销售，岂不是搞乱了市场，破坏了国家的大政方针吗？

银行家们久居京城，与朝廷各部委的关系更深。很快朝廷就采纳了他们的意见，规定所有持有盐茶票据的商人，必须在京城有银行家的担保，否则有关部门拒绝“批引”。

运送粮草的各地商人们，不得不跑到京城来与银行家们疏通关系。

银行家借此机会苦口婆心地开导商人：你们挣钱太辛苦了，拿着盐茶票据翻山越岭跑到山西去领盐，或远涉千山万水去江南取茶，再费时费劲地运送盐茶到更远的地区去贩卖，路上遇到土匪怎么办？盐茶质量不好怎么办？暴雨淋湿了盐茶又怎么办？跑了大半年，绕了大半个中国，才挣个辛苦钱，还要担惊受怕，太不值了。与其这样辛苦挣钱，不如将盐茶票据打折卖给我们银行家，你们挣快钱，既轻松又省事，利润也不错，然后你们可以再去运粮草，再卖给我们票据，加快赚钱的速度，这对我们双方都有好处。

商人们听完觉得很有道理，于是很痛快地将手中的盐茶票据打折卖给了银行家们。于是，京城里的银行家开始做起了票据买卖，兑换铺也改为“金银交引兑换铺”，兑换银行家演变为“交引银行家”，成为北宋第二代银行家。

北宋解州盐池的开采情形

如果有的商人就是死心眼儿，或觉得太吃亏，偏不想把盐茶票据打折变现又怎么办呢？那京城的银行家们就联手拒绝给这样的商人担保。如此一来，他们就拿不到官府的“批引”，盐茶票据只能烂在他自己手上。万般无奈之下，再厉害的商人在京城银行家的门前也得低头。至于打几折，那就是银行大佬们内部协商了，二折也好，三折也罢，要看大佬们贪婪的程度了。

当然，也会有不服的商人向官府投诉，大佬们与官府的关系深了去了，而且维护金融市场秩序名正言顺，这样的官司根本打不赢。从此以后，银行大佬们联合封杀这样的刺头儿，这个商人再也别想做盐茶的买卖了。

银行家们手中的票据“筹码”越多，对市场价格的控制力也就越强。他们一般还兼做着高利贷、典当行之类的融资业务，对京城的资金供应有着直接的影响力。当他们准备买进票据时，可以通过抬高京城的融资成本来紧缩银根，然后在场内大量抛售票据引发价格雪崩，一方面威慑官府，另一方面逢低吸纳。如果他们需要高价抛出，就会拉升票据价格，引诱逐利的投机商进场吃货。这与现代摩根大通、高盛的手法并无二致。

朝廷本想利用商人为边地运粮草，以便节省财政支出，因而诱之以盐茶的厚利，不想商人们诡计多端，搞定了边地官员，以平均6倍于市场的价格，高价向边地出售粮草，席卷了朝廷东南360万贯的茶利税收。

但聪明的商人却遇到了智商更高、手段更狠的京城银行家，银行大佬们半路杀出，又将商人们的暴利打劫殆尽。

在货币经济时代，只有玩转货币的人才能玩转市场。北宋的文人们、官员们，在货币的猛烈冲击下不禁哀叹，“边籴（买粮）才50万，而东南360万茶利尽归商贾”。换句话说，商人和银行家以50万贯的成本，劫掠了国家360万贯的税收！其实，这与罗马共和时代的包税商阶层，通过政府财政业务外包，大肆侵吞国家税收，盘剥罗马公民，在本质上完全一致。北宋王朝的文人政府与罗马共和的贵族政权，在“财商”方面根本不是商人和银行家阶层的对手，他们甚至与之联手，共同瓜分公共财富。

金权与政权的斗法

由于银行家控制着巨大的盐茶票据存量，他们可以同时成为大盐商和大茶商，从而在盐茶的商业流通环节再度暴赚一笔。在积累了巨额财富之后，金融大佬们的势力更为强大。他们能够花费巨资来搞定更多的官员，进而左右朝廷的政策。很多人甚至攀龙附凤，晋升为官僚体制中的一员。

北宋就流传着一个著名的故事。宋仁宗废掉郭皇后之后，京城的一个大茶商花重金买通了后宫权势人物，把女儿送入宫中，欲立为宋仁宗的皇后，并取得了太后的大力支持，宋仁宗稀里糊涂地答应下来。后来一个老太监提醒皇帝，这个商人不过是一位大臣的家奴罢了，皇帝如果立大臣的家奴之女为皇后，以后有何面目去面对满朝的公卿呢？宋仁宗这才醒悟过来，赶紧把该女送出宫。一个茶商竟然有能量买通久居深宫的太后撑腰，可见钱在北宋的影响力是何等惊人。

1023年，朝廷终于下决心整顿茶务，接受了大臣李谘的建议，遏制茶利的虚耗，废除了盐茶票据的“交引”制度，推行“见钱法”。

“见钱法”的核心就是以中央财政补贴的形式，取代了边地对运输费用的自行估值。新法实施的第一年，国家财政的增收减支总计高达650万贯！废除盐茶票据所节省的财政税收，超过了宋朝一年货币发行总量的最高峰（506万贯）。如果以2013年中国的货币增量来对比，相当于财政增收了13万亿元以上！

盐茶票据的超级暴利震惊了朝廷。

新法显然严重打击了商人和金融利益集团的既得利益，这下子可捅了马蜂窝，以致“商人果失厚利，怨谤蜂起”。利国利民的新法仅仅实行了三年，就遭到朝野内外既得利益集团的疯狂攻击。改革大臣李谘被贬官降级，手下干将甚至被刺配流放，交引制度再度复辟。

很显然，北宋超级富人集团的势力已经可以左右朝政。

1036年，宋仁宗再次痛下决心改革茶法，重新启用李谘。自从上次被贬官之后，李谘心有余悸，这回先把丑话说在了前面。他对皇帝陈述，如果再次废除交引，“恐豪商不便，依托权贵，以动朝廷”，李谘要求皇帝必须有个坚决支持的态度。在皇帝的直接支持下，李谘再度废除了旧的茶法。可是好景不长，不久豪商巨贾掀起了更猛烈的攻讦，新法还是没能坚持下来。

北宋的茶法反复变动直至宋王朝末年，其争执的焦点就是金权与政权争夺巨额茶利的归属问题。在一个高度集权的封建王朝，金融的力量已经强大到可以与政权争夺国家税收，这在宋代之前是一件无法想象的事情。

不仅茶法变动遭遇了金融大佬们的阻击，盐法改革也不例外。

盐法改革的大臣范祥，建议以“盐钞”法代替“盐引”法，商人们以现金缴纳获得“盐钞”，免除了运送粮草到边地存在的高估费用的积弊。另外在京城特设平准盐价的“督盐院”，专门针对金融大佬们操纵盐价的行为，将盐价波动控制在每斤35~40文之间。

盐价稳定，盐钞就不得不跟着稳定，没有了“盐引”的高估厚利，再限制“盐钞”的价格震荡，那让金融大佬们还怎么赚钱？大佬们当然要反击。结果就是范祥被贬官。复出后，范祥再度恢复盐钞法。后来，盐钞在北宋后期的财政危机之时，不得不进行严重超发，导致了盐钞的大幅贬值。

金融大佬们与朝廷的盐茶之争，一直斗到蔡京上台。金融大佬们纷纷投靠蔡京集团，蔡京再度大改盐茶之法，金融大佬们则跟着大发横财。蔡京所倚重的魏伯刍之流，都是与京城金融大佬们沆瀣一气之辈。在魏伯刍主持下，商人们必须与银行家打交道，并缴纳40%的“手续费”，才能以旧钞换新钞。而新旧交换时，还得“夹新带旧”，否则就拿不到盐茶。蔡京频繁地推行新旧钞更替，商人们就不得不向银行家反复缴纳惊人的“手续费”。

羊毛出在羊身上，商人们的“手续费”，自然要转嫁给盐农和茶农，还有市场中的消费者，最终体现为国家税收的损失。

经过反复较量，金权与政权逐渐结为利益共同体，金融大佬们与官僚阶层打成一片，与大茶商、大盐商们浑然一体。在货币经济的大潮中，金融资本将官僚、大商人、大地主的利益整合为一体，逐渐固化为财雄势大的豪强大户阶层，演变成一种鲸吞社会财富的制度性贪婪。

在席卷了国家税利之后，他们开始将巨额的财富向土地进行转移，成为大规模土地兼并的主要力量，当上了北宋王朝的大地主。

6%~7%的富人兼并了60%~70%的土地

北宋的土地兼并与罗马时期惊人地相似，两大帝国都经历了两次兼并高潮，而且后者的规模远大于前者。第一次土地兼并将重创国家的财政税收，导致社会出现严重的贫富分化和税负不公，如果不改革，政权将逐渐陷入危机。第二次土地兼并将比第一次更疯狂，极端的财富分裂将摧毁穷人对政府的一切希望，导致恶性的仇富和仇贵心态。如果改革的最后努力陷于失败，将很快导致流血暴力、持续内战，或外敌入侵，最终是帝国崩溃和王朝倾覆。

罗马的土地兼并始于包税商阶层的崛起，他们豪夺了全民税收，这是罗马土地兼并的“第一桶金”；北宋则是银行家们通过盐茶票据交易，巧取了政府的盐茶厚利，这同样是全民税收，也是他们进行土地兼并的启动资金。

北宋历史上的第一次土地兼并大潮，就发生在宋真宗与宋仁宗的统治期间。

宋真宗于997年即位，998年辽国发动了第六次南侵战争，北宋对辽的军事冲突一直持续到1004年辽国的第九次南征，最终以宋辽的“澶渊之盟”告一段落。正是由于北方战事对粮草的巨大需求，才导致了交引制度的兴盛，从而让京城的金融势力集团坐收暴利，大发国难之财。

盐茶票据从985年出现，中间经历了短暂的中断，一直持续到1050年前后西夏战争落幕。在60多年中，商人和银行家们席卷的政府专营的茶利、盐利、香利难以计数，从而获得了进行大规模土地兼并的雄厚资金。

“富者有资可以买田，贵者有力可以占田”，而朝廷对土地兼并却完全放任自流，即所谓“不抑兼并”的国家政策。或者说，北宋从来就没有任何经济政策。从政府干预经济的角度上看，北宋堪称是奉行新自由主义经济模式的先驱。

北宋立国之初，由于均田制的崩溃，原来属于国家调节之用的荒地、未垦地，任何人都可占有垦荒，只要在官府登记备案，到时按章纳税即可。至于这些土地归谁所有，占有的数量有多少，官府既不关心，也不干预。对于私人土地的买卖，官府的态度也是自由和放任的，只要买卖双方自愿成交，他们只需将田契送交官府备案，盖上官府的印信（所谓“红契”），并缴纳田契税，交易就算完成了，从此新主人负责田赋的上缴。

如果田地过户不经过官府，田契上没盖官府的印信，这就是所谓的“白契”，官府不承认其合法性。对于白契，官府只是坚持交易必须报备，而非干预交易本身。如果是国有土地，租种土地的人并没有土地所有权，但有“田面权”，就是北宋版的“小产权”，土地也能够买卖流通。

在视土地为生命的历代封建王朝，北宋对土地买卖完全放任的政策，堪称是封建史上的一朵“奇葩”。即便是在以开放著称的盛唐，买卖一亩“口分田”是要挨20鞭子的，世业祖产田买卖也会受到官府的严格限制。

966年，宋太祖刚得天下，就登高一呼：“所在长吏，告谕百姓，有能广植桑枣、开垦荒田者，并只纳旧税，永不通检。”大乱之后，人口稀少，百废待兴，这样的土地政策当然获得了百姓的热烈拥护，北宋初年经济增长之蓬勃，人口繁衍之迅猛，土地开垦之庞大，都说明了早期自由的土地政策是行之有效的。但当荒地开垦逐渐完成，人多地少的矛盾日益突出，再不调整政策，土地兼并势所难免，贫富矛盾必然激化。

首先掀起土地兼并大潮的自然是达官贵戚，他们属于“有力占田”一族，对普通百姓的田地巧取豪夺，“择肥而噬”，就连国有土地也不放过，如国有牧场、官办学田、公共山林也成为他们强占的目标，甚至连寺院的“福田”也不放过。灾荒之年，百姓困顿，不得不抵押或变卖土地，而达官贵戚们正好落井下石，趁势兼并。少数豪强大户甚至人为破坏堤坝，制造水灾，以图廉价抢夺百姓土地。北宋第一次土地兼并的势头之猛，手段之疯狂，为历代王朝所未见。

在官僚阶层的带动和刺激之下，手握巨额资金的金融大佬、大商人和大地主阶层岂肯落后，他们属于“富者有资可以买田”之辈，并在土地兼并的大潮中后来居上，逐渐取得了支配性地位。达官贵戚们不成器的后代，由于挥霍过度也把祖上占有的千顷良田抵押或转让给了他们。在汉唐被贬称为“豪民”并受到官府严厉打压的“兼并之徒”，到了北宋却成为世人艳羡的“大田主”。

由官僚、银行家、巨商和大地主所构成的豪强大户集团，占总人口的6%~7%，却囊括了全国土地的60%~70%，席卷了国民财富的一半。[7]

官府要打仗，还要维持国家运转，财政消耗入不敷出，以致国库空虚。富人集团要少交税，穷人阶层就得多交税。于是，苛捐杂税日渐繁多，变相盘剥越来越重，宋朝中产阶级的生活质量每况愈下。

“宋朝梦”的破灭

1067年，当宋神宗登上金銮宝殿之时，他发觉自己坐的不像是龙椅，而更像是一堆一颗火星就能引燃的干柴。他知道，再不改革，宋朝的基业就会大厦将倾。他看好了一位胆识过人的大臣来推行新政，此人就是王安石。

王安石早已看到了国家经济存在的严重困境，这就是积贫积弱，财政枯竭，经济萎靡，税负不均。那么，问题究竟严重到了什么程度呢？

首先，老百姓的生活品质大不如前。一个五口之家的典型的有地农户，有两个劳动力和三个孩子，家有耕牛而生产工具齐全，一年全家的口粮需要28.8石粮食，食盐折合1.2石，衣服折合3~4石，饲料折合3~4石。另外，农具修理、肥料也时有需求。算下来，一户农家要维持最基本的生活和再生产，一年至少需要36~38石粮食。

由于人口的增加，一家典型农户的土地已经从北宋初年的平均95亩，下降到宋神宗时代的50亩。北宋北方农田每亩产量约2石，考虑到平、丰、歉年各占1/3，则平均粮食收成约为1石。这样算下来，这家农户一年收成大约50石粮食，除去种子预留5石之外，所剩约45石粮食（每石约92斤）。一家吃饭消耗之后，尚存7~9石（644~828斤），货币价值2 100~2 700文。

这是 1 000 枚铜钱，当时大约可以买到 276 斤粮食或 33 斤食盐

这户农家必须向官府缴纳的田赋两税（夏税和秋税）约为 500 文，这样的生活水平在朝廷税赋不重时，还可以过得比较滋润。但是，到宋神宗时期，土地兼并使得民众分摊的税负剧增。

官府在征收田赋正税时，越来越多地使用变相手段暗地增税。比如所谓的“折变法”，就是任意以这种实物折换成那种实物，或以极不合理的价格将实物折成现金。在陈州，当地官府规定夏税只收钱不要粮，大小麦折钱 100 文，加上各种费用，官价定为每斗 140 文，而市场价仅为 50 文，逼得农户在市场上要卖近 3 斗的麦子才能上缴 1 斗的税；同时，官府为了确保食盐专营利润，强行向百姓摊派买盐，市价每斤 30 文的盐，官府硬卖 100 文，变相勒索 3.3 倍；然后官府再把盐折算成小麦，农户再遭一次盘剥；事情还不算完，官府再将小麦折算为现金，最终 1 斤盐卖到了 350 文，而市价不过 30 文。经过反复“折变”，农户的税赋暴涨了十几倍！其他各州虽然没有陈州这样贪婪，但“折变法”确实使农户的税赋压力大幅增加，农户的田赋支出不是国家规定的 500 文，而是数倍于此。

除了田赋这一国家正税，变相税种也层出不穷。北宋朝廷为了在北方储备军粮，在各地强制摊派购粮，每石官府收购价仅 300 文，农户已经吃亏不小。不仅如此，官府一石粮食仅付 1/4 的现金，即 75 文，剩余 3/4 以茶折算，而配给茶的市价仅值 37 文，一石粮食被折成了 112 文。更可笑的是，连 37 文的茶也不是现茶，而是农户必须到遥远的产茶区去领取的“茶引”。无奈之下，农户不得不把“茶引”贱卖给商人。最终，农户一石粮食只卖了 100 文。如果摊派个两三石，农户就得损失收入 400~600 文。

在这些隐性税收之外，其他历代的苛捐杂税地方官府也兼收并蓄。在原南唐统治的江南地区，税种多达 17 项，买卖牛羊、粮食、田宅有税，自家盖房要交“木税钱”，牛活着有税，死了也要交税（“牛皮钱”），人口多了要承担各种差役，分家过日子则要交“罚钱”；至于蒿钱、鞋钱、脚钱之类更是花样百出。正如朱熹所言：“古者刻剥之法，本朝俱备”。

苛捐杂税愈演愈烈的根源，正是土地兼并！

豪强大户的大规模土地兼并，对普通农户极其不利，豪强大户们占有的土地很少纳税。《治平会计录》曾计算：“计其租赋以知顷亩之数，而税赋不加者十居其七。”也就是说，高达 70% 的土地根本不纳税！其中的绝大部分自然是豪强大户们所占有。宋仁宗初期，土地兼并开始升温，豪强们大量买地却极力隐瞒，往往 15~20 亩地仅缴纳 1 亩的税金。到宋仁宗晚年，“势官富姓占田无限，兼并伪冒，习以为常，重典莫能禁止焉”。豪强大户隐田漏税的情况达到令人震惊的程度，登记在官府的田地从宋真宗时的 524 万顷，锐减到宋仁宗时的 228 万顷，宋朝的土地竟然“消失”近半！[8]

田赋锐减迫使官府在其他方面找补回来，本该由豪强大户们承担的田赋，通过各种形式被转嫁到了普通农户身上。

老百姓过日子本来就是算计茶米油盐这些家用，算来算去，种地的日子哪里还过得下去。在好年景时，也不过是勉强维持温饱，遇到天灾就只能抵押土地，被迫去借高利贷，利息高达 100%~300%，一旦欠了高利贷，农户就铁定会失去土地。

人均 50 亩地的农户，怎么也算得上是北宋的中产阶级了，在沉重的苛捐杂税压迫之下，越来越多的人被迫卖掉土地，充当豪强们的佃农。而豪强大户所缴纳的田赋正是源于佃农的田租，佃农们本以为卖田投靠豪强大户是一条出路，最终发现这是一条更悲惨的绝路。

对于农户来说，拥有土地是一生最大的梦想，如今，“宋朝梦”已经彻底破碎了。

北宋经济的繁荣，靠的是千千万万普通家庭的劳动创造，他们原本热情高涨，发明创造不断，消费与日俱增，生活蒸蒸日上，对未来充满希望。但是，当土地兼并愈演愈烈之后，他们发现，无论自己如何辛苦，生活却越来越艰辛。他们消沉了，他们失去了对未来的希望。

人民梦想破碎之日，也就是国家走向衰败之时！

在土地兼并、赋税不公、货币贬值的三座大山之下，北宋的经济开始丧失活力，由盛转衰。民力濒临衰竭，而官府开支却直线上升。

朝廷的官员人数从宋太祖时代的三五千人，激增到宋仁宗年间的两万多人，出现了严重的“冗员”问题。宋初朝廷养兵不过22万人，到了宋仁宗庆历时已高达125万！仅军费开支就达到惊人的4 800万贯，占了朝廷70%~80%的财政收入，陷入了巨大的“冗兵”和“冗费”困境。而这支当时世界上规模最大的常备军，却创下了对外战争无一战胜的“神话”。

自宋仁宗庆历以后，国家财政赤字每年高达300万贯。到皇祐年间，历代王朝的主要税收——田赋，已经远远不能满足财政开支，田赋的货币收入仅500万贯，缺口竟达2 200万贯；绢帛收入380万匹，不足额为500万匹；粮食收入1 800万石，还差了887万石。

朝廷催税像催命，地方官吏被逼急了，才变着花样玩“折变”，将田赋悄悄地翻了好几倍，各种苛捐杂税、劳役重负严重挫伤了宋朝百姓的劳动热情，动摇了国本财源。同时，朝廷还极力扩大商税征收，宋朝商业的确比汉唐发达，经济规模达到盛唐的4倍，但商业税却比唐代高出了10倍以上。宋仁宗皇祐年间，北宋的财政总收入达到了1亿贯，商税就占到了56%，在中国历史上第一次超过了田赋税收。

土地兼并致使农民负担过重，从而丧失了劳动热情，财富创造的

"心脏"濒临衰竭；商业税负畸高，抑制了商品流通，经济血脉难以畅通，王朝的体质日渐虚弱；货币贬值，资产通胀，形成了经济体的"高血脂""高血糖"和"高血压"，"三高"加重了北宋的经济病情。

雪上加霜的"钱荒"

北宋的货币贬值日益严重，豪强大户们的资产更需要保值增值，将流通的货币转化为实物资产，就成为豪强们的必然选择，这就产生了对普通农户杀伤力更强的"钱荒"问题。

北宋"钱荒"一词首次出现并引发朝野关注是在宋仁宗庆历年间，根源还是出在与西夏的战争上。1040—1042 年的宋夏三场大战均以北宋惨败而告终，巨大的战争消耗迫使朝廷开始贬值货币，不仅四川交子纸币出现了 60 万贯的增发，而且铜铁钱也开始贬值，这就是庆历年间连续 8 年只发行"以一当十"的铜铁大钱。

北宋的标准铜钱叫"小平钱"，"当十钱"比"小平钱"大一号，但远不是小平钱含铜量的 10 倍，却被朝廷以法律规定与 10 枚小平钱等值，这种行为与罗马帝国的"安东尼币""奥勒良币"简直就是一个师傅调教出来的。说白了，当十钱就是明目张胆的货币贬值，这当然会引起市场恐慌。聪明的商人们开始囤积含铜更多的小平钱，贪婪的商人则大量盗铸当十钱谋取暴利，劣币驱逐良币的效应自动发生，流通中的小平钱日益短缺。

朝廷大惊，好处没捞到多少，弊病却一大堆，杀头流放的严刑峻法也制止不了人性的贪婪。为了遏制盗铸，朝廷只得宣布"当十钱"改为"当五"钱。疯狂的投机仍无法平息，后来改为"当三"，还是难以奏效，盗铸仍有巨利。最终朝廷不得不"折二"，也就是一枚大钱当两枚小钱用，这才刹住了投机冲动。和人性的贪婪斗，严刑峻法也不好使。所幸的是宋夏战争暂时告一段落，这种"当十"钱没有继续滥发，小平钱重新回到货币流通中，钱荒问题有所缓解。

宋仁宗的小平钱

宋仁宗的当十钱

后来，随着财政的不断恶化，朝廷再度发行“当十”钱，由于市场反应激烈，盗铸严重，通胀恶化，后来再度“当三”，最后“折二”。不过，“折二”铜钱逐渐成为货币铸造的惯例，大规模的铜钱减重和严重超发的恶果成了北宋长期的货币噩梦，钱荒问题开始不断恶化。

在当十、当五、当三、折二钱泛滥成灾时，小平钱成了抢手货。商人们大量囤积小平钱，然后重新熔化铸造铜器，转手就是5倍的暴利。在严重的货币贬值过程中，北宋的铜器就像今天的和田玉和翡翠，成了资本炒作的一种热门货。面对熔钱铸器的丰厚暴利，就连官员们也纷纷染指其间，加入了“奸民”的行列，朝廷不禁惊呼“居官者不得铸铜器”。

劣币驱逐良币的原理有一个隐含条件，那就是法律规定劣币与良币币值相等，否则自由市场中谁会愿意接受劣币？劣币正是借助国家权力才能驱逐良币。良币从流通领域退出后，总是向重视它们的地方聚集。铜器使良币中的铜，获得了应有的市场价值承认，有时在资产膨胀的心理预期之下，炒作之风更加助长了铜器的价格，这就是熔钱铸器的本质。

良币的另一个出口就是境外。

西夏、辽国和海外诸国都更加尊重铜的真实价值，于是北宋的小平钱如滔滔江水决堤而去。北宋采用了所谓的“钱禁”来对付钱荒，严禁私人铸钱、严禁销毁铜钱、严禁铜钱外流、严禁过量储藏铜钱，其重点是防止铜钱的外流和销毁。就连一向以“仁慈”著称的宋仁宗对钱禁问题都异常严酷，“以铜钱出外界，一贯以上，为首者处死”[9]，而宋仁宗之前的死刑标准是携带铜钱 5 贯出境。最终的效果是，辽和西夏都不用自己铸币，北宋的铜钱在那里大量自由流通，就连日本和越南都极度渴望得到北宋的铜钱。“番夷得中国钱，分库藏贮，以为镇国之宝。故入番者，非铜钱不往，而番货亦非铜钱不售。”

面对人性的贪婪，连死亡的威胁都显得苍白。

难怪大文豪苏辙对铜钱外流慨叹道：“利之所在，势无由止。”

含铜量严重不足的各种大钱当道，小平钱却日益短缺，大钱发行量越大，小钱消失得就越快，严重的通胀最终造成小平钱的生产变成了亏本的买卖，北宋的铜钱供应开始快速下降。因为朝廷缺钱，所以铸大钱；因为铸大钱，导致小钱消失；大钱多了，东西贵了，小钱的生产亏本了；更少的小钱供应，加剧了更多大钱的发行，如此，北宋的货币供应陷入了可怕的恶性循环。

钱荒，准确地说是在货币贬值和资产通胀的相互作用下，小平钱快速退出流通的现象。越是在经济发达的江浙地区，钱荒闹得越厉害，这不仅是由于小平钱在经济发达地区的流通量更大，也是因为这些地区的豪强大户们有更强的动力进行熔钱铸器。

宋徽宗的小平钱、折二钱、折三钱

宋徽宗的夹锡当二钱

江浙地区的农户远比其他欠发达地区的民众更加依赖货币经济，官府的苛捐杂税和五花八门的田赋“折变”，都要依靠他们变卖农副产品来获得现金缴纳。小平钱闹钱荒，导致市场流动性奇缺，农户被迫降价甩卖农产品，对于早已深陷困境的普通农户而言，无异于雪上加霜。

土地兼并导致普通农户的税负加重，田赋的跑冒滴漏以及官府的开支膨胀，致使财政入不敷出，严重赤字迫使政府贬值货币，货币贬值刺激资产通胀，资产通胀加速土地兼并，同时诱发钱荒，而土地兼并和钱荒又加剧了农户的困境，如此恶性循环，民不聊生。

宋徽宗的折五钱

宋徽宗的当十钱

这就是王安石变法之前，北宋所面临的巨大经济与社会危机。

王安石变法为什么失败？

1069年，在宋神宗的大力支持下，王安石开始了著名的变法运动。

王安石对经济弊端的根源洞若观火，他的思路也切中了问题的要害：“今所以未举事者，凡以财用为急。”财政枯竭是变法的当务之急，而解决之道就是开源节流。

开源即王安石所说的“理财”，其根本在于发展生产，创造财富。王安石曾在向宋仁宗的建言书中阐明了自己的观点，“故臣以为理财为方今先急”，而“理财以农事为急”。王安石对国家病情的把脉相当准，北宋经济的基础是农业，农业不振则百业萧条。而如何刺激农业生产呢？王安石更是一语中的：“农以去疾苦，抑兼并，便趋农为急。”

王安石与宋神宗

王安石的经济思想中“抑兼并”是其最为闪光之处，农户的疾苦、劳动热情的低落、生产条件的不便，其根源正是土地兼并！更为合理的顺序应该是，“抑兼并”在先，而后才能实现“去疾苦”和“便趋农”。

从变法的关键措施看，王安石是以“去疾苦”为突破口，间接解决“抑兼并”的烫手山芋。如“青苗法”规定，凡州县各等民户，在每年夏秋两收前，可到当地官府借贷现钱或粮谷，以补助耕作。当年借款随春秋两税归还，借款利息为20%~30%。在青黄不接之时，以官府的农业信贷来缓解农户的疾苦，如果没有官府的“低息”贷款，农户就不得不向金融大佬们借高利贷，官府30%的利息听起来很高，但金融大佬们的高利贷却达到了100%~300%。借高利贷就得抵押农户的土地，一旦还不上钱，土地就被大佬们顺手兼并。“青苗法”的目的在于以官府贷款对抗高利贷的盘剥，使农户在“凶年”能够“常保其田土，不为大姓兼并”。

免役法根据各家财富等级、田亩数量、丁壮多少来确定应出劳役的货币价值，富者多摊，穷人少摊，民众可以选择支付“免役钱”来代替服徭役。自古以来，徭役就是农户的一种沉重的经济负担，戍边、修宫殿、建皇陵、挖水渠、为官府当差，一去就是一个月以上，不仅耽误家庭的农业生产，而且也削弱了手工业和商业的劳动力供应，更不公平的是官绅豪强不纳粮、不当差是约定俗成的惯例，国家徭役方面的负担就全部落在了普通农户身上。

免役法打破了这种不合理的劳役分配机制，豪强大户们必须承担劳役的主要经济负担，农户们的“疾苦”则获得了一定程度的缓解。更重要的是，“免役钱”与田亩数量挂钩，田亩越多，“免役钱”越重，这就如同现代的房产税对“房姐”“房叔”将产生巨大的抑制作用一样。所以，免役法在直接减轻普通农户的“疾苦”的同时，又间接抑制了土地兼并。当浙江一家豪强大户被迫拿出600贯“免役钱”的消息传到京城时，朝廷愕然。王安石告诉宋神宗：“出六百贯或非情愿，然所以抑兼并，当如此！”

方田均税法更是抑制土地兼并的利器，“方田”就是重新丈量全国土地，“均税”则在“方田”的测量基础上，按照田亩的大小贫肥进行田赋的重新分级估算。方田均税在全国受到豪强大户和地方官府的坚决抵制，最后仅在北方部分地区推行。北方5省仅占全国总面积的20%，而清查出的田亩竟然占到全国税田的54%，可见豪强大户隐田漏税的情况是何等严重。如果方田均税的政策得以在全国推广，势必会给土地兼并的狂热势头致命一击。

均输法、市易法的实施，重点在于抑制商业流通中的“兼并”，打破金融大佬和豪商巨贾形成的价格垄断，为小商贩的自由竞争留下了一片生存空间，同时增加国库的收入，减轻民众负担。

除了开源，新法同时强调节流。王安石在全国进行大规模裁军，将厢禁军总数裁减了45万之多，常备军规模缩减至79万，军费开支至少降低了1/3。针对“冗员”，变法派对全国州县进行了合并和裁减，共裁州、军、监机构38处，撤县127个。王安石变法的5年间，北宋财政出现了极大的盈余，土地兼并之风受到沉重打击，普通农户的税赋压力得以缓解。

王安石变法并没有直接出台抑制土地兼并的政策，这也许是他的政治韬略，唯恐树敌面过宽，引发既得利益集团的强烈反弹，导致变法难以实施。但他的各项措施招招击中土地兼并的要害，富人集团看在眼中，恨在心里，痛在身上。

北宋朝廷里的大多数官员都是“为穷人说话，替富人办事”。王安石如此动真格地“既为穷人说话，又替穷人办事”，不仅坏了官场的规矩，更直接触动了官僚士绅和豪强大户们的切身利益，他们早已结成了坚不可摧的利益共同体，一损俱损，一荣俱荣，变法势必激起制度性贪婪的疯狂反扑。

而王安石唯一的靠山就是那个志大才疏、意志不坚的宋神宗。从五路攻夏遭到惨败一事就能看出皇帝的才具平庸，徒有励精图治的雄心，缺乏杀伐决断的手段。面对以司马光为首的文人铺天盖地的声讨，以及朝野官僚豪强集团的明抗暗争，甚至包括太皇太后、太后等皇亲国戚的巨大压力，开始担心皇位稳固的宋神宗终于打了退堂鼓。

变法不到 5 年，王安石就黯然下台。虽然宋神宗维持了变法的条文，但失去了大批变法大臣的严厉督促，从中央到地方的官员眼看变法派的失势，哪里还有心思去认真落实变法的细节。王安石下台后，变法已经名存实亡。

北宋最后一次制衡豪强大户的改革终于失败。1085 年司马光上台后，尽废新法，北宋开始酝酿一场更大规模的贪婪扩张。

在中国历史上，改革最终能够成功的案例之所以寥若晨星，就是因为改革的力量不足以击破已经固化的制度性贪婪。王安石变法失败的根源在于，他要挑战的不仅仅是进行土地兼并的少数豪强大户，而是朝野内外各种利益集团纠结在一起的贪婪欲望。如果没有秦孝公那样的钢铁意志，则变法难竟全功。

改革与变法，实际上是进行第二次革命，而且是在自己身上动刀子。

贪婪的最后疯狂

后人称蔡京是“北宋六贼”之首，这个评语恰如其分。蔡京以王安石变法的得力干将起家，办事雷厉风行，善于见风使舵，是历史上最为典型的小人样板。司马光在《资治通鉴》中曾非常深刻地定义了君子与小人，他认为，德大于才的是君子，而才大于德的为小人。然而，就连司马光这样看透历史的人，也不得不倚重小人去办事。

司马光对王安石变法的反感天下皆知，他一上台自然是全面复辟。王安石的改革派干将一律遭到清洗，蔡京也不例外。在司马光废除新法时，首先开刀的就是让既得利益集团非常不爽的“免役法”。急切之下，他下令全国5天之内恢复以前的“差役法”，这意味着所有执行细则必须全面更改，牵扯面之宽，涉及人员之广，说服甚至弹压民众的工作量之大，显然不具有可操作性，各级官员纷纷表示难以按时完成。但是，这个从前变法派的干将蔡京，居然在限期内完成了所有“差役法”的恢复工作。顷刻之间，蔡京从新党的干将变成了旧党的能臣，司马光对蔡京的才能刮目相看，盛赞蔡京：如果大家都像你这样依法行事，天下哪有行不通的法律呢？

司马光点评历史时眼光老辣，但真要办起事来手下离不开蔡京这样的“能人”。不过，朝廷的清流们最痛恨首鼠两端的小人，司马光虽然对蔡京印象深刻，却也只能暂时搁置不用。

王安石与蔡京最大的区别不在于做事本身，而在于做事的目的。王安石变法是要经世济民，报效国家；而蔡京打着变法的旗号，甚至用着变法的手段，谋求的却是自身利益的最大化。对于小人而言，无所谓对与错，也不存在正义或非正义，只要对自己有利，错的就是对的，非正义的也是正义的。历史上的小人，无一不是才能卓著，但最终他们的才能越大，对国家的危害也越大。

小人最突出之处就是对机会超级敏感，而且往往能够抓住机会改变命运。蔡京的艺术修养极高，当他得知新皇帝宋徽宗的艺术修养精湛，堪称“书画大家”之后，就在杭州收集珍画名帖、奇石异宝，趁着宋徽宗的近臣童贯南下为皇帝寻宝的机会，搭上了童贯这条关系。蔡京不辞劳苦，昼夜陪同，珠玉财宝，倾囊结交，终于让童贯把蔡京进献的书画带到了京城。宋徽宗一见大喜，在童贯的美言之下，皇帝对蔡京的印象大为好转。后来，宋徽宗将蔡京召到京城任职，更成了品评书画的知音。

皇帝的赏识加上自身的能干，蔡京很快权倾朝野。官僚士绅、金融大佬、豪强大户们纷纷前来投靠，朝中形成了以蔡京、王黼、童贯、梁师成、朱勔、李彦为代表的“蔡京集团”，宋徽宗就是他们的总后台。

蔡京与宋徽宗

为了把宋徽宗伺候好，以稳固皇帝的宠信，蔡京集团不惜竭全国之财来满足宋徽宗的喜好。他大造宫殿、园林，到处兴建道观，设应奉局和造作局，大兴花石纲之役，建延福宫、艮岳，耗费巨大。为增加自己的政绩，他在西北轻启战端，大举用兵；在北方与金国联手共同攻辽，终致引狼入室。蔡京考虑的根本不是国家的方略，而是不惜倾城危国来谋求自身利益的最大化。

要做到这一切，蔡京集团就需要大举敛财。他以王安石继承者的姿态，将变法推向了极端。他大改盐茶之法，将地方盐茶之利尽数归入中央，财穷力尽的地方政府为了应付蔡京严苛的“理财”考核指标，只有残酷压榨普通百姓，终于逼得方腊造反，方腊军中的主力就是破产无靠的茶农。

与此同时，蔡京集团以“西城所”为核心，掀起了北宋第二次，也是中国封建史上最疯狂的土地兼并狂潮。

西城所原是官府掌握国有土地的机构，在蔡京指派亲信李彦执掌西城所之后，官田扩大却成为蔡京集团“官财私敛”的利器。他们准备将南到襄城、西至渑池、北达黄河的广阔民田尽数兼并为“公田”，其胃口之大，兼并土地之广，堪称历史之最，令豪强大户们大开眼界。

他们通过立法，强令民田主人拿出田契，并层层追索，直至百年之前，只要追不出几代人之前的最原始田契，田亩一律充公，并重新丈量，强迫原田主与西城所签订租佃合约，从此缴纳田租。

在兼并过程中，凡是蔡京集团看中的良田，就暗中指使人向官府告发，谎称该田原本是荒地，所有田契都是伪造，于是整县整县的土地被“充公”，激起民怨沸腾。地方官府奉命抓捕闹事的民众，单在河南确山一地就以杖刑打死良民上千人，兼并土地 3.4 万顷。

在蔡京集团疯狂兼并土地的过程中，梁山泊也在被圈占的土地之内，这才逼反了宋江领导的 108 位梁山好汉。

第二次超大规模的土地兼并，致使“东南财赋尽于朱勔，西北财赋困于李彦，天下根本之财竭于蔡京、王黼”。

西北征夏，北面伐辽，南有方腊起事，东有宋江造反，朝廷焦头烂额，国库亏空殆尽。蔡京集团于是开始疯狂贬值货币，狂敛天下之财。结果，茶引泛滥，盐钞大跌。同时，蔡京集团对铜铁币也进行大规模贬值，小平钱、折二、当三、当五齐上阵，钱还是远远不够花，于是，当十钱再度出马，市场惊恐，商家闭户。当十钱破产后，蔡京集团再推超级劣币夹锡钱，结果，民怨沸腾，朝廷震惊。最后连宋徽宗都看不下去了，不得不承认“夹锡钱之害，甚于当十”。

货币的命运，最终也是国家的命运。在帝国盛衰与王朝兴亡的关键拐点上，货币贬值正是最灵敏的观测指标，它直接反映了财政恶化的状态，间接显示出贫富分化、财富兼并、税负不公、社会矛盾的尖锐程度。

铜钱与铁钱的剧烈贬值，导致北宋的货币体系面临着总崩盘的危机。作为世界上第一个发明纸币制度的国家，北宋能否用纸币替代金属货币，从而改变货币的命运呢？

这就要从北宋纸币的起源说起。

交子——全球第一种纸币

965年，素有天府之国美誉的成都地区，在经历了半个多世纪的五代十国之乱后，归于北宋的版图。经过30多年的和平与稳定，原本物产丰富的成都地区重新成为中国西部的商业中心，其繁荣程度仅次于富甲天下的两浙。

不过，当时四川经济的快速发展，却面临着日益窘迫的贸易瓶颈，这就是货币的困境。

四川地区严重缺乏铜钱，市场交易主要依靠极为不便的铁钱。一匹绸缎市价卖到了2 000个铁钱，重达130斤，买几匹丝绸就得拉着马车运钱。当时官府规定，1枚铜钱兑换10枚铁钱，1贯铜钱大约5斤重，其购买力相当于65斤重的铁钱。江浙人随身带5斤的铜钱可以在街上随便溜达，而成都人却得背负65斤的铁钱“负重行军”。

四川1贯铁钱（1 000枚）重达65斤，市场交易极端不便

成都人被逼得没办法，结果搞出个世界级别的金融创新，这就是1 000年前后出现的世界上第一种纸币——交子。

当时成都地区的16家富商聚在一起商量：咱们为什么这么笨，要背着沉重的铁钱跑来跑去做买卖，大家不如把铁钱放在仓库里，用“收据”进行交易不就简单了吗？大家一齐叫好。于是，16家富商约定印制同等规格和材质的纸质收据，正反面都有印记，图案为房屋树木人物，每家都盖上印章。为了防伪，又增加了只有彼此才能识别的

“密码”，即“朱墨间错，以为私记”。印制出来的交子就像一张收据，上面的数额空缺，临时再填。

这16家富商被称作“交子户”，成为四川地区的“交子银行家”。

这样一来，16家富商的大小客户们，只需在交子户的各地分店存放沉重的铁钱，店伙计验明数量之后，在交子上填写铁钱的数额，然后商人们就可以拿到一张轻飘飘的铁钱收据，四处逛街采购了。只要在16大交子户分店覆盖的地区，无论路途多远，百万贯级别的交子都能畅行无阻。持有交子的人随时可到交子户要求兑换成实物铁钱，交子户连眉头都不皱地立刻兑现，只不过每贯收取30文的“印刷费”，即大致3%的手续费。

世界第一种纸币——交子（后改为官办，北宋末改名为钱引）

此时，成都地区的贸易已经高度发达，商业信用普遍存在，16家交子户彼此都有商业往来，赊账买卖也是常事，他们的客户们进行大宗交易时，常常经由资金转账来完成，最后由交子户每日轧差进行清算，只有结余部分的铁钱需要在交子户之间进行运输，交易成本大大降低。

16大交子户自家的铁钱仓库，构成了成都地区的铁钱准备金仓库，而且是一张交子对应一份铁钱的100%的准备金仓库。交子户们正如今天的摩根大通、汇丰银行一样，牛气十足，他们的铁钱仓库也像今天美国COMEX的金库一样，由各家仓库共同组成。每天各家都要向交子户的老大报告各自的铁钱库存量和交子发行量，老大甚至还要向官府报备。

如此一套完备的货币发行制度，堪称世界金融史上划时代的革命，世界上第一种纸币诞生了，它比西方的纸币早了六七百年！

交子的出现，将市场交易中的铁钱运输成本降低到接近于零；信誉卓著的16大富商联保机制，又使交子的信用风险几乎可以忽略不计；交易成本的大幅下降，带来了四川地区经济贸易的空前繁荣。每年四川的丝茶米麦将熟之际，商人们怀揣轻便的交子上山下乡，走得更偏远，行得更轻便，贸易网络铺得更开阔，物资流通量更大，物价更低廉。

一切都是那么完美！

仅仅过了20多年，交子就开始变了味道。人性的贪婪，特别是交子银行家们作为群体的贪婪，开始悄悄地蚕食交子的信用。

如果做一个换位思考，假如你手中掌握了交子发行权，而且没有外部的监管，你悄悄地多印一些交子，或多填几贯数字，外人谁能知道？毕竟，持有交子的人，大约只有1/3的人会来兑换铁钱，人们一是怕麻烦，二是相信交子户的信用，三是用久了纸币早已习惯了这种方便。

交子户们每天晚上看着闲置在仓库里的成堆铁钱，就像猫抓一般痒得难受，只要动动笔，明天就能把邻居家的豪宅买到自己名下，后天还能在老家添置几百亩良田，还有金银珠宝、翡翠玛瑙，都能不费吹灰之力就弄到自家来。也许交子户今天晚上斗争了半天，还是算了，信誉更重要。可是如果每晚都思来想去折腾半宿，而且要折腾

20 多年，这简直就是精神折磨的无期徒刑。

贪婪最终战胜了一切。

当一家交子户开始通过悄悄增发交子的办法来捞到巨大的好处，那么其他交子户岂有不学之理？他们也被同样的诱惑折磨了 20 多年。当交子户群体形成了利益集团时，他们可以相互掩护，同时结交官员，让政府不要干预交子发行。只要不闹出乱子，政府乐得清闲自在。

终于，交子银行家们发现，印钞票远比他们起早贪黑冒风险地做生意更加有利可图，这种无本万利的巨大诱惑就算是杀头坐牢的危险也抵挡不住。

1 000 年前北宋的交子银行家如此，300 年前西方的金匠银行家也是如此，现在华尔街的银行家同样如此。

在四川地区成功运行了 20 多年之后，交子泛滥的问题越来越明显。持有交子的人们并不傻，他们只是由于信息不对称而反应慢了半拍。当怀疑和恐惧开始弥漫市场时，交易的信用成本直线上升。结果事情终于闹大了，大量的客户拿着交子来挤兑交子户，银行家们闭门不出，有的甚至携带金银细软远走他乡。“或人众来要钱，聚头取索印，关闭门户不出，以至聚众争闹”，虽经官府调停，交子户们“不能偿所负，争讼数起”。最后，成都的官府担心金融秩序崩溃，要求交子户们关门歇业，变卖资产抵债还钱。

经过 20 多年的冷眼旁观，官府终于看明白了纸币的“金融创新”原来可以带来如此巨大的利益。于是，成都官府上表朝廷，交子是个好东西，“自来交子之法久为民便”，但由刁民们搞纸币当然会出问题，如果官府发行纸币，那是以朝廷的信用为担保，搞的是主权信用货币，老百姓肯定踊跃支持，因此提出：“废私交子，官中置造，甚为稳便。”

1023 年 11 月，北宋建朝正好 64 周年，宋仁宗刚登基就批准成立了“益州交子务”，正式启动了人类历史上第一次主权信用货币的发行。

主权信用，贪婪依旧

严格说起来，北宋的官办交子还不算纯粹的主权信用货币，因为官办交子能够随时兑换铁钱，可以说是1694年英格兰银行的早期版，不过不是金本位，而是“铁本位”。

官办交子一出手就摆出了主权货币的王者之势，首先就是官府与四川人民约法五章：

1. 官办交子的印钞母版必须严格管理，“益州交子务”负责印钞，益州观察使负责监督，相互制衡，确保公正、公平和公开。

2. 交子发行必须严格记账，每一笔交子发行，从1贯到10贯，都要完整登记，监察官核对后封档备查。

3. 交子持有人如需兑换现金，不论多少，见票即付铁钱，每贯收手续费30文。回收的交子在发行账本上购销清账，然后立即销毁。

4. 交子发行必须有准备金，以备兑换。

5. 每两年发行一届交子，以新换旧。

第一届官办交子于1023年11月隆重推出，共发行了1 256 340贯纸币[10]，准备金为铁钱36万贯，准备金率为28.7%。主要流通区域被限定在四川地区，其他全国各地，仍然主要以铜钱流通为主。

很明显，官办交子的管理水平和社会公信力都远超私人交子。官府为了进一步提高交子的方便性，于1069年将交子由5贯和10贯为主的币值，降低为500文和1贯的小面额钞票，比例分别为40%和60%，这对于市井百姓的日常交易起到了极大的促进作用，受到了老百姓的热忱欢迎。不仅如此，官府还允许百姓以交子来缴纳各种税赋，如王安石变法期间的青苗钱、免役钱均可使用交子。同时，交子还可用来向官府支付盐茶酒的专营费用，商人们的出关费、过桥费、商业税等流通环节的税费，官府也都接受交子缴纳。结果，四川各阶层莫不乐用交子。

当然，交子广受欢迎的最根本的原因是官府维持了充足的准备金。交子一旦下跌，官府就以铁钱回收；如果交子升值过高，官府立刻增发交子平抑价格。这与金本位时代英格兰银行通过黄金买卖控制英镑价值的原理完全一样。实际上，“益州交子务”相当于北宋铁钱流通区的中央银行。

宋仁宗天圣元年（1023 年）官办交子正式启动

从 1023 年到 1077 年的 54 年中，官办交子的价值都高度稳定，有时甚至会出现社会各界争相持有纸币而不愿携带铁钱的情况。为了拿到 1 贯纸币，成都人甚至愿出 1 贯零 100 个铁钱，纸币居然出现了溢价。大英帝国全盛时期的英镑与美利坚帝国“二战”后的美元，也曾出现英镑与美元纸币比黄金更抢手的现象。

信心比黄金更重要，而维持纸币的信心，关键在于纸币的发行人必须把信誉看得比生命还要重要。可惜，私人做不到，官府同样做不到。

官办交子第一次悄悄地违约发生在 1044 年，紧接着在 1047 年和 1051 年再度违约，原因就是与西夏的战争。

1040—1042 年，西夏皇帝元昊亲率大军对北宋连续发动了三川口、好水川、定川三大战役，共围歼宋军主力 4 万余人，朝野震惊，内外胆寒。为加强西北方面军的力量，北宋朝廷紧急进行军事动员，在西北战线上部署了 20 多万大军，大批军需补给源源不断地向西北汇集。

对西夏战争中的粮草征集和运输与对辽战争一样，都是外包给了商人们，商人们将粮草运到西北后，当地官府却一下子拿不出足够的现金或盐钞来支付，于是，朝廷让成都的“益州交子务”加印了60万贯纸币，紧急调运到陕西来支付给商人们。然而，这批交子在换届发行时并未被收回。

这是第一次交子的发行数量和流通范围都超过了法定界限！

从1023—1044年，不过20多年的时间，官办交子和私人交子一样，都开始出现了悄悄的违约。不过，在违约初期，增发交子的规模不算明显，市场并没有察觉，所以物价也没有明显的变化。但是，违约一旦发生，发行者的道德底线就已经瓦解，剩下的只有与日俱增的贪婪欲望。

1069年，王安石变法开始，为增加财政收入，在纸币制度上，采取了“两届并行”的办法，本该两年退出流通的交子和新增交子并行于市场，这相当于纸币流通量超发了1倍。

从1077年开始，交子出现了明显的贬值。1贯交子在市场上只能换到940文到960文铁钱，贬值幅度为4%—6%。虽然交子仅在四川流通，但交子的贬值趋势在一定程度上反映了全国普遍的货币贬值趋势。

王安石变法失败后，国内矛盾日益尖锐。宋神宗错误地估计了本朝内外形势，举倾国之力，于1081~1082年对西夏发动了大规模的五路进攻，结果遭到了灵州、永乐两次空前惨败，人员折损高达60余万，军费耗损不计其数。宋神宗闻讯当朝痛哭失声，众臣“莫敢仰视”。三年后，心力交瘁的宋神宗撒手人寰。

战争失败，国力残破，财政维艰，经济凋敝，贫富悬殊。到1086年，交子贬值已超过10%。此时，官府对维持交子的币值稳定已经逐渐失去了信心，到处都缺钱，只有印钱来得最快。官府的贪婪已经跨越了临界点，交子开始进入货币贬值的快车道。

1100年宋徽宗即位后，蔡京掌权。骄奢淫逸的皇帝与奸邪贪婪的权臣，实现了“完美组合”。1105年，蔡京力主西北战争升级以彰显其政绩，此时北宋的财政已近崩溃。

战争扩大就需要巨额军费支出，蔡京势力集团为了弥补财政亏空，开始动超发纸币的脑筋。但因交子仅限于四川地区流通，这就极大地妨碍了敛财的效果。于是，蔡京集团力主将交子向全国推广，“令诸路更用钱引，准新样印刷”。此后，交子被改名为“钱引”，西北用兵的开销全靠印票子解决，纸币发行量开始直线上升。蔡京集团虽然用尽一切办法，“钱引”也只能在四川和西北地区流通，全国其他地区坚决拒绝。

1105年，钱引的发行量高达2656万贯，当年又追加了540万贯，到1107年，再度增加554万贯，并且“两届并行”一起流通，纸币的流通总量比1023年官办交子正式开始时高出了40倍！当钱引换届时，新钱引竟然以1∶4收兑旧钱引，即一次性贬值75%！同时，官府还取消了纸币发行准备金。

民众对纸币的信心开始崩溃，随之烟消云散的还有官府的“主权信用”。

1110年以后，1贯纸币在成都人眼里连100个铁钱都不值，纸币制度已经濒于破产。

1127年，北宋灭亡。

申　论

水能载舟，亦能覆舟，人性也是如此。

适度的贪婪可以刺激经济，而过度的贪婪却会摧毁经济。

一个健康人的身体内也可能会出现癌细胞，但却不会发展成癌症，其原因在于人体自身的免疫系统能够有效地抑制癌细胞的生长。一旦癌细胞突破免疫系统的防线，开始大量分裂繁殖后，就将疯狂地掠夺其他正常细胞的营养，导致人体器官功能衰竭，最终危及生命。

当社会中的少数人不断扩张其财富版图，进而达到左右政策和改变法律的程度时，这将刺激他们产生更大的欲望，占有更多的社会财富。这种财富分配的异常，必然会削弱社会多数人获得经济资源以发展自身的能力，从而打击社会的财富创造力。当少数人的财富占有达到极高的比例时，多数人就将丧失财富创造的基础，经济会逐渐丧失活力，政治开始变得黑暗，而人民将会失去梦想。最终，当少数人凭借法律与国家机器的保护，而肆意践踏多数人的利益，疯狂瓜分社会财富之时，革命和暴动就会很快到来。

贪婪之所以被称为人类的本性，就是因为它不可能改变。人类的知识可以积累，生产可以进步，科技可以发明，物质可以改善，生活可以提高，但人性的贪婪却永远不会进化。

不仅西方如此，中国也是如此；不仅过去如此，现在同样如此。

北宋王朝的倾覆与罗马帝国的崩溃，路径、过程、结果是何其相似！

历史惊人的相似，源于历史背后的人性惊人的相似！

北宋的政权不是亡于军事，而是亡于民心；北宋的国力不是崩溃于财政，而是崩溃于贪婪。

贪婪兴，则兼并起；土地聚，则税负畸；国库空，则货币贬；民力竭，则内乱生而外患至！

察货币可知贪婪，看兼并而知忧患。

为政者，不可不慎思之。

— 注释 —

[1] 漆侠，《宋代经济史》，中华书局，2009 年，第 561 页。

[2] Ibid，p.158~159.

[3] Ibid，p. 1000.

[4]彭威信，《中国货币史》，上海人民出版社，2007 年，第 294 页。

[5] 汪圣铎，《两宋货币史》，社会科学文献出版社，2003 年，第 342 页。

[6] 漆侠，《宋代经济史》，中华书局，2009 年，第 1 105 页。

[7] Ibid，p.52.

[8] Ibid，p.259.

[9] 汪圣铎，《两宋货币史》，社会科学文献出版社，2003 年，第 178 页。

[10] Ibid，p.620.

第九章

什么不是“中国梦”

CURRENCY WARS

本章导读

本书的前八章，重点分析了三个历史时期中典型的文明样本，“罗马梦”、“宋朝梦”、“美国梦”都曾绚丽夺目、令人憧憬，它们彼此间隔大约1 000年，它们在地理上跨越了欧洲、亚洲和美洲，它们代表了人类文明的三次货币经济高潮。

“罗马梦”、“宋朝梦”早已灰飞烟灭，如今，“美国梦”已折断了翅膀。历史上没有长盛不衰的帝国，也没有万世永续的王朝，文明的新陈代谢总是交替更迭，从不止歇。

新的文明必然唤醒新的梦想，新的梦想注定要创造新的辉煌。

“中国梦”是一个令人神往的境界，人们已从各种角度进行了阐述、解读、憧憬，未来还将用实践为这一梦想增加更多、更丰富的内涵。

不过，从美好的梦想到最终成功实现的道路上，绝非一路鲜花盛开，莺歌燕舞，而是激流密布，险滩横亘。如何才能避免走入歧途，或身陷险境，历史就是最好的老师。

本章将从“罗马梦”、“宋朝梦”和“美国梦”破碎的教训中，来尝试界定“中国梦”应该避免的选择。

如果中国能够顺利规避历史的教训，那么“中国梦”就不再只是梦想。

“罗马梦”、“宋朝梦”、“美国梦”的破灭

毫无疑问，罗马、北宋、美国都为人类文明做出过卓越的贡献，50年罗马文明处于巅峰，1050年北宋繁荣进入盛世，1950年美国国力如日中天，在各自的时代，它们的人民都曾拥有美好的梦想。

然而，物极必反，盛极则衰，最辉煌的时刻往往也孕育着衰落的阴影。无节制的贪婪所导致的土地兼并和财富分裂，永远是导致国家破败的主要因素。

在罗马、北宋和美国的历史上，都曾出现过两次严重的土地兼并或财富兼并。

罗马历史上的首次大规模土地兼并，始于第一次布匿战争爆发（公元前264年），到第三次布匿战争结束（公元前146年）后达到高潮。罗马农民被迫离开土地长期征战，他们伤亡惨重经济破产，权贵与富人集团趁势大肆掠夺农民的土地，使罗马出现了严重的贫富分化。

罗马军团战无不胜，所向披靡，掠地千里，灭国无数，其强悍战力的根源在于意大利农民是罗马军团的核心力量。他们捍卫自己的土地，保护自家的财产，分享法律的权利，热爱国家和荣誉，他们与罗马国家是坚不可摧的利益共同体。

然而，权贵与富人集团的过度贪婪，摧毁了罗马共和的根基。格

拉古兄弟改革的失败，意味着罗马共和制度的“免疫系统”已经瘫痪，权贵与富人集团贪婪的“癌细胞”正在全面扩散。最终，罗马迎来的是百年血腥的内战，以及共和制度的彻底崩溃。

北宋第一次土地兼并的浪潮，始于宋真宗后期，到宋仁宗晚年达到高潮，国家“不抑兼并”的土地政策，刺激权贵和富人集团纷纷开始“以力占田”或“有资买田”，最终导致北宋6%的豪强大户独霸了全国60%~70%的土地。

北宋的经济繁荣源于生产率的极大进步，冶铁产量剧增，农具质量飞跃，农业效率与粮食产量大幅提高，由此引发了城市化、商品化和货币化三大潮流的汇聚，创造出一个空前富裕的城市中产阶级。他们充满选择的自由，他们进行更专业的分工，他们拥有强大的创新动力，他们接受更丰富的社会信息，他们享有更独立的思想和文化，他们充满了更美好的梦想。

但是，无节制的土地兼并，造成了税负的严重不公，国家庞大的财政负担，越来越沉重地压在普通民众的头上。财政亏空诱发了货币贬值，货币贬值加剧土地兼并，土地兼并导致更大的财政亏空。经济活力被窒息，民众梦想已破灭，王安石变法的失败，意味着北宋国势的衰颓已无法挽回。

美国历史上的第一次财富大兼并从第一次世界大战（1914年）开始，到1927年达到顶峰。战争红利和美元红利使美国10%的富人赚得盆满钵满，美国工业生产能力急速扩张，并严重依赖欧洲市场，而欧洲各国则普遍依赖美元信贷才能偿还美国的战争贷款，维持各国经济恢复。但美国的资本利益集团为获得高额利润，通过高关税阻止欧洲商品向美国市场出口，导致欧洲的美元负债国债务膨胀过度，而必然陷入违约。

美国对财富分配同样采取了“不抑兼并”的政策，致使10%的富人集团席卷了国民收入的半壁江山，90%的普通民众则丧失了持续扩大消费的能力，国内市场萎靡不振。当欧洲陷入美元债务违约，美国的外部市场发生崩溃，而国内市场却无法消化巨大的过剩生产力，随之而来的就是美国工业的投资回报恶化，银行贷款违约，金融市场崩溃，工厂关门，银行倒闭，工人失业。最终，20世纪30年代的经济大萧条，为血腥的第二次世界大战拉开了序幕。

罗马、北宋和美国的权贵与富人集团的第一次大规模兼并，总是以流血、战争或经济大衰退为代价。

第二次超大规模的兼并高潮，往往也是帝国的最后一次疯狂，它不仅将摧毁经济，还将摧毁社会和民心，并导致帝国崩溃、王朝倾覆、文明衰落的严重后果。

罗马帝国时代开始推行的都市化政策，不是源于经济自然发展的结果，而是出于政治和军事的统治需要。极度扭曲的超低粮食价格，不仅残酷掠夺了埃及、阿非利加、西西里和西班牙的农业成果，也同时摧毁了意大利的谷物经济，并掀起第二次超大规模的土地兼并狂潮。

在这次兼并中，帝国的贵族和富人集团不仅在意大利狂敛土地，而且以更肆无忌惮的手法在帝国行省鲸吞大片土地，如阿非利加的6个超大型地主并吞了50%的领土，其土地集中度远超共和时代。

帝国境内的大批破产农民被驱赶到城市，他们成了危险的无业流民，与更多心怀怨恨的奴隶们混杂在一起，罗马帝国的城市里到处是报复的干柴和愤恨的烈火。为了稳定城市流民，帝国不得不免费向他们供应粮食，致使谷物价格更加低廉，农业经济陷于破产，行省人民苦不堪言。帝国全境的土地兼并如火如荼，爆炸性的社会矛盾一触即发。

有压迫就有反抗，压迫愈深，反抗愈烈。边境蛮族竞相造反，内部流民揭竿而起，帝国不得不维持着规模庞大的常备军，随时准备征服和镇压。战争不仅拖垮了财政，而且极度缺乏兵源，此时帝国已无自由的农民阶级，罗马军团不得不大量招收城市流民，他们充满了对富人集团的仇视，罗马军团的性质逐渐演变成暴民集团。

在皇帝与元老院所代表的富人集团的反复争斗之中，皇帝越来越依仗军队的支持，而暴民集团则出现了权力意识的觉醒。当皇帝与元老院不得不诉诸武力解决争端之时，军队的野性勃然发作。无论内战双方谁胜谁负，两边的军队都开始对城市的富人集团进行疯狂屠杀，帝国的元勋贵戚、显赫士族、豪商巨富几乎被杀戮殆尽。富人集团为自己的极度贪婪付出了惨重代价，而帝国的精英阶层也从此元气大伤，再难振作。

罗马皇帝已不是军队的统帅，而成为暴民集团的人质。此后的罗马历史，就是弑君篡位、外患内战、经济凋敝、财穷币贬的不断反复，直至帝国最终崩溃。

北宋的第二次土地兼并同样是王朝毁灭的前奏。1100 年宋徽宗上台后，重用蔡京集团，土地兼并进入疯狂的阶段。第二次超大规模土地兼并的结果就是，“东南财赋尽于朱勔，西北财赋困于李彦，天下根本之财竭于蔡京、王黼”。

随着北宋财政的枯竭，蔡京集团更祭出货币严重贬值的法器，结果在土地兼并、税赋沉重、货币贬值这三座大山的压迫之下，激起了方腊起义、梁山泊造反的内乱，引来了西夏、辽、金的外患，北宋终被金人所灭。

第二次土地兼并不过 20 余年，就葬送了 150 年繁华与富裕的“宋朝梦”。

美国的第二次财富兼并

美国第一次财富兼并的后果，就是经济大萧条和战争。第二次世界大战的爆发使得美国一千多万劳动力转入了战争系统，不仅解决了长达 10 年的失业困局，而且迫使政府财政向普通民众进行大规模倾斜。数百万穷家子弟奔赴欧亚战场，战后他们获得了大学学费、职业培训、就业优先、退伍军人医疗等巨大的福利补助，并且还获得了更公平的竞争机会。一句话，“二战”缓解了美国的贫富分化。

从 20 世纪 40 年代初到 80 年代初，美国的财富分配基本合理，10%的富人拿走了 33%左右的国民收入，90%的中产阶级分享了其余的 67%。国家税负也大致平衡，财政状况尚属健康，金本位之下的美元仍然抢手，资产泡沫几乎绝迹，社会阶层普遍和谐，美国经历了 40 年战后经济繁荣的黄金岁月。

然而，美国的权贵和富人集团并不满意这样的财富分配比例，他们强烈要求得到更多的财富份额，这就是 20 世纪 70 年代中后期，美国富人集团掀起的“新自由主义”浪潮，他们强烈要求发动“美国的第二次革命”。

仅仅不到 30 年的时间，美国第二次财富兼并的恶化程度，已再度达到 1927 年的水平。2008 年的金融危机，已经暴露了 10% 的富人集团席卷 50% 的国民收入必然导致经济崩溃，这与 1927 年的情况完全一样。美国民间掀起了“占领华尔街”的运动，显示出尖锐的社会阶级对立情绪。

美国政府也努力试图进行制度纠错，奥巴马总统不止一次表示要向贫富分化“宣战”，国会立法紧锣密鼓搞出了《多德–弗兰克法案》，目的在于抑制华尔街豪强大户财富兼并的步伐。但结果却是法案被豪强大户篡改得面目全非，涵盖内容庞大繁杂，核心条款层层设障，关键细则处处“例外”，执行时间遥遥无期，而贫富差距却在持续恶化。

奥巴马的金融改革已经基本失败，另一项重大举措医疗改革也是避重就轻。

奥巴马引以为傲的医疗法案，无非是强制 5 000 万没有医疗保险的穷人向保险公司纳贡，而根本没有触动医疗费用高到荒谬这一根源。保险公司、制药公司、医疗体系三位一体的超级贪婪，不亚于华尔街的大佬们，在他们眼中，人体就是资产，是一部能够源源不断产生现金流的超级提款机。

制药公司与食品工业联起手来共同发财，食品工业源源不断地供应像麦当劳、肯德基这样的高热能、高脂肪的垃圾食品，导致了公众健康恶化；可口可乐、百事可乐这种既伤胃又毁牙的碳酸饮料大行其道，而铺天盖地的转基因食品也是隐患重重。身体病了，制药公司的生意就来了，特别是高血脂、高血压、高血糖这样的慢性病最好，生命不息，吃药不止，现金流不断，每一个病人都成为制药公司的长期“优良资产”。

美国处方药的整体价格高出欧洲和日本同类药品的50%以上，原因就是美国政府对药价采取了放任政策，而绝大多数发达国家都对制药公司的定价进行监管，将它们的利润率限制在一定水平上。

美国不仅药贵，看病更贵。

人人都知道美国的医疗费用高到荒谬，贵到离谱，但美国《时代周刊》2013 年 2 月的文章《苦涩的药片：为什么医疗账单害惨了我们》，读后还是让人大开眼界：摔一跤，医生看了 15 分钟，最后收费 9 400 美元；背痛上医院看门诊，却收到了 8.7 万美元的账单；要是癌症这样的重症，账单将是 90 万美元！

美国医院的定价体系几乎完全是暗箱操作，直接导致了市场价格机制的失灵现象。医生虽不参与定价，但对药品和医疗器械却表现出强烈的倾向性，而这些公司给医生们的回扣同样令人咂舌。《时代周刊》披露：“我们发现在 2002 年到 2006 年之间，控制了 75%的人造臀部和膝盖市场的 4 家制药公司，在大约 6 500 份咨询协议下，支付给了内科医生咨询员们超过 8 亿美元。”医院收取病人的药品、医疗器具、血检、CT、手术服等各种费用，基本都是市场透明价格的 10 倍以上。美国所谓的非营利医院，已经成为最大的营利机构，医院高管的年薪动辄数百万美元，直追华尔街，远超CEO阶层。

虽然医生的收入可能高达 20 万美元以上，却是在为保险公司打工，因为他们不得不购买医疗事故保险，费用高达每年 8 万~14 万美元，占医生年薪的 40%~70%。美国的医生首先关心的不是如何治好病人，而是要防止被病人起诉，一场官司下来，医生也会破产。在医院里常常能看到四处转悠的律师，他们在到处寻找打医疗事故官司发大财的机会。结果，医生明知病人的病因，但为了杜绝后患，仍然要求病人去做各种不必要的检查，吃最贵的药，按照无效却没错的方案治疗。如果医生不按保险公司的标准流程、标准处方和标准药量治疗的话，一切后果自负。

在整个医疗产业链中，制药、器械等公司，可以不受任何制约地抬高医疗的基础成本，医院系统浑水摸鱼趁机哄抬看病费用，保险公司坐地起价狂涨保险收费。如此恶性循环之下，美国的医疗产业竟然耗费了联邦财政收入的60%，远高于军费的25%，环境、农业、能源、教育、交通、住房等方面总共才不到12%，医疗费用已成为美国巨额赤字产生的最主要的因素。

美国的医疗系统消耗了GDP的18%，高于其他发达国家一倍以上，而最终效果以预期寿命而论，却在所有发达国家中敬陪末座。

令人绝望的是，40年来美国医疗费用占GDP的比重从来没有下降，而是不断地攀高再攀高。在美国100万亿美元的隐性负债中，医疗开支的“贡献”最为突出，而且还将继续突出下去。

美国的医疗系统，越来越像罗马时代的包税商和承包商制度，成了侵吞全民税收的第一大窟窿。医疗不改革，美国财政必将被拖垮。

奥巴马看到了医疗费用膨胀下去的危险，就如同他看到了华尔街的贪婪一样。他动不了华尔街，同样也动不了医疗体系。

美国政府对医疗系统“不抑兼并”的放任政策，是美国医疗费用持续恶性膨胀的根源。《时代周刊》评论道：“美国的法律不仅阻挠政府限制药物价格，还规定最大的买家（即联邦医保）不能议价，这是国会送给制药公司的永久大礼（国会还接受了他们的理由，即不受限制的药价和利润是研发风险的必要保障）。国会曾多次禁止美国健康与社会服务部下属的医疗保障和医疗补助中心，与制药商协商药品价格。联邦医保只要确定平均售价，再加6%的补贴。”这简直就是北宋商人运送粮草到边地，边地官员高估费用，再加上商人利润的做法的美国现代版。

如此荒诞的政策，只能说明法律制度在贪婪面前已经失效，全民税收被少数豪强大户所劫持。

奥巴马不敢动制药公司的利益，更不敢动保险公司的蛋糕。他曾经试探着宣布成立一个国有保险公司来与私人保险公司进行竞争，不料遭到自由派和保守派的共同反对，媒体更是一片哗然，指责奥巴马是在搞社会主义，甚至冠以纳粹的帽子。一些人公开宣布要刺杀奥巴马，甚至带枪去闯奥巴马的竞选集会，吓得奥巴马赶紧收回提议，回避了最重要的降低医疗成本的关键措施，使医疗改革名存实亡。

简单地说，没有医疗保险，在美国生活不亚于超级冒险，不是因病返贫，而是一病破产。正是因为保险费用昂贵无比，导致了美国5 000万人无力承受，奥巴马的医改降低不了医疗成本，只能以全民税收来继续补贴豪强大户。

奥巴马的医保改革强制这5 000万人买保险，无异于再次向豪强大户进贡，保险公司做梦都能笑醒过来。

对于一个年收入5万美元而没有医疗保险的自由职业者而言，如果购买“奥巴马保险”，每年的保险费用将高达7 200美元，4倍于正常保险的价格，而且真看病还要先自付14 000美元，保险加看病的费用高达两万美元以上，占税后收入的60%！

这是保险吗？这是打劫！它不是服务于民众，而是造福于保险公司、制药公司和大医院。

你如果嫌太贵，不想参加行不行？不行。“奥巴马保险”属于强制保险，拒绝参加将被罚款，你将收到每年高达4 000美元的罚款单！你要是不交，先是驾照被吊销，对于“轮子”上的美国人而言，这等于砍掉你的双腿；如果连续24个月拒绝交罚款，而你恰好拥有房产，那你的房产将被加上政府的索取权，这意味着你将有可能丧失房产。你一怒之下准备卖房，对不起，这笔累计的罚款及利息将首先被政府扣除。

有限看病，无限责任。这就是“奥巴马医保”的真谛。

金融改革只及皮毛，医疗改革更是舍本逐末，美国政府已经无力扭转财富分配的格局，美国制度性纠错的神话可以休矣！

奥巴马任内的两项重大改革，并不是在抑制财富兼并，而是在助长豪强大户瓜分社会财富的贪婪之心。平民出身的总统，却没有救助平民，他既没有格拉古兄弟的勇气，也没有王安石的品德。

民众抗议“奥巴马保险”

发端于20世纪80年代初的美国第二次财富兼并大潮，经历了2008年的金融危机之后，势头还在继续强化，正常状态之下的一切改革，都已不能阻挡财富兼并的步伐，贫富分化的矛盾将更加尖锐，下一轮金融危机的烈度将进一步升级。

如果历史可供借鉴，那么美国正在步入财富兼并、税负不公、财政亏空、货币贬值、阶级对立的恶性循环。

什么不是“中国梦”

所有的历史都是现代史，罗马、北宋、美国分别代表了货币经济大爆发的三次浪潮，尽管它们相隔千年，跨度万里，却呈现出相当类似的逻辑线索。沿着这一线索，人们不仅能够审视过去，分析现在，还能远眺未来。

当今的“中国梦”理论，应该放在历史的参照系下，才能呈现出更加完整的轮廓。

知道“中国梦”是什么的前提，就是首先知道什么不应是“中国梦”。

一个豪强当道、精英贪婪的社会，不应是“中国梦”！

一个财富兼并、贫富分化的社会，不应是“中国梦”！

一个税负不公、财政亏空的社会，不应是“中国梦”！

一个货币贬值、资产通胀的社会，不应是“中国梦”！

一个民力枯竭、内忧外患的社会，不应是“中国梦”！

中国有豪强大户吗？目前没有，但未来可能有。

1949年新中国建立，在随后的30年里，中国社会基本上消除了贫富差距，这是中国历史上绝无仅有的一次超大规模的均贫富实践，相当于全中国进行了财富分配的“清零”。

均贫富就一定是繁荣富强的社会吗？答案是否定的。

综观历史，任何一个国家、任何一个民族、任何一个时代、任何一种制度之下，社会都是呈现出典型的金字塔形结构，即居于社会顶端的10%的精英，与位于底部的90%各阶层普通民众，只有这一结构才能保证社会稳定。在整个人类文明史上，每一个时代都有人试图实现完全平等的社会，但这一目标从来没有真正实现过，即使短暂地出现，也不可能稳定地持续下去。

由于每个人的勤奋不同、性格不同、资质不同、环境不同、机遇不同，最终的差距乃是逻辑上的必然。在任何一个社会里，总是存在着10%左右的勤奋和聪明的人，只要政策不压抑他们的工作热情，他们总是能在社会中很快地出人头地。他们中也许有人借助了父母、家庭、社会关系方面的优势，但更多的人主要依靠自己的勤奋努力和聪明好学，从而获得了优越的社会地位并拥有大笔财富。他们是财富的创造者，也是社会进步的推动者。任何一个国家，如果压制这批社会精英的热情，这个国家就不可能有活力、动力、机会和梦想。

邓小平提出的“让少数人先富起来”的政策，有效地调动了中国社会精英群体创造财富的巨大热情，他们中大多数人敢为天下之先，敢冒令常人却步的风险，开动脑筋，打破惯例，勇于创新，获得了事业发展的第一桶金。他们的行为在一个沉闷已久的社会中，发生了明显的“鳗鱼效应”，刺激了更多的人萌生出创造财富的雄心壮志，带动了整个社会的财富大跃进，从根本上改变了中国贫穷的面貌。

既然10%的社会精英主要通过自身的努力创造出大量的财富，他们理所当然地应该获得社会的鼓励和保护，在财富分配的蛋糕中享有较大的份额，这既是奖勤罚懒的宗旨，也是激励财富创造的手段。

邓小平提出“让少数人先富起来”的政策

1979年之后的改革开放，使中国社会重新向历史的常态回归。30多年经济的高速发展，带来了财富的爆炸性增长，社会阶层正在重新出现，豪强大户开始生根，利益集团势力渐现，贫富差距显著扩大。这是一个社会关键的转折时期，一方面经济繁荣带来了更多的机会，另一方面财富兼并也开始出现了苗头。

在生产率快速提高的普遍繁荣时期，富人快富，普通人慢富，社会对富人的态度主要是羡慕；在生产率增速显著放慢，繁荣仅限于部分区域或行业时，富人财富增长往往更快，而普通人的实际收入增长则出现了停滞，这时社会情绪是对富人的嫉妒；如果生产率增速停滞，富人开始通过财富兼并，而不是财富创造来获得更为惊人的利益时，进取精神将异化为贪婪过度，普通人的收入出现下降，社会对富人将普遍仇恨。

所谓对富人的羡慕、嫉妒、恨，其实并不是同时发生，而是逐步展开的。在20世纪80年代和90年代的多数时间里，社会对富人的主流态度是羡慕；从2000年到金融危机之前，则逐渐增加了嫉妒的成分；2009年以来，“仇富”这一字眼出现的频率开始明显升高，这从侧面反映出中国经济增长的质量和惠及的范围正在悄然发生变化。

一般而言，在普遍繁荣时期，富人获得财富的比例可以更高些，这时社会的容忍度更大；而局部繁荣时期，富人需要克制贪婪欲望的无限膨胀，忍受正常的财富分配比例；在经济停滞或衰退时期，富人则必须做出妥协，这不仅有利于社会情绪的稳定，缓解仇富心态的加剧，同时，普通人收入的提高和消费的增加，将给富人带来更长远的利益。

问题是，10%的富人究竟应该占有国民收入的多大比例才恰到好处?

历史学家黄仁宇在《万历十五年》一书中，抱怨中国社会数字管理的精细度严重落后于西方。他的观点没有错，不仅历史上如此，现代中国仍然远落后于西方。

中国的统计部门没有精确的社会财富分配数字，人们不知道目前中国最富有的0.1%、1%、10%的阶层，分别占有国民收入的比例究竟是多少，也就无法清晰地了解贫富分化的问题到底严重到什么程度，更不用说过去60年、100年的历史数据。学者们只能凭感觉说话，政府的精准决策也会受到影响。

如果借鉴北宋的历史经验，财富分配的大致比例是，到宋仁宗晚年，北宋6%的权贵和富人集团，占有全国土地的60%~70%，席卷了国民收入的一半。北宋也正是在宋仁宗的盛世之后，开始纠正尾大不掉的财富分裂的危机，这就是王安石变法。美国的经验表明，10%的富人集团如果占有国民收入的比例超过50%，经济必将崩溃，社会也会陷入危机。

事实证明，如果10%的富人阶层席卷国民收入超过50%的临界点，他们的势力将强大到足以阻挠任何改革的程度，制度性纠错机制将会失灵，国家的命运将处于兴盛和衰亡的拐点附近。王安石变法失败之后，北宋仅仅维持了30年的停滞局面，随着富人集团更剧烈的财富兼并，在最后的20多年中，北宋的社会经济迅速走向崩溃。

美国是另一个正在发生的现实案例，2008年之后，10%的富人集团已突破了50%的国民收入临界点。如果不爆发大规模的战争或剧烈的社会冲突，那么制度纠错已然无力回天。奥巴马金融改革和医疗改革的失败，正是这一论点的明证。在如此悬殊的贫富分化之下，任何经济复苏的期望都只能是海市蜃楼的虚幻。也许美国还能维持20~30年大致稳定的局面，而财富分裂仍将不可救药地继续加剧，直到最后阶段的剧烈恶化。

可以说，10%的富人占有50%的国民收入，乃是一个国家命运盛衰的临界点，它的重大意义不亚于“18亿亩耕地”的农业红线，任何一个负责任的政府对这一临界点都必须严防死守。突破这一底线，贪婪将异化为社会的癌细胞，没有任何力量能够阻止它们疯狂掠夺其他细胞的资源，直至器官衰竭，生命停止。

中国应该将社会财富分配的原则和比例，明确写入宪法。不如此，则不足以保证国家的长治久安。

房地产与财富分配

新自由主义强调，政府必须完全退出市场，否则将会扭曲市场经济。很多人误以为市场是平的，而实际上，市场永远是弯曲的。

历史证明，政府如果对经济采取完全的放任政策，无论是罗马帝国时代的无经济政策，还是北宋的“不抑兼并”方针，或是现在美国的“去管制”潮流，结果都是财富分配的极度失衡。越自由的社会，财富分裂就越严重，其结果不仅将摧毁经济繁荣，也将导致国运逆转。

人类有史以来的全部活动，无非就是创造财富和分配财富两大部分，其他行为均是其衍生之物。研究如何高效率地创造财富的理论属于经济学，而讨论如何合理分配财富的理论属于政治学，只有结合财富创造和分配的政治经济学，才能透视国家命运的全貌。

政府应该尽可能少地干预市场，但必须强有力地保护财富分配的原则。

最鲜活的例子就是政府到底该不该管房价，又该如何管理房地产市场。

市场原教旨主义认为，房价应由市场供求关系来决定，无论高到什么程度，只要有人愿意出更高的价格，它就是绝对合理的，政府的任何干预完全没有道理。

但如果从财富分配的原则看，上述论断就必须面对历史证据的挑战。北宋6%的豪强大户占有了60%~70%的土地，罗马帝国6个超大型地主拥有阿非利加一半的领土，这是否符合市场经济？罗马帝国的崩溃和北宋王朝的灭亡，已经有力地回击了市场决定一切的观点。

畸形的房价，在全国范围内造成了社会财富分配的普遍不公，越是大型城市，扭曲的程度越严重。“房姐”“房叔”们占有了几十上百套住房，而他们仅仅是暴露出来的冰山一角，房产普遍存在的高房价和高租金现象的根源是流通量不足，而不是绝对存量不够。

没有房产税，等于北宋豪强圈占大半土地而不纳税，富人只需持有房产坐等升值即可，他们并没有出租房产的动力，因为租金收益并不会引起他们的兴趣；他们同样也没有卖房的意图，因为货币贬值而房价必涨，晚卖比早卖更合算。中国城市普遍存在的大量空置房，就是这一现象的明证。在空置率的问题上，再次凸显了黄仁宇的观点，统计部门竟然说不清楚空置率到底有多高！ 15%？ 20%？ 30%？只有天知道！

由于全国房产不联网，没有人知道房产拥有的集中度究竟是什么情况。这其实并不是技术问题，而是利益集团刻意阻挠的结果，人们已经可以明显地感受到，机制纠错在房地产领域中频频失灵。

未来，全国不动产联网将是一个重大举措，这将是检验现行制度究竟能不能克制贪婪的试金石。

房价决定于流量而非存量。在一个100户的社区里，只要有1户卖房，它的成交价就决定了整个社区的房价。以美国为例，每年新建和现房的交易量仅为全部存量房产的3%~4%，即流量是存量的3%~4%。如果有50万幢房屋的新增量突然涌进市场，将明显影响 1.3 亿幢存量房产的价格。要是突然冒出 500 万幢新增量，美国的房价将顷刻崩盘。同理，2013 年 4 月 12 日，华尔街仅以 400 吨黄金的集中抛售，就扭转了全世界 17 万吨黄金存量的价格预期。事实上，华尔街媒体对市场心理进行的地毯式轰炸，已经严重动摇了黄金市场的信心，0.3%的黄金存量以爆炸性的方式砸向市场，就足以导致价格崩溃。简单地说，影响价格的决定性因素是市场心理，媒体是影响心理的重要工具，突然而剧烈的集中抛售，可以形成排山倒海的价格压力，最终用极少的交易量获得极大的价格影响力。

20 世纪 50 年代初，陈云在上海正是使用了这一策略，以纯市场的方式一举击败了盘踞上海数十年的投机势力。近年来，政府调控房价效果不佳的根源，就在于伏击战打成了遭遇战，速决战打成了持久战，歼灭战打成了消耗战，市场预期完全倒向了另一边，限购限贷等行政手段则加剧了房价看涨的预期。

房产税不仅是纠正财富分配不公的重要利器，也是财政可持续发展的必由之路。为了保护绝大多数普通人的利益，房产税对家庭第一套住房可以完全免征；第二套房可以象征性征收，如 0.1%，这样就将 90%以上的城市居民纳入了保护范围；第三套住房将按市场化的一般标准征收，如 1%；而对于三套以上的纯投机住房则以倍增的税率惩罚性征收。

仅仅是宣称房产税推出，都将对房价造成震撼性效果，就像美联储玩弄QE退出的心理游戏一样。大多数购房人买的是预期，如果价格预期逆转，大量购买力将立刻消失，转为持币观望。更重要的是，拥有三套以上的“房姐”和“房叔”们面临灾难性的税率将会立刻把空置房产投入市场，这相当于“四一二”黄金市场的再现，心理震撼与增量房产的压力同时迸发，房产供求矛盾将发生巨变。

如果房产税的推行迫使 5%的空置房集中涌入市场，其价格摧毁力将不亚于一场 8 级地震；如果 10%的空置房产海量入市，除了少数刚需人群敢于逆市而动之外，将吓退其余所有的潜在购买力；如果房产税最终逼出了 20%以上的空置房产，5 年以后的城市居民将感叹：

“谁说房地产稳赚不赔？”其实，中国不存在房产绝对存量的严重不足，而是房产占有的严重不公，扭曲了供求关系。如果所有城市中的空置房全部住满居民，将为中国减少多少耕地占用、环境污染、能源消耗以及资源浪费？

只有当房地产行业吐出被无效占有的巨大经济资源，其他行业才能重新获得这些资源，才能发展和壮大，才能创造更多的就业机会，才能带来真正的经济繁荣。

房产税是挤出房产空置存量最有效，也是最经济的办法，持有成本的大幅提高，将立竿见影地改善住房供求矛盾和租房紧张的现象。它不需要大规模拆迁的巨额成本支出，也不需要占用一分一毫的耕地资源，其目的就是通过税收政策来调整财富分配的流向，重新平衡经济资源的配置。

很明显，当前，房地产市场不是平的，而是严重地扭曲着。正如同奥巴马不敢真正挑战美国医疗成本高昂的根源一样，房产税难产，或者调控力度不够，同样说明了制度纠错的失灵。

推行房产税的重大阻力之一，就是地方政府。高地价推动高房价，高房价刺激高地价，地方政府显然在土地收益中获得了最大的份额。房价下跌，地价上不去，地方财政就会出问题。近年来地方政府大手笔投资的诸多基础建设和城区改造，多是仰仗债务融资和银行贷款，卖地收入是支持地方负债的重要来源。

金融系统同样不愿意看到房价下跌，担心资产的土地抵押物出现贬值，建设贷款和按揭贷款的违约率上升，从而威胁资本金充足，影响盈利能力和股票价格。同时，房地产产业链的上下游还连接着数十个产业，金融系统在这些领域同样拥有大量利益，房地产不景气，金融系统在其他行业的资产质量也将受到严重冲击。

房地产商们赚钱在明处，又比较高调，理所当然地成为社会不满情绪的焦点，而隐藏在后面的一些地方政府和金融系统则闷声发大财，它们所形成的利益铁三角几乎坚不可摧。房价调控政策在铁三角面前屡屡师老兵疲、屯兵坚城，本是意料之中的事。

贪婪乃是人之天性，可疏而不可堵。房产税的有效推动需要瓦解利益铁三角，金融创新或可提供一些思路。

黑石集团搞的“房租抵押证券”，是以房租现金流为抵押所创造的债券化产品，性质类似以按揭贷款的现金流所支持的MBS债券，或以应收账款现金流为抵押的ABS债券。既然所有的现金流都可以证券化，那么房产税所产生的固定现金流同样可以证券化，这就是“房产税抵押证券”。

的确，世界上没有任何国家尝试过房产税证券化的方法，但尝试就是创新，特别是这种创新将有效地刺激地方政府推进房产税的积极性，对金融系统也是一个潜在的巨额收益来源。

如果6.5亿城市居民以四口之家平均下来，大致拥有1.6亿套住房，假如以每套房产价值100万元计算，则中国房产总价值将为160万亿元之巨（美国的房地产总价值约23万亿美元）。如果房产税平均税率0.5%，则房产税总收入将为每年8 000亿元，假如金融机构将未来10年的房产税打包成债券，那就是价值高达8万亿元的金融资产，面对这样一个超级大饼，银行、券商和其他金融机构岂有不踊跃支持房产税的道理?

有时，以毒攻毒，以贪婪对冲贪婪，将比单纯遏制贪婪更为有效。

对于某些地方政府而言，卖地收入好比基本工资，而房产税抵押债券的收入将更像是奖金。当然，既然发奖金，基本工资就要下调，但总收入将有所增长。

具体来说，地方政府在拍卖地块时，将产生两项收入：一项是卖地收入，另一项则是未来土地上的商品房、商业地产等物业的房产税。金融体系的创新团队，可以帮助地方政府将该地块或其他地块上的房产税的未来现金流，进行预估、混合、分层、提炼，完成标准化债券产品的生产，然后找来评级公司进行评级，最后在金融市场中销售，所获融资列入地方政府预算，可以用于政府认为必要的一切开支。这将是一项以前不存在的额外收入，地方政府推动房产税的动力将会大增。目前，地方政府无权发行信用债，新债券可以帮助地方政府进行有抵押融资。

房产税抵押债券的本质是将地方政府未来5年、10年、15年或20年的房产税收入一次性打折变现，将未来打折收益转让给金融市场的投资人。当然，要获得这笔额外的奖金，地方政府需要在卖地收入上做出让步，比如地方以新债券融资2元，在卖地收入中就得吐出1元，这笔钱应该作为转移支付的专项基金，补贴失地农民或用于农业基础投资，可以由地方政府掌握，也可以由中央政府进行全国调配。

从资金流向上看，转移支付基金相当于金融市场上的有钱人和大量占有房产的业主，对三农事业进行补偿，增强农民的消费能力，平衡城乡的财富分配不均。

房产税不同于房租，租房可能空置而没有现金流，而房产永远有业主，谁持有谁纳税，现金流不会中断。因此，房产税抵押债券的质量天然优于黑石们的租金抵押债券。同时，房产税抵押债券还可以为金融市场中极度渴望安全和高收益的保险公司、养老基金、货币基金、银行理财等机构提供优质产品，使金融系统获得可观的利益。

更重要的是，土地收入是预算外收入，地方政府使用时缺乏透明度，监管也难以到位，投资效率必然有问题。而以房产税抵押债券的融资来部分置换土地收入，将扩大预算内收入的比例，提高资金使用效率，创造更多的财富。

房产税抵押债券将提供一个监管地方政府的有效机制，债券在金融市场中交易，它的价格每时每刻都在反映市场对地方政府项目的判断，金融分析师们恨不得跑到地产项目上，挨家挨户地调查销售比率、纳税情况、实际业主等信息，以评判债券价格的高低。地方政府在一个开发项目上的成功，将降低其他项目的融资成本，这将有效激发地方政府对开发项目的审慎态度，因为金融市场将时时刻刻对他们的政绩进行评分。一个在市场上被狂抛、价格暴跌的房产税债券，将充分曝光该项目失败的程度，官员们的压力非同小可。

让金融市场来监督地方政府，用债券价格来评估项目成败，这远比上级领导的管理要有效得多。

城镇化的关键是创造就业

中科院《2012中国新型城市化报告》的数据显示，中国的城市化率在2011年首次突破了50%的大关，达到51.3%，这是中国历史上城市化的最高纪录，这意味着中国城市的常住人口第一次超过农村人口。在这里，城镇常住人口把在城市生活半年以上的农业户籍的人口也统计在内。如果扣除了农业户籍的1.8亿农民工，中国实际的城市化率约35%。

很多人乐观地估计，中国每年城市人口比重上升1个百分点，就可以启动5万多亿元的内需。如果未来城镇化率提高10个百分点，则可以启动50万亿元内需，这相当于再造一个目前规模的GDP。

如果按照这一逻辑推演下去，中国成为发达国家就只需不断扩大城市规模，然后把农民迁到城里去住，GDP增长就有了，城市化率也高了，经济繁荣就自动实现了。这种思路与罗马帝国的都市化运动都犯了同样的毛病，城市化是经济繁荣的结果，而不是其原因。

人造的城市化是人们居住在城里，很多人将会变成城市的负担；而经济繁荣的城市化是大家都有工作，人人都是城市的贡献者。

中国的城市化必须提供上亿个就业机会，而且应该是带有社保和医保的全职就业岗位。没有工作就没有收入，也就不存在内需扩大的可能。现在已经生活在城市的1.8亿农民工所从事的工作，基本都是短期和临时性就业，如果折算成全职工作岗位，而且要带福利，有医保和社保，与城市居民保障大致相当，恐怕工作岗位的数量只能打对折，即城市在过去的30多年里总共为农民创造了9 000万个城镇全职就业机会，平均每年约300万，这是中国经济高速发展的状态下对农业人口进行城镇化的大致规模。

如果2020年城市化率的目标是55%，那么在2020年之前的6年中，城市经济必须创造出1.5亿个全职岗位，才能将过去和未来的农民工转变为城市就业人口，平均下来每年需新增 2 600 万个全职就业岗位，这是一个不可能完成的任务。

大量农村人口涌入城市

实际上，中国城镇每年新增就业机会只有 1 000 万左右，而 2012 年城镇人口中有多达 2 500 万人等待就业，其中大中专毕业生就占了一半，这意味着城市化率的目标将导致 5 个城市和农村的年轻人去拼抢 1 个就业机会。

在中国就业的版图上，1 100 万个中小企业创造了 75% 的城镇就业，它们平均雇佣人数才 13 人，平均寿命仅 2.5 年，集团性企业也活不过 7~8 年。2013 年以来，破产、停业的中小企业的比例逐月上升，已逼近 15%。中小企业非但没有获得应有的金融、税收和政策扶持，反而不断沦为大型企业转嫁风险的垃圾桶。大企业支付的账期越拖越长，承兑汇票比重越来越高，中小企业的应收账款达到了企业资产的一半以上，远高于国际上 20% 的平均水平。恶劣的生存环境使中小企业的创业成功率降到了 1/40，远低于美国的 1/7。

2020 年城市化率能否达到 55%，这并非是由政府所决定，也不该由政府来决定，而是由挣扎在死亡线上的 1 100 万个中小企业所决定。制约城镇化的主要障碍不是城镇的办公楼和商品房不够多，而是能够负担房租和经营成本的中小企业生存日益艰难。没有就业机会的城镇化，无异于城市的贫民化和流民化。

城镇化的进度应以创造就业为前提，以稳定的工作机会逐步吸纳农业的过剩人口，这一过程可能需要持续 30 年甚至更长，才能使中国的城市化率真正达到 50% 的水平。一个 13 亿人口的大国实现工业化和城市化，这在世界历史上是没有先例的，也绝不是能够一步到位的，它的复杂性和艰巨性恐怕远远超出了人们的想象。

应该明确的是，在中国城市化的道路上，还必须考虑世界经济形势的变化，甚至可能出现急转直下的突变。在城市经济面向国际市场的领域，也许会遭遇到严重的逆流，城市就业机会甚至将大幅萎缩，1.8 亿农民工有可能面临回流农村的局面。

中国最大的风险就是不知道风险，30 年高速发展的经济，60 年缺少金融危机的体验，让所有人都以为经济增长只是简单的线性增长，只是 7% 和 10% 之间的差别，因此完全没有对冲风险的意识。在政策上，没有预留出足够的空间来应对乐观判断和严酷现实之间的巨大落差。

如果将来有一天，1.8 亿农民工之中有 8 000 万被迫返乡，农村怎样适应，城市又该如何应对？如果春节期间北京空旷的道路、稀少的行人、冷清的商业令人印象深刻的话，经济萧条的景象也正是如此。人们没有经历过萧条，也不相信会有萧条，但这并不意味着经济萧条不存在，或者不会突然降临。

“生于忧患，死于安乐”，古人留下的智慧，却被今人漠视。

土地流转与农民收入

目前，美国以巨额财政补贴制造出一个世界性的超级低廉的粮食价格，这好像是罗马时代的再次轮回。

在美国粮价的压迫之下，中国农民的处境类似当年的意大利农民。农业连续10年的粮食大丰收，农民却普遍存在着增产不增收的问题，增产部分被成本上涨吃掉，而价格却被国际粮价死死压住。

在粮食的国际贸易中，其实也是小流量决定大存量的价格。美国出口的玉米、大豆、小麦占到了世界贸易总量的58%、43%和22%，完全具备控制世界粮价的能力。扭曲的国际粮食价格，导致了类似当年罗马帝国的问题，发展中国家的农业基础被低粮价所瓦解，农业经济已濒临破产，大量农民涌向城市，形成了遍及发展中国家各大城市的贫民窟现象。穷困潦倒的农民为出口产业提供了源源不断的劳动力，确保了美国和其他发达国家廉价商品的供应。

中国历史上对粮食重要性的深刻理解，使得中国没有步其他发展中国家农业经济破产的后尘，而是通过取消农业税、加强农业补贴等多种手段，勉力维持着农业经济。但种粮不挣钱已成为一种共识，土地流转并不能从根本上改变这一趋势。

罗马贵族们大量兼并土地后，对提高粮食产量没有丝毫兴趣，其根本原因仍然是罗马刻意压低了粮食价格，农民种地不挣钱，兼并土地后同样很难盈利。贵族们对农业的关注程度，甚至不如共和时代大规模使用奴隶劳动的大田主，他们住在罗马或其他城市，甚至很少光顾自己的农庄。对他们而言，最省心的方式就是把土地租给佃户，坐收田租。至于兴修水利、改良土质、优选良种这些杂事最好没有，投资土地就像投资房产，保值是主要目的，省心为最大原则，花钱去精耕细作并非他们的特长，更不是他们的本意。而普通佃户们既不会为别人的土地投入改良的资金，也缺乏投资的能力，他们从前为自己种地，现在却为别人种地，责任心和劳动热情也大不如前。罗马帝国在土地大规模兼并后，粮食产出的下降实属必然。

中国的土地流转，其自然结果必然是土地的集中，而且最终是向资本密集的方向集中。这就出现一个有趣的问题，资本会追逐粮食的利润吗？或者说，将土地投入粮食生产所带来的利润，足以超过其他用途吗？

在粮价被严重低估的情况下，只有傻子才会继续生产粮食。中国资本型的豪强大户，极有可能像当年的罗马贵族一样，人住在北京、上海等大城市，而土地田产遍及全国。他们即使是继续从事粮食生产，也会把土地租给种田能手们去打理，而种田能手们之所以心甘情愿地将土地转让给他们而甘当佃户，还是因为资本的诱惑无人能够抗拒。种田能手们以前为自己种地，现在为别人生产，同时还要上缴田租，他们的劳动热情是会提高呢，还是会降低？

资本型的豪强大户投资土地更主要的目的是追逐地产升值，而非看中了粮食生产的利润，他们既不关心土壤改良，也不在意精耕细作，兴建水利改善灌溉之类的支出则是越少越好。种田大户们当然更不愿拿自己的钱去贴补别人的土地，一切都用已有的基础设施，他们或许能够大幅提高人均收益，却会牺牲单位土地的产出量，正如美国农民收入更高而单产较低一样。结果很明显，土地流转所形成的土地集中，并不一定能带来粮食总产出的增加，效果可能正相反，土地越集中，粮食总产出就越没有保证。

在中国历史上，农业效率的目标与美国迥然不同，中国农业所追求的是单位土地的最大产出量，即土地生产率；而美国追求的是单位人口的最大产出量，即劳动生产率，这是由中国耕地仅占世界的7%，但却必须养活世界22%的人口的残酷现实所决定。中国农民可以在狭小的土地上以密集的劳动力不厌其烦地精耕细作，美国农民则将农业机械化和化学肥料等节省劳动力的措施放在首位，这些投入被庞大的人均占有农田均摊之后，成本变得相对便宜。而在中国人均土地少得可怜的情况下，这种投入就变得无法承受。

问题是，中国是否准备改变农业效率的目标？如果追求人均最大产出，那么中国就必须准备接受粮食不能自给自足的后果，谁来养活中国的预言很可能就会成为现实。国际粮食市场风云变幻，世界地缘政治云诡波谲，假如有一天中日之间在钓鱼岛发生军事冲突，美国不必派一兵一卒，只需宣布停止对中国出口粮食即可，而中国所面临的潜在地缘冲突远不止钓鱼岛问题。

美国农民将农业机械化和化学肥料等节省劳动力的措施放在首位

粮食安全不仅是经济效益的问题，更是国运兴亡的问题！

罗杰斯在长期看好农业的理由中，有一点说到了农业的要害，那就是全世界农业人口老龄化问题远比城市更为严重。

美国农业人口的平均年龄已经58岁，欧洲60岁，日本62岁，发达国家的年轻人同样喜欢城市生活，而讨厌农场的枯燥乏味。发展中国家在美国低粮价的压迫之下，早已是农业经济破败，青壮年劳动力严重流失，“末代农民”绝非中国的特有现象。设想10年之后，发达国家的农业劳动力已是70岁高龄，发展中国家的农村早就人去地荒，而那时的世界人口将高达80亿，净增加整整10亿！严重老龄化的农业劳动力，将必然导致农业生产率的下降，而人口却在持续大幅增加，粮食总产出与总需求之间的结构性矛盾必会日益激化，国际粮食价格大幅上涨只是时间问题。

中国不应妄想未来10年后，14亿中国人能靠进口粮食过日子！

正因如此，中国农业单位土地产出量的重要性，仍然要远超单位人均产出量，中国农业效率的目标不能改变。

在这个大前提之下，土地流转政策必须规划出未来10年的明确范围，不能片面追求规模上的大农业和土地上的高集中。资本性的豪强大户可以通过资本市场间接投资农业，但必须控制直接占有土地的规模，18亿亩耕地的红线只能死守。

这意味着农民将为粮食安全做出巨大牺牲，而这种牺牲必须得到超额奖励，最直接的办法就是对农民的收入进行更大力度的补偿。其实，农民收入的大幅增加，可以有效地扩大国内市场，促进经济转型的实现，缓解财富分裂的程度。8亿农民每人增加1 000元的收入，意味着8亿件衬衫、8亿双鞋或8亿部手机的新增商品购买力，他们的总消费规模将远远超过8 000个亿万富豪对经济的贡献。特别是在8亿农民加大消费的同时，还将引发规模效应，刺激出新的社会分工和新的就业机会。

“生产过剩”在很大程度上是个假命题，人类历史上从来没有出现过财富过剩的问题，只有贫富分化造成的绝大部分人口无力消费的现象。如果8亿农民获得了超额奖励，将在很大程度上替代出口导向的财富外流。

1940年前后，美国基于“二战”的爆发，强行性地通过战争机器来补贴上千万失业的劳动力和数百万上战场的穷人子弟，从而扭转了贫富分化的趋势，结果带来了40年经济发展的黄金岁月。中国能不能在和平年代逆转城乡差距的扩大，这是未来中国经济能否持续繁荣的关键。

对农民收入的补偿，仅仅是对严重扭曲的国际粮价一定程度的矫正。农民消费能力的扩大，将刺激城市经济商品与服务的增加，带来稳定的就业增长，这又反过来吸纳农业过剩劳动力的城镇化，走上稳健和可持续的城镇化道路。当国际粮价最终出现报复性上涨时，对农民的补偿可以逐步减少，他们将从市场中获得更大的盈利。

农民补偿不应仅仅是政府的责任，也应该充分调动资本市场的力量，将贪婪的资金导向最需要的地方，这也是金融创新能够发挥作用的领域。

农民收入增长缓慢的一个重要原因，就是自然灾害和市场变化，中国的保险公司已经介入了农业保险领域，包括农民的收入保险。收入保险是将传统农业保险因自然灾害导致的产量损失，和市场价格保险因价格波动导致的收入损失联系在一起。当农业生产遭受损失时，以当年实际收获产量与市场平均批发单价相乘计算出农民毛收入，再与正常年景下的收入对比，产生的差额部分由保险公司进行经济补偿和理赔。

收入保险的思路不错，就是成本偏高。如上海松江地区的某个收入保险的保费为35万元，保障金额260余万元。政府必须提供很大比例的补贴，否则保险成本过高，农民难以承受。

如果保险费用太低，保险公司就很难盈利，因为自然灾害越来越频繁，市场变化也难以预测。有没有大幅降低保险成本，刺激保险公司在全国农村提供大规模收入保险的办法呢？金融创新同样可以提供思路。

天灾与市场波动，不可能同时发生在全国所有地区和所有农产品之上，跨地区和跨农业作物的风险均摊方式，将大幅降低收入保险的平均价格。保险公司可以把不同地区的收入保险单汇集到一个资产池，与信托公司或投行合作，将其风险与收益进行合理切割，形成标准化的证券产品，在金融市场进行销售。

保险公司只赚取一定的费用，将全部风险与收益分散给投资人，回笼资金后继续滚动，不断扩大业务规模。金融市场存在着信用违约掉期这种对赌企业违约的衍生品，农民收入保险证券则是对赌天灾和市场变化的衍生品。投资人通过购买这种证券，实际上等于参与了保险公司的业务，单笔保险有亏有赚，但包括不同地区、不同险种的综合证券则肯定赚钱。认购的投资者越多，保险公司就越有能力降低保费成本，惠及的农民也就越多。实际上，保险公司赚取的是业务开拓费，补偿和理赔的资金是由金融市场提供的，而投资人获得的是粮食普遍丰收的大概率收益。

“农业收入保险证券化”在世界上也没有先例，但是如果能够实现，将有效地增加农民收入，减少财政负担，效果等同于富人对农民进行直接的转移支付，利己利人利国，何乐而不为呢？

只有让农民富裕起来，才能扩大内需，完成经济转型，促进城镇化的进程。

定力无限，才能放飞梦想

20世纪80年代电视连续剧《霍元甲》曾风靡大江南北，剧中有一个情节令观众印象深刻。有一次，霍元甲坐船过江，船到江中突然触礁，他不幸落入水中。糟糕的是，霍元甲并不会水，如果拼命挣扎随波逐流，那最后只会落得筋疲力尽溺水而亡的下场。霍元甲沉着冷静，屏住呼吸，沉入江底，抱住一块大石头，竟然一步一步走上岸边，终于化险为夷。这一情节深深地印在了千千万万观众的脑海里，在现实生活中，甚至有人用同样的办法成功自救。

霍元甲之所以能生存下来，秘诀就在于他没有惊慌失措，也没有随波逐流，而是脚踏实地一步一步走出困境，这需要极大的定力。

古人云："为将之道，当先治心，泰山崩于前而色不改，麋鹿兴于左而目不瞬，然后可以制利害。"

电视连续剧《霍元甲》剧照

这就是定力和专注的力量！

不仅大将如此，杰出的企业家同样如此。

在中国的高科技行业中，华为就是这样一家有定力的企业。

杰出的企业家绝不是天生就有定力，每一个人都会存在动摇和犹豫，在高利润面前，没有企业家能够免疫。华为也曾被房地产的厚利所诱惑，贪婪的本能也会时时刻刻地折磨着企业家的神经。当公司规模迅速扩大之时，企业家最容易自我膨胀，也最容易自我迷失，走向歧途的风险，远远高于创业时杀出一条生路的别无选择和公司规模大到难以调整后的利弊权衡。

电信业的残酷竞争，国际巨头的强大实力，既逼迫华为保持着近乎偏执的忧患意识，也激发出他们进军高利润低竞争行业的强烈冲动。压力和诱惑正是定力的磨刀石，一旦悟出大道，就不会再有任何意志和精神的游移。最终，华为的当家人经受住了各种“麋鹿”左蹦右跳的干扰，沉下心来，抱住梦想的石头，带领着华为一步一步走向了辉煌。

中国能赚钱的公司很多，凡是把赚钱放在首位的企业主们，通通只能算是老板，而不能被称为企业家；有企业家梦想，白手打造一个商业帝国的，可算是优秀企业家；而定力深厚，目标专注，立志一生只做好一件事业的，才堪称是杰出企业家，这种境界的企业家，在中国实属凤毛麟角。

杰出的公司并不等于伟大的公司，只有传承百年，基业长青的杰出公司，才能配得上伟大一词。

在中国杰出的民营企业中，联想、新希望、福耀、万达、汇源等都是突出的代表，它们在几十年艰难创业的历程中，始终坚守主业，从不随波逐流，它们都有成为伟大公司的潜质。

中国至少需要 10 家以上伟大的公司，它们不是靠政府，更不是靠垄断，而是靠着自己的定力和专注，在国际市场上开疆辟土，所向披靡。没有这样一批伟大的公司，中国就难以成为伟大的国家。

这才是“中国梦”真正的挑战！

德国百年制造业的公司超过万家，三代人，甚至五代人，专注在一个领域精益求精。他们每天的工作就是不厌其烦地琢磨细节改进，推敲流程优化，研究技术升级，对精确无止境的追求，对细致无条件地遵守。正是这种在制造业中无与伦比的强悍定力，最终打造出德国制造傲视天下的竞争力。

日本的百年老店同样多达万家，它们围绕在超级财团的大企业周围，日复一日，年复一年，默默耕耘，绝无抱怨，一代又一代人的青春逝去，一批接一批的新人继续努力。无可挑剔的服务，精致完美的零配件，源源不断地供应着日本的旗舰企业在全世界征服顾客。

现在的美国，从前的英国，在崛起时代无不是以定力和专注创造出一项又一项的技术革命，开拓出一块又一块的新市场。

英国的衰落首先源于制造业定力的瓦解和专注的分散，工业革命带来的巨额利润让英国迷失了方向，在金钱的大潮中，实业溺水，金融腾达，食利资本主义大行其道，投资获利轻松，财富增值快速，砸石头的苦活儿让美国人去干。结果两次世界大战就将日不落的大英帝国打回了原形。

今天的美国正在重走英国 19 世纪末的老路，华尔街的利润越高，经济的损耗越大，资产泡沫越多，实业流失得越快。今天的美国公司，正沉浸在资产升值巨大的欢欣快感之中，实业的定力与 70 年代已不可同日而语，与 20 世纪初更是大相径庭。最优秀的人才早已远离了科学家和工程师，最受羡慕的职业非银行家与律师莫属。

人心追求安逸和舒适，而财富流向勤奋和执着。

在全世界货币泛滥，资产泡沫膨胀的时代，实业的根基已经松动，勤劳被讥笑，节俭遭蔑视，投机成为时尚，暴富变成理想，贪婪吞噬了公德，巧取豪夺受人敬仰，企业家缺乏定力，个人无法专注，整个社会都在货币的洪水中随波逐流。

中国要想实现伟大复兴的梦想，靠的不是对财富的渴望，而是坚韧的定力和超凡的专注，是代代相传的勤奋与执着，是落进江底也要抱着石头走向岸边的决心！

中国能够放飞强国富民的梦想吗？

定力有多深，梦就能飞多高！

后记

CURRENCY WARS

这是一本耗尽心力的书，也是一本自我重新发现的书。

很多事情你以为想清楚了，结果一说才发现有问题；当你说明白了，一写才知道有漏洞。想是跳跃的思维火花，说是即兴的逻辑片段，写才是沉淀的思想体系。

当我满怀激情开始创作时，绝没有想到后面的工作是如此的艰难。在每一章的开始，我都自信满满地认为有充足的数据、信息与知识的积累，结果一上手才发现这些东西其实并不真正属于自己，它们就像有旺盛生命力的蚂蚁一样四处乱爬，将自己精心设计的思路，践踏得面目全非。越丰富的知识积累，总是导致越严重的思维瘫痪，在一团乱麻之中，我拼命地挣扎，就像一个即将溺水的人，抓不住主次线索，找不到逻辑源头，分不清推理方向，只有一浪高过一浪的信息量将我打得晕头转向，精力不断耗损，信心反复崩溃，焦虑、沮丧和绝望吞噬着残存的意志。

就在我即将放弃努力准备随波逐流的关键时刻，脑海里总是突然冒出霍元甲落入水中，沉入江底，抱着石头一步一步走向岸边的清晰影像。这时，周围的一切纷乱都慢慢地沉寂下来，湍急的思路变得静如止水，我仿佛沉到了水底，没有信心，没有意志，没有挣扎，只是定住了意念，内敛了心神。逐渐地，关键的数据开始闪烁微光，重要的细节显现出清晰的轮廓，亮点与亮点可以连接，线索与线索出现因果，逻辑的源头慢慢浮现，终于看到了黑暗隧道尽头的光亮。走出去，那边就是一片阳光灿烂的新天地。

当我最终把各个章节的逻辑严丝合缝地对接完毕，我突然意识到人生也该如此。只有定力深厚的人，才能趟过重重险滩，体会别人无法体会的愉悦。

治心方能制利害。所谓“治心”，就是放弃一切杂念，摒除所有妄想，将人生全部的能量高倍聚焦于一件有意义有价值的事情，虽万难而不怯，九死而无悔。治心到何种境界，定力就到什么样的深度。一个有定力的人，才能权衡出真正的利与害，才会敏锐地趋利避害。

古今中外，凡有所成就的人，无不是治心和定力的高手。在现实中，许多人并非不知道自己的目标，只是无法有效地治心，因此不能有效地抗拒诱惑，致使利常常损于害，人生的潜力难以得到最大限度的发挥。

的确，抗拒诱惑并非易事，排除干扰也常常力不从心，归根到底，还是心中的杂念太多，妄想过剩，难以做到心智的高度聚焦。在这种情形下，良师益友就显得极其重要。

在《货币战争》丛书的写作过程中，出品人郑萼燕堪称是一位难得的良师益友，她不仅策划图书，而且能让梦想照进现实。在过去的几年中，她坚持高品质的内容与思想必须贯彻始终，而不允许存在任何“折损”。当我出现游移分神之时，她总是强调“一个人一辈子只需做成一件事，他就是一个了不起的人”。这句话我听了不下百遍，想到不止千回，但也未必总能做到，她的鼓励和督促使我受益匪浅，许许多多的杂念与妄想都被扼杀在摇篮之中。经历过的诸多挫折，浪费过的大量时间，也反复印证了她的先见之明。

什么是人生的捷径？那就是必须少走弯路。良师益友好比苦药，话虽难听，理却管用。一辈子如果没有碰到这样的诤友，那将是一种最大的遗憾。

良师益友不仅能够帮助屏蔽杂念，抑制妄想，而且时常使人更清醒地了解自己，“如今‘货币战争’系列的畅销，并不代表一切，二三十年之后，如果你的书还有年轻人在阅读，那才是这些书的意义”。良师益友的警钟，震得我两眼直冒金星，我突然意识到自己的时间已经相当紧迫。

今年在北京香山的闭关写作期间，太太和女儿暑假过来看我，那一个月是我最感温馨的日子。我们天天挤在一间小屋里，一起聊天，一起笑得前仰后合，我突然觉得生活在物质上可以极其简单，却能同时拥有世间最大的快乐。我们每天带着女儿到香山脚下的地摊上转悠，几块钱的小东西竟能让我们高兴半天。当剥掉所有物质的表皮后，亲情反而更加香醇浓厚。

从暮春到寒冬，每日通宵达旦的研究与梳理，使我逐步形成了对未来世界经济走势的基本判断。当我走出香山，阳光依然灿烂，遥望远方的地平线，乌云正在慢慢积聚，山风已经阵阵袭来。

宋鸿兵

2011 年 11 月 11 日凌晨于北京香山